普.通.高.等.学.校
计算机教育"十二五"规划

中小学信息技术教材教法

（第3版）

HOW TO TEACH IT KNOWLEDGE
IN PRIMARY AND MIDDLE SCHOOLS
(3ʳᵈ edition)

周敦 ◆ 主编

张瑛美 戴祯杰 陈兵 ◆ 副主编

人民邮电出版社

北京

图书在版编目（CIP）数据

中小学信息技术教材教法 / 周敦主编. -- 3版. --
北京 ： 人民邮电出版社，2013.1
普通高等学校计算机教育"十二五"规划教材
ISBN 978-7-115-29558-3

Ⅰ．①中… Ⅱ．①周… Ⅲ．①计算机课－教学法－高
等学校－教材②计算机课－教学法－中小学 Ⅳ.
①G633.672

中国版本图书馆CIP数据核字(2012)第248582号

内 容 提 要

本书是多位信息技术教师的多年科学研究与教学实践的成果，以现代教育学、心理学、课程论、学习论、教学论、系统论、控制论、信息论等基本理论为依据，较为系统地论述了信息技术教材教法的含义与特征、研究目的与意义、研究对象与任务以及发展趋势和存在问题、信息技术课的教学模块和内容、教学特点、基本原则、教学方法、现代教学手段、教学工作、教学的基本类型、智力能力与信息素养的培养、教学评价、教学研究与论文撰写等内容。

为使"教师好教，学生好学"，编者提供了本书的教学辅助资源，并发表在人民邮电出版社教学服务与资源网（http://www.ptpedu.com.cn）上，免费供老师与学生下载。

本书可作为大中专学校信息技术相关专业信息技术教育课程、信息技术教学法课程的教科书和中小学信息技术教师的培训教材，也可作为从事信息技术教育研究人员和其他学科教研人员的参考书。其他计算机应用人员也可从本书中得到启发和裨益。

◆ 主　编　周　敦
　　副主编　张瑛美　戴祯杰　陈　兵
　　责任编辑　滑　玉

◆ 人民邮电出版社出版发行　　北京市丰台区成寿寺路 11 号
　　邮编　100164　　电子邮件　315@ptpress.com.cn
　　网址　http://www.ptpress.com.cn
　　固安县铭成印刷有限公司印刷

◆ 开本：787×1092　　1/16
　　印张：18.25　　　　　　　2013 年 1 月第 3 版
　　字数：479 千字　　　　　2025 年 8 月河北第 27 次印刷

ISBN 978-7-115-29558-3

定价：36.00 元

读者服务热线：(010)81055256　印装质量热线：(010)81055316
反盗版热线：(010)81055315

第3版前言

计算机并不是什么神奇的魔法，而教师才是真正的魔术师。

——英特尔公司前董事长　克瑞格·贝瑞特

随着社会的不断进步和经济的持续发展，人们越来越意识到教育的重要性。教育对学生、对家庭、对教师、对学校、对国家、对社会都是大事，都将产生重要而深远的影响。

2010 年 7 月 29 日，中共中央、国务院颁布了《国家中长期教育改革和发展规划纲要（2010—2020 年）》（以下简称《教育规划纲要》），明确指出："国运兴衰，系于教育"、"百年大计，教育为本"、"教育大计，教师为本。有好的教师，才有好的教育"、"信息技术对教育发展具有革命性影响，必须予以高度重视"。

2012 年 3 月 13 日，教育部印发的《教育信息化十年发展规划（2011—2020 年）》，同样强调："以教育信息化带动教育现代化，是我国教育事业发展的战略选择"、"教育信息化充分发挥现代信息技术优势，注重信息技术与教育的全面深度融合，在促进教育公平和实现优质教育资源广泛共享、提高教育质量和建设学习型社会、推动教育理念变革和培养具有国际竞争力的创新人才等方面具有独特的重要作用，是实现我国教育现代化宏伟目标不可或缺的动力与支撑。"

现代信息技术在破解制约我国教育发展的难题、促进教育的创新与变革、加快从教育大国向教育强国迈进的过程中具有不可代替的作用。由此，信息技术教育的地位和作用显得尤其突出和关键。

课堂教学始终是深化教育改革、促进教育发展的主渠道、主阵地，教师、学生是改革与发展的主角，教学方法是改革与发展的重要手段。

教学有法，教无定法，各有各法，贵在得法，教学方法各式各样也各有特点。我们在教学中如何选择合适的教学方法，使其发挥更好的作用，更加优化教学效果，是值得每一位教师认真思考和研究的问题。

自 2000 年 10 月教育部颁布《关于在中小学普及信息技术教育的通知》决定在中小学普及信息技术教育，至今已经 10 多年。经过 10 多年的理论研究、整体推进和实践探索，我国信息技术教育取得了较大的成效和长足的发展，也提出了许多值得思考和分析的课题，产生了不少新的思想、新的技术、新的工具以及新的教学模式和教学方法。《中小学信息技术教材教法》自 2007 年第 2 版出版也有 5 年多的时间，内容需要更新和补充。在这样的背景下，我们决定修订出版本教材的第 3 版。

第 3 版无论是形式上、内容上，还是篇幅上，都有较大的改观。

首先，在每章前面都有"教学目标"、"内容结构"和"教学建议"。

"教学目标"（我们在"目标"前冠以"教学"而非"学习"，是因为教学既然是师生双边的互动，那么"目标"当然是师生的共同愿景。后面和书中提到的教学建议、教学方法和教学模式等，也是基于同样的理由）说明该章应该达到的教学要求和教学结果。

"内容结构"先是介绍该章的内容提要，接着是用思维导图制作的内容结构图，起到提纲挈领的作用，做到简明扼要、直观形象。这也是信息技术的显著特点之一。

"教学建议"是编者对该章宜采用的教学方法、教学措施，要组织的教学活动或要把握的教学重点提出的看法和建议，供教学参考。

其次，在具体内容上，作了以下调整和修改。

考虑到中小学信息技术教育已经开展了10多年，有些内容需要更新，所以把第2版第1章第1节的内容"信息技术教材教法研究的目的与意义"改为"信息技术的概念和信息技术对教育的影响"，这样更加具有时代意义。

自主、合作、探究是现在普遍提倡的三种全新的教学模式。第3版在原来的基础上增加了自主式学习模式，并简要介绍了协同学习、混合学习，这样使得第4章第5节的"教学模式"更加完整，此外还在叫法上作了小的变动，使之与现在的称呼趋于一致。

"说课"是教学研究、教师招聘和教师资格证考试需要进行的一项活动，目前在广大中小学、教育管理和教研部门广泛开展。说课是信息技术教师需要掌握的技能，所以第6章安排了"如何说课"的内容，并在附录C中附加了"说课稿3例"。

研究方法是现代教师必须掌握的知识。第10章补充了文献研究法、人种志研究法和德尔菲专家法三种研究方法，提出了"信息技术教育需要深入研究的问题"，供读者教学研究参考。这些问题，特别是信息技术课程教学的评价问题、信息技术与课程有效性和深层次整合的问题以及信息技术教师专业发展的问题等，对信息技术教育的发展具有重要的指导价值和实际意义，都是值得和需要我们进一步深入、认真探讨的课题。

在第3版教材的修订中，我们参考了学科领域众多专家学者的有关专著教材、文献资料和网络资源。其中主要文献已在参考文献目录中列出，如有遗漏，恳请谅解，并在此表示诚挚的谢意。

从整合到有效整合、再到深度融合，从应用到有效应用、再到灵活运用，从学习利用技术到利用技术学习、再到技术支持终身学习，从教育信息化到教育现代化、再到基于信息化环境的学习型社会构建，是一种飞跃，也是信息技术发展的必然和意义所在。

技术是偏方，人本是正道。人是最重要的。技术要为人服务，为人的学习服务，为人的教学服务，为人的生活和工作服务。人要控制技术、使用技术，而不是做技术的奴隶。技术要由人来掌握，由有教育思想或教育理念的教师来掌握，并运用到教学中。

教育思想或教育理念，依笔者的理解，就是对教育的思考或对教育的看法，就是教育哲学或教育观。

"好的教学是对学生的一种亲切款待，而亲切的款待经常是主人比客人收益更多的行为……教师对学生的亲切款待产生一个更亲切的款待教师的世界。"（帕克·帕尔默《教学勇气——漫步教师心灵》）教师不仅照亮学生，而且也照亮自己——在奉献社会、报效祖国的同时，实现崇高理想、体现人生价值。教师并非"春蚕到死丝方尽，蜡炬成灰泪始干"，照亮别人，毁灭自己，而是教师与学生共同成长，一起分享教育的恩惠和幸福。这才是真正的师生互动，教学相长。

以学生为本，为学生服务，做学生朋友，向学生学习，是我们的人文观照和科学追求，虽不能至，心向往之。

"为天地立心，为生民立命，为往圣继绝学，为万世开太平"（北宋张载）。虽然，信息技术作为现代社会公民的必备素养和基本技能，不一定算得上"绝学"，但是信息技术教师作为"传道、授业、解惑"的人类灵魂工程师，应该有立心天地、立命生民、立建盛世的崇高理想和远见卓识，有立言、立德、立功的愿望和本领。

"愿闭桃园称太古，欲栽大木柱长天。"善于学习，勇于实践，勤于探索，乐于奉献，是教师的特质；潜心学问，胸怀祖国，"三个面向"，培养建设国家的栋梁之材，是教师的天职。

预测未来的最好方法就是把它创造出来（尼古拉斯·尼葛洛庞帝《数字化生存》，1996）。

期待有更多有效的教学方法、教学模式形成；

期待有更多卓越的教学名师、教育家产生；

期待有更多优秀的信息技术教材教法著作问世；

期待信息技术教育在我国的教育改革与发展中发挥更大的作用；

期待我国的教育改革取得更大的成就；

最后，也是教育的终极目标——期待我们可爱的学生都能健康、快乐、幸福地学习和成长。

改变，从此开始。

周　敦

2012 年 12 月

目　录

第1章 绪论

教学目标

1. 理解信息技术的含义和影响；
2. 掌握信息技术教材教法的含义与特点；
3. 理解信息技术教材教法的研究对象与任务；
4. 了解信息技术教材教法的研究方法；
5. 了解我国中小学信息技术教育的发展情况；
6. 了解我国中小学信息技术教育存在的问题与发展思路。

内容结构

作为开篇，本章首先介绍信息、信息技术、信息技术教材教法等基本含义。在此基础上，对信息技术教材教法的研究对象与任务、信息技术教材教法的研究方法以及我国中小学信息技术教育的发展方面的有关问题作了较为全面深入的阐述。

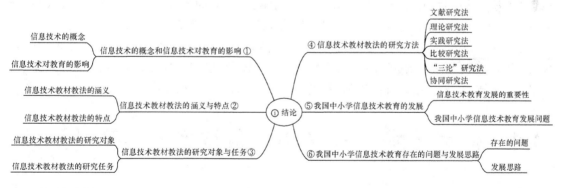

教学建议

只有理解信息技术的内涵，才能把握信息技术课程。作为信息技术教师，有必要全面地、深入地认识信息技术学科，并在此基础上理解信息技术课程。本章是信息技术教材教法的第1章，教学目的是使学习者初步了解信息技术、信息技术教材教法的基本含义，充分认识信息技术、信息技术教材教法的地位和作用。教师可以采用讲解法、演示法、讨论法等教学方法，结合学习者的学习和生活实际，使其明确学习信息技术教材教法的重要意义，从而明确学习目标，激发学习动力，提高学习效果，提高做一名中小学信息技术教师的积极性，增强责任感和使命感。本章的教学目标是使学习者重点掌握信息技术的含义及其对教育教学和学生的积极影响、信息技术教材教法的含义与特点、信息技术教材教法的研究对象与任务等内容。

首先，我们从一个故事讲起。

不是我不明白，而是世界变化太快

公元 1807 年，美国纽约州赫德森河畔兹吉尔山有一个叫瑞普·凡·温克尔的年轻人。

相传瑞普·凡·温克尔（Rip Van Winkle）是一个老实憨厚但有点懒惰的村夫，因忍受不了刁蛮凶悍的老婆整日的唠叨，逃遁深山。在山里，他与赫德森船长及其伙伴玩保龄球，喝仙酒，恍惚中，竟至两眼发眩，不觉昏然睡去。他醒来后，下山回到村里，对所有人都不认识，比梦里还稀里糊涂，不知身在什么世界。连他所惧怕的太太和可爱的女儿也都已离开人间。原来已经过去了两百多年，到了 21 世纪的今天。往事如烟，沧海桑田，物是人非，"此情可待成追忆，只是当时已惘然"，反思自己的所作所为，瑞普追悔莫及。一天，瑞普偶然闯进一间教室，突然眼睛发亮，知道自己在哪里了，情不自禁地大喊一声："这是一间教室！"并补充道："两百年多前，我就在这里读书。"可是仔细一看，什么电脑、网络、多媒体、投影仪，等等，都是自己闻所未闻、见所未见的。黑板也变成了电子白板，瑞普顿生疑惑："师生能在上面写字吗？"他感慨万千："不是我不明白，而是世界变化太快。"

摩尔定律告诉我们，约每隔 18 个月电子产品性能将提升一倍。计算机系统呈指数级发展。从电子管到晶体管，从集成电路到大规模和超大规模集成电路，从智能计算机到人工神经网络计算机，促使计算机硬件的发展出现了多次飞跃。存储设备从软盘、固定硬盘、移动硬盘、CD、DVD 到 U 盘 iPod（iPod 里面可以装满人们喜欢的音乐）。操作系统从 DOS3x/5x/7x 到 Windows 2x/3x/9x/2000x/XP/NT，到现在的 Android 移动操作系统；文字处理从 WPS 2.0 到 WPS 2012，从 Word Star 到 Word Perfect，再从 Windows 3x 中的 Word 到现在 Microsoft 的 Office 工具包；数据库管理系统从最初的 Dbase 到 FoxBase，从 FoxBase 到 Visual FoxPro，再从 Visual FoxPro 到 Microsoft SQL Server 6.5 或 Oracle 等高性能的 C/S 结构系统；互联网应用从 Web1.0 到 Web2.0；邮件工具从 E-mail（电子邮件）到 V-mail（视频邮件）；网络交流从 QQ 到 MSN，从 BBS、IM 到 Blog，从 Blog 到 Micro Blog、Wiki；社会性软件从 Sakai 到 Blackboard、Moodle，等等。新思想、新思维、新技术、新方法如雨后春笋般层出不穷，日新月异，交相辉映。

1.1 信息技术的含义和信息技术对教育的影响

本节阐述信息、信息技术的含义以及信息技术对教育的积极影响。

人类社会已经迈向信息时代，信息技术在经济社会发展中的作用越来越重要。为了适应时代发展的要求，进一步贯彻落实邓小平同志"教育要面向现代化，面向世界，面向未来"和"计算机的普及要从娃娃做起"的战略思想，深化教育改革，全面推进素质教育，培养具有创新精神和实践能力的高素质人才和劳动者，教育部决定，从 2001 年开始用 5～10 年的时间，在中小学普及信息技术教育，以信息化带动教育的现代化，努力实现我国基础教育跨越式的发展。

计算机技术特别是多媒体技术和互联网技术日新月异的发展，改变了人们的生产方式、学习方式、工作方式、生活方式、娱乐方式和思维方式，也改变了教学方式。毫无疑问，基于 Internet

与多媒体相结合的教育，基于信息技术与学科整合的教育，不仅是信息技术发展的又一里程碑，而且必将引起教育领域的深刻变革，使教育思想、教育观念和教育体制产生重大的质的飞跃，也使 21 世纪的教育呈现出一派生机勃勃的全新的景象。

竞争的关键是科技，科技的关键在人才，人才的成长靠教育。当前中小学校处于逐步由应试教育向素质教育转变的重要时期。信息技术教育将促使基础教育在各个方面产生根本性的变革。

随着信息技术教育在学校教育中地位的确立，人们对信息技术教育学自身规律的研究，已日益显示出其重要性。目前信息技术教育已在全国范围内展开，高等院校的计算机基础教育出现了蓬勃发展的势头，信息技术教育理论的研究的雏形已经形成。开展信息技术教育的研究，完善信息技术教育理论，推动信息技术教育的发展，是每个信息技术教育工作者义不容辞的历史使命。

1.1.1　信息和信息技术的含义

1. 信息的含义

2004 年 12 月 15 日，教育部印发《中小学教师教育技术能力标准（试行）》（以下简称"能力标准）。其中关于信息（Information）的定义：信息是人、生物和自动机等控制系统所接收和加工的事物属性或运动状态。在教育教学领域有表示教学内容的信息、描述师生特征的信息、反映教学动态过程的信息，等等。

2. 信息技术的含义

信息技术（Information Technology）是指能够支持信息的获取、传递、加工、存储和呈现的一类技术。其中，应用在教育领域中的信息技术主要包括电子音像技术、卫星电视广播技术、多媒体计算机技术、人工智能技术、网络通信技术、仿真技术和虚拟现实技术等。

1.1.2　信息技术对教育的影响

《教育规划纲要》明确指出："信息技术对教育发展具有革命性影响，必须予以高度重视"。信息技术的发展正在改变每一个人，改变社会，改变一切。

1. 信息技术促进教育教学的变革

信息技术不仅是学习的内容、学习的工具，而且也可能改变传统的教育观念、学习方式，变革教育模式。

教育教学的改革与社会的进步、技术的发展息息相关。学校的工作、教师的观念、学生的生活、学习方式越来越受到社会大环境变化发展的影响，越来越受到信息技术，特别是互联网技术和多媒体技术的影响。

纵观世界教育发展史，我们看到，每一次技术的进步都可能带来教育的革命。每一次进步带来的不仅仅是教育数量的扩张，更多的是教育质量的提高。远古社会，教育没有独立的形态，停留于非正式的途径；古代社会，专职教师的出现，实现了知识传递的根本性变化，即由原来的主要以实践中的口头传递转向专门化的知识传递；文字的出现，打破了口语传递知识的主导形式，书面语言成为知识传递的非常重要的途径；印刷术的发明和出现及在全球的传播，使知识可以转换为可复制的文本，大规模的教材通过印刷提供给学生，教材成为非常便利的知识的载体。随后，科学技术的革命，使得视听媒体技术成为教育中非常重要的知识传播的工具。当代社会，信息技术的发展，为教育革命提供了崭新的技术支撑。信息技术的突飞猛进，数字媒体的产生和发展，使教材由单一的纸质文本走向纸质、电子和网络的大容量、便携式、可视化的多元立体的优质资源。我们不仅可以使知识表征多元化，而且多媒体技术的运用，使知识的呈现更具直观、形象、生动的特点。此外，互联网技术的发展，使知识的传播超越了时间和空间，使远距离教育和学习成为现实。如今，从基础教育到高等教育，都发生了一场历史性的变革，这场变革使教育模式从印刷时代走向信息时代。

（1）信息技术促进教育观念的变革

苏格拉底有句名言："教育不是灌输，而是点燃火焰"。

教育的目的绝非只是教给孩子知识，也不仅仅是让他们考上名牌大学。"什么是教育？教育就是帮助学生学会自己思考，做出独自的判断，并作为一个负责的公民参加工作。"（[美]赫钦斯）我们应该回归到教育的本质，回归到对素质教育的时代性理解，回归到贯彻落实党的教育方针，回归到教育的本真目标。

网络时代教学产生的"超教学"（Hyperlearning and Hyperteaching）新理念，其基本内涵包括：非线性教学理念、资源型教学理念、超时空教学理念、交互性教学理念、自主性教学理念、合作性教学理念和探究性教学理念等。

信息技术，特别是互联网技术和多媒体技术的产生和发展，使我们看到，教师的角色已经发生了根本性的变化——由原来对学生的怀疑到对学生有信心；由原来课堂的控制者、主宰者，到学习的组织者、帮助者；由知识的拥有者、灌输者，到人生的引导者、激励者。教师正在建立一种以爱心、信心、耐心、智慧、理解、尊重、平等、和谐为核心的教育观。这种变革是一种观念的变革，体现了教师对教育本质的深刻理解、对教学对象的重新认识、对教学课堂的自我反思，是教师运用信息技术探索课堂教学变革的新途径，必将涉及在新课程理念下对教师角色的认定和对教学过程的理解。

（2）信息技术促进学生角色的变革

教育的主旨是追求卓越，获得人类文明积累下来的经验成果，使人灵慧，变得优秀，以应对外部世界的各种难题，最终过上一种有意义、有尊严的幸福、优质的生活。

教育的理想，在于它是对真理的执著追求。正如德国哲学家雅斯贝尔斯所言，真正的教育应先获得自身的本质，对终极价值和绝对真理的虔敬是一切教育的本质。教育应当培育对真理的热爱、对创造的永恒追求的科学精神，注重培育一种蕴涵热爱生命、敬畏自然的人文情怀。

教育的最高目标，在于追求真善美的和谐统一，注重培养人的高贵品质和健全人格，使其拥有完备的知识、卓越的美德、健康的情感。

今天，信息技术的普遍运用，使学生的角色由知识的被动接受者，到科学的主动探索者。我们运用新的技术，并有理由相信能够努力实现"全体全面"的目标——关注全体学生，促进全面发展。关注并促进每一位学生的充分发展，使每一位学生真正成为学习的主体，真正能够在学习过程当中激发学习的热情和实现参与的可能性、积极性、主动性，从中体验学习过程的快乐和趣味，从而认识自我、认识人生、认识自然、认识世界、认识未来。我们要相信，学生有足够的潜力和智慧参与到丰富的学习活动中。

（3）信息技术促进学习方式的变革

学习方式变革的内涵、策略和途径是广大教育工作者应该着力关注和思考的重要课题。

学习方式（Learning Approach 或 Learning Style）是当代教育理论研究中的一个重要概念。目前学术界对它的解释并不完全一致。百度百科的解释是：学习方式是学生在完成学习任务时基本的行为和认知的取向，它不是指具体的学习策略和方法，而是学生在自主性、探究性和合作性方面的基本特征。我们的理解是：学习方式就是人们在学习时所具有或偏爱的方式，即学习者在完成学习任务时所表现出来的具有个人特色的行为方式，是学习者持续表现出来的学习策略和学习倾向的总和。现代学习方式，从学习主体的行为或组织活动来分，主要有：自主学习、探究学习、合作学习等；从学习工具或组织方式来分，主要有：数字化学习（Electronic Learning）、移动学习（Mobile Learning）、混合学习（Blended Learning）等。

用技术的手段解决教育中的问题，需要探索基于计算机的支持学习方式转变的环境、资源和过程的相关理论、技术及其应用模式，而不能停留在知识的获取与展示层面。关注技术将给教育的发展和变革带来什么，揭示新理论、新技术、新应用给我们带来的启示。

21 世纪是信息技术进一步发展和普及的时代，信息化的进程将以更加稳健的步伐向前推进。新的技术和各种软件被源源不断地开发出来。很多技术和软件已经应用于教育中，促进了教育的发展和普及，也使学生学习的方式更加多元化。现代信息技术是学习者学习方式变革的前提和基础，为学习方式的变革提供了条件——利用信息技术获得更多的学习资源，利用信息技术提高学生协商交流和合作学习的能力，利用信息技术培养学生具有终身学习的态度和能力。

2. 信息技术提高学生的思维能力

现代社会的国际竞争，是综合国力的竞争。综合国力的竞争，主要表现为科技和人才的竞争，表现为人的智慧、人的思维能力、创新能力的竞争。因此，培养创新思维能力成为世界性的教育改革的关键。

运用信息技术已经成为现代学校素质教育中不可缺少的重要组成部分，它不仅为学生的学习创设了独有的、开阔的学习和活动环境，而且为学生提供了充分的观察、思维、实践的机会，对学生创新能力的培养和实践能力的提高具有无法比拟的优势。如何运用信息技术培养学生的思维能力，是未来教育关注的焦点问题。

（1）信息技术与思维的关系

信息技术和思维之间的关系密切。一方面，随着信息技术理论的发展，运用控制论、信息论的思想来解释人的思维认知过程，对人们深入理解思维概念起到了重要作用；另一方面，借助信息技术产品，特别是计算机网络，人们通过对网络、软件的应用，改变思维方式，提升思维品质，从而提高思维能力。信息技术能够让学生在交互中主动思考，在启发下跟进认知，在操作中尝试创造，在反馈中改进不足。在教学中，我们希望通过这些途径，帮助学生提高思维能力，从而达到高质量、高标准的教学效果。

（2）信息技术提高学生的创新思维能力

① 运用信息技术，营造宽松和谐的环境，培养创新思维能力

影响创造力发展的因素很多，其中环境的影响相当大。正如陶行知先生所说，"创造力最能发挥的条件是民主"，而民主，就是一种宽松和谐的环境。网络的发展，为营造宽松和谐的环境提供了最为方便快捷的平台。

心理学告诉我们：凡是因为好奇而受到奖励的学生，一定愿意继续进行新的探索，从而促进智力的发展，产生创新的思想。只有这样，学生才能敢于创新，才会产生创新的见解，才易于表现出想象力和创造力。

② 运用信息技术，培养学生的直觉思维能力

心理学指出：创新思维是直觉思维与分析思维的交融。爱因斯坦曾经说过："真正可贵的因素是直觉思维。"所谓直觉思维，是依据已有的经验直接领悟事物的本质，并迅速作出判断的思维。中小学生的思维特点是以具体形象思维为主并逐渐向抽象思维过渡。直觉思维是形象思维向抽象思维发展的具体表现。因此教师在教学中应加强直觉思维训练，鼓励学生敢于猜想、善于猜想，并对学生的直觉思维作出实践、操作验证并得出正确结论。现代信息技术可以更加直观、形象、

生动地创设直觉思维的情境，从而激发学生的兴趣，培养学生的创造性思维能力。

③ 运用信息技术，培养学生的发散思维能力

教师应培养学生用多种思维方法解决问题的能力，即发散思维能力，提倡学生将发散思维与聚合思维相结合。"横看成岭侧成峰，远近高低各不同"，鼓励学生从不同的角度、不同的方面去思考问题，拓展思维空间，捕捉新颖独特的信息，从而产生新的理解、新的假设和得到新的结论。比如，我们可以专门建一个 BBS，学生可随时在 BBS 发表自己对某个问题的看法，引发讨论，讨论范围可以涉及各个学科。

（3）信息技术提高学生的高阶思维能力

高阶思维能力（High Order Thinking Skills，HOTS ）又称高级思维能力。高阶思维能力是运用高层次认知解决复杂问题或完成纷繁任务的主观条件或心理特征。高阶思维能力包括决策规划能力、问题求解能力、分析探究能力、算法设计思维能力、批判性思维能力和创造性思维能力等。

高阶思维能力集中体现了知识时代对人才素质提出的新要求，是适应现代社会和信息时代发展的关键能力。高阶思维能力需要培养和训练，是一种技术和方法上的训练结果。

运用信息技术促进学习者高阶思维能力的发展，是当前高阶思维教学研究的新视角，也是信息技术教学研究的核心。研究表明，信息技术及其所构成的新型学习模式，能有效地促进学习者高阶思维能力的发展，而定位于促进高阶思维，也正是信息技术应用和信息化教学模式开发的价值与前景所在。运用信息技术促进高阶思维，是把信息技术作为认知工具的技术应用观。

信息技术为学生提供丰富多彩的教育环境和有效的学习工具。信息技术课程内容丰富，既包括信息技术的基础知识，信息技术的基本操作等技能性知识，也包括应用信息技术解决实际问题的方法，对信息技术过程、方法与结果评价的方法，信息技术在学习和生活中的应用等。其课程内容的综合化、实践化有利于发展学生的高阶思维。信息资源的丰富性和开放性、多媒体技术的交互性和直观性、信息加工处理的高效性和便捷性等，使学习者在获得知识的同时更容易获得高层次的思维技巧和能力。在多媒体化的课堂上，教学信息以多种不同的方式呈现出来，图、文、声、像、动画等技术功能可为学习者提供多样化的外部刺激，有利于开发大脑，使其思维过程更灵敏、连贯、流畅。

信息技术对高阶思维的促进作用，主要体现在：运用 Blog 进行自主学习，促进高阶思维；运用 Wiki 实现头脑风暴，培养创造性思维；运用思维导图进行放射性思考。

几行简单的文字，几张陈旧的照片，一曲曼妙的旋律，一段难忘的视频，几帧超酷的动漫，网络上丰富多彩、生动形象的故事性内容——人们称之为"数字故事"，吸引眼球，令人感动，深受教益。现在，数字故事已被用于学生高阶思维能力的培养。此外，利用智能形态工具，如"左手栏"和组织方式图等，也可以培养学生的高阶思维能力。

3. 信息技术支持有效学习

郭沫若说过，教育的目的是养成自己学习，自己研究，用自己的头脑来思考，用自己的眼睛来看，用自己的手来做的精神。在当前国际教学研究的视野中及全球基础教育课程与教学改革的浪潮中，"有效教学"研究已经成为与建构主义教学理论研究、多元智力教学研究和反思性教学研究并列的国际四大教学热点研究领域之一。在我国，伴随着课程理念的更新和改革的推进，"有效教学"被赋予了新的内涵——从以往对有效教师和有效教学行为的关注逐渐转向了对有效学习的关注。有关专家指出，尽管我国的新课程改革即将处于实验后全面推广的阶段，我们的中小学教育仍存在"教师教得辛苦，学生学得痛苦"的突出问题。解决这一问题的办法之一就是要求教师拥有有效教学的理念，掌握有效教学的策略或技术。那么，什么是有效教学呢？

有效教学，它的核心问题就是教学的效益，即什么样的教学是有效的。

所谓有效，主要是指通过教师在一段时间的教学之后，学生所获得的具体的进步或发展。也就是说，学生有无进步或发展是教学有无效益的唯一指标。如果学生不想学或者学了没有收获，即使教师教得很辛苦，也是无效教学。同样，如果学生学得很辛苦，但没有得到应有的发展，也是无效或低效教学。有效教学，就是在现有条件下，让学生获得有效的进步或发展。

早期关于有效教学的解释多与有效教师密切联系，后来的解释逐渐将重点放在了教的行为上。而新近对有效教学的诠释则多与有效的学习相联系，即有效教学就是为达成"好教学"的目标而自觉树立先进的教学理想，并通过综合利用一切教学策略和教学艺术，使这种教学理想转化为能使师生协调发展、不断超越的教学形态的过程。

有效教学不仅应该强调"效"和"学"，即达到促进学生身心发展、行为转变的结果，而且应该强调"有"与"教"，以使有效教学从这种绝对功利化的价值取向（即单纯注重"学"与"效"的达成）中解放出来，转而努力追求一种教与学平衡推进的教学，从而不断提升教学境界，实现有效教学的革命性变革。

从信息加工理论的角度看，学习包括：信息输入阶段——强调知识信息必须通过某种方式（媒体）、以某种表征形式（符号、直观及其组织）引起学生的注意，经感官进入信息加工系统中；信息加工、整合、建构的阶段——强调学习不仅仅是简单的记忆痕迹，更要求学生通过建立新旧知识的联系来达成理解、达成建构。

有效学习的必要条件包括：有效的信息输入、有效的知识建构、有效的知识巩固和有效的知识运用。

有效学习具有学习建构性、知识积累性、自我调节性、目标定向性、过程情景性和教学协作性等特征。

技术对人类学习的支持由来已久。印刷技术扩展了人类获得知识的时间与空间，视听技术吸纳了印刷品技术的成果，给我们提供了更为丰富的感官信道。而以计算机为核心的信息技术提供了硬件工具与软件工具、通信工具、编著工具、交互媒体，以及编程与控制装置，因此较之前两种技术具有更加强大的学习支持功能。

利用信息技术，我们能够采集、呈现、加工、管理和发布教学资源，营造需要的学习环境，设计合理的学习过程，组织师生间、生生间的交流讨论，进行多种形式的评估，把丰富的、有趣的、真实世界的内容引进课堂，提供支持学习的各类工具与平台，为师生提供更多的思考、反馈和完善方案的机会，帮助建立地区性或全球性的社会学习共同体，拓展老师进修的机会，等等。

信息技术对有效学习的促进作用主要有：培养学生基于丰富的学习资源背景下的学习方法，信息技术成为学生学习的有效工具，信息技术给学生带来了新的交流平台，信息技术给学生带来崭新的体验，学生利用信息技术可以获得更多的学习资源。

4. 信息技术促进教师的专业发展

教师专业发展是教师个体不断更新知识结构、增强专业能力、丰富专业情感的过程。教师专业发展包括专业知识结构、专业工作水平和专业情感态度三方面的发展。

信息技术使教育具有教材多媒化、资源全球化、教学个性化、学习自主化、活动合作化、管理自动化、环境虚拟化等显著特点。信息时代对教师专业发展提出了更高要求，使得教师只有加强自主学习，坚持终身学习，才能适应时代发展的需要。利用现代技术改变教学方法是历史潮流，是教师专业发展的必然趋势，所以教师需要与时俱进，对新理论、新技术、新方法保持浓厚兴趣，及时学习掌握，自觉主动运用，使教学更加灵活轻松、美妙高效，提高教学质量。

教师应在短时间内迅速掌握一些学得会的、用得上的、能减轻负担的、提升劳动创造性的、促进专业发展的信息技术、技能，主要包括：Baidu——信息检索技术，Igooi/epip/mypip——知识管理技术，Power Point——表达展示技术，Webquest——探究教学技术，Rubric——教学评价技术，Concept Map——思维汇聚技术，Weblog——实践反思技术，Moodle——网络教学技术。

教育科研是信息时代教师专业发展的有效途径。信息技术为教师开展教育科研提供课题源泉、工具支持和方法指导。

新教学媒体的产生，使教学结构随之变化，衍生出一系列新的课题。现代教学媒体的教育应用、数字化资源的建设、网络资源的利用、信息技术与课程整合、新型教学过程的设计、信息化教学环境下的师生关系、信息化教学形式等，都是值得研究的课题。综合利用各种现代教学媒体，可以极大地提高教师查找、收集、加工、处理和传递信息的能力与水平，提升教师的信息素养，为教师开展教育科研奠定坚实的基础。教师开展教育科研的根本目的是通过学习教育科学理论，使用信息技术，从事教育实践，进行教学反思，改变教育行为，促进学生学习，提高将信息技术与教学理念整合应用的信息化教学能力。教师只有不断学习，深入思考，积极探索，勇于实践，让信息技术为教学服务，才能适应时代的变化，获得自身的专业发展。

1.2　信息技术教材教法的含义与特点

每一门学科都有其自身的特点。要学习和研究它，必须掌握其特点。由于信息技术教材教法研究的内容十分复杂，它的理论尚未达到精确化。下面介绍信息技术教材教法的含义及其比较重要的而且比较显著的几个基本特点。

1.2.1　信息技术教材教法的含义

信息技术教材教法是一门科学。同其他学科一样，它有自身的内容和理论体系。信息技术教材教法不仅和信息技术科学的发展有关，而且和教育学、心理学等学科有着密切的联系。信息技术教材教法是现代教育学范畴中的一门新兴学科，是现代科学技术的产物，是教育现代化理论的重要组成部分。中小学信息技术教材教法是研究中小学信息技术课程的教学目的、教学内容、教学规律、教学方式方法和手段的科学，是信息技术科学、教育学、心理学、逻辑学、哲学等诸多学科相互结合而产生的边缘性、综合性学科，是随着信息技术的发展、应用而发展、完善的一门新学科。

1.2.2　信息技术教材教法的特点

信息技术教材教法具有以下特点。

1. 综合性

作为研究信息技术教学目的、教学内容、教学规律、教学方式方法和手段的科学，信息技术教材教法与哲学、逻辑学、教育学、心理学、信息技术科学、数学、生物学、神经学、电子物理学以及人工智能等诸多学科理论紧密联系，因而信息技术教材教法具有综合性。

2. 独立性

信息技术教材教法是信息技术科学与教育学等其他诸多学科相互结合的产物。它需要综合运用各门学科的一般原理和方法，受某门学科的特点和要求所影响。但作为一门科学，信息技术教材教法有其自身的具体规律和基本方法，它以信息技术科学为基础，以唯物辩证法为指导，以教育学心理学为依据，形成其独特的理论体系，因而，信息技术教材教法具有相对独立性。

3. 实践性

信息技术教材教法的理论基础是信息技术科学，而信息技术科学本身就具有很强的实践性。另外，信息技术教材教法的理论知识来源于信息技术教学实践，反过来，又应用它来指导教育实践并在指导实践的过程中不断得到发展完善。这是一个实践的过程。因此，信息技术教材教法具有很强的实践性。

4. 发展性

在我国，中小学信息技术课程是一门新的发展中的学科；信息技术教学刚刚开始，尚未成熟，师资缺乏，可资借鉴的经验较少；信息技术教材教法的研究层次低，渠道少，理论体系还不完善，仍属起步阶段，在不断发展中。另一方面，信息技术科学的发展突飞猛进，日新月异，新的理论和技术不断产生，也促进信息技术教材教法不断发展和完善。

5. 创新性

信息技术教材教法的教学和研究是一种劳动过程，而劳动本身具有创新性。这种劳动不仅创造价值，而且能够推动社会生产力的发展。它是一种不断变革、不断创新的实践活动。它的变革能提高教学效率和教育质量、提高劳动者素质、推动社会和经济的发展。信息技术的教学，要新颖，要鲜活，体现时代精神，紧跟社会和经济发展的需要，与时俱进，开拓创新。这就体现了信息技术教材教法的创新性。

1.3 信息技术教材教法的研究对象与任务

以上论述了信息技术教材教法研究的目的、意义与特点等。在此基础上，我们再进一步分析信息技术教材教法的研究对象与任务。

1.3.1 信息技术教材教法的研究对象

高等学校有关专业开设的信息技术教材教法课程要求学生学习信息技术教材教法的基础知识、基本理论和教学基本技能，为教育实习和毕业后从事信息技术教学工作以及开展信息技术教育科学研究作好必要的准备。这个课程的基本内容包括以下各个方面。

1. 信息技术课程

信息技术课程是指信息技术教育实施过程中不同时期的教学内容的设置与安排。就我国目前信息技术教育的实施情况来看，信息技术教育主要分为小学、中学、大学三个阶段。在各个阶段信息技术课程的设置与安排上，不仅要考虑到计算机科学知识的变化和发展趋势，以及知识的连贯性和系统性，而且还要考虑到各个时期学习者的年龄特征和认知能力。

2. 信息技术教学

信息技术教学是指对信息技术课程教学过程的研究。其中包括信息技术教学在各个不同时期的基本特点，信息技术课程教学的一般原理，信息技术课程教学的基本原则，以及信息技术课程的教学形式、方法和手段等。

3. 信息技术学习

信息技术学习是指对信息技术课程学习过程的研究，其中包括信息技术课程学习的特点、信息技术课程学习的一般性原则等，还包括信息技术课程学习过程中的认知结构、能力结构、智力因素和非智力因素等。

4. 计算机辅助教育

计算机辅助教育（Computer Based Education，CBE）主要包括计算机辅助教学（Computer Assisted Instruction，CAI）和计算机管理教学（Computer Managed Instruction，CMI）两个方面。计算机辅助教学是指把计算机系统的功能和教师的课堂讲授有机地结合在一起。它既包括为学生提供系统的学习指导的课程内容，又包括为某一教学内容所采用的补充的教学模拟、游戏以及向学习者提供某种作业的辅导、操练和实践等。计算机管理教学是指计算机在教学各个方面的具体应用，即利用计算机对教学过程的各个方面进行管理，如学校的行政管理和教学管理等。

随着计算机技术的不断发展，计算机功能不断增强，其应用范围也将不断扩大。教学过程中计算机的应用势在必行，这一应用必然影响到教学过程的各个方面。这一切不仅会引起人们对教学过程的思想观念的改变，而且对教学模式、教学方式与方法等提出新的要求。因此，把计算机在教学过程中的应用作为信息技术教材教法研究的对象和内容是十分必要的。

5. 计算机远程教育

计算机和计算机网络的不断发展和完善，为人类实现跨越时空的教育资源共享提供了可能和便利。计算机远程教育必将成为远程教育的主流。但同时也会产生大量的问题，如计算机远程教育的模式、计算机远程教育的课程设置、计算机远程教育的实施、计算机远程教育的评价与管理等。这些都将成为进一步研究的课题。

信息技术教材教法研究的对象，决定了信息技术教材教法的组成及研究范围。目前，信息技术教材教法已逐步形成一套理论体系。这套理论体系主要由信息技术课程论、信息技术教学论和信息技术学习论构成。因此信息技术教材教法并不是研究信息技术科学本身的最新技术成果，而是研究如何更好地将信息技术科学在教育领域进行推广、普及和运用。概括起来，其研究范围包括下面三个方面：信息技术教育的基础理论，主要研究信息技术教育的概念、地位和作用，信息技术教育与相关学科的关系，信息技术教育发展史及各国信息技术教育的比较等；信息技术的教材，主要研究信息技术教材的编制原则、指导思想、内容模块等；信息技术教材教法，主要研究信息技术教学的原则、过程、规律、评估，以及各种信息技术教学法等。

作为高等师范院校开设的信息技术教材教法课程，它的教学目的必须与师范院校的性质及其培养目标相一致。对于培养中小学教师的高等师范院校来说，信息技术教材教法研究的主要对象是中小学信息技术教育，所以信息技术教材教法又称"中小学信息技术教材教法"。中小学信息技术教材教法的研究内容为中小学信息技术教学系统，即中小学信息技术教学的诸因素——教师、学生、教材、教学内容、教学方式方法和教学手段，是怎样在中小学信息技术教学系统中相互依存、相互作用，又怎样达到优化组合而统一的。它结合了多门学科的思想、原理和方法，结合了优秀中小学信息技术教师的实践经验，又综合研究了中小学信息技术教育的一般规律。其目的是为了培养大批合格的中小学信息技术师资。

总之，信息技术教学法的内容十分丰富，极为广泛，不可能在有限的教学时间内全部学完。信息技术教材教法课程只要求学习者有重点地学习信息技术教学法学科的主要的、基本的内容。

1.3.2　信息技术教材教法的研究任务

通过对中小学信息技术课的教学内容、教学模块、教学特点、基本原则、教学方法、现代教学手段、教学工作、教学的基本类型、智力能力与信息素养的培养、教学评价、教学研究与论文撰写等的研究，我们旨在探索总结《中小学信息技术》课的学科教学规律，解决"为什么教，为什么学；教什么，学什么；如何教，如何学；教得怎样，学得怎样"，即准备过程、教学过程和评价过程等教学问题。完善、丰富和发展信息技术教材教法理论，在理论和实践上探索人才培养模式，构建适应信息时代和经济全球化需要的信息技术教材教法课程体系，为中小学信息技术课的教学提供理论支撑和实践指导、指导中小学信息技术课的教学实践、推动我国中小学信息技术教育的普及与发展、深化教育教学改革、全面推进素质教育、提高教学质量和效益、全面建设小康社会、促进经济社会发展、开创具有中国特色的社会主义新局面作出贡献。

对于一个信息技术教育工作者来说，信息技术专业知识无疑是进行信息技术教学工作必不可少的基本条件。但是要想充分发挥信息技术专业知识的作用，在教学中使学生有效地掌握知识、发展智能和提高素质，提高教学效率和教学质量，不仅要有扎实的信息技术基础知识，而且必须认真学习和深入研究信息技术教材教法，掌握信息技术教材教法的基本理论。首先要确定教学目的和内容，研究学生掌握信息技术知识的特点和规律，研究有效的教学方法和手段，否则就不可能收到预期的效果。同时，通过教材教法的深入学习和研究，对信息技术基础知识本身，也可以更深入地理解和更牢固地掌握。这就是教学相长。对于从事信息技术教育的工作者来说，仅仅拥有信息技术基本知识是远远不够的。无数事实证明：具有同样专业知识水平的两个教师，由于教学方法和教学艺术的差异，其教学效果和质量会悬殊。"善教者学逸而功倍，不善教者学劳而功半。"可见，对于一个信息技术教师，中小学信息技术教材教法的学习和研究是十分必要的。即使是一些有实践经验的教师，也是如此。

教育是事业，事业的意义在于奉献；教育是科学，科学的价值在于求真；教育是艺术，艺术的生命在于创新。成功的教学本身就是一种艺术创造，是一项艰巨的创造性劳动。在教学中，既要实事求是，按照教学规律办事，结合学生的实际情况高效率地进行教学，又要解放思想，充分发挥自己的主观能动性，创造性地教学。也就是说，教学要产生好的艺术效果，需要教师具有广博的基础知识与信息素养、扎实的信息技术专业知识与技能，掌握现代教育学、心理学理论和教学的客观规律，具备良好的职业道德，发扬并保持忘我工作的精神、爱岗敬业和无私奉献的师表风范。

开设信息技术教材教法的任务就是通过对信息技术课教学的研究，探索总结中小学信息技术课的学科教学规律，加强对信息技术教育工作者的专业和职业技能的训练，提高他们的信息技术教育素养，从而提高教学效率和教学质量。具体来说，其任务主要包括以下几个方面：

（1）使学习者了解和掌握信息技术教育在中小学不同层次中的教育目标，并能对中小学信息技术教育的内容进行深度和广度的研究。

（2）使学习者运用所学的信息技术专业知识，以现代教育学、心理学、课程论、学习论和教学论等学科理论为指导，分析《中小学信息技术课程指导纲要（试行）》和《普通高中技术课程标准（实验）》进行教材和教法的研究。

（3）使学习者掌握信息技术教学的方法和技巧，练好扎实的基本功，有效地进行教学改革，不断提高教学质量。

（4）使学习者掌握指导信息技术学习的规律和原则，在教学工作中科学地指导学生学习，取得优异的教学效果。

（5）教育学习者牢固树立专业思想，热爱信息技术教育事业，并善于运用唯物辩证法指导教育实践，不断总结和丰富信息技术教学经验。

1.4　信息技术教材教法的研究方法

信息技术教材教法是一门思想性、理论性和实践性很强的学科。它的理论、观点必与一定的教育理论、思维科学相联系。因此，研究信息技术教材教法的理论问题必须以正确的哲学思想为指导，也就是说以唯物辩证法为指导。在研究信息技术教材教法问题时，应当全面正确地运用唯物辩证法的立场、观点、方法去分析问题，解决问题，从实际出发，实事求是地去分析国内外信息技术教学理论观点和经验教训，并通过教学实践的检验，吸取其中有益的东西。在信息技术教材教法的研究中，要结合研究对象的特点选择适用的、合理的研究方法。信息技术教育的研究方法多种多样，基本的方法主要有以下几种。

1. 文献研究法

这种方法是应用文献资料进行研究的方法。它通过对以往的信息技术教学实践和教学理论历史资料的分析和研究，认识和掌握信息技术教学的发展规律，以指导当前的信息技术教学实践。文献研究法的关键在于资料的收集。在收集资料时，要注意材料的全面性、可靠性和一致性，应尽可能地收集第一手材料。既要收集大量的正面材料，又要注意收集反面材料。在收集材料的基础上，要善于分析材料的价值和真实性，并能对材料进行分类，从中找出具有规律性的东西。

2. 理论研究法

信息技术的教学过程有一定的规律性。一方面，信息技术教学法的理论用来指导教学实践；另一方面，理论、观点是否正确，教学方式、教学方法是否有效，根据理论制订出来的教学目的、教学计划、教学手段是否可行，也要经过教学实践的检验。这是辩证唯物主义的基本原理。因此理论研究必须同实践紧密结合。理论研究法就是针对信息技术教材教法原理及其发展规律，从理论上加以研究，以给出信息技术教材教法较为系统的理论体系。用理论研究法研究信息技术教育，往往卓有成效。

3. 实践研究法

所谓实践研究法是指信息技术教材教法的理论用于实践的过程，即通过教育教学实践，使得信息技术教材教法的理论不断完善、不断发展。在实践过程中要发扬实事求是的精神，经常地、广泛地、深入地调查研究。在教学和研究实践中不断发现新问题，提出新思想，掌握新信息，并能及时把一些好的思想、好的方法和好的经验从理论的高度加以总结，不断充实信息技术教材教法理论，促进其不断发展。实践研究法是解决信息技术教学问题时广泛使用的、行之有效的方法，也是学好信息技术教材教法的关键。

4. 比较研究法

任何一门学科都有它自身的发展规律，从而体现了一定意义上的独立性。不论对哪门学科的研究，我们都应当本着辩证唯物主义和历史唯物主义的观点，从联系和发展的角度加以认识。比较研究法就是从各学科间相互联系的角度对信息技术教材教法进行研究。通过比较，充分借鉴和利用其他学科的发展和研究成果，并把它们同信息技术教材教法的研究有机地结合起来，不断完善信息技术教材教法的理论体系。

5. "三论"研究法

所谓"三论"，是指系统论、控制论和信息论。系统论是关于一切系统的模式、原理和规律的理论体系；控制论是关于控制系统过程的一般规律的科学；信息论是用数学方法研究信息的计量、传递、处理和储存，以探求信息过程的规律性的科学。这里的"三论"研究法，指的是运用"三论"的有关知识，对信息技术教育进行研究的一种方法。按照"三论"的观点，信息技术教育是一个多因素、多层次、结构复杂、处于不断发展变化过程中的功能系统，信息技术教学过程是一个协调控制过程，也是一个信息传递过程。在这个系统中，学生对主要来自教师、教材的信息进行获取、处理、储存、输出，教师根据获得的反馈信息，调控以后将信息输出，如此循环往复。

6. 协同研究法

信息技术教学法作为一门边缘学科，有很强的综合性、普遍性和适应性。学习信息技术教学法必须具有综合的多学科知识。同时，为了适应这些特点，对于它的研究，必须广泛地吸取和综合运用有关学科的基本原理和方法，特别是有关哲学、心理学、教育学、逻辑学等方面的理论、观点和新方法，才能启发我们去思考并解决信息技术教学上的问题，取得好的效果。另一方面，还需要组织各方面的专家（包括社会科学家、自然科学家等）进行协同研究。这就是我们所说的协同研究法。

因为信息技术教育具有复杂性，所以信息技术教育的研究方法多种多样，且具有综合性和发展性的特点。各种研究方法，有利有弊。因此，在信息技术教育研究中，应根据具体情况，采用不同的研究方法，并注意各种方法的协同配合，取长补短，才能取得好的效果。

1.5　我国中小学信息技术教育的发展

信息技术教育是在信息技术不断发展的基础上产生和发展起来的。信息技术教育的兴起和发展，是信息革命在教育领域中的反映，是信息社会对教育的新要求。当前世界各国都十分注重信息技术教育的发展。不管是经济发达、科技先进的国家和地区，还是第三世界国家，都把信息技术教育作为普通教育的重要组成部分，纷纷在普通中小学开设信息技术课程。信息技术教育正在向各级各类学校推广，并取得了显著的社会效益和经济效益。本节对信息技术教育发展的重要性和我国中小学信息技术教育发展状况作简要阐述。

1.5.1　信息技术教育发展的重要性

中小学信息技术教育与现代社会、经济、文化等方面的发展息息相关。下面分别就教育现代化的需要、经济全球化的需要、社会信息化的需要来说明信息技术教育发展的重要性。

1. 信息技术教育是教育现代化的需要

教育面向现代化，是 21 世纪教育的首要目标和主要任务。一方面，教育要为实现社会主义现代化服务，另一方面，教育自身要实现现代化。这是一个相互作用、相互促进的互动过程。以教育现代化保证社会现代化目标的实现，在推进社会现代化的过程中促进教育现代化。这就是教育面向现代化战略思想的基本内容。

党的十五届五中全会高瞻远瞩，统揽全局，确立了以信息化带动工业化的发展战略，提出各级各类学校要积极推广计算机及网络教育，提高教育现代化、信息化水平，大力发展现代远程教育。科学技术特别是多媒体技术、互联网技术和现代通信技术日新月异的发展，促进了现代教育技术的发展，改变了传统的教育教学模式，使教育具有现代化特征。新技术全球普及的趋势将给学校从教学、科研、管理到基础设施，甚至学校的形式带来革命性的变革。学校在相互交往和发展过程中，首先要更新传统陈腐的教育观念，使教育观念现代化；在教学手段、科研手段、管理手段上要现代化；要充分运用和掌握先进的高新技术成果；要改变传统教育资源不足的现状。教育如果不与网络结合，就没有出路。大力发展网络教育，构建超越时空的大教育体系，对实现教育的跨越式发展具有重要的意义。运用光盘、多媒体、网络教学，盘活教育资源，扶持落后地区、欠发达地区的教育。科学技术是第一生产力，科技的基础在教育。教育具有先导性、全局性和战略性地位。教育要先行，先走一步，就包含着教育的现代化要先行。信息技术教育对于实现我国基础教育的跨越式发展、全面建设小康社会、实现社会主义现代化具有重要的意义。所以说，中小学信息技术教育是面向教育现代化的需要。

2. 信息技术教育是经济全球化的需要

经济全球化是指世界各国经济在生产、交换、分配、消费环节的跨国化趋势，是生产能力存量在全球范围内的转移活动。它包括生产的全球化、贸易的全球化、金融的全球化，等等。简而言之，经济全球化是指经济活动的全球性跨国化和依存性融合化。

经济全球化的结果是教育的全球化。它给教育提供了难得的机遇，也带来了严峻的挑战。在经济全球化背景下，需要的是国际化、复合型、创造性的人才。因此，我们要树立教育国际化的观念，优化人才培养模式，强化创新意识，重视能力培养，加强人力资源的能力建设，大力实施人才发展战略，适应社会发展的需要，为培养和造就一大批与国家经济、科技和社会发展相适应的高素质人才打好基础。

一个学生要有个性，一个学校要有品位，一个国家要有特色。否则，就会被吃掉。个性、品位、特色靠什么支撑？靠的就是创新。在知识经济时代，知识就是资本，创新就是生命。创新是一个国家不断发展、在国际竞争中取得主动地位的重要决定因素。创新观念是教育发展的灵魂。学校应该教给学生什么？是创新意识、创新思维、创新方法、创新能力。学校还应该教给学生做学问的方法，做事的原则和做人的道理。中小学是培养创新精神和健康人格、提高实践能力和综合素质的重要基地。学校教育的一个重要的改革方向应是防止教育中理论脱离实际的倾向，要根据现代教育向综合化、社会化发展的特点，更加重视科学教育、技术教育和人文教育的融合渗透和协调发展，应在提高学生全面素质的基础上，注重学生个性发展，创造有利于个性发展的良好环境。中小学信息技术教育的普及和发展为发展学生个性、培养创新精神、提高实践能力、全面推进素质教育带来了难得的发展空间。

3. 信息技术教育是社会信息化的需要

知识经济已见端倪，21世纪将全面进入信息时代。计算机技术、多媒体技术和现代通信技术的紧密结合，"信息高速公路"的建立，互联网技术的发展，标志着未来人类社会将是网络化社会。它在改变人类生存和生活方式的同时，也使未来的教育教学方式发生深刻的变革。因此，面向未来的教育首先必须为迎接信息社会的教育变革做好准备。教育教学方式将由长期低水平的劳动密集型向应用高科技的智力密集型转变。其影响将波及教育思想、教育观念、教学方法、教学手段、教育过程、教育管理、师生关系乃至整个人才培养模式等各个层面，其中，一个最重要的方面就是学习方式产生深刻的变化——"学习的革命"。

在信息社会，教育的形态将成为一种学习的过程，教育将会突破时空的限制，使学习成为教育的主要形式。因此，联合国教科文组织"国际21世纪教育委员会"的报告题目就叫做学习——内在的财富。把21世纪的教育称为学习，正反映了未来教育的特质。信息时代的到来，为教育体制、制度和机制的创新创造了良好契机，而信息技术教育的发展则为学习者提供了学会求知、开发潜能的广阔平台。

计算机是20世纪最伟大的科技成就之一，是信息处理的有力工具，是人类通用的智力工具。计算机科学是继自然语言、数学语言之后成为第三种对人类有着极大用途的科学语言，是迈进21世纪的"个人护照"，它对开发人类智能具有无与伦比的作用。随着计算机技术的发展，计算机的应用已经越来越广泛地渗透到中小学各学科的教学之中，计算机辅助教学对改革教学方法、教学手段和提高教学效率、教学效果起到重要的作用。在信息技术教育过程中，既能教给学生计算机科学知识和基本技能，又使学生掌握信息处理的方法。更重要的是培养了学生的自学能力、实践能力和解决问题的能力。所以，发展信息技术教育是我国社会、经济、科技发展的需要，是信息时代的需要。

1.5.2 我国中小学信息技术教育发展回顾

随着信息时代的到来，信息技术逐步深入教育领域，并形成一门新的、独立的学科。我国中小学信息技术教育经历三个阶段、掀起三次浪潮，目前方兴未艾，迅猛发展。

1. 试验启动阶段

第一次浪潮从 20 世纪 70 年代末开始。1978 年，北京、上海等地的少数中小学和少年宫，先后成立了计算机课外兴趣小组。1982 年，教育部要求在北京大学和清华大学等五所高校的附属中学开设计算机选修课的试验，拉开我国中学计算机学科教学的序幕。重点是计算机学科教学，主要学习基本 BASIC 语言、简单的程序设计和上机操作，让学生学习和掌握信息技术的基础知识和基本技能。标志性口号是"程序设计是第二文化"。

2. 逐步发展阶段

第二次浪潮从 20 世纪 80 年代中期开始。1986 年 5 月，在福建省福州市召开的"全国中学计算机教育第三次工作会议"，对我国中学计算机教育的发展起到承上启下、继往开来的作用。重点是计算机辅助教学与计算机辅助管理，主要是开发教学软件、课件和教育管理软件，将计算机与教育教学相结合，将信息技术整合于各学科的教学之中。课程整合的目的是改变传统的教学模式，由以教师为中心发展为以学生为中心，提高教学效率，改善教学效果；课程整合的理论基础是建构主义。标志性口号是"计算机辅助教育"。

3. 快速发展阶段

第三次浪潮从 20 世纪末开始，重点是建多媒体电子教室、建校园网、建三网（计算机网、闭路电视网、广播网）合一的"城域网"、实施校校通工程，主要是对学生开设网络课程，充分利用网上教育资源，探索基于网络的教学模式和研究性学习，试验远程教学模式。标志性口号是"网络就是计算机"。

2000 年 10 月，教育部在北京召开了中小学信息技术教育工作会议，颁发了《关于在中小学普及信息技术教育的通知》、《关于在中小学实施校校通工程的通知》和新的《中小学信息技术课程指导纲要（试行）》三个重要文件。从此，沿用了 20 多年的"中小学计算机教育课程"名称由内涵更加丰富、外延更为宽泛、与国际接轨的"中小学信息技术教育课程"所取代，揭开了我国中小学信息技术教育发展史上新的篇章。2003 年，教育部颁布了《普通高中技术课程标准（实验）》，标志着信息技术成为普通高中阶段一个独立的科目，标志着信息技术教育得到了本次课程改革的肯定，标志着信息技术课程的地位得到了确认（信息技术和通用技术分别作为技术领域的一个科目），标志着信息技术既归类于技术领域又不同于一般的技术。

1.6 我国中小学信息技术教育存在的问题与发展思路

我国是第三世界国家，人口多，底子薄，地域广，经济还不够发达，教育也比较落后，全国各地差别较大，教育发展不平衡。本节在指出我国中小学信息技术教育存在的问题的基础上，提出一些改革发展的思路。

1.6.1　存在的问题

虽然我国中小学信息技术教育经过多年的探索和实践，总结了一定的经验，取得较大成效，有了长足的发展，但仍存在某些问题，主要表现在以下几个方面。

1. 观念跟不上、评价机制不完善

当前，在中小学，尚未建立科学合理的评价机制。同时，受应试教育的影响，一切围绕中考、高考的指挥棒转，又因为中考、高考一般没有信息技术科目，所以信息技术教育在一些中小学没有得到应有的重视，信息技术课往往被当成"劳动技能课"或课外活动，可有可无。

2. 发展不平衡

教育会受经济状况的影响。由于社会经济发展的不平衡，我国中小学信息技术教育发展不平衡，主要表现在：地区（经济发达地区与落后地区）之间发展不平衡、学校（重点学校与非重点学校、城市中小学与农村中小学）之间发展不平衡。

3. 资金不足

中小学信息技术教育的开展需要大量资金，用于添置设备、建立网络和购买软件等。但是，由于教育经费紧张，教育部门投入中小学特别是农村和边远贫困地区中小学信息技术教育的经费就更少。这严重制约我国中小学信息技术教育的发展。

4. 师资缺乏

就全国目前情况来看，我国中小学信息技术教师的数量不足、信息素质偏低。多数教师是非计算机教育专业人员，只受过短期培训，且是兼职搞信息技术教育。同时，由于计算机教育人员和计算机研发人员、计算机应用人员之间的待遇有较大的差距，信息技术教育师资队伍极不稳定。计算机专业毕业生不愿从事信息技术教育，特别是中小学信息技术教育，也是造成师资缺乏的一个原因。

5. 教法落后

不少教研员和教师仍把信息技术课作为一门如数理化等的学科来看待，按照传统学科的老办法来教、来学、来考。这导致学生喜欢信息技术，但不喜欢信息技术课，失去学习该门课程的兴趣。最终也影响教学效果。

6. 义务教育阶段信息技术课程标准没有颁布

普通高中信息技术课程标准，已由教育部于2003年3月印发。但是，义务教育阶段信息技术课程标准尚未出台，目前只能按照教育部2000年颁发的《中小学信息技术课程指导纲要（试行）》进行教学。这影响了该学段信息技术课程的实施。教育部应组织专家学者、一线教师编写起草、尽快颁布义务教育阶段信息技术课程标准（中国教育技术协会信息技术教育专业委员会组织全国各省信息技术教研员、部分骨干教师及部分高校信息技术课程专家起草编写的《基础教育信息技术课程标准（2012版）》，可供参考）。

1.6.2　发展思路

当前国际教育信息化的热潮势不可挡，中小学信息技术教育正如火如荼。

我国制定了教育信息化的发展目标，并取得显著效果。但就中小学信息技术教育来说，与国际教育信息化相比，还有很大的差距。要做好观念、资金、资源、师资、模式、教法等方面的工作。只有科学管理，综合考虑，全面落实，才能取得整体效果。

1. 更新教育观念

认真贯彻教育部《关于在中小学普及信息技术教育的通知》精神，充分认识普及中小学信息

技术教育的重要性和紧迫性，把普及信息技术教育作为迎接全球化的挑战、实现科教兴国战略的一项重大举措来抓紧抓好。

2．加大资金投入力度

建立以政府投入为主、多方筹措资金的体制，鼓励社会团体、企业和个人对中小学信息技术教育的支持。经费要合理使用，勤俭节约，并提高设备的使用频率。

3．有效整合现有资源

目前，基础教育的资源很多，但是低水平、重复建设和脱离实际的资源也不少。教育资源的开发和建设要体现素质教育要求，贯彻统筹规划、分工合作、公平竞争、资源共享的方针，通过有效途径，如建立国家级和省（市）级的资源库等，把众多的优质教育资源整合到信息技术的教育工作中去，实现优势互补、资源共享。

4．加强师资队伍建设

采取切实有效的措施，加强中小学信息技术教育师资队伍建设是提高教育质量的重要保证。一方面，要扩大师范院校信息技术相关专业的招生规模，鼓励和引导信息技术相关专业的毕业生到中小学任教；另一方面，抓紧做好对中小学信息技术课程教师进行新大纲、新教材和信息技术课程教材教法的学习和培训工作，提高其信息素养。

5．关于教学模式问题

目前，对于如何实施信息技术教育，在教育界存在"两种模式论"：一种是开设专门的信息技术课，另一种是将信息技术内容整合到中小学各学科的课程中去。我们认为，"两种模式论"过于理想化和简单化，现实情况要复杂得多，而且并不见得非此即彼。诚然，第二种模式是教育改革的一个发展方向，值得提倡。但就目前条件和实际情况来说，大面积推广切不可操之过急，从课程设置中取消信息技术课的做法显然不符合我国当前的国情。

我们认为，当前我国中小学信息技术教育的主要模式仍然是开设信息技术课，教材应该执行"多纲多本"政策，采用"任务驱动"方法，组织编写和出版与国际接轨的、适应时代发展、社会进步和经济全球化趋势需要的教材，也可引进部分"洋教材"，但要适合中国实际，洋为中用，还应编写和出版与信息技术课教材配套的《信息技术教材教法》教科书，形成完整的课程体系。

内容安排要根据信息技术学科理论体系庞大、操作性强和发展速度快等特点，符合思想性、科学性、交互性、实践性、创造性等原则。内容要精，要新，要鲜活，要管用，体现时代精神，紧跟社会经济发展形势，与时俱进，开拓创新。

6．改革教学方法

进行教学方法的创新，以作品设计和操作技能为主，重研究、重操作、重实践、重能力，使学生既学会学习、学会思考、学会应用，更学会探索、学会实践、学会创造，克服因循守旧的单向的灌输式、被动式、应试式的教学方法，实行新型的双向互动的启发式、探索式、研讨式的教学方式，充分调动学生学习的积极性、主动性和创造性，让学生在教学相长中体验学习的乐趣、获得新知、加强素质、提高能力。

思考与练习

1．信息技术的含义是什么？它对教育教学和学生有哪些重要影响？

2．中小学信息技术教材教法的研究对象是什么？其主要任务包括哪几个方面？

3. 中小学信息技术教材教法的研究有哪些基本方法？

4. 我国中小学信息技术教育的发展经历了哪几个阶段？

5. 当前中小学信息技术教育的发展趋势是什么？

6. 目前我国中小学信息技术教育的发展存在什么问题？应如何解决？

第2章
信息技术课的教学目的和内容

教学目标

1. 掌握中小学信息技术课的教学目的；
2. 理解中小学信息技术课各学段的教学目标；
3. 知道中小学信息技术课的教学模块；
4. 了解中小学信息技术课的具体内容和要求。

内容结构

本章依据教育部颁布的《中小学信息技术课程指导纲要（试行）》和《普通高中技术课程标准（实验）—信息技术部分》两个文件的精神，对以下内容展开讨论：（1）信息技术课的教学目的；（2）信息技术课的教学模块、内容和要求。

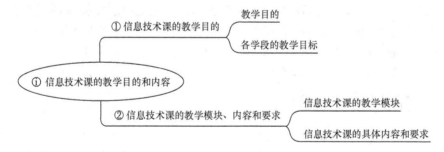

教学建议

本章介绍中小学信息技术课的教学目的、各学段的教学目标、基本内容和具体要求。可以组织学生学习教育部的两个文件——《中小学信息技术课程指导纲要（试行）》和《普通高中技术课程标准（实验）—信息技术部分》，领会文件精神，提高思想认识，理解掌握中小学信息技术课的教学目的、中小学信息技术课各学段的教学目标等内容。

教育部公布的《中小学信息技术课程指导纲要（试行）》对中小学信息技术课程的教学目的和内容有明确的规定。但我国幅员广阔，各地经济发展不平衡，教育水平差异较大，信息技术设备、师资力量不尽相同。同时，信息技术软硬件发展很快，应用领域不断创新。所以，中小学信息技术课的设置要有一定的弹性。教学内容分为"基本模块"和"选学模块"。"基本模块"着眼于提高学生的计算机文化素质，为将来进一步学习打下扎实的基础；"选学模块"可在学习了基本模块后选学，有利于学生的个性化和深入化发展。各地区可根据教学目标和当地的实际情况在两类模块中选取适当的教学内容。随着社会的发展、科学技术的进步，对信息技术的具体要求也会有相应的变化，我们的教学内容也应随之改变。

2.1　信息技术课的教学目的

中小学教育是基础教育，其任务是为提高全民族素质，培养有理想、有道德、有文化、有纪律的社会公民，并为培养德、智、体、美、劳全面发展的现代化建设需要的各级人才奠定基础。

人的素质包括思想道德素质、科学文化素质、身体心理素质和劳动技能素质。有些专家提出面向 21 世纪的人才应具有的基本素质包括：道德、查询和处理信息的能力、批判性思维和解决问题的能力、合作工作的能力、适应变化的能力、交流能力等方面。

所以，信息技术课的教学，要着眼于帮助学生树立崇高的理想、提高道德素质、掌握基础知识和发展能力，以适应信息时代的发展和国家现代化建设的需要。此外，信息技术课的教学，应重在提高学生的科学文化素质和劳动技能素质方面，为现代信息社会提供合格的掌握信息技术基础知识、具有基本操作技能的城乡劳动者，也为高一级学校输送合格的具有信息处理能力的学生。

2.1.1　教学目的

《中小学信息技术课程指导纲要（试行）》对中小学信息技术课程的教学目的作了规定：

培养学生对信息技术的兴趣和意识，让学生了解和掌握信息技术基本知识和技能、了解信息技术的发展及应用对人类日常生活和科学技术的深刻影响。通过信息技术课程使学生具有获取信息、传输信息及其他与信息技术相关的能力，教育学生正确理解与信息技术相关的文化、伦理和社会等问题，负责任地使用信息技术。培养学生良好的信息素养，把信息技术作为支持终身学习和合作学习的手段，为适应信息社会的学习、工作和生活打下必要的基础。

2.1.2　各学段的教学目标

信息技术课的设置不能脱离学生现有的心智发展水平，不能偏深、偏高、偏广。但是中小学生可塑性强，兴趣爱好日趋广泛、深入，思维趋向科学，且不同年龄阶段有不同的知识经验和情感需求。因此，中小学各阶段的教学内容要有各自明确的目标，要体现出各阶段的侧重点，要注意培养学生利用信息技术对其他课程进行学习和探讨的能力，要努力创造条件，积极利用信息技术开发各类学科的教学，注意培养学生的创新精神和实践能力。

1. 小学阶段的教学目标

（1）了解信息技术的应用环境及信息的一些表现形式。

（2）建立对计算机的感性认识，了解计算机技术在日常生活中的应用，培养学习、使用计算机的兴趣和意识。

（3）在使用信息技术时学会与他人合作，学会使用与年龄发展相符的媒体资源进行学习。

（4）能够在他人的帮助下使用通信远距离获取信息、与他人沟通，开展直接和独立的学习，发展自己的爱好和兴趣。

（5）知道应负责任地使用信息技术系统及软件，养成良好的计算机使用习惯和责任意识。

2．初中阶段的教学目标

（1）增强信息意识，了解信息技术的发展及其对工作和社会的影响。

（2）初步了解计算机基本工作原理，学会使用与学习和实际生活直接相关的工具和软件。

（3）学会应用多媒体工具相关设备和技术资源来支持其他课程的学习，能够与他人协作或独立解决与课程相关的问题，完成各种任务。

（4）在他人帮助下学会评价和识别电子信息来源的真实性、准确性和相关性。

（5）树立正确的知识产权意识，能够遵照法律和道德准则负责任地使用信息技术。

3．高中阶段的教学目标

（1）具有较强的信息意识，较深入地了解信息技术的发展变化及其对工作、社会的影响。

（2）了解计算机基本工作原理及网络的基本知识，能够熟练地使用网上信息资源，学会获取、传输、处理、应用信息的基本方法。

（3）掌握运用信息技术学习其他课程的方法。

（4）培养选择和使用信息技术工具进行自主学习、探讨的能力，以及在实际生活中应用的能力。

（5）了解程序设计的基本思想，培养逻辑思维能力。

（6）通过与他人协作，熟练运用信息技术编辑、综合、制作和传播信息及创造性地制作多媒体作品。

（7）能够判断电子信息资源的真实性、准确性和相关性。

（8）树立正确的科学态度，自觉地按照法律和道德准则使用信息技术，进行与信息有关的活动。

2.2　信息技术课的教学模块、内容和要求

根据《中小学信息技术课程指导纲要（试行）》的要求，中小学信息技术课程教学内容目前要以计算机基础、计算机应用初步、程序设计基础和网络技术为主。

2.2.1　信息技术课的教学模块

信息技术课程要注意小学、初中、高中之间教学内容的衔接，编排要由浅入深、循序渐进。

小学阶段信息技术课的教学模块可以划分为：

模块一　信息技术初步

模块二　操作系统简单介绍

模块三　用计算机画画

模块四　用计算机作文

* 模块五　网络的简单应用

* 模块六　用计算机制作多媒体作品

初中阶段信息技术课的教学模块可以划分如下：

模块一　信息技术简介

模块二　操作系统简介

模块三　文字处理的基本方法

模块四　用计算机处理数据

模块五　网络基础及其应用

*模块六　用计算机制作多媒体作品

模块七　计算机系统的硬件和软件

2003 年颁布的《普通高中技术课程标准（实验）》将高中阶段信息技术课的教学内容划分为必修与选修两个部分，共六个模块，如下：

模块一　信息技术基础

* 模块二　算法与程序设计

* 模块三　多媒体技术应用

* 模块四　网络技术应用

* 模块五　数据管理技术

* 模块六　人工智能初步

2.2.2　信息技术课的具体内容和要求

对各学段各模块的建议包括如下内容，并以高中阶段为例，详细阐明各模块的教学目的、要求及具体内容。

小学阶段信息技术课的教学内容（一般不少于 68 课时）：

模块一　信息技术初步

（1）了解信息技术基本工具的作用及计算机的基本组成。

（2）掌握键盘和鼠标器的基本操作。

（3）认识多媒体，了解计算机在其他学科学习中的一些应用。

（4）认识信息技术相关的文化、道德和责任。

模块二　操作系统简单介绍

（1）学习汉字输入。

（2）掌握窗口图形操作系统的简单使用。

（3）学会对文件和文件夹的基本操作。

模块三　用计算机画画

（1）学习绘图工具的简单使用。

（2）学会图形的制作。

（3）初步掌握对图形的着色、修改、复制、组合等处理。

模块四　用计算机作文

（1）学习文字处理的基本操作。

（2）掌握文章的编辑、排版和保存。

* 模块五　网络的简单应用

（1）学会用浏览器收集材料。

（2）学会使用电子邮件。

* 模块六　用计算机制作多媒体作品

（1）了解多媒体作品的简单介绍。

（2）了解多媒体作品的编辑、展示。

初中阶段信息技术课的教学内容（一般不少于 68 课时）：

模块一　信息技术简介

（1）了解信息与信息社会。

（2）了解信息技术应用初步及发展趋势。

（3）了解与信息技术相关的文化、道德和法律问题。

（4）了解计算机在信息社会中的地位和作用。

（5）了解计算机的基本结构和软件简介。

模块二　操作系统简介

（1）熟练掌握汉字输入。

（2）了解窗口图形操作系统的基本概念及发展。

（3）掌握用户界面的基本概念及操作。

（4）掌握文件和文件夹的组织结构及基本操作。

（5）了解操作系统简单工作原理。

模块三　文字处理的基本方法

（1）熟练掌握文本的编辑、修改。

（2）掌握版式设计。

模块四　用计算机处理数据

（1）了解电子表格的基本知识。

（2）掌握表格数据的输入和编辑。

（3）掌握数据表格的简单处理。

（4）了解简单数据图表的创建。

模块五　网络基础及其应用

（1）了解网络的基本概念。

（2）会使用因特网及其提供的信息服务，会进行因特网上信息的搜索、浏览及下载。

（3）会使用电子邮件。

*（4）了解网页制作。

* 模块六　用计算机制作多媒体作品

（1）了解多媒体。

（2）学习多媒体作品文字的编辑。

（3）会使用作品中各种媒体资料，会对作品进行组织和展示。

模块七　计算机系统的硬件和软件

（1）了解数据在计算机中的表示。

（2）了解计算机硬件及基本工作原理。

（3）了解计算机的软件系统。

（4）了解计算机安全。

（5）了解计算机使用的道德规范。

（6）了解计算机的过去、现在和未来。

高中阶段信息技术课的教学内容及要求（一般为 70～140 课时）：

模块一　信息技术基础

1. 教学目的及要求

本模块的教学要强调在信息技术应用基础上信息素养的提高；要面向学生的日常学习与生活，

让学生在亲身体验中培养信息素养。

2．教学内容

本模块由 4 个主题组成，结构如下：

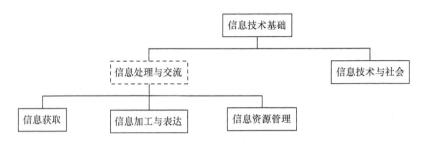

（1）信息获取

① 描述信息的基本特征，列举信息技术的应用实例，了解信息技术的历史和发展趋势。

② 知道信息来源的多样性及其实际意义；学会根据问题确定信息需求和信息来源，并选择适当的方法获取信息。

③ 掌握网络信息检索的几种主要策略与技巧，能够合法地获取网上信息。

④ 掌握信息价值判断的基本方法，学会鉴别与评价信息。

（2）信息加工与表达

① 能够熟练使用文字处理、图表处理等工具软件加工信息，表达意图；选择恰当的工具软件处理多媒体信息，呈现主题，表达创意。

② 合乎规范地使用网络等媒介发布信息、表达思想。

③ 初步掌握用计算机进行信息处理的几种基本方法，认识其工作过程与基本特征。

④ 通过部分智能信息处理工具软件的使用，体验其基本工作过程，了解其实际应用价值。

（3）信息资源管理

① 通过实际操作或实地考察，了解当前常见的信息资源管理的目的与方法，描述各种方法的特点，分析其合理性。

② 通过使用常见的数据库应用系统，感受利用数据库存储、管理大量数据并实现高效检索方面的优势。

③ 通过对简单数据库的解剖分析，了解使用数据库管理信息的基本思想与方法。

（4）信息技术与社会

① 探讨信息技术对社会发展、科技进步以及个人生活与学习的影响。

② 能利用现代信息交流渠道广泛地开展合作，解决学习和生活中的问题。

③ 增强自觉遵守与信息活动相关的法律法规的意识，负责任地参与信息实践。

④ 在使用因特网的过程中，认识网络使用规范和有关伦理道德的基本内涵；能够识别并抵制不良信息；树立网络交流中的安全意识。

⑤ 树立信息安全意识，学会病毒防范、信息保护的基本方法；了解计算机犯罪的危害性，养成安全的信息活动习惯。

⑥ 了解信息技术可能带来的不利于身心健康的因素，养成健康使用信息技术的习惯。

* 模块二　算法与程序设计

1．教学目的及要求

本模块旨在使学生进一步体验算法思想，了解算法和程序设计在解决问题过程中的地位和作用；能从简单问题出发，设计解决问题的算法，并能初步使用一种程序设计语言编制程序实现算法来解决问题。本模块为选修模块。

本模块的教学，应注意与数学课程中有关内容的衔接，要强调理论与实践的结合，引导学生注意寻找、发现身边的实际问题，进而设计出算法和计算机程序去解决这些问题。教师要注意发现对程序设计有特殊才能的学生，根据具体情况为他们提供充分的发展空间。本模块强调的是通过算法与程序设计解决实际问题的方法，对程序设计语言的选择不作具体规定。

2. **教学内容**

本模块由 3 个主题组成，结构如下：

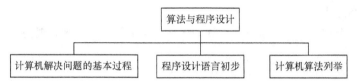

（1）计算机解决问题的基本过程

① 结合实例，经历分析问题、确定算法、编程求解等用计算机解决问题的基本过程，认识算法和程序设计在其中的地位和作用。

② 经历用自然语言、流程图或伪代码等方法描述算法的过程。

③ 在使用计算机解决实际问题的过程中，通过观看演示、模仿、探究、实践等环节，了解顺序、选择、循环三种基本结构及其重要作用，掌握计算机程序的基本概念，能解释计算机程序执行的基本过程。

④ 了解程序设计语言、编辑程序、编译程序、连接程序以及程序开发环境等基本知识。

（2）程序设计语言初步

① 理解并掌握一种程序设计语言的基本知识，包括语句、数据类型、变量、常量、表达式、函数；会使用程序设计语言实现顺序、选择、循环三种控制结构。

② 理解模块化程序设计的基本思想，初步掌握其基本方法。

③ 初步掌握调试、运行程序的方法。

④ 在使用某种面向对象的程序设计语言解决问题的过程中，掌握面向对象的程序设计语言的基本思想与方法，熟悉对象、属性、事件、事件驱动等概念并学会运用。

⑤ 能够说出程序设计语言产生、发展的历史与过程，能够解释其意义。

（3）计算机算法列举

① 解析法

了解解析法的基本概念及用解析法设计算法的基本过程；并能够用解析法分析简单问题，设计算法，编写程序求解问题。

② 穷举法

了解穷举法的基本概念、穷举法适用的题类及用穷举法设计算法的基本过程；能够根据具体问题的要求，使用穷举法设计算法，编写程序求解问题。

③ 查找、排序法

了解数组的概念，掌握使用数组存储批量数据的基本方法；通过实例，掌握使用数据查找算法和排序算法设计程序来解决问题的方法。

④ 递归法

了解使用递归法设计算法的基本过程；能够使用递归法设计算法、编写递归函数、编写程序、求解递归问题。

* 模块三　多媒体技术应用

1. 教学目的及要求

多媒体技术的应用，在改善人机交互效果、提高信息交流效率、促进合作等方面具有十分重要的作用。针对多媒体技术在生活中的实际应用而设置的"多媒体技术应用"是选修模块。

通过本模块的学习，学生应该在亲身体验的过程中认识多媒体技术对人类生活、社会发展的影响；学会对不同来源的媒体素材进行甄别和选择；初步了解多媒体信息采集、加工原理，掌握应用多媒体技术促进交流并解决实际问题的思想与方法；初步具备根据主题表达的要求，规划、设计与制作多媒体作品的能力。

本模块教学要密切结合学生学习与生活的实际，注重利用多媒体表现创意、表达思想，实现直观有效的交流。

2. 教学内容

本模块由 3 个主题组成，结构如下：

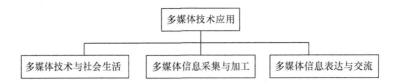

（1）多媒体技术与社会生活

① 能够说出多媒体技术的现状与发展趋势，关注多媒体技术对人们的学习、工作、生活的影响。

② 通过调查和案例分析，了解多媒体技术在数字化信息环境中的普遍性。

③ 通过网络浏览、使用多媒体软件或阅读相关资料，体验和认识利用多媒体技术呈现信息、交流思想的生动性和有效性。

④ 体验并了解多媒体作品的集成性、交互性等特征。

（2）多媒体信息采集与加工

① 了解常见的多种媒体信息如声音、图形、图像、动画、视频的类型、格式及其存储、呈现和传递的基本特征与基本方法。

② 能选择适当的工具，分别对声音、图形、图像、动画、视频等信息进行采集；能解释多媒体信息采集的基本工作思想。

③ 能根据信息呈现需求，选择适当的工具和方法，分别对声音、图形、图像、动画、视频等多种媒体信息进行适当的处理。

（3）多媒体信息表达与交流

① 通过网络浏览、软件使用和资料阅读，理解多媒体技术是人类在信息社会中表达思想、实现交流的一种有效技术。

② 通过案例分析，了解从问题解决的需要出发，规划、设计、制作多媒体作品的一般方法。

③ 学会使用非线性方式组织多媒体信息。

④ 能根据表达、交流或创造的需要，选择适当的媒体和多媒体编辑或集成工具完成多媒体作品，实现表达意图，并能够对创作过程与结果进行评价。

⑤ 能使用一种常用的工具制作简单的虚拟现实作品，并能描述其基本特点。

⑥ 通过评价与鉴赏他人的多媒体作品，体验其创作思想，明了其中所蕴涵的意义。

* 模块四　网络技术应用

1. **教学目的及要求**

"网络技术应用"模块介绍网络的基本功能和因特网的主要应用，是选修模块。

通过本模块的学习，学生应掌握网络的基础知识和基本应用技能，掌握网站设计、制作的基本技术与评价方法，体验网络给人们的生活、学习带来的变化。

本模块的教学，要注重激发学生对网络技术和参与创造性活动的兴趣；要结合实际条件，把网络技术基础知识和基本技能整合到学生的日常学习和生活中去，避免技术与应用、理论与实践相脱节；要充分展示网络技术发展的指导思想，展示网络技术与现代社会生活的相互作用。

2. **教学内容**

本模块由 3 个主题组成，结构如下：

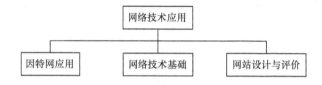

（1）因特网应用

① 通过使用因特网，了解因特网服务的基本类型、特点与应用领域，了解因特网服务组织的类型、提供的服务与服务特点。

② 通过尝试与分析，了解因特网信息检索工具的类型与特点，知道搜索引擎、元搜索引擎（又称"集成搜索引擎"）等因特网信息检索工具的产生背景、工作原理与发展趋势，掌握常用因特网信息检索工具的使用方法，能熟练使用检索工具获取所需信息。

③ 通过使用或演示，了解与人们学习、生活密切相关的因特网应用技术的基本使用方法，初步了解其基本工作思想。

④ 能够根据实际需求选择恰当的方式方法，利用因特网获取所需信息、实现信息交流；体验因特网在跨时空、跨文化交流中的优势，分析其局限性。

（2）网络技术基础

① 了解计算机网络的主要功能、分类与拓扑结构。

② 理解网络协议的基本概念，能描述网络的开放系统互联协议（OSI）分层模型的基本思想，能描述因特网 TCP/IP 的基本概念、思想与功能。

③ 能列举并解释网络通信中常用的信息交换技术及其用途。

④ 能描述浏览器/服务器（B/S）结构、客户机/服务器（C/S）结构的概念与特点。

⑤ 理解 IP 地址的格式与分类，知道域名的概念和域名解释的基本过程。

⑥ 知道因特网 IP 地址、域名的管理办法及相应的重要管理机构。

⑦ 通过实地考察，了解小型局域网的构建方法与使用方法；知道网络服务器的主要作用与基本原理；能说出代理服务器的概念并知道其作用。

（3）网站设计与评价

① 知道 www、网页、主页、网站的基本概念及其相互关系。

② 理解动态网页的概念，能解释其工作过程。

③ 能够根据表达任务的需求，使用常用的网页制作软件制作与发布动态网页。

④ 通过开发实践，学会规划、设计、制作、发布与管理简单网站的基本方法。

⑤ 能够根据网站主题要求设计评价指标，对常见网站的建设质量与运行状况进行评价。

* 模块五　数据管理技术

1. 教学目的及要求

数据管理技术已经在各个领域得到应用，广泛地渗透到人们的社会生活之中。本模块是针对数据管理技术应用而设置的选修模块。

通过本模块的学习，学生应该掌握数据管理的基础知识和数据库设计的一般方法；学会使用大型专业数据库；初步学会使用数据库技术管理信息，处理日常学习与生活中的问题；体验并认识数据管理技术对人类社会生活的重要影响。

本模块的教学，要突出对数据库技术中"关系"这一核心特征的理解，着眼于数据管理技术在实际生活和学习中的应用，关注相关技术的发展趋势。在具体教学活动中，可以根据实际情况选择介绍一种常用的数据库管理系统。

2. 教学内容

本模块由 3 个主题组成，结构如下：

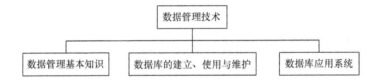

（1）数据管理基本知识

① 知道数据管理技术的基本概念，能说出数据管理技术的产生历史与发展趋势。

② 能够使用现有数据库辅助学习，开展专题研究。

③ 掌握关系数据库中的库、表、字段、记录等概念，理解"关系"所表达的含义。

④ 通过调查与实例分析，了解数据库在多媒体和网络方面的应用方法与应用价值。

（2）数据库的建立、使用与维护

① 通过实例分析，初步掌握数据收集、数据分类和建立关系数据模型的基本方法，学会使用实体—关系图描述关系数据模型。

② 熟悉一个数据库管理系统软件，掌握建立数据库结构、添加数据和编辑数据库的常用方法。

③ 掌握数据检索及报告输出的基本方法，掌握常用的数据筛选、排序及统计的方法。

④ 掌握数据库之间的链接、数据导入导出的基本方法。

⑤ 了解结构化查询语言 SQL 的基本概念，掌握 SQL 的基本数据操作与数据查询语句（SELECT、INSERT、DELETE、UPDATE）的使用方法。

（3）数据库应用系统

① 理解层次和网状数据模型的基本概念。

② 通过案例分析，理解数据库、数据库管理系统、数据库应用系统的概念及相互关系。

③ 初步掌握设计和实现简单的数据库应用系统的基本方法。

④ 能描述数据库应用系统在信息资源管理中的作用。

⑤ 明确数据规范化的思想、意义，知道其在数据库应用系统建设和使用中的价值与作用。

*模块六 人工智能初步

1. 教学目的及要求

人工智能技术是当前信息技术应用发展的热点之一。与一般的信息处理技术相比，人工智能技术在求解策略和处理手段上具有独到之处。"人工智能初步"模块介绍了人工智能的基本概念和人工智能领域内容易为高中学生所理解和掌握的部分内容，是选修模块。

通过本模块的学习，学生应能描述人工智能的基本概念；会使用一种人工智能语言解决简单问题，把握其基本特点；能利用简易的专家系统外壳开发简单的专家系统；知道人工智能对人类学习、生活的影响；通过感受人工智能技术的丰富魅力，增强对信息技术发展前景的向往和对未来生活的追求。

本模块的教学，应强调让学生体验若干典型人工智能技术的应用，要根据高中学生的知识基础和本校实际情况开展教学，要发现有特长的学生并对他们进行有针对性的教学。本模块对采用的人工智能语言与专家系统工具不作具体要求，可以根据实际情况自主选择。

2. 教学内容

本模块由 3 个主题组成，结构如下：

（1）知识及其表达

① 能描述人工智能的概念与基本特点，知道人工智能技术随着计算机硬、软件技术的进步和应用需求而发展的事实和客观规律。

② 列举人工智能的主要应用领域；通过演示或实际操作，体验人工智能的若干典型应用，知道其发展现状。

③ 掌握知识的概念，学会知识表达的基本方法。

（2）推理与专家系统

① 演示或使用简单的产生式专家系统软件，感受用专家系统解决问题的基本过程，了解专家系统的基本结构。

② 通过实例分析，知道专家系统正向、反向推理的基本原理；会描述一种常用的不精确推理的基本过程。

③ 了解专家系统解释机制的基本概念及其在专家系统中的重要作用。

④ 了解专家系统外壳的概念；学会使用一个简易的专家系统外壳，并能用它开发简单的专家系统。

（3）人工智能语言与问题求解

① 了解一种人工智能语言的基本数据结构和程序结构，掌握相关概念，知道人工智能语言的主要特征。

② 初步学会使用该语言设计程序求解简单问题，并能够上机调试、执行相应的程序。

③ 了解状态空间的概念与方法，学会用该方法描述待求解的问题。

④ 通过简单博弈问题的分析，了解用盲目搜索技术进行状态空间搜索的基本过程，知道启发式搜索的基本思想及其优点。

　　各选修模块的开设条件有所不同。各学校至少应开设"算法与程序设计""多媒体技术应用""网络技术应用""数据管理技术"中的两个，并要制订规划，逐步克服经费、师资、场地、设备等因素的制约，争取开设包括"人工智能初步"在内的所有选修模块，为学生提供更丰富的选择。建议将选修模块安排在高中一年级第二学期或以后开设。其中"算法与程序设计"模块与数学课程中的部分内容相衔接，应在高中二年级第一学期或以后开设。

思考与练习

1. 中小学信息技术课程的教学目的是什么？怎样实现？
2. 确定中小学信息技术课程各学段教学目标的依据是什么？
3. 中小学信息技术课程的教学内容有哪些？如何安排？

第3章
信息技术课的教学特点和教学原则

教学目标

1. 理解中小学信息技术课的教学特点；
2. 了解中小学信息技术课的学习过程；
3. 掌握中小学信息技术课的教学原则。

内容结构

本章介绍中小学信息技术课的学习及教学特点、中小学信息技术课的学习过程，着重分析中小学信息技术课的教学原则问题。

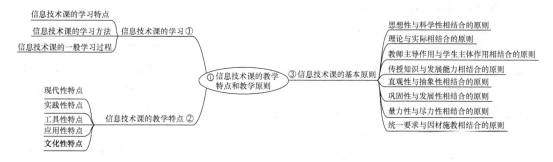

教学建议

教学原则是开展课堂教学的主要依据和指导原理。本章在介绍中小学信息技术课的教学特点和学习过程的基础上，比较全面地阐述了中小学信息技术课的教学原则。对各个教学原则，可以通过对比的方法进行教学和学习，重点理解中小学信息技术课的教学特点和中小学信息技术课的教学原则。

中小学信息技术课程的教学是一种特殊的认识过程，是信息技术教师的教和学生的学相互联系、相互统一的活动过程，是按照信息技术课程的计划，实现课程所规定的各项教学目标的过程。中小学信息技术课程的教学具有与其他学科不同的特点，也具有共同的特点——从多学科的长期教学实践中总结出来的教学原则。本章探讨信息技术课的学习、教学特点和教学原则。

3.1 信息技术课的学习

信息技术课程是教育部门有计划、有系统地制定的教学内容，是信息技术教育、教育学、心理学等科目的有机结合的统一体。它包括教材的设置、内容的编制、组织进程和时序的要求等。同时包括教育目的、方法和评估。计算机的发展进入了以计算机网络为特征的新时代，信息技术是现代技术的重要方面。信息技术教育是在课堂教学传授知识和技能训练的过程中，学生通过理论与实际、间接经验和直接经验的紧密联系，学习计算机基础理论、掌握操作技能和实际应用。教学，就是教师按照信息技术课程的计划，指导学生从事各种各样的理论和实践的学习活动，实现课程所规定的各项教学目标的过程。教学原则是为了保证教师的教和学生的学取得良好的效果，要求教师在教学中必须遵循的基本要求。贯彻教学原则，是提高教学质量的重要保证。

3.1.1 信息技术课的学习特点

信息技术学科的突出特点，就是知识性与技能性并重，科学性与艺术性、趣味性相结合。由于学习实质上是知识及经验的获得与行为变化的一个渐进提高的过程，所以信息技术课程学习是根据信息技术教学计划、目的要求进行的，是一个在认识客观世界、接受前人积累的关于计算机的知识经验的基础上的，较持久的行为变化的过程。

信息技术课程学习具有以下显著特点。

1. 信息技术学科学习的发展性

当代科学知识的总量越来越大，尤其是计算机科学技术，发展和更新得特别快。据统计，现在软件、硬件技术平均18个月就更新一代。但学生的学习时间是有限的。所以，信息技术课的教学，除采取先进的教学手段和方法外，教学的内容和要求必须有较高的起点。高难度的要求是当代教学发展的必然趋势。信息技术课程的学习在内容上是经过教学法的加工的，且这种学习是在教师的指导下有目的、有计划地进行的。它是有一定的方法和规律可循的。这就避免了学生在学习过程中，经历反复探索和尝试错误的曲折而漫长的道路，能保证学生在短时间内达到当代社会认识的基本水平，从而收到较好的学习效果。有些教学内容，学生虽然一时不能独立完成，但在教师的指导下，经过学生之间的相互帮助和自己的努力，是可以在没有外援的情况下，很快地独立完成的。同时这种高难度的要求和内容必须根据学生的发展水平，采取适当的方式向学生提出。教师要科学地估计学生的学习能力，恰当地确定教学的难度和速度，不能增加学生的学习负担，影响学生学习的积极性和智力的发展。

2. 信息技术课程学习的实验性

信息技术课程本身是一门具有很强实验性的学科，需要在教学心智活动和操作活动中运用知识经验。学生的成长和发展，主要是通过认识客观世界、继承前人已获得的知识经验的过程来进行的。引导学生掌握必需的基础知识，是教学的基本任务。教学中，又强调在社会实践活动中运用这些知识经验，以培养学生顺利完成学习和其他活动的个性心理特征，也就是人们常说的能力培养。因此，学习信息技术课程，不仅要切实掌握计算机的基本知识，而且应该掌握结论后的丰富事实，学会观察与分析，提高抽象概括能力，提高逻辑推理和计算机所特有的跳跃性思维的能力。只有这样，才能真正学好信息技术课程和进一步学习研究计算机科学的能力。

3. 信息技术课程学习的灵活性

信息技术教学注重基本技能、技巧的培养。什么是技能、技巧？技能就是通过练习获得的，能顺利完成某种任务的活动方式；技能达到熟练、自动化的程度，称为技巧。一些基本技能、技巧的培养，通常和基础知识的掌握一样，在教学大纲中有明确的规定。这些规定指导学生采取一定的活动方式，去完成相应的活动。而合理并行之有效的活动方式，就是练习和实验。所以，信息技术课程的学习要加强实验课程的教学。要多练，多上机操作，才能够真正学好信息技术课程。当然，重点还是知识的学习和能力的培养。

3.1.2　信息技术课的知识结构与认知结构

1. 知识结构

信息技术课程的知识结构，是指由知识之间内在的联系而形成的整体。它包含两个基本要素：一是最基本知识，二是其他知识与最基本知识的联系。所谓掌握知识结构，实质上就是掌握这两个基本要素。

值得注意的是，这里所说的最基本知识与其他知识，是相对而言的。一般来说，每章有每章的最基本的知识，每节有每节的最基本知识，每课也应有每课的最基本知识，整个信息技术学科有其学科的最基本知识，因而在各自不同的范围，也就有不同的知识结构。

例如，在计算机的数学基础中，关于二进制数和逻辑运算的知识结构，大致可归结为：

（1）最基本知识：二进制数，二进制与十进制的转换，二进制的四则运算。

（2）其他知识与最基本知识的联系：以命题的概念，定义一个真命题的真值为"1"，假命题的值为"0"，以此为中介，就将逻辑运算和二进制的四则运算联系起来，即

二进制加→或运算

二进制乘→与运算

由此可见，只要掌握二进制这一基本知识，以及二进制如何应用逻辑运算，即其他知识与最基本知识的联系，就不难掌握逻辑代数入门的知识，这正是学习计算机知识的基础。

2. 认知结构

认知是感知到的信息，在人脑中被转换、简化储存、恢复和运用的全过程。如在中小学信息技术学习中，学生阅读课本、听教师讲课、记住一个命令、领会一段程序、理解一个概念、作出一个判断或推理等过程都是认知。在认识活动中，对输入的信息进行组织或再组织的加工，就形成了概括化的一般认识模式。所谓认知结构是人的全部知识或观念的总和及其组织。个体在生活、学习过程中积累起来的知识经验，在大脑中总是按照一定的组织构成知识体系，这一知识体系便是认知结构的核心成分——全部知识或观念的总和。不同的个体由于生活、学习的经历不同，他所具有的知识或观念是不一样的，由这些知识或观念所构成的认知结构也千差万别。因此，作为全部知识或观念的总和，认知结构被个体的生活经历打上了深深的烙印。信息技术科学的认知结构，就是学生大脑中的信息技术知识结构。每个学生的信息技术科学的认知结构各有特点，个人的认知结构在内容和组织方面的特征，称为认知结构变量。

（1）一般的（长期的）认知结构变量

它是指学生在计算机方面的全部知识结构的内容和组织特征，这些特征直接影响学生在信息技术科学中未来的成绩。

（2）特殊的（短期的）认知结构变量

它是指学生在学习某一相对小的知识单元时，他们的知识结构中对这一内容和组织方面的特征。

例如，在学习微机结构这一知识点时，短期的认知结构变量可有以下几种类型。

① 能掌握微机的基本结构，但对其各部分功能较模糊。

② 能较熟练地掌握微机的基本结构，也能讲出各部分的功能，但不理解为什么要学习微机的基本结构与各部分的功能。

③ 能进一步认识到只有充分掌握微机的基本结构及各部分功能，才能理解微机的工作过程及原理，从而揭开计算机的神秘色彩。

3. 信息技术科学的知识结构与认知结构的关系

这两者是不同研究领域的研究对象，信息技术科学的知识结构是计算机专家研究的对象，其认知结构是心理学家研究的对象。它们的主要区别表现如下。

（1）信息技术科学的知识结构是前人在社会实践中研究信息技术科学所积累的经验总结，是客观而科学的，对学生来说是外在信息。计算机的认识结构是学习计算机时，在自己头脑中逐步形成的认知模式，是主观的，对学生来说是内在的心理表现。

（2）信息技术科学的知识结构是教材中按一定顺序组织起来的，是通过学习能够掌握的知识，而其认知结构是学生认知这些信息技术科学的内容的一种智能活动模式，它有正误优劣之分，在一定程度上体现了学习信息技术科学的能力。

（3）信息技术科学的知识结构的内容，可以通过不同的信息技术科学的认知结构去掌握；计算机的认知结构是由简单到复杂、由低级到高级的发展过程。

当然，信息技术科学的知识结构与认知结构之间也有密切的联系。因为，学习计算机知识时的认知结构，不能离开信息技术科学的知识结构而产生。形成一定模式的认知结构，需要相应地掌握有关的知识结构。同时，应当指出：无论是信息技术科学的知识结构，还是其认知结构，都不是一成不变的，而是不断变化和发展的。人们在学习信息技术科学的过程中，如果经过创造性的思维，发现了新的认知模式，反过来可以丰富信息技术科学的内容，从而发展或修改信息技术科学的知识结构。

4. 中小学信息技术课程教学中的认知因素

认知因素是决定学习效率和学习结果的直接因素。影响学习的认知因素主要有已有知识经验、智力发展水平、智力活动方式和认知结构的特征。因此，在教学中应把改善学生的认知因素作为主要目标，使学生会学、善学、爱学。

教学是一个十分复杂的过程。它是在特定的教学环境中教师的"教"与学生的"学"有机结合的过程。在教学过程中，学生是认知的主体，"教"与"学"的任务能否顺利完成，学生的"学"是关键，特别是学生的良好认知更是保证教学有效性的关键之关键。学生的认知结构影响着教学的各个环节，了解和把握学生认知结构对教学的顺利进行有着极为重要的意义。

（1）学习目标、任务的确定和认知因素

教学目标是一个范围十分广泛的概念。它包括大到一门课程的总目标，小到每一学习单元、每一节课的目标。教学任务则指具体落实为了达到既定的教学目标而需向学生传授的概念、原理和定理等。上述这一切都必须考虑认知因素，即学生的认知结构及其认知发展水平。根据中小学生学习的特点，学生对计算机的认识存在着地区上的差异。因而，教师在确定教学目标、教学任务、教学方法和教学手段时，必须从实际出发，充分考虑到学生的认知因素，即学生的认知结构及其认知发展水平，必须以学生原有认知结构为基础。教学目标既不能高于学生原有的认知发展水平，也不能低于学生原有的认知水平。在确定教学目标、教学任务时，教师首先要分析和确定学生原有认知结构及认知发展水平，在此基础上，根据学生认知特点，确定恰当的教学目标和教学任务。

（2）课程设计与认知因素

大量的理论研究及实践经验表明，要保证教学过程的顺利进行，必须有三个基本条件，即良好的学习方法、有效的教学方法和科学合理的课程结构。其中课程结构的设置尤为重要。课程结构的合理与否与学生原有认知结构密切相关。在信息技术教学过程中，教师进行课程设计时，必须根据实际情况，把课程设置的逻辑体系同学生的认知结构结合起来，使教学内容的编制与学生认知发展水平相一致。教学内容的安排必须由浅入深、循序渐进，遵循由具体到抽象、由特殊到一般、由已知到未知的原则，应将实践性较强的内容先讲，让学生尽早实践操作，获得感性认识。在教学过程中应尽量少介绍抽象的概念，多介绍与计算机实务或实践密切相关的概念。

（3）教学过程与认知因素

教学过程中呈现教材的方法，学生感知、理解、强化和反馈都与学生的认知结构紧密相关。在教学过程中教师呈现教材的方法有很多，但也不是随心所欲的，教师必须充分考虑学生的感知、记忆、思维能力及发展水平，选择一种或几种最佳的呈现方法。强化指的是利用对学生有意义的刺激物增强学生行为出现的力量和倾向的过程。根据心理学家的研究，强化不仅在改变个体的行为倾向过程中，而且在学习过程中，都起着重要的作用。强化在学生的学习活动中的作用是十分巨大的，但并不是在任何场合、对任何学生利用任何强化手段都能达到同样的效果。强化的效果因人而异，同样的强化会因不同的学生有不同的认知发展水平而产生不同的效果。在中小学信息技术课程的教学过程中，教师特别要注重强化的作用，如对一些 Windows 操作、程序设计中的语句和语法等，除了课堂上加以强调外，还要及时地安排上机练习。

3.1.3　信息技术课的一般学习过程

信息技术课程的学习过程是一个信息技术科学的认知过程。根据学习的认知理论，这个过程包括输入阶段、新旧知识的相互作用阶段和操作阶段。其一般模式如图 3-1 所示。

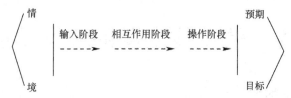

图 3-1　信息技术课程的学习过程

首先，学习起源于学习情境，输入阶段就是给学生提供新的学习内容，创立学习情境。在这一学习情境中，学生原有的计算机科学的认知结构与新学习的内容之间发生冲突，导致学生在心理上产生学习新知识的需要。这是输入阶段的关键，且这种学习动机是掌握知识的重要组成因素。有人甚至认为动机是"学习过程的核心"。因此，在此阶段，教师所提供的新内容应当适合学生的能力、兴趣，激发其内部的学习动力。此时，培养和激发学生的学习动机是教师的一项重要任务。

例如，在学生学习信息技术课程之前，谈一谈当今世界是信息时代、计算机在信息时代中所处的地位等，让学生明白计算机在科研、军事及日常生活等方面的意义，感到学习计算机是多么重要，并清楚地了解到学习计算机的具体目的、任务和要求，从而有效地调动学生学习信息技术课程的积极性。

同时，在具体讲授教学内容时，首先提出与课程相关的若干问题，以引起学生的好奇与思考，激发学生的求知欲望和内在的学习兴趣。例如，在讲解信息表示时，可以先提出："我们说计算机内部只能用一些二进制数来表现事物，而在现实生活中，我们用来表示具体事物的数字、符号是千变万化的。计算机是如何识别它们的呢？"这种提问就可以激发学生的兴趣和求知欲，激发学生学习计算机信息表示的动机。

产生学习的需要和动机后，学生原有的计算机的认知结构和新知识发生作用，并以同化和顺应两种基本形式，进入相互作用阶段。其中，新知识被纳入原有的计算机认知结构中，进一步扩大原有的知识内容。这个过程称为同化。如果在原有的计算机认知结构中没有适当的知识与新知识联系，那么就要对原有的计算机认知结构进行改组或部分改组，把新知识纳入进去，进而形成新的计算机认知结构。这个过程称为顺应（调节）。

例如，学生在学习逻辑运算时，当真值和假值的概念及它们的表示输入（1，0）时，学生就在头脑中提出可以接纳真值和假值的认知结构——二进制数。根据这个认知结构，学生对真值和假值逻辑改造，建立起真假逻辑与二进制数之间的联系——真假逻辑的两种状态与二进制的"0"和"1"表示类似，其或运算、与运算可以定义成二进制和、二进制乘等。这样，计算机的数学基础认知结构被扩充。

学习过程的最后阶段是操作阶段。其本质是在相互作用阶段产生的新的认知结构的基础上，通过实验、练习等实践活动形成新的计算机认知结构的过程。其主要目的是进一步引导学生应用知识解决问题，产生更为完善的计算机认知结构，以达到预期的教学目标。

以上是对计算机学习过程的分析。在确定和贯彻信息技术教学原则时，既要重视学生在学习中的主体作用，又要重视教师的主导作用。要通过各种形式创造良好的学习情境，培养并激发学生的学习兴趣，增强学生的求知欲，从而调动学生主动学习的积极性；要重视培养能力、发展智力，有目的、有计划地培养学生的观察力、记忆力、想象力、创造力和注意力，使学生成为善于思考、独立学习的人：要重视启发式教学的意义，深入研究计算机的认知结构，根据学生的学习情况，适时改组和调整其认知结构，不断发挥正迁移的积极作用，克服负迁移的消极影响，处理好发展知识与巩固知识的辩证关系，切实搞好信息技术课程的教学工作。

3.2 信息技术课的教学特点

信息技术课程将逐步成为中小学的一门独立的知识性与技能性相结合的基础性学科。它既与数学、物理等其他学科有共性，又有它本身的个性。根据我国现代的中小学信息技术教学体系和教学内容来分析，中小学信息技术学科具有以下几个主要特点。

3.2.1 现代性特点

近几年来，计算机技术和学科教学的发展是飞速的，不论是硬件还是软件均获得了不少突破性的成就，开辟了许多新的领域，提出了许多新的观点。这使中小学信息技术学科具有很强的现代性特点。

中小学信息技术学科的现代性特点，主要表现在以下几个方面。

1. 教学内容体现现代性

我国中小学信息技术教学内容充分体现了计算机现代最新的成果。一开始主要学习基本BASIC 语言，并用 BASIC 语言编写程序。伴随着淡化语言教学和采用结构化程序设计方法的趋势，中小学信息技术教材选用 True Basic、Turbo Basic、QBASIC、Pascal、Visual Basic 等高级语言作为程序设计语言。

磁盘操作系统 DOS 的版本从 1.0、1.1 逐步升级到 6x。特别是在中文 Windows 3.1、Windows 3.2 以及 Windows 9x、Windows 2000、Windows XP、Windows 7 推出以后，有许多省市已将上述内容选编到中小学信息技术教材之中。这体现了从 DOS 到 Windows 是计算机技术的发展趋势。DOS 是一个字符命令行方式的操作环境，而 Windows 是一个基于图形的操作环境，使学生操作起来更加方便，且界面更加友好。

在汉字操作系统与汉字处理方面，技术也在不断更迭。目前，常用的汉字操作系统有中文 Windows、红旗 Linux，文字处理软件有 WPS、Word 等。

数据处理与数据库管理系统从 DbaseⅡ、DbaseⅢ、FoxBase 发展到 FoxPro、Visual FoxPro，再发展到 Microsoft SQL Server 或 Oracle。这样可以使学生不必掌握太多的数据库系统的命令，让他们掌握利用菜单形式对数据库进行操作和使用。从更迭的内容来看，它确实体现了汉字操作系统与汉字处理、数据处理与数据库管理系统的最新成果。

当前计算机网络和多媒体技术已经普及，且 1997 年颁布的《中小学计算机课程指导纲要（修订稿）》就已编入"基本模块"、"基本选学模块"和"选学模块"。这体现了我国中小学信息技术教学内容的现代性特点。

2. 计算机的升级体现现代性

随着我国中小学信息技术教育的迅速发展和计算机硬件的不断升级，中小学信息技术教学用机在不断更新。目前有许多学校的学生用机无论是数量上还是档次上都有很大的发展。计算机从 286 升级到 386、486、586、赛扬，奔腾Ⅲ、Ⅳ，到现在的双核 CPU，1～2GB 内存，320～500GB 或更大的硬盘，17 英寸或 19 英寸的 CRT 或 LCD 显示器。一般中小学校配置了多媒体教室及网络机房，有的学校机房还配置了交互式电子白板。

从某种意义上讲，我国中小学信息技术教学用机与计算机技术的发展在同步前进。这体现了中小学信息技术教学的现代性特点。

目前，我国中小学信息技术教育正处在一个关键的转折时期。其特征是在发展数量的同时，全面提高教学质量，全面提高应用水平和教育效益。

3.2.2 　实践性特点

中小学信息技术学科是离不开实践的学科。它的创立和发展都离不开计算机的操作。同样，中小学信息技术教学也必须突出实践性特点。信息技术教学的性质决定了它不能离开上机实验，上机实验操作直接关系到中小学信息技术教学的发展水平和教学水平。在中小学信息技术教学过程中，我国发达地区的中小学，上机实验操作课时数与授课课时数之比达 2:1。我国《中小学信息技术课程指导纲要（试行）》中明确规定："上机课时不少于总学时的 70%"。

中小学信息技术学科的实践性特点主要表现在以下几个方面：

（1）信息技术学科是实践性极强的学科。不实践学不会，不实践学了也没有用。针对这一特点，我们强调中小学信息技术学科教学应该"面向应用"，以实践为主，精讲多练。"精讲"是指教师要讲出内容的基本知识点和精华；"多练"是指让学生有足够的上机时间，进行有目标、有实际效果的操作，并培养学生的计算机操作意识和应用意识，不能搞"纸上谈机"和"无机教学"。

（2）中小学信息技术教学，要求从以计算机程序设计为主逐步向以计算机操作和应用为主过渡。也就是说，淡化计算机语言教学、加强计算机操作训练是中小学信息技术教学的必然趋势。

（3）对学生来讲，坐在计算机面前，他所面对的不是一般的物理仪器、化学装置或生物仪器，而是用来学习、动手操作和进行构思与创造，进而培养他们的学习能力、实践能力和创造能力的环境。

（4）上机操作是实现中小学信息技术教学智力目标的基本手段，是培养学生操作技能的主要途径，是发展学生非智力因素的一个重要环节。

3.2.3 工具性特点

计算机不是一般的计算工具，而是"人类通用智力工具"。所以，计算机具有工具性特点。

信息技术教学已经不以"BASIC = 计算机"为教学内容了，而是要贯彻"加强基础，淡化语言，注重应用，强化实践"的指导思想。也就是说，信息技术教学，要求我们的学生必须掌握和应用计算机这个现代化的工具，去处理现代社会的信息。

在计算机辅助教育领域，计算机更体现出具有工具性的特点。教学过程通常应用幻灯片、电影、电视等手段。现在随着计算机的普及，特别是多媒体技术的发展，计算机在教育领域中的应用越来越广泛了，并越来越体现出它的优越性。计算机在教育领域的应用主要有以下两个方面：计算机辅助教学和计算机管理教学。

信息技术学科教学中应用计算机辅助教学，可以充分发挥计算机所具有的生动、形象、直观、交互性和快捷反馈的特点，对学生进行各种练习、测验，并给予提示和评判答案是否正确，最后给予评分。这样可以适应各种不同水平的学生，做到个别化教学，激发学生的学习兴趣，提高学生学习的积极性，提高信息技术教学质量。另外，教师在教学过程中可以通过计算机这个教学工具演示和模拟种种教学例子和实验过程，提高课堂教学效益。

计算机管理教学可以帮助教师管理和指导教学过程，能为教师提供作出教学决策所需要的有关信息，如学生的学籍管理、学生学习情况的分析、学习成绩的统计和评价等。目前，越来越多的学校在应用计算机这个工具进行管理教学，提高教学管理水平。

3.2.4 应用性特点

计算机的应用已经渗透到各个领域之中，而且越来越深入。下面我们介绍几个具有代表性的应用领域，它们体现了计算机的应用性特点。

1. 科学计算

科学计算是计算机最早应用的领域，主要进行科学研究、工程设计等方面的数值计算。其特点是计算量大、精度要求高、可靠程度好。例如，人造地球卫星轨道的计算、天气预报、地震预测等，多应用大型和巨型计算机进行高速运算。

2. 数据处理

数据处理是目前计算机应用最广泛的领域。企业管理、财务管理、人事档案管理、数据统计、科技情报检索、办公自动化、银行管理网络化等，多属于这方面的应用。现在各企业和事业单位，正在逐步利用计算机进行数据处理，提高工作效率，发展生产，发展事业。

3. 自动化控制

自动化控制在工农业生产、国防、空间技术等领域，有着广泛的应用。例如，在工业生产中，对高温、高空、有毒的工种利用计算机进行自动控制，对提高生产力、保障工人身体健康发挥了巨大的作用；在人造地球卫星发射和运行过程中，利用计算机高速精确的计算，实现对飞行轨迹的控制和对飞行姿态的校正；在反导弹武器系统中，需要高速可靠的计算机，很快计算出敌方导弹的飞行轨迹，并控制拦截发射的导弹。

4. 计算机辅助设计

计算机辅助设计（Computer Aided Design，CAD），就是利用计算机帮助人们进行各种工程技术的设计。这种应用不仅可以缩短设计周期、降低成本，而且对于保证产品质量有着重要的作用。它还可以使人们摆脱设计工作中的那种单调、冗繁、易错的工作，从而提高工作效率。

目前，计算机辅助设计已经应用于建筑、飞机、汽车、机械制造、服装等行业之中。

5. 计算机辅助教育

计算机进入教育领域以后，计算机辅助教育的应用越来越深入，主要有以下两个方面的应用。

（1）在教学过程中，可以利用计算机辅导学生学习课内外的各种知识，模拟物理、化学、生物等学科中的实验，提高课堂教学效率。这就是计算机辅助教学。

（2）利用计算机进行管理教学，能够帮助教师管理和指导教学过程，如分析学生的学习情况、评估其成绩和了解学生的各种能力等，以便改进教与学的方法。

6. 计算机通信

计算机（Computer）、通信（Communication）、控制（Control）这三门学科结合起来，就是我们所说的 3 C 科学技术。它使计算机的应用走向系统化和网络化。

3.2.5　文化性特点

从 20 世纪 80 年代初，世界上的许多发达国家都把"计算机教育"引入了中小学的必修课程。为什么?就因为计算机是一种文化，是每一个人从小就需要了解和掌握的文化。那么，什么样的事物才能称得上是一种文化，或者，要具备哪些属性才能看作是一种文化现象呢?

所谓文化，从根本意义上讲，泛指一切可传播的行为方式。通常有两种理解：第一种是一般意义上的理解，认为只要是能对人类的生活方式产生广泛而深刻的影响的事物都属于文化，如"饮食文化"、"茶文化"、"酒文化"、"电视文化"、"汽车文化"等。第二种是严格意义上的理解，认为只有具有信息传递和知识传授功能，并对人类社会从生产方式、工作方式、学习方式到生活方式都产生广泛而深刻的影响的事物才能称得上文化，如语言文字的应用、计算机的日益普及和 Internet 的迅速扩展，即属于这一类。也就是说，严格意义上的文化应具有以下几方面的基本属性。

第一，广泛性。这种广泛性应体现在两个方面：既涉及全社会的每一个人、每一个家庭，又涉及全社会的每一个行业、每一个应用领域。

第二，传递性。这种事物应当具有传递信息和交流思想的功能。

第三，教育性。这种事物应能成为存储知识和获取知识的手段。

第四，深刻性。这种事物的普及应用给社会带来的影响极为深刻，即不是带来社会某一方面、某个部门、某个领域的改良与变革，而是带来整个社会从生活方式、学习方式、工作方式到生产方式的根本性变革。

现在，再来看看中小学信息技术的教学是不是具有文化性的特点。根据目前国内外大多数计算机教育专家的意见，衡量"信息文化"或"网络文化"素质高低的依据，应当是与"信息获取、信息分析、信息加工和信息利用"有关的基础知识和实际能力。其中：

信息获取包括信息发现、信息采集与信息优选；

信息分析包括信息分类、信息综合、信息查错与信息评价；

信息加工包括信息的排序与检索、信息的组织与表达、信息的存储与变换以及信息的控制与传输等；

信息利用则包括如何有效地利用信息来解决学习、工作和生活中的各种问题（如能不断地自我更新知识、能用新信息提出解决问题的新方案、能适应网络时代的新生活等）。

这种与信息获取、分析、加工、利用有关的知识可以简称为"信息技术基础知识"，相应的能力可以简称为"信息能力"。这种知识与能力既是"信息文化"水平高低和信息素质优劣的具体体现，又是信息社会对新型人才培养所提出的最基本要求。一个人如果达不到这方面的要求，将无法适应信息社会的学习、工作、生活与竞争的需要，就会被信息社会所淘汰。体现这种文化的知识与能力（即信息技术基础知识与信息能力），在信息社会中已和体现传统文化的"读、写、算"方面的知识与能力一样重要，不可或缺。换句话说，"读、写、算、信息"已成为信息社会中文化基础的四大支柱。从这个意义上完全可以说，缺乏信息方面的知识与能力的人就相当于信息社会的"文盲"。

这就是"信息文化"的真正内涵。可见，最充分地反映信息文化的这种内涵就是中小学信息技术课程的本质；努力培养学生获取、分析、加工和利用信息的知识与能力，为学生打好全面、扎实的文化基础就是在中小学开设信息技术课程的根本目标。

3.3 信息技术课的教学原则

信息技术的教学原则是信息技术教学所必须遵循的基本要求和指导原理。它是在基本的教学论原则的指导下，以中小学信息技术的教学目标、主要特性和学生认识发展的基本特点等为依据而确定的。根据基本的教学理论，结合信息技术课教学的特点，中小学信息技术课程教学的基本原则体现在：思想性与科学性相结合的原则、理论与实际相结合的原则、教师主导作用与学生主体地位相结合的原则、传授知识与发展能力相结合的原则、直观性与抽象性相结合的原则、发展性与巩固性相结合的原则、量力性与尽力性相结合的原则、统一要求与因材施教相结合的原则等。为了保证教师的教和学生的学都取得良好的效果，提高教学质量，教师在教学中必须贯彻这些教学原则。

3.3.1 思想性与科学性相结合的原则

思想性与科学性相结合的原则，要求教学既有思想性又有科学性，把两者结合起来。思想性，指教学要体现社会主义政治方向、辩证唯物主义世界观和共产主义道德精神，防止腐朽思想对学生的侵蚀；科学性，指教给学生的应是反映客观真理的知识，教学要反映当代最新科学成就。

教学必然具有教育性。在传授和学习一定知识的同时，总会有某种思想、观点、道德、精神影响学生。在教学中，知识的学习活动总是寓有一定的思想观点；而要形成一定的思想观点，也不能脱离知识的学习活动。科学本身具有巨大的教育力量。科学知识是正确地反映客观世界和它的运动规律的。掌握科学知识，不仅可以正确地认识事物，而且可以树立正确的观点和信念。因此，教师深入钻研和阐述教材，充分发掘教材中固有的思想内容和科学内容，是在教学中贯彻思想性和科学性相结合的原则的主要环节。

培养一代高素质的跨世纪的人才，是时代赋予教师的神圣职责。每一位教师必须站在时代的高度，树立强烈的责任感和为人师表的敬业精神，努力提高自身的思想政治水平、业务素质和教学能力。中小学信息技术教师更是一定要这样严格要求自己。

3.3.2 理论与实际相结合的原则

1. 理论与实际相结合的意义

理论与实际相结合的原则，是指教学中要善于引导学生了解实践是人们认识的基础、是知识的源泉，使学生从理论与实际的联系中去理解、掌握知识，还要引导学生运用所掌握的知识，去解决理论问题与实际问题，培养学生在实际中运用知识的能力。

计算机科学的理论来源于实际。例如，计算机程序设计中所应用的"自顶向下、逐步求精"的方法，就反映了人们认识问题、解决问题的基本思维过程这一实际情况。然而，应该如何从实际问题中提炼、抽象、概括成计算机科学的问题，就需要丰富的实际知识，更需要有较强的观察、分析、抽象、概括的能力。

计算机科学的方法理论来源于实际；反过来，它又指导实践，并接受实践的检验，在实践中得以发展和提高。这一点在计算机科学这一应用性极强的学科领域中表现得尤为突出。例如，在从 DOS 操作系统到 Windows 视窗操作系统的发展过程中，人们通过努力，使操作系统的功能不断完善，使 Windows 的应用更加符合实际的需要，然而也正是这种实际的需要才不断地使 Windows 得到发展，并成为微机的主要操作系统。同时，这也是计算机软件发展的一个突出特点。

其次，理论联系实际的原则，是马克思主义认识论、方法论的基本原理和优良学风，是理论与实践认识规律在教学中的体现。教学中由于学生时空条件和认识要求的矛盾，对学生来说，学习内容主要是间接经验。学生学习知识和运用知识，不可能事事通过实际操作来实现。如果不运用一切可能的教学方式，创造条件去联系实际，就容易脱离实际，导致学生死记硬背。同时，传授知识的目的是让学生通过学习，不仅能掌握知识并用知识去指导实践，而且能培养运用知识解决实际问题的能力和创新的能力。因此，正确认识理论与实践相结合的目的与作用，并贯彻这一原则，对于计算机科学的教学具有重要的意义。

2. 贯彻理论与实际相结合的原则

用理论与实际相结合的原则进行教学，可以从以下两个方面入手。

（1）重视教材的系统理论知识的教学。主要通过掌握教材中的系统理论知识来得到发展；强调结合实际，更应注意到没有理论指导的实践，容易陷入盲目性；只有打好理论基础、抓好基础知识与基本技能的学习与训练，才能真正联系实际，避免片面强调实践、强调技巧。

（2）重视联系实际。运用知识解决实际问题，在教学中经常采用练习、实习作业等方法；也可以提出实际问题，让学生提出不同的解决方案，并比较这些方案的优劣，选定较好的方案。

总之，贯彻理论与实践相结合的原则，要求我们在信息技术课的教学中，要符合人类认识规律的需要，遵循实践—认识—再实践—再认识的规律，充分注意计算机科学这一学科应用的广泛性，充分注意计算机理论与计算机应用的辩证关系，防止实用主义和理论教条的错误认识。

3.3.3　教师主导作用与学生主体地位相结合的原则

教师的主导作用，是指教学的进程、内容、方法、组织和实施通常都是由教师来设计和决定的；学生的主体地位，是指学生作为认识和发展的主体，要积极主动而不是消极被动地学习。教师要对教学效果和质量负责；学生的积极主动性也必须由教师引导。学生学习的积极性如何，课堂秩序的好坏，学生上课时的注意力是否集中，成绩的优劣，主要责任在教师。

我国教育家历来都十分重视发挥教师主导作用与学生主体地位的问题，并有许多精辟的论述。叶圣陶指出："所谓教师之主导作用，盖在于引导启迪，使学生自奋其力，自致其知，非谓教师滔滔讲说，学生默默聆受。"学生吸收新知识、新信息的能力比教师要强；教师要大胆把上课时间交给学生，给学生留有更多的思维空间，让他们真正成为学习的主人。在课堂教学中，教师不应包办代替、面面俱到、讲套话、讲空话，要以学生为主体、教师为主导；教师只做教学的组织者、指挥者、管理者、引导者，根据需要精讲，讲规律，讲思路，讲方法，使学生在实践中去亲身体验创新的乐趣。这不仅能深化教学内容，把学生的兴趣推向高潮，而且还有利于拓展学生思维，尽量多让学生自学，发展学生个性品质。学生的自学活动是他们个性品质发生、发展的基础。课堂教学中，要多安排"自学"环节，注意不同类型的学生的个性，适时变换课堂角色，顺应他们的志趣、爱好，多让他们发表各自的意见，为学生创造独立思考和尝试的机会；充分利用计算机多媒体的"交互性"和"非线性"的特点，让学生结合各自的实际水平及爱好选择相应的信息，随机进入学习，以满足不同类型的学生的个性化学习的需要，使学生的个性品质在自学活动中得以形成和发展，培养学生的自学能力。

例如，在教 Power Point 制作动画时，教师只讲选定目标，选择幻灯片放映菜单，再单击自定义动画命令，选择效果选项，打开倒三角下拉菜单。下面该怎么做，留给学生自己去思考、去完成。如果学生的水平较高，教师也可只讲选自定义动画，其余部分留给学生自己去探索学习。

3.3.4 传授知识与发展能力相结合的原则

1. 传授知识与发展能力相结合的意义

知识是人们对客观事物认识的总和，是对客观事物的现象与本质的反映。能力是人们顺利完成某种活动的本领，属于个人的心理状态或心理特征；而智力是大脑机能在社会活动中认识和改造客观事物的心理特征，通常是指注意力、观察力、记忆力、思考力、创造力等。认识能力，智力与能力称为"智能"或"一般能力"。

知识和能力，是学生发展过程中的两个必要因素。知识的掌握与认识能力的发展的关系极为密切。离开知识的掌握，就谈不上认识能力的发展。我国古代诸葛亮说过："才须学也，非学无以广才。"这表明，不学习知识，就发展不了认识能力和任何才能。同时认识能力的发展也会反过来影响掌握知识的质量和速度。

能力不仅与掌握知识的多少有着密切的关系，而且与掌握知识的性质和方法有着密切的关系。同时，知识与能力既有区别，又是相互联系、相互制约的。其区别在于各自有不同的内涵。知识的获得是后天的，而能力与先天因素、后天环境、所受教育等因素有关；知识的掌握是无止境的，而能力的发展是有限度的，发展相对较慢。不能用掌握知识的多少来衡量能力大小或发展的程度。其联系表现在，能力通常在掌握知识和运用知识的过程中逐步形成与发展；而已经形成的能力，反过来又影响着掌握知识的速度、深度和广度。掌握知识是发展能力的条件与基础，能力又是掌握知识的前提与结果。

发展学生的智能，要注意精心选择教学内容和教学方法。选择和传授的信息技术教学内容，应该是规律性的知识和具有一定稳定性的知识。知识的快速增长，在有限的时间内是不能掌握的，况且它具有时代性，如把教学的重点转移到发展认识能力上，使学生具有这种能力，主动去掌握新知识与新事物，则所得知识就会无穷。因此，教学不仅要使学生获得知识，而且应当发展学生的认识能力。这样，才能使学生提高学习能力，在学习中更容易取得进步，在克服困难后获得巨大的愉悦感和满足感，增加学习知识的兴趣，提高学习的积极性，增强创新能力。因此，教学中帮助学生掌握系统的知识和发展学生的能力，两者应结合起来，不要偏废。

技能与能力是具有不同内涵的。技能是完成一定任务的活动方式，表现为个别的、零散的，而能力表现是整体的。技能侧重于技术性的操作，而能力偏重于思维处理。可见技能是发展能力的基础，能力是技能的综合发展与提高。信息技术课程中，技能的训练占较大的比例，如文字处理课程等，因而，在教学中也要注意加强技能的专门训练。

传授知识与发展能力相结合，是辩证唯物主义观的教学原则，是教学发展的需要，是符合当前提高素质教育的教改方向的。

2. 贯彻传授知识与发展能力相结合的原则

在中小学信息技术课程的教学中，贯彻传授知识与发展能力相结合的原则，是一个较为复杂而系统的工作。掌握知识和发展能力的相互促进是有条件的。这个条件是把知识教学中促进能力发展的因素找出来，有意识地加以贯彻；能力训练不要排斥系统知识的教学，而是把训练的要素纳入知识教学活动。一般说来，应注意以下几点。

（1）重视基本技能训练。目前中小学信息技术课程中有很多属于技能性的知识，大纲中对有关技能的内容与要求都作了具体规定：掌握计算机的基础知识、基本操作与使用方法，包括 Windows 操作系统的使用、中文文字处理、数据处理、网络应用、动画制作、多媒体作品制作、程序设计与算法等。同时，信息技术课程的基本技能的训练与其他学科的基本技能的训练是不同的，前者在方法上很大程度地要依赖上机实验的操作，其操作性比数学这一类逻辑推理性的学科要强得多。要掌握计算机的基本使用与操作技能，必须通过上机获得。所以，在教学中重视基本技能训练的一个重要方面就是抓好上机实验课的教学，对实验课的安排要有计划、有组织地进行，切不可让实验课的教学成为学生单纯"玩"计算机的过程。当然，就中小学学生的身心发展阶段来看，在教学中适当增加一些趣味性的东西，如游戏等，也未尝不可，但要明确学习的目的，以激发其学习兴趣，使学生努力学好基础知识、掌握基本技能。

（2）注意掌握知识的方法。教学中掌握知识的方法，对能力发展有很大的影响。如果学生只靠死记硬背去积累僵化知识的认识模式，那么不但不利于学生的能力的形成，甚至不利于其巩固知识。要帮助学生主动通过观察、分析等思考过程去理解知识，逐步掌握思考方法，做到举一反三。这有利于改进学生的认知，更有利于培养学生的能力，并能收到良好的学习效果。

让学生具有掌握知识的良好方法的根本途径，是在教学中改进教学方法和教学组织形式。教改也是达到传授知识与发展能力的关键。因此，在教学中，要充分利用启发式教学，将其渗透到各种教学活动中，发挥学生在学习中的主体作用，调动学生的学习主动性、积极性。为了做到这一点，教师就应该在启发上多下功夫，在备课时研究和抓好影响启发效果的关键因素。

总之，教师应根据教材、学生的特点，尽量使教学方法多样化，吸引学生到学习中来，通过传授知识，培养学生的思维，发展其能力。

3.3.5　直观性与抽象性相结合的原则

1. 直观性与抽象性相结合的意义

从青少年的心理特点来看，年龄越小，形象思维越占优势，抽象思维能力越差，就越需要教师用一定的直观感性经验作为支持学生学习的基础。从学生在教学中的认识特点来看，因学习内容以间接经验为主，绝大多数不是学生能够亲身经历到的，学生容易犯空洞、抽象、脱离实际的毛病，对一些难度较高的知识很难理解，这也需要一定的直观性教学加以解决。

计算机科学的基础在很大程度上是数学，而数学往往撇开对象的具体内容，具有高度的抽象性。计算机科学的抽象性还表现在广泛而系统地使用一些符号，具有字词、词义、符号三位一体的特性。例如，"赋值"这个词反映的是变量与值的一种特殊的关系，在不同的程序设计语言中，可以用不同符号来表示，特别是当用"＝"来表示时，很容易使学生认为它是数学中的等于符号，使学生在理解"赋值"这个概念时产生困难，觉得十分抽象，这就更需要借助直观性的教学。

当然，计算机科学的抽象性都是以具体素材为基础的，都有具体、生动的现实原型。例如，应用计算机语言编写一个程序解决某一问题时，首先是将这一具体问题的解决方法进行高度的抽象概括，形成算法；然后，再将抽象的算法转化成计算机具体的处理形式。这一过程是一个由具体到抽象、再到具体的过程。也就是说，计算机的抽象性不仅以具体性为基础，而且以更广泛的具体性为归宿，将抽象的理论算法应用到具体的实践中去。所以计算机科学中的具体和抽象是相对的，既互相区别，又相互联系，在一定条件下又相互转换——由感性的具体到抽象又由抽象到思维的具体。

从以上的分析可以看出，结合学生的心理发展水平和认识特点，以及计算机科学本身的特点，在教学中应用形象直观与抽象概括相结合的原则具有特殊的意义。

2. 贯彻直观性与抽象性相结合的原则

贯彻直观性与抽象性相结合的原则，是指教师在教学中要使学生通过多种感官去感知事物，获得丰富的直接经验和感性认识，形成表象，然后经过头脑的分析、综合、抽象和概括，以加深对知识的理解，从而形成科学的概念，掌握理论知识。通常可以从以下两个方面入手。

（1）注重从实例引入，阐明计算机的概念性问题。主要是通过实物、图像或语言等直观性的手段，形成直观形象，提供感性材料，从学生的感知出发，以客观事物为基础，从具体到抽象，形成抽象的概念。例如，通过讲述性别中的"男"和"女"等实例，列出逻辑代数中的真值与假值的概念；通过形象直观的结构图，引出计算机的工作原理和过程。

（2）注重直观教学和理论教学的结合。通常有三种做法：①教师先引导学生对直观材料进行观察，启发学生思考，导出结论；②随着讲授的需要，提出直观材料，让学生观察，帮助学生理解教材中所说的内容；③讲完理论，再通过演示或实验去验证理论，使学生得到较完整的认识。无论哪一种做法，都不能让学生随便"知觉"。学生的"知觉"的获取，需要教师的积极启发、指导和学生的注意观察、细致思考两个方面的活动。在应用直观教学的同时，不能忽略理论教学，应有一个分析综合、抽象概括、归纳演绎的活动过程。具体、直观仅是手段，而培养抽象思维的能力、认识抽象的结论才是目的。总之，要有利于发展学生的观察力、想象力、思维力和实际动手的操作能力。

3.3.6 发展性与巩固性相结合的原则

1. 发展性与巩固性相结合的意义

计算机知识是前人劳动积累的结果，其新知识总是在旧知识的基础上逐步发展起来的。从学生的认识特点来看，学习的内容主要是间接经验，而大多数间接经验，学生是不可能亲身反复实践的。同时计算机软件和硬件的更新换代加快。因此，学习新知识是信息技术教学的首要任务。从学生的学习需要来看，学生掌握知识是一个由不知到知、由浅到深逐步积累的过程，而计算机科学的系统性是较强的，因此学生学习计算机新知识时常需要已学的旧知识作为基础才能理解。例如，不学习计算机基础，就难以理解计算机工作原理；不学习计算机结构与工作原理，就难以学习操作系统等。同时，学习计算机时，某些知识关键在于理解。理解是掌握知识的重要环节，不理解就难以应用和迁移，只有理解的知识才有可能迁移和应用。所以，学习计算机的过程，必须借助一定的复习巩固手段。只有通过复习巩固，才能对新知识加深理解，为进一步学习新知识创造条件。

"为迁移而教"是当前教育界流行的口号。所谓迁移就是先前的学习对后继学习的影响。迁移在学生掌握知识的过程中具有重要意义。学生学习新知识、解决新问题时，总离不开已有的知识经验。因此，在教学中必须利用这些知识和经验，使它起积极作用，产生举一反三、触类旁通的作用。

我国古代伟大的教育学家孔子说"学而时习之",主张学与习并重。发展与巩固相结合,是科学的教学原则之一,它是根据学生认识特点、学习需要、实践的需要提出的。巩固是为了发展知识,而发展了知识,反过来又可以促进旧知识的巩固。所以,教学中要善于应用迁移规律,促进学生的学习能力的提高。

2. 贯彻发展性与巩固性相结合的原则

(1)将学习新知识与复习巩固旧知识贯穿于教学的全过程,既要重视阶段性复习、总结性复习,更要重视日常课堂教学的复习巩固,充分认识到发展与巩固相结合在教学中的特殊意义,将复习巩固作为一个重要的教学环节。

(2)努力改进教学方法,提高教学水平,解决好巩固教学的关键问题——记忆问题。一般来说,生动的教学,让学生印象深刻,较易记住,因为理解的东西比尚未理解的东西容易记住。因此,要使教学取得良好而巩固的效果,首先要致力于改进教学方法和使用现代化教育手段,提高授课质量,使所教的课生动、清楚,给学生留下深刻印象;然后,使学生在理解的基础上,进行联想和思考,并在教学中经常把知识条理化。

平时加强上机练习以巩固教学为目的的教学训练。通过上机,巩固学生的基本知识和技能。有时,甚至突破课堂教学的范围,在各种课外活动中,组织增加应用知识、巩固知识的机会,以取得综合的教学效果。

3.3.7　量力性与尽力性相结合的原则

量力性与尽力性相结合的原则,要求教学内容、教学方法和组织形式既要符合学生身心发展水平和认知能力,又要不断提高学生的知识水平和能力。

在教学中贯彻量力性与尽力性相结合的原则,关键是正确认识和科学地估计学生的知识和智力水平。这就要求教学大纲和教科书必须符合量力性原则,要求教师经常检查教学效果,了解学生的学习负担和健康情况,不断总结经验,不断改进教学方法,努力使教学符合学生的身心、知识及智力水平。

值得一提的是,检查教学效果,未必都得进行考试,可以通过组织课堂即时练习、批改课外作业、辅导上机操作和评价设计作品等措施来了解学生的学习情况。事实上,通过作业批改、上机辅导、作品评价,教师可以从中得到许多信息反馈,包括学生的创造性解题方法(如编程序)以丰富和改进教师的教学,促使教学相长。

3.3.8　统一要求与因材施教相结合的原则

教学既要面向全体学生进行,向学生提出统一要求,又要承认个别差异,采取各种不同的教学措施,使学生的个性得到充分发展。

统一要求指的是把年轻一代都培养成德、智、体全面发展的人才,使他们把传授的计算机知识掌握好。因材施教要求针对学生不同的个性特点、不同的智力采取不同的、有效的措施,使每个学生的个性都得到尽可能的发展。

在教学过程中,教师向一个班级传授统一的内容,并希望全班学生都能听懂、学会、掌握,但实际上各个学生的接受程度是有差异的,有时差异还比较大,这就要求教师因材施教。如何因材施教?对中小学信息技术教学来说,可以采取如下措施:

(1)教师讲某一问题时,明确向学生指出是否要求每位学生都必须掌握,或者在一堂课、一个章节结束时指出必须掌握的内容。比如,在讲 WPS 编辑用→ ← ↑ ↓方向键移动光标时,要求每一位学生都必须掌握，而对于 Home、End、PgUp、PgDn 等键，则可以提出不同要求。

（2）布置上机、课外作业时，分出哪些是必做的，哪些可以选做。对于必做而不会做的学生就得个别辅导。个别辅导的方式，可以是教师辅导学生，也可以是学生辅导学生。

（3）组织学生"一帮一"对子，效果会很显著。学得较差的学生得到帮助，学得较好的学生为了辅导同学，听课学习会更认真。

上面讨论了信息技术课程教学的一些基本原则。这些原则各有特点，在信息技术教学中具体应用时，应注意以下几点：

（1）信息技术教学原则对信息技术课程的教学工作具有指导作用，是教师在教学中必须遵循的基本要求。正确运用各教学原则，有助于在教学中按客观规律办事，充分发挥教师的主导作用和学生的主体地位，为全面提高信息技术课程的教学创造条件。

（2）全面地、辩证地贯彻各原则，防止绝对化、片面化。在强调信息技术课程的理论性、抽象性时，不可忽视其实践性、直观具体性。在强调基本知识的教学时，不可忽视能力的培养；在重视新知识的学习时，不可忽视巩固旧知识等。

（3）所有教学原则都必须在教学活动中加以贯彻，从确定大纲、教材，制订教学计划，备课直至实施课堂教学的每个环节中加以体现。当然，并不是任何情况下各教学原则均起同等作用，还应有主次之分。

思考与练习

1. 什么是信息技术课的学习过程？分哪几个阶段？

2. 根据目前情况，谈谈中小学信息技术课的教学特点。

3. 试述中小学信息技术课的教学原则。

4. 试述教师主导作用与学生主体地位的辩证统一关系。

5. 试述在中小学信息技术课教学中，贯彻传授知识与发展能力相结合的原则的意义。

6. 在中小学信息技术课的教学中，如何贯彻统一要求与因材施教相结合的原则？

第4章
信息技术课的教学方法

教学目标

1. 理解中小学信息技术课的教学方法的概念；
2. 了解中小学信息技术课的优化、选择和评价；
3. 掌握中小学信息技术课的教学模式；
4. 掌握中小学信息技术课的教学方法。

内容结构

本章在介绍教学方法的概念的基础上，重点介绍了中小学信息技术课的教学方法和教学模式，并对教学方法的改革、优化、选择和评价作了探讨。本章是全书的重点内容之一，要求深入理解掌握，并能灵活运用。

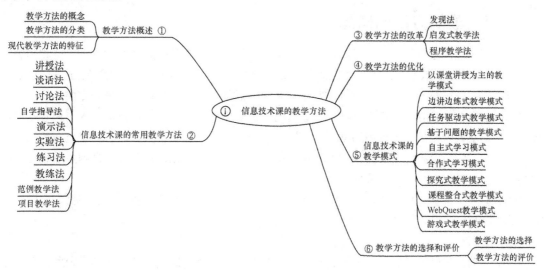

教学建议

教学方法是为了达到一定的教学目标，教师组织和引导学生进行专门内容的学习活动所采用的方式、手段和程序的总和。师生可采用多种方法讲授学习，特别是可以通过研究一些案例、观看信息技术课视频或听中小学信息技术教师授课，讨论在什么情况下宜采用什么合适的教学方法进行教学，认真掌握中小学信息技术课的教学模式和教学方法。

教学方法是教学过程的重要组成部分，是教学的基本要素之一。教学方法的好坏直接关系到教学目的能否达到、教学任务能否完成、教学效果是否良好等。因此，正确学习、选择和运用教学方法，是提高教学质量、培养创新能力、实施素质教育的关键。

信息技术属于综合实践课程内容之一，其课程注重的是知识、技能、能力、素养、创造力，以及情感态度与价值观的培养。信息技术课的教学方法与传统课程的不同，前者更注重运用自主式学习、合作式学习和探究式学习，运用社会实践和生活体验。因此信息技术课的教学多采取主题活动、任务驱动、项目完成、操作实践和技术运用等途径和方法。要注意小学、初中和高中的不同学习阶段、不同教学内容、不同知识结构和不同思想体系的要求。小学注重学习兴趣和爱好的培养，旨在理解或初步掌握利用信息技术的基本技能，重在体会信息技术的作用，及与生活、学习之间的联系。初中从兴趣、爱好逐步过渡到知识架构和理论系统的形成，以及综合技能、能力运用的培养，为创造型学习和思维奠定基础。高中超越了单纯的计算机技术训练阶段，发展成为与信息社会人才需求相适应的信息素养教育。通过营造良好的信息环境，打造终身的学习平台，倡导运用信息技术进行创新实践，培养解决问题的创新能力，注重交流与合作，构建健康的信息文化，确立信息技术应用能力与人文素养的培养相融合的课程目标，开发符合学生身心发展需求的课程内容，创设有利于所有学生全面发展与个性发展的课程形式，逐步上升到思想体系、伦理道德与法律规范。

4.1　教学方法概述

本节将对教学方法的概念、分类及特征进行讨论。

4.1.1　教学方法的概念

教学方法是师生为达到教学目的、完成教学任务而采用的教学措施和教学手段，是教师和学生相互结合的活动方式。它包括两个方面的含义：教师教的方法（教法）和学生学的方法（学法）。两者有着紧密的联系：一方面，教师的教法必然要通过学生的学法来体现；另一方面，学生的学法实际上是在教师指导下的学习方法，尽管有时是以辅助教学或自学的形式进行的，但它都是在教师指导下或教师影响下的学习活动。我们既不能只重教而不重学、只重教法的研究而忽视学法的探讨，也不能只重教师主导作用而忽视学生的主体地位。应该始终注意教学是师生结合在一起的共同活动，教法与学法是辩证统一的。

随着时间的推移，教学方法的含义也更加丰富，定义也更加确切。教学方法主要包含以下几方面的内涵。

1. 教学活动具有双边性

教学活动是教师的教和学生的学密切联系、相互作用、相互影响的双边活动。因此，教学方法应包括教师的教法和学生的学法，两者相辅相成，强调任何一方面而忽略另一方面都不行。

2. 教与学的方法相互联系和作用

在教学方法的实施过程中，教师教的方法制约着学生的学法，学生的学法也影响着教师的教法；教师的教法通过学生的学法体现出来，学生的学法实际上是在教师的教法指导下进行的。

3. 教学方法的实质是一种运动着的具有某种规定性的活动模式

（1）教学方法与教学手段有着内在的联系，但又有着必然的区别。教学方法离不开教学工具和手段，是对教学工具和手段的有效利用。不能把教学方法等同于教学手段。

（2）教学方法是可变的系列活动，不能看成是固定的方式或动作。事实上，任何方法都是由一系列的活动（包括内在的心智活动和外部的操作活动等）构成的。现代正在使用的各种教学方法，实际是教师和学生为了完成某种教学任务而特别组合在一起的教学活动成套化、系列化的总称。教学，总是要实现某种目的的，总是要通过若干教学活动来实现的。分析地看，这些活动大体可以分为三个层次。第一个层次是教师或学生在教学中的一些单项教学活动，如教师提了一个问题，或展示一张图，学生回答了一个问题，或板演了一道练习题等。这些是最简单的活动层次，有些是教师或学生按计划进行的，有些是偶然引起的，还不能算是形成了什么方法。第二个层次是中间层次，它是由若干有联系的单项活动形成的一些带有某种共性的、有完成教学任务效能的、可以经常运用的系列教学活动，如教师经常采用各个有联系的提问题的单项活动引起学生各种有联系的应答活动，共同形成的一种带有"谈话"共性的系列教学活动。第三个层次，就是为实现某种教学目的、完成某种教学任务的需要，用某种理论或设想为指导，又将上述基本系列教学活动特别组合在一起，从而形成的一些综合程度更高的系列教学活动。它也称为教学方法。

综上所述，教学方法是在教学过程中教师和学生为实现教学目的、完成教学任务而采取的一定的教学工具和手段、教与学相互作用的活动方式的总和，它具有多样性、综合性、发展性和可补偿性。

4.1.2　教学方法的分类

由于教学活动的性质和方式是多方面的，教学方法也是多种多样的。各种不同的教学方法，都有其不同的特点和特殊的作用。对各种教学方法进行分类和分析，掌握各种教学方法的特点和作用，有助于教师在教学实践中选择和运用合理的教学方法。

对教学方法的分类也有多种方法。按照产生的时间，可分为传统教学法（如讲授法、谈话法等）和新教学法（或称现代教学法，如发现法、程序法等）；按照教学指导思想的不同，可分为启发式教学和注入式教学；按照教学内容的逻辑安排，可分为归纳法（从特殊到一般）和演绎法（从一般到特殊）；按照获取信息的主要途径，可分为语言的方法（讲授、谈话、讨论）、直观的方法（演绎、参观、观察）和实践的方法（练习、实验、实习）；按学生认知活动的基本形式，可分为接受（复现）型、自学型、探究型等。

现代教学论对上述分法进行了归纳，将教学方法分为两大类。一类叫做综合教学方法，它包括发现教学法、自学辅导教学法、尝试教学法、情境教学法、游戏教学法、程序教学法、机器教学法、模型教学法等。另一类叫做基本教学法，主要有讲授法、上机实习法、演示法、练习法、自学指导法、谈话法、讨论法、程序教学法等。本书将对它们简要介绍。

4.1.3　现代教学方法的特征

由于计算机科学是知识性与技能性相结合的学科，而且工具性的特点特别明显。因此，在计算机课程的教学中应多采用适合特点的教学方法，更应注意教学方法的改革和创新，以满足素质教育的要求。现代教学方法应具备以下特征。

1. 以发展学生的智能为出发点

这些教学法已超出了传统的"双基"要求，越来越注重学生智力的开发和能力的培养，特别是创造性思维和创新能力的培养。

2. 实现信息的多向传递

努力把教师的主导作用与学生的主体地位结合起来，在教学活动中使学生在教师的指导下积极主动地获取知识，并通过答疑、讨论，加强学生之间、师生之间的思想交流，使学生真正成为教学活动中的主体。同时，还应注重学生信息的反馈，强调教学效果。

3. 加强对学生学习方法的研究

现代教学法都以心理学为依据，许多教学法都是在研究学习方法的基础上创立的。在教学中既有教的要求也有学的要求，强调教会学生学习，培养学生独立获取知识的能力。加强对学生学习方法的研究具体体现在：①以研究学生的科学的学习方法作为创立现代新教学法的前提；②在教学方法的运用中将教法与学法两者结合；③以学生在学习中表现出的思维紧张程度、思维品质和水平等作为评价教学方法的基本标准。

4. 重视学生非智力因素（情绪生活）的培养和调节

在教学过程中从学生的心理活动来说，首要的是认识活动，而在进行认识活动的时候，必然会有情感的伴随。积极的情感体验可以增强教学效果，这是以生理学、心理学为依据的。现代教学法强调情感在教学活动中的作用，它们注意激发学生的兴趣，让学生产生学习动力、学得轻松愉快，从而使学生思维活跃、记忆牢固。

5. 注意因材施教，促进发展

因材施教的核心是针对学生间的差异采取不同的措施，使每一个学生都能在自身条件的基础上得到最好的发展。现代教学实践证明，只要教育思想端正，教学方法灵活，就可以保证每个正常学生在达到教育目标后，中等的可以进入优等行列，优等的则可以学到更多的东西而进入更高的层次。

6. 对传统教学法适当保留并加以改造

传统教学法虽受到批评，但并未完全被抛弃，而是针对其问题得以改进。例如，传统的讲授法现在仍不失为最经济而有效的教学法，同时，它可以通过改造成为积极的、能动的、有意义的教学法；程序教学法只要克服机械呆板，增加人性化和趣味性的因素，也可达到很好的教学效果。由此可见，现代教学法就是在传统教学法中更多地要求启发性、要求学生活动的独立性和发展学生的各种能力的基础上发展起来的。

4.2 信息技术课的常用教学方法

讲授法、谈话法、讨论法、自学指导法、演示法、实验法、练习法、教练法、范例教学法、项目教学法等是中小学信息技术课常用的教学方法。现对它们简要分述如下。

4.2.1 讲授法

讲授法是指教师通过口头语言向学生描绘情景、叙述事实、解释概念、论证原理和阐明规律的教学方法。它是教师应用最广的教学方法，可用于传授新知识，也可用于巩固旧知识。其他教学方法的运用几乎都要同讲授法结合进行。讲授法有如下多种具体方式。

1. 讲述

讲述侧重生动形象地描绘某些事物或现象、叙述事件发生和发展的过程，使学生形成鲜明的表象和概念，并从情绪上得到感染。在低年级，由于学生受形象性思维的限制、注意力不易持久集中，教师应较多采用讲述的方法。例如，介绍计算机的发展史、介绍我国计算机教育的历程时，用讲述法比较合适。

2. 讲解

讲解主要是对一些较复杂的问题、概念、定理、原则等，进行较系统而严密的解释和论证。当演示和讲述不能说明事物内部结构或联系的时候，就需要进行讲解。例如，在五笔字型教学中讲述识别码的概念时，由于学生不容易掌握，教师可以把识别码的定义（以末笔代号作为区号，字型代号作为位号，该区位号键上的小写英文键名即为识别码）写在黑板上，然后举几个例子，结合字根键盘挂图讲解，这样学生就很容易明白。

3. 讲演

教师就教材中的某一专题进行有理有据、首尾连贯的论说，就是讲演。这种方法主要用于中学的高年级。

用讲授法教学时，要获得好的效果，必须注意以下四点。

（1）注意内容的科学性、思想性和系统性，关键是抓住重点和难点。

（2）语言要准确、清晰、简练、生动、通俗易懂，并符合学生的理解能力与接受水平。

（3）贯彻启发式教学方法，要让学生做到听课必须全神贯注、边听边记忆。记笔记可以帮助学生集中注意力，但是切忌只抄不听。教师要善于通过观察学生的表情来判断其是否注意听和是否听懂，以调整自己的讲授内容。

（4）精讲多练，讲练结合。精讲，主要是讲清基础知识、基本概念；多练，对基本技能要求加强练习。练习包括书面练习和上机操作练习。

认真钻研教材、分析教材、掌握教材是教师较好运用讲授法的关键。

4.2.2 谈话法

谈话法是教师根据学生已有的知识或经验向学生提问，并引导学生经过思考，对所提出的问题得出结论，从而获得知识、发展智力的教学方法。用这种方式教学，学生的活动较多，因而可以更好地活跃课堂气氛，调动学生学习的积极性。进行谈话法教学，教师的意图要通过学生的语言来表达，并且要求全班学生都处在探索问题、解决问题和回答问题的积极状态中，课堂气氛求"活而不乱"。为此，一方面，教师要吃透教材、了解学生，精心设计谈话提纲；另一方面，在实际授课时，谈话要围绕主题，教师要有计划、有步骤地展开问题，并善于结合学生的思想动态，适时启发诱导，灵活执行课时计划。在计算机教学中，程序设计部分用谈话法较合适。谈话法一般适合低年级。

谈话法一般可分为 3 种类型。第一种类型是传授新知识的谈话，主要用来引导学生掌握新知识。教师在学生原有知识和经验的基础上，抓住一系列关键环节，连续地提出问题，不断地激发和诱导学生思考，进而概括出结论，获得新的认识。这种类型带有探究性。例如，5 个数排序的算法就可以在求最大数的算法的基础上，一步步通过启发、问答得出来。第二种类型是检查和复习性的谈话，主要用于检查学生的学习情况和巩固已有知识，问题一般选在教材的重点、难点和关键内容上。这种方法可以在整堂课内进行，如复习课；也可以在一堂课里的某个环节中进行，如讲新课前的复习提问或新课后的巩固提问。第三种类型是指导性和总结性谈话。这种方法，可在上机实习前进行，使学生通过谈话明确目的、要求和方法；也可在上机之后，通过谈话帮助学生分析、总结和概括。

运用谈话法教学，需要注意以下几点。

（1）教师要有充分准备，拟好提问的提纲，提出的问题必须题意清楚、要求明确，避免产生歧义和误解。

（2）教师在编拟问题时，要做到由浅入深、难易适度，以便对学生进行教育和鼓励的提出问题后应让全班学生思考片刻，然后再点名要学生回答，这样可使全班学生都进行思考。提的问题要有一定的思考性和推理性，引导学生经分析得出结论。要避免经常向学生提"是非题"——一则，"齐声回答"形式上热烈，而不少学生未认真思考就随声附和；二则，一些基础较差、思维不甚敏捷的学生，容易养成猜测的习惯。

（3）教师应面向全班发问，给学生思考的时间，提问对象要普遍，并且要贯彻因材施教的原则，所提的问题应与学生的水平相当。

4.2.3　讨论法

讨论法是学生在教师指导下，就教材中的基础理论或主要疑难问题，在独立钻研的基础上进行讨论、辩论的教学组织形式。通过讨论和辩论，学生可以相互学习、共同提高。讨论可以在全班进行，也可以分组进行；可以在课堂上，也可以在课后，还可以在机房里（邻座之间）。讨论法一般适合高年级。

讨论法一般有3种类型：加深理论知识的讨论；主要问题或疑难问题的讨论；研究性质的讨论。讨论法可以使学生加深对知识的理解，培养学生独立思考问题、分析问题、研究问题和解决问题的能力。讨论法对促进创造性思维的发展特别有效。

课堂讨论的时间可以是一节课，半节课或更长更短。课堂讨论可以是专题讨论，也可以是讲课过程中对某一关键性的小问题的讨论。这种对关键性的小问题的讨论可以引起学生对问题的注意，也可以调节课堂气氛，经常被采用。讨论效果如何，决定于学生的准备情况及教师的组织引导能力。

例如，对某程序"算法"的讨论，学生可以提出方方面面的想法，通过讨论拓宽自己的思路；教师也可以从中受益，丰富自己的教学经验。

运用讨论法，应注意以下几点。

（1）教师在讨论前应作好充分准备，提前布置讨论题，明确讨论的要求，指导学生复习有关知识、收集资料并写好发言提纲。

（2）教师要组织讨论，鼓励学生大胆发言、相互交流，时刻注意要围绕中心发言，不能偏题太远。

（3）讨论结束后教师要作出讨论小结，提出需要进一步思考的问题，供学生学习和研究。

4.2.4　自学指导法

自学指导法是在教师指导下，学生通过自学而掌握知识的方法。一般做法是，教师指定教材或自学材料，学生在课堂或课外自学，教师指导、答疑和小结。这种教学方法以学生自学为主，有利于学生培养自学能力、养成自学习惯。自学要有布置、有指导、有检查。教师要十分重视学生的自学能力和自学习惯的培养，以便他们将来走向社会后能继续学习。

例如，文字处理软件中的子菜单命令在几个编辑操作中使用过以后，对于其他编辑操作，可以引导学生利用子菜单自学。

自学指导将由教师讲为主转为学生自学为主。它可以充分发挥学生学习的主动性和积极性，也可以照顾到学生的个别差异（教师可以重点指导并监督他们，有利于逐步引导他们专心学好功课、逐步养成良好的学习习惯）。

自学指导，适用于学生力所能及的内容。教师在运用课堂讨论法和自学指导法时，都必须加强组织引导，有布置、有检查、有小结。

使用自学指导法时应注意如下几点。

（1）要让学生认识到阅读的重要性，积极培养其读书的积极性。这就要求教师在讲课时不能过细，经常布置阅读思考题。

（2）教师要教给学生正确的读书方法。例如，预习时要用浏览、泛读等方法，记录难点内容以便上课集中精力理解；复习时应精读教材，结合课堂教学进一步强化知识。

（3）教师要了解学生的水平，把握教材，特别是难点，以便有效地指导，同时帮助学生选择合适的参考书。

（4）要重视教师的指导作用。例如，编好阅读提纲，指导学生带着问题看书；课堂阅读时应注意巡视，随时解答学生阅读中的疑难问题，掌握阅读的进度。

（5）要注意可行性。学生必须有一定的自学能力，对于深度、难度较大的内容，要在讲解后再让学生去阅读，以加深他们对这些内容的理解。

信息技术课的自学，还包括软件的自学。例如，讲完 Word 2003 后，可提供 WPS 相应版本的用户指南和软件让学生自学，以提高他们使用同类软件的能力。

4.2.5　演示法

演示法是指教师在上课时，出示实物、挂图，进行示范性实验，或通过画图、投影、计算机等现代化教学手段使学生获得知识和学习实验技能的一种基本教学方法。演示法常配合讲授法一起使用，它对吸引学生注意力、提高学生的学习兴趣、发展学生的观察能力和抽象思维能力、减少学生在学习中的困难有重要作用。在演示的过程中，教师要引导学生进行观察，使学生把注意力集中于对象的主要特征、主要方面或事物的发展过程；要重视出示的适时性，结合演示进行讲解。俗话说，百闻不如一见。有些事物或过程，须用甚佳的语言描述，但如果将实物一摆或者将过程一演示，就会一目了然而且印象深刻。例如，对计算机配置、Word 的编辑操作、表格修改、数据库、字根键盘等内容进行讲解时，采用实物、演示、挂图，都可以取得事半功倍的效果。

运用演示法，应注意以下几点。

（1）演示时，为了避免学生将注意力分散在一些细枝末节上，教师应对演示对象进行必要的说明，告诉学生应着重观察什么，并提出一系列问题，把学生的注意力引导到应注意的内容上去。同时要尽可能地让学生观察被演示事物的变化，使学生获得深刻、完整的印象。在必要时，可暂停计算机所显示的画面，以便学生观察、教师讲解。

（2）演示时间要适当。一些画面比较新颖的软件或显示结果，要在需演示时再运行，也可先将屏幕背向学生以免分散学生学习其他内容的注意力；观察完后，要及时地清掉画面。

（3）演示完之后，要归纳总结，作出明确的结论。

（4）演示不能取代上机实习，只看不练就不能掌握软件的操作方法，最好的方法是在演示结束后就进行上机实习。

演示法常用于需通过观察才能有效地学习的比较复杂的内容，或需要学生实习但因条件所限不能充分实习的内容，或一些新软件的简介等。如语言教学中的语言的编辑环境、常用软件的辅助操作等都可以用演示法辅助讲解，这样可以一目了然，少费许多口舌，也不必在黑板上画出界面和写出反馈信息。

4.2.6 实验法

实验法是在教师的指导下，学生对某一问题反复实践，或某一动作反复地进行，借以形成技能、技巧或习惯的教学方法。实验对工具性学科和技能性学科的中小学信息技术教学尤为必需。实验法对于使学生巩固知识，引导学生把知识应用于实际，使学生发展能力以及形成道德品质等方面具有重要的作用。

信息技术课除了在课堂上教学外，更多的是在机房操作实验。

课堂练习，如文本编辑的练习，编程序的练习等，一般可以在较短时间内完成。学生练习时，教师应走近学生的座位以了解指导，特别注意多指导知识掌握得较差的学生，可以请做得比较好的学生在电子教室演示或说给大家听，对学生正面鼓励。这种练习，既是学生的自我检测，又是教师教学效果的反馈；既发挥学生的主动性，又调节教学过程，促使课堂生动活泼。

运用实验法，应注意以下几点。

（1）确定实验的目的和要求。上机前，教师必须事先布置实验内容、说明目的和要求；学生应该事先做好准备工作，以提高上机效率、充分利用上机时间。要避免教师到机房才布置上机内容，更不要出现学生无目的地上机的情况。

（2）要精心设计实验内容，有计划地培养学生的探索精神和能力。例如，在用 Word 进行板报设计实验时，对文章标题的设计，学生如果不知道有多少种字体和字型，也不知道效果如何，教师可以不直接告诉学生，而是让学生自己在操作中寻找答案，这样可以提高上机实习的效果。

（3）要注重上机实习的趣味性。例如，指法练习是初学者非常重要的实践环节，其训练的好坏直接影响学生上机的基本技能。但指法练习又是十分单调乏味的操作，因此在实习中，可运用指法训练软件（如 DOT，此类软件不但是图形界面，而且已有多个训练模块，如训练、测验、游戏等），这样可以增强练习的趣味性，会收到良好的效果。

（4）设计的实验题目应注意培养学生做事仔细的习惯，如可通过让学生感受编程中某一命令的细小变化（如标点）而产生不同的效果来达到训练目的。

（5）要对学生进行遵纪守法、爱护公物、注意公共卫生和互助协作的教育，培养学生在计算机机房的实验习惯，教育学生爱护实验设备、遵守实验室的各项规定（如不准随地吐痰、乱扔纸屑，不得吃零食、高声喧哗等），强调操作时应注意的事项。

4.2.7 练习法

练习法是在教师的指导下，学生多次、多方面地、创造性地应用已学知识，从而巩固知识、掌握技能和技巧的方法。就学生来说，学习中获得的感知必须多次重复呈现，才能促进理解，而理解的知识通过应用才能牢固掌握，并在此基础上进一步学习新知识。练习法的意义还在于培养技能和技巧。技能、技巧是对被理解了的知识进行反复应用从而达到会用和熟练的结果。在计算机教学中，一些重要的概念、程序设计方法、计算机的实验操作技能等都需要通过反复练习才能掌握。

这种教学活动一般要在掌握特定知识的基础上，运用已学过的知识于实际活动中，通过练习，巩固和加深已学过的知识，并在练习活动中初步学会运用知识于实际的本领。例如，一般的概念题的作业布置，在计算机上练习指法，都是练习。

使用练习法时，要注意以下几点。

（1）练习要有针对性和典型性。教师在准备练习题时要有明确的目的，是巩固知识还是发展智能。要使学生明确练习的目的，并在教师的指导下进行练习。

（2）练习要有规范性和严谨性。教师要通过讲解例题，进行示范，指导学生掌握解题方法、格式；应要求学生在认真复习、弄懂所学知识的基础上才做练习，防止学生盲目尝试与猜测。

（3）练习的数量和难度要适中，并注意多样性。如果练习的数量太多，学生负担过重，那么学生会养成马虎了事，错误增多，甚至抄袭作业的坏习惯。如果机械重复太多，那么学生会产生厌烦情绪，抑制大脑的兴奋，毫无益处。如果练习太少，难度偏低，又达不到训练的目的。

4.2.8 教练法

教练法的概念源于体育运动。作为实践性与工具性特点明显的课程，信息技术课程的教学需要培养学生的技术能力，而技术能力的培养与运动技能的训练有类似的地方，因此，教练法对于信息技术课程中的技能培养与过程方法训练是一种常用而有效的教学方法。

教练法的主要理念是以学生为主体，围绕某些学习任务，组织学生进行信息活动、操练某些技能，并且按照学生的个体差异在学生操练中给予帮助和指导，使学生的知识与技能、过程与方法、情感态度与价值观得到有效培养。

教练法首先强调学生自主学习和动手实践活动，要求学生在做中学，教师是指导而不是灌输，只说明要领，由学生在实践活动中自己尝试，掌握技能，提高能力；其次强调通过教练与实践，培养学生的思维方法、学习态度、学习方法和知识技能等，而不仅是知识与技能的培养；再次是强调学生之间的交流与合作，培养学生的团队精神和合作意识。

1. 教练法实施的基本过程

教练法的实施过程可以归纳为：提出任务和注意事项——动手实践、教练指导——归纳交流、总结提高。

（1）提出任务和注意事项。教师根据课程目标，提出本节课的学习任务和实践活动的工作课题，使学生明确做什么；并且指出学生操作实践的要领和注意事项，特别是学习方法和思维方法的要点，使学生明确怎么做、如何学。

（2）动手实践，教练指导。让学生开始实践活动，进行操练与练习，完成工作课题；教师要在这个过程中针对学生的情况与问题，进行指导与教练，帮助学生掌握知识与技能，并注意帮助学生形成正确的学习态度和思维方法。

（3）归纳交流，总结提高。教师组织学生进行必要的交流，并且总结归纳，强化教学活动成果，促使学生把学会的东西内化为自己的知识和信息素养。

2. 使用教练法的注意事项

运用教练法时，要注意不能把教练变成简单的学生操练与练习，而要强调教练结合，引导学生形成学习方法与思维方法并提升信息素养。

（1）任务明确，要求具体。在提出任务时，要使学生明了课题任务与学习目标的关系；布置操练与练习课题的时候，要指出所要操练的信息技术技能与熟悉的信息活动的过程和方法。这样使学生在接受任务的时候，明确学习的意义，了解课题的要求，更利于学生掌握操练的方法，调动学生学习的积极性，提高教学效果。

（2）注重启发引导，不能包办代替。教师在实施教练法教学时，只能进行任务和课题的布置，提出解决问题的要求，对操作的要领进行必要的讲解，引导学生进行积极的思考，指导学生加强实践练习，而不能包办代替，剥夺学生思考与练习的机会。

（3）根据差异，分别指导。孔子的一个重要的教育思想是因学生的不同资质而各有侧重，这也是他的一个重要的教育方法，即"因材施教"。他的弟子也因而有各自不同的特点。学生的个性特征各异，认知水平有别，信息知识与技能的起点不同，因此要根据学生的个体差异提出不同的目标和要求，分别进行有针对性的指导，使每个学生都有收获，得到提高。

4.2.9　范例教学法

范例教学法源自德国，倡导者为德国教育家瓦·根舍因和克拉夫基，源于20世纪50年代出现的一种影响颇大的教学理论流派——范例教学。范例教学法是指教师在教学中选择真正基础的本质的知识作为教学内容，通过"范例"内容的讲授，使学生达到举一反三掌握同一类知识的规律的一种教学方法。这种教育方法是为了解决知识的量的急剧膨胀与人的有限的学习时间、能力之间的矛盾，从另一角度讲，也是为了减轻学生的学习负担。运用此法的目的在于促使学生独立学习，而不是要学生复述式地掌握知识，是要使学生将所学的知识迁移到其他方面，进一步发展所学的知识，以改变学生的思维方法和行动的能力。范例是针对学科教学内容而言的。可以称为"范例"的内容一般具有以下三个特点：基本性、基础性、范例性。在教学要求上，范例教学有四个统一：教学与教育相统一、解决问题的学习与系统知识的学习相统一、掌握知识与培养能力相统一、学习的主体（学生）与学习的客体（教材）相统一。20世纪80年代，范例教学法开始在我国传播，并有着较广泛的应用。

范例教学法是以典型范例为中心的教与学，使学生能够依靠特殊（范例）掌握一般，并借助这种一般独立地进行学习。范例教学法，从教学的方法论意义上讲，首先要求根据学科理论体系整理出包括基本概念、基本定理、基本理论和应用在内的典型范例；从教学目的意义上讲，则要求在有限的教学时间内，组织学生进行"教养性学习"，即让学生从选择出来的、有限的典型范例中，主动获得一般的、本质的、规律性的东西，进而借助于一般原理和方法进行独立学习。

信息技术教学中经常存在一些问题。比如，有些教师在进行某个工具软件的教学时，往往沿用以往的经验，习惯不厌其烦地对学习者倾其所有、历数菜单，盲目地试图提高学习者操作菜单的水平。事实上，大众软件"功能豪华"的特征根本就不需要点滴不漏的教学，学生无须完整地学习所有或大部分功能。所以，范例教学理论主张范例应具有典型性和针对性，将范例当做引导学生发现规律的突破点，而这个突破点又是整个教学链上的关键点，能够同前后的问题、同学生模糊的知识发生有机联系，将学生的知识结构串成一个整体，真正形成一个相对完整的知识和能力体系。

1. 范例教学法的特点

（1）淡化学科本位的信息技术教学。使用这种范例的形式改变了原有的按孤立、线性的学科体系向学生传授知识的原则，改变了课程结构过于强调学科本位和缺乏整合的现状，还可以突破教材内容，从而使课程结构不受限于单一内容，促进课程结构向均衡性、综合性和选择性方向发展。

（2）全面培养学生的信息素养。范例教学法强调范例与学生的学习和生活实际相结合，提倡"教学与训育的统一"和"范例性地获得关于世界和生活的经验"。这对于当前信息技术教学中重技能、轻人文的做法无疑将起到有力的匡正作用。

（3）教学具有开放性。这种从特殊到一般、由点到面的开放式的教学方式，有利于培养学生开放的视野。点面结合的教学思路，可以促使学生开放视野，激发学生对那些与范例相关的内容作进一步探索的欲望，使他们的学习不再局限在课堂上而是延伸到整个学习和日常生活，还使他们的学习不再围于单一的学科而是将触角伸向其他知识领域，也使他们不仅善于接受知识而且学会了自己去探究知识，这与学会学习的思路又是一致的。

（4）教学效果具有较大的迁移效应。范例教学法强调从特殊中获得一般，非常容易引起学生的联想、类比。从心理学的角度看，范例教学不是机械的教学和知识的灌输，而是一种有意义的教与学的过程，可以帮助学生形成良好的认知结构并易于同化或顺应新的知识。

2. 范例教学法的教学过程

范例教学的实施分四个步骤：

（1）范例地学习"个"，即通过范例的、典型的、具体的单个实例来说明事物的特征；

（2）范例地学习"类"。要求在第一步学习的基础上进行归纳、推断，认识这一类事物的特征；

（3）范例地掌握规律和范畴。要求在前面学习的基础上，进一步归纳事物发展的规律；

（4）范例地获得关于世界关系和切身经验的知识。这使学生不仅了解客观世界，而且认识自己，提高行为的自觉性。

南京师范大学李艺教授把范例教学法的教学过程分为课前和课中进行，即把范例教学法的教学过程归纳为"课前三分析"和"课中四阶段"。

课前三分析：课前选择、推荐、分析案例。

教师在课前需要根据教学目标与任务（需要让学生掌握哪些理论概念、原理、策略、思维方法、道德准则与价值观念等）选择能够准确体现这些内容的典型范例向学生推荐，并且要提出一定的准备要求（判断、提出不同于其他同学的概括的论点、对论点的说明、准备讨论的论据），布置课堂上需要讨论的内容。

在进行范例教学前，教师必须根据范例的基本特性进行充分的教学分析，以指导范例的分析讨论以及范例教学的实施。

（1）基本内容的分析：分析范例应包含哪些重要的、普遍的意义和关系；对它的探讨可以使人"范例性"地掌握哪些基本的现象、原理、方法、技能和态度，以及它们与今后的教学有什么联系。比如，关于百度搜索引擎的范例，可以包括它的基本的使用方法、常见问题、优缺点以及对学习其他信息技术知识有什么联系，等等。

（2）内容结构的分析：在基本原理的基础上，分析什么是组成整个范例内容的个别要素；这些个别要素之间有什么联系（如搜索引擎中关键字和组合检索的关系）；什么是所教范例的真正前提，学生是否已经掌握（如会使用网络浏览器是使用搜索引擎的前提）。

（3）未来意义的分析：分析这个范例对学生的未来生活有什么意义，对他们的前途有什么关系和影响。以百度搜索引擎为例，学生通过对百度及相关搜索引擎的学习，可以掌握信息检索和获取的一般方法和策略，可以便于今后的工作和生活。

课中四阶段：

（1）掌握"个"的阶段。首先，根据某些现象（这些现象总是与设计好的范例相关联）提出问题，激发学生思考，寻找解决问题的方法和设想，引出范例。然后，集中精力于这一个别的典型范例的教学，通过讲解和实际演练说明该范例的特征和使用方法，使学生通过实际操作尝试和体验它的应用，从具体的"个"的范例引导学生理解和掌握该范例。教学中所选用的范例要直接针对需要解决的实际问题，激发学生的学习动机。

（2）探索"类"的阶段。从"个"的本质特征去探讨"类"的事例，对个别事例进行归类，目的在于使学生从"个"的学习迁移到"类"的学习。此阶段要求学生积极思考、主动运用，教师要引导他们尝试多个"个"，从一个"个"的发现走向另一个"个"的发现，在众多"个"的尝试中探索一般。例如，把百度搜索引擎归为众多搜索引擎中的一个，让学生尝试使用其他搜索引擎搜索信息。

（3）理解规律的阶段。要求在前两个阶段的基础上找出隐藏在"类"背后的某种规律性的内容，把对客观世界的认识提高到规律性的认识。因此，教师要引导学生对各种个别事例和现象作出总结，理解某一类事物的普遍特征和一般规律。教师的作用就是提供帮助，使学生的认识更加深入。比如，让学生比较搜索引擎的异同点，概括出搜索引擎的一般或共性的使用方法、功能特征、不足之处等，取得举一反三的效果。

（4）获得关于世界和生活经验的阶段。这一阶段是前面三个阶段的升华，把教学的重点从客观内容转向学生精神世界的开拓，目的在于使学生不仅认识客观世界，而且认识自己和人类社会以及它们之间的关系，使学生在获得客观知识的同时，也能把这种知识转化为自己的认识和经验、转化为可以用来指导自己行为的能力，使学生真正掌握"个"和"类"的知识，全面实现教育所要达到的目的。信息技术教育要鼓励学生利用获得的"个"和"类"的知识去解释和解决世界和生活中的实际问题，引导学生了解信息技术的发展变化及其与人类工作、生活和学习的关系，辩证地看待信息技术对个人、社会发展的积极作用和局限性，从而实现信息文化的真正内化。

范例教学的以上四个阶段旨在让学生在对信息技术应用体验的基础上，感受信息文化，实现其信息文化的内化。这里需要说明的是，上述过程没有明确提出教学评价这一环节，但它必须存在，与任何教学方法一样贯穿于整个教学过程之中。

3. 运用范例教学法中的几个注意点

（1）选择合适的案例是十分重要的。案例应该是生动的事物的再现，或者本身就是一个生动的事物。例如，在多媒体制作教学中，可以选择学生常见的一个多媒体软件作为案例。案例还应该包含需要讨论的理论与方法，所以选择的多媒体软件应该包括多媒体技术的全部形式与方法。同时，案例还应该是学生感兴趣的，所以选择的多媒体软件内容应该是学生熟悉和有趣的，这样学生才会积极对它进行探索分析。

（2）教师应该对学生提出准备有效参与的要求。所谓有效参与的准备，是能够从案例中作出有意义的分析，找出自己的观点与解决办法，确定案例所包含的合理假设。而无效参与涉及面包括：简单地重复案例所叙述的事实，提出不切实际的假定，没有依据地表明自己的观点与办法，或者试图重复教师的结论与观点等。

讨论分析案例时，要想防止学生无效参与，就要防止学生离题或者提出一些不当的问题而影响讨论、游离于讨论之外、没有礼貌等，也要阻止一个学生或者少数学生垄断讨论的现象。而当个别学生无理由地同意别人的意见时，要促使学生再想一想，有什么更好的理由，有没有其他类似或者相反的例子，有没有其他的方法等。这样才能使案例的讨论能够深入发展，直到教学任务的完成。

（3）要防止迁移的泛化和机械化。学生学习的是一个个具有一定特殊性的范例，因此在掌握了一些知识和规律后，应用到一般情况时，常常会遇到一些新问题。这不需要过分担心。他们已经从范例学习中得到一些学习方法和规律，其实新问题和困难正是提供了让学生自己进一步探索学习的空间和动力。但也要注意，避免学生将从范例中掌握的一些知识生搬硬套到其他地方。教师还应引导学生认识到一般和特殊之间存在某种区别，基本的认识反映了一般，包含着特殊，但不等于特殊。

与范例教学法类似的一种教学方法，叫案例教学法。它是以案例为基础的教学法（Case-based

Teaching）。案例本质上是提出一种教育的两难情境，没有特定的解决之道。教师于案例教学中扮演着设计者和激励者的角色，鼓励学生积极参与讨论。不像是传统的教学方法，教师是一位很有学问的人，扮演着知识传授者的角色。案例教学法由美国哈佛商学院（Harvard Business School）于 1921 年所倡导，最先在其 MBA 教学中采用。案例教学也称为具体事例教学。最初是一种很独特的案例式的教学，这些案例都是来自于商业管理的真实情境或事件。透过此种方式，有助于学生主动参与课堂讨论，实施之后颇具绩效。案例教学不仅仅是一种教学方法，更重要的是一种教育思想和观念的更新。它的实质应该看成新的、实际的课堂教学改革，是开展研究性学习的重要模式。案例教学是一种有效支持教师发展其实践性知识的重要途径。案例教学强调团队学习、合作学习，强调通过团队的学习构建出集体智慧，完成知识从个体到团体、从隐性到显性的转化。

但是这种案例教学法到了 20 世纪 80 年代，才受到师资培育的重视。尤其是 1986 年美国卡内基小组（Carnegie Task Force）提出的《准备就绪的国家：21 世纪的教师》（A Nation Prepared:Teachers for the 21st Century）报告书中，特别推荐案例教学法在师资培育课程中的价值，并将其视为一种相当有效的教学模式。而国内教育界开始探究案例教学法，则是 20 世纪 90 年代以后的事。

4.2.10　项目教学法

项目教学法是指基于项目的学习（Project-based Learning，PBL）方法。它是以学习/研究某种或多种学科的概念和原理为中心，以制作作品并将作品推销给客户为目的，在真实世界中借助多种资源开展探究，师生通过共同实施一个完整的项目工作而进行的教学活动，并在一定时间内解决一系列相互关联的问题的一种教学/学习方法。

在这里，项目（Project）是指借助多种资源，以制作一件具体的具有实际应用价值的作品为目的的学习任务。它应该满足以下条件：该工作过程用于学习一定的教学内容，具有一定的应用价值，能将某一教学课题的理论知识和实际技能结合起来，与企业实际生产过程或现实商业经营活动有直接的关系；学生有独立制订计划并实施的机会，在一定时间范围内可以自行组织、安排自己的学习行为，有明确而具体的成果展示；学生自己克服、处理在项目工作中出现的困难和问题；项目工作具有一定的难度，要求学生运用新学习的知识、技能，解决过去从未遇到过的实际问题；学习结束时，师生共同评价项目工作成果。

"给你 55 分钟，你可以造一座桥吗？"

教育专家弗雷德·海因里希教授在"德国及欧美国家素质教育报告演示会"上，曾以这样一则实例介绍项目教学法。首先由学生或教师在现实中选取一个"造一座桥"的项目，学生分组对项目进行讨论，并写出各自的计划书；接着正式实施项目——利用一种被称为"造就一代工程师伟业"的"慧鱼"模型拼装桥梁；然后演示项目结果，由学生阐述构造的机理；最后由教师对学生的作品进行评估。以上步骤的实施，可以充分发掘学生的创造潜能，并促使他们在提高动手能力和推销自己等方面努力实践。

在项目教学中，学习过程成为人人参与的一个创造实践活动，参与者注重的不是最终的结果，而是完成项目的过程。学生在项目实践的过程中，理解和把握课程要求的知识和技能，体验创新的艰辛与乐趣，培养分析问题和解决问题的观念和能力。以模具设计与制造课程教学为例，可以通过一定的项目让学生完成模具设计、加工生产、产品质量检验等生产流程，从中学习和掌握机械原理、材料处理、制造工艺以及各种机床的使用与操作；还可以进一步组织不同专业与工种，甚至不同职业领域的学生参加项目教学小组，通过实际操作，训练其在实际工作中与不同专业、不同部门的同事协调、合作的能力。

PBL模式强调以学生为中心，强调小组合作学习，要求学生对现实生活中的真实性问题进行探究。通常，其流程/操作程序分为选定项目、制订计划、活动探究、作品制作、成果交流和活动评价六个步骤。

随着现代科学技术及生产组织形式对职业教育要求的不断提高，人们更多地倾向于采用项目教学法来培养学生的实践能力、社会能力及其他关键能力。

项目教学法与传统的教学法相比，区别主要表现在三个中心的转变，即由以教师为中心转变为以学生为中心、由以课本为中心转变为以"项目"为中心、由以课堂为中心转变为以实际经验为中心。所以，在运用项目教学法进行教学设计的时候，学生是认知的主体，是知识意义的主动建构者。

在运用项目教学法中，应注意如下几点。

1. 以学生为中心，充分发挥教师的协助作用

在教学过程中，要充分发挥学生的主动性和创新精神，让学生根据自身行为情况来实现自我反馈。同时不能忽略教师的指导作用。教师是帮助者、促进者，负责整个教学的设计和组织，直接参与学生的讨论。

2. 项目的选取是学习的关键

在项目教学法中，项目的选取是关键。在项目教学法中，教学的整个过程和所有的内容都要以项目来贯彻。项目确定后，整个教学过程也就确定下来，所以项目的选取是关键。在项目的选取上要尽可能地确立实用、优秀的项目。

选取项目时要以教学的内容为依据，以现实的对象为材料，既要包含基本的教学知识点，又要能调动学生解决问题的积极性。

项目的选取，是课前准备工作中的一个重要环节。教师必须深入学生中，提出一个或几个设计方法，可以让学生充分发挥他们的才智，和同学们一起讨论。

3. 项目实施前的引导要精练、清晰

创设学习的资源和环境是教师最主要的工作。教师需要让学生有多种机会在不同的情景下来应用所学的知识，充分运用现代教育技术的手段，为学生提供多种学习资源。在学生独立完成项目前，教师要进行适当的引导。引导主要包括对新知识的讲解和对项目具体实施过程的解释。

4. 项目活动团体的确立要根据具体情况妥善安排

项目是由学生独立完成，还是分组合作来完成，要根据项目的具体特点来确立。对于单纯针对某一新知识的项目，以学生独立完成较合适；而对于涉及的知识面较广、难度较大的项目，则要分组合作完成。采用分组协作式学习时，小组成员在学习过程中探索或发现的信息和材料可为全组成员共享，甚至可为全班同学共享。教师要积极创设学生小组讨论交流的情景，让学生在群体中共同批判各种观点和假设，协商解决各种难关，因为学生各有所长，学生群体的思维与智慧可为每个学生所共享，知识的互补性可以帮助他们解决更多的问题。当然，独立完成项目和分组合作完成项目在培养学生的能力上各有优缺点。项目的确立应着意考虑学生的培养方向，以便灵活多变地确立活动团体，更全面地提高学生能力。

5. 项目活动中教师的指导要恰到好处

学生在完成项目的过程中遇到困难时，教师应及时给予指导。针对不同层次的学生，教师指导的深度要有所不同。项目教学法的根本宗旨是让学生自己发现知识、提高技能，因此教师一定

要把握好指导的尺度。

6. 要以学生完成项目的情况来总结、评价学生的学习效果

项目完成的过程是学生自己探索钻研的过程。为了能学众人之长，项目完成后的总结也相当重要，它应包括思路总结和技巧总结。思路总结可以帮助学生明晰项目完成的最佳思考方法，找到自己理论上的不足；技巧总结中，"一题多解"是应该极力推荐的，每一种方法不论难易都应该展示给学生，再由教师与学生共同评价各种方法的优缺点及适用范围。这样，学生可以学到更多的操作技巧，全面吸收整个项目活动的精髓。一般情况下可分三级来考核。第一级可由教师对小组项目情况评定，第二级是由小组成员根据各组员对小组的贡献情况进行互评，第三级是由学生本人进行自评。综合三级评定来确定每一个成员的成绩。

4.3　教学方法的改革

教学方法的产生和发展，受到许多因素的影响。各个时代除了有继承以前的教学实践中行之有效的经验的教学方法之外，都有一些反映某一时代特征的具有代表性和倾向性的教学方法。随着生产力的不断提高，科学技术迅猛发展，知识总量急剧增长，教学内容较之前更为丰富，教学方法向更高层次、更加科学的方向发展。下面介绍几种流行的教学方法。

4.3.1　发现法

发现法是布鲁纳于 20 世纪 50 年代末所倡导的教学方法，是布鲁纳针对当时科学技术的迅速发展，迫切需要提高社会人员的科学技术水平和素质而提出的教育改革的措施之一。布鲁纳认为在现代社会经济和科学技术的发展中，人的质量比人的数量更为重要。而要提高人的质量，就必须通过教育来促进人的智力发展。而要使学生获得最好的智力发展，关键在于学校课程结构的改革，并在这个关键问题的基础上，相应地进行教学方法的改革。在课程结构改革方面，布鲁纳强调要让学生掌握每门学科的基本结构。在教学方法的改革上，布鲁纳提倡采用发现的学习方法。布鲁纳认为，过去的教学方法的理论是强调给学生某种刺激，使学生作出某种反应，在刺激和反应之间形成联系，通过不断的练习来强化这种联系。这种学习是不需要高级的心理活动过程的，它不断重复旧东西，而不是去发现创造新的东西，这就不利于学生的智力发展。如果采用发现的学习方法，就要求学生应付新的问题，发现新的东西，运用分析、综合、比较、抽象、概括、归纳、演绎等高级的心理活动过程。这就有利于学生掌握知识和发展智力，学会探究新知识的方法；一旦其正规教育结束，将会独立发展。

1. 采用发现法的步骤

采用发现法，一般按以下步骤进行教学。

（1）设疑和思考。教师根据教材内容和要求提出一些具有启示性的问题和现象来诱导学生思考，激发学生学习的积极性和自觉性。

（2）阅读和观察。学生根据教师设计的问题阅读课本和参考材料，或动手操作、演算、实验等，对概念、原理进行验证性的探索。

（3）分析和议论。学生根据阅读或观察到的结论进行分析、比较、综合、验证，并提出假设。

（4）综合和发展。学生对提出的假设进行概括、推理，得出结论，并运用所学的知识去解决有关的问题，以达到对概念和原理深入理解、牢固掌握和灵活运用的效果。

2. 发现法的教材

采用发现法，就要将原发现过程的教材改编成适合学生进行再发现过程的教材。这种教材要做到以下几点。

（1）缩短原发现过程，使学生有可能在短时间内获得再发现。

（2）简化原发现过程中出现的启示性的思维过程，使学生能用逻辑思维来解决。

（3）整理原发现过程中出现的大量的可能性，精简为少数几个主要的选项。

3. 发现法的主要优点

（1）发现法有利于发挥学生的主观能动性。学生通过自己的积极的思维活动而获得的知识，记忆牢固，易于检索，运用灵活。

（2）发现法要求学生自己去探索和发现新知识，在探索和发现过程中，学生必须有高级的心理活动介入。长期采用发现法，就可使学生的心智活动方式得到不断的改善和完善，使智力和能力得到不断的发展。

（3）发现法在学生自己探索、概括出原理和法则之后，能使学生进一步坚定学习的信心，激起学习的兴趣和学习欲望，产生自行学习的内在动机。

（4）发现法要求学生在教师提供的启示性材料的基础上，自己去探索和发现新知识。长期实践之后，学生就能学会探索和发现的方法。这就为学生今后的创造性工作奠定了基础。

4. 发现法的缺点

（1）发现法要求学生在学习中一切通过自己进行探索，这样会使教学进程缓慢，不利于学生较快地掌握人类积累的知识。

（2）发现法过分强调了以学生为中心的课堂教学，在一定程度上有损于教师主导作用的发挥，有碍于学生较好地掌握系统的知识。

（3）发现法常常由于重视发现而忽视训练，这样就不利于技能、技巧的形成。

发现法也并不是对所有的教学内容和教学对象都适宜的。例如，一些新的章节，当学生还缺乏探索的必要的基础知识时，运用发现法的效率就比较低；在学习复杂的专题时，当教师的讲解必不可少时，这种方法也显得不够有效；当教学内容特别简单时，运用发现法也不适宜，因为花费过多时间去发现那些简单的问题，从时间和精力上看都是不合算的。

一般说来，如果教材内容是中等复杂程度的，学生已掌握足够的知识，能够发现假设的某些现象的过程的实质，能够设想出它们之间存在的联系，在这种情况下，选择发现法是较为适宜的。比如在程序设计课中，学习了循环结构后，让学生通过一个简单的双重循环程序在计算机上运行后得出的结果，去探索、发现多重循环结构的运行过程及功能，可能会得到事半功倍的教学效果。

4.3.2 启发式教学法

启发式教学法是指教师在教学工作中依据教材的内容和学生的认识规律，由浅入深、由近及远、由表及里、由易到难地逐步提出问题、解决问题，引导学生主动、积极、自觉地掌握知识的教学方法。启发是启发学生思考，让学生自己思考解决问题的方法。这种教学方法，强调教师的主导作用，教学过程要由教师来组织，启发学生积极思维，旨在调动学生学习的积极性，使学生正确地理解、系统地掌握所学的知识。采用这种教学方法，教师若能够突出重点、分散难点、抓住关键，就会很受学生欢迎。这种教学方法再辅以演示、讨论和学习，会使整堂课生动活泼，会取得良好的教学效果。

古今中外的教育家都十分重视教学的启发性问题，并总结了丰富的经验。

瓦尔德认为："平庸的老师只是叙述，好的老师讲解，优异的老师示范，伟大的老师启发。"他把能否使用启发式教学法作为衡量教师是否优秀的一个重要标准。

以孔子为创始人的儒家，其教育方法的最本质特征是启发式的教育，这是与其心性论联系在一起的。

我国古代教育名著《学记》则提出教师教学要善于启发学生思考的主张"故君子之教，喻也：道而弗牵，强而弗抑，开而弗达。"强调教师的作用在于引导、启发，而不是强迫、代替。

毛泽东同志特别重视启发式教学，在 1929 年《中国共产党红军第四军第九次代表大会决议案》中就提出：教授法要"启发式，废止注入式"。这些宝贵思想，至今仍有重要的理论意义和实践意义。

下面列举在程序设计教学过程中，教师运用启发式教学取得较好效果的例子。

要求学生用循环语句编写一个求 $S = \sum_{i=1}^{20} n$（求 $S=1+2+3+\cdots+20$）的程序。

这是累加问题。由于学生在学习条件语句时已经接触过，所以现在用循环语句编写，就轻而易举了。

接着教师要求学生编写第二个程序：求 $P=20!$（求 $P=1 \times 2 \times 3 \times \cdots \times 20$）的程序。

第一个程序是累加问题，而这是个累乘问题。那么，只要把累加单元改成累乘单元，问题就解决了。所以，受上题的启发，大家很快编出了程序。但是，教师发现有些学生把累乘单元的初值仍然赋值为零，于是针对这个问题要求学生分析、讨论，才使学生理解初值应赋 1。这样使学生体会到，在程序设计时不能作简单的模仿，而要理解题目的要求和含义。

紧接着教师要求学生编写求 $S = \sum_{i=1}^{20} n!$（求 $S=1! +2! +3! +\cdots+20!$）的程序。

这个题目是在累乘的基础上进行累加运算。学生在上面两题的启发下，顺理成章地编写出下列程序代码。

```
Private Sub Command1_Click()
        Dim S, t, n As Integer
        S=0
        t=1
        for n=1 to 20 step 1
            t=t*n
            S=S+t
        next n
        print "S="; S
    End Sub
```

这样的教学方法设计，就是在教学过程中采取逐步启发、步步深入、环环紧扣的方法，因此取得了较好的教学效果。

信息技术课程是一门生动活泼的知识性和应用性学科，教师应该合理采用启发式教学。

4.3.3　程序教学法

程序教学法是美国心理学家和教育学家斯金纳于 20 世纪 50 年代根据控制论原理首创的，使用教学机器发展起来的一种教学方法；是按照程序编制者对学习过程的设想，把教材分解成许多小项目并按一定顺序排列起来制成卡片或编成计算机程序，学生按此程序进行自学、独立获取知识的教学方法。

程序教学，适合用程序教材并以个人自学形式进行教学。学生独立学习经过特别编制的程序化了的教材，积极主动地获取知识、掌握技能，并使自己的自学能力得到发展。程序教学通常有以下几种形式：程序化了的教材通过机器来呈现的，称为机器教学；通过课本来呈现的，称为课本式程序教学；通过电子计算机来呈现的，称为计算机辅助教学（CAI）。信息技术课教学中用到的多是第三种。

程序教材把学习内容分解成许多易于被学习者掌握的小步子（只含一个运算或一个解题步骤的小问题），并由易到难排列成为便于循序渐进学习的程序。其中每一步都模拟真实的教学过程阶段——提示、复习巩固、练习、检查。在学习过程中，学生对程序教材中的每一步所提出的练习题都要作出回答，经过检查确认后才能进入下一步学习。

程序教学的模式主要有直线式和分支式两大类。直线式程序，是把学习材料由浅入深地直线式编排，在呈现每个步骤时，学生回答正确再进行下一步，不能跳越任何步子。分支式程序，步子相对大一些，学生在掌握一个单元后，进入新单元，若没有掌握，便引向一个分支、补充一些知识，然后回到先前的单元再学习一遍，这样更适应个别差异的需要。

程序教学的优点是能使学生发挥主动性，养成自学的习惯；小步子练习很细致，能防止遗漏知识，避免粗枝大叶；有利于因材施教，学生自定步调；学生按程序教材进行学习新知识、练习、纠错、复习等环节，只在出现疑问或困难时由教师辅导，减轻了教师负担。

同其他教学方法一样，程序教学也有很大的局限性。一是学生主要与教材打交道，与教师、同学联系较少，难以进行思想教育和体现集体主义精神，容易忽视教师的主导作用；二是小步子使程序教学走向烦琐，反馈的过程机械呆板，束缚学生思维，影响学生的创造性思维的发展。

目前的 CAI 软件引进了许多先进的教学思想及多媒体等新技术，已大大不同于早期的程序教学了。

4.4　教学方法的优化

教学方法的最优化是指教师选择、设计的教学方法能保证在规定的时间内，使教学与教学任务的解决达到可能范围的最佳效果。最优化并不是一种抽象的、凝固的模式，它是相对一定条件而言的。在一些条件下的最优化，未必是在另一些条件下的最优化。

要使教学方法达到最优化，必须做好以下几个方面的工作。

1. 研究应完成的任务

根据教学大纲和教材内容，具体研究在教学过程中应完成的任务。

这些任务中主要包括三个方面：（1）知识、技能的要求；（2）发展智力、培养能力方面的要求；（3）思想品质的要求。只有明确了教学的任务和要求，教学方法的选用才有评估标准。

2. 研究学生的认知结构与认知水平

教学方法的选择受到学生的认知结构和认知水平的制约。只有认真地研究学生的情况，才有可能选择到适应学生具体情况的教学方法。

3. 研究教学内容的重点，并使教学内容具体化

教学内容的重点是教学内容中的核心和关键。掌握教学内容的重点，就有利于学生对知识的理解和掌握。巴班斯基指出：根据教学大纲的基本要求，从教学内容中区分出主要成分（核心内容）的做法是十分重要的。它既能保证教学的质量，又能避免学生负担过重。在研究教学内容的

重点的同时，教师还必须使教学内容具体化。巴班斯基在他的《怎样使教学和教育过程最优化》一文中，建议教师在教学内容具体化时应采取以下几个基本步骤：

（1）从内容中区分出主要的和基本的成分；

（2）选择最合理的逻辑方式（归纳或演绎），以阐明课题；

（3）用新的科学知识，综合技术教育、乡土教材、职业教育方面的事实、事例、练习来补充课本内容，以便在最大可能范围内解决一系列教育任务，其中包括弥补学生在知识、技能、技巧方面的缺陷；

（4）用那些能够在最大程度上解决所提出的教育任务的事实、事例、实际作业来补充课本内容；

（5）用旨在区别教学和个别教学的基础上，发展学生的学习技巧、认知兴趣和能力的作业和练习，来补充课本内容。

4. 调动学生的学习主动性

考虑怎样调动学生的学习主动性、积极性和最大限度地给予学生独立认知的机会。

学生的主动性和积极性是学习的内部动力，它能推动学习顺利进行。在教学过程中，学生有无独立认知活动，关系到其对知识的理解和能力的发展。因此，在选择教学方法时，教师必须考虑选择什么样的方法才有利于调动学生学习的主动性和积极性，什么样的方法才有利于启动学生高级的心理活动。

5. 分析强化的效果，制订强化策略

及时强化能增强学习的效果。因此，在选择教学方法时，应分析强化对不同学习个体所产生的效果，制订行之有效的强化策略；针对学生的不同情况，在适当的时候给予恰当的强化刺激物。

6. 建立精神上和心理上的良好气氛

如果在课堂上有良好的气氛，学生就会增强学习兴趣和学习信心，产生良好的学习情绪。因此在设计教学方法时，应该设法在课堂上建立精神上和心理上的良好气氛，使优生和差生都能在良好的学习情绪中进行学习。

7. 考虑怎样根据班级中学生的不同情况予以区别对待

心理学的研究表明，人的素质、记忆速度、感知周围事物的方式、思维的主要特征等都是因人而异的。此外，在生活经验、外部条件、教学性质和前阶段学习成绩的影响下，学生之间也有着这样或那样的差别。因此，要想在教学过程中使全体学生获得最大限度的发展，就必须以区别的方式来对待学生，这是设计教学方法时必须考虑的问题。设计教学方法时，要使优生在智力上得到挑战，同时又要使差生在原有基础上得到提高。

8. 考虑怎样合理地利用时间

教学方法的优化问题与合理地使用时间有关。最优化的教学方案必须是花最少的时间，取得最好的效果。因而在设计教学方法时，必须考虑怎样合理地利用时间，怎样将必要的时间用在刀口（重点和关键问题）上。其他如例题的讲解、课外作业的布置，都要重视质量，不能以多取胜，以避免学生学习负担过重。

4.5　信息技术课的教学模式

教学模式是指在某种情境中展开教学活动的结构形式，是由许多具体的教学方法和教学手

段组成的一个动态系统。在实际教学中，教师很少使用单一的教学方法和手段，而是选择不同的基本方法和手段，使其在教学过程的各个阶段动态地发挥作用，这样就构成了不同的教学模式。先进的、科学的教学模式对培养学生的各个方面的素质和创新能力会产生积极的、深远的影响。

教学模式的探讨与研究是信息技术教师进行科研和实践的一个热门课题，也是信息技术教学应用的重要方面。根据信息技术课教学的现状，下面介绍信息技术教学中常用的教学模式，并对其中影响较大的几个模式作较详细的讨论。

4.5.1 以课堂讲授为主的教学模式

以课堂讲授为主的教学模式是一种常用的教学模式，是以教师讲授为主、其他方法（如多媒体演示、问答）和手段（如板书、教材）辅助进行的。它适用于计算机基础知识、软件（特别是一些图形界面的软件）的操作方法、程序设计等概念性或需要进行逻辑思维的内容的教学。这种教学模式的优点是注重系统化的讲授，缺点是学生处于被动接受状态，效率较低，学习效果较差。采用这种模式时一定要注意量力性原则及启发式教学。

4.5.2 边讲边练式教学模式

边讲边练式教学模式必须在机房进行，最好是联网的机房。它适用于机时较充裕、操作性较强的应用软件的教学。教师边讲，学生边练，讲讲练练，发现问题及时解决，还可个别辅导，教学效率高，学生掌握快；缺点是学生的掌握程度不好控制，知识灵活运用能力差，还可能由于教师讲解时间过长，学生产生烦躁情绪，影响教学质量。

4.5.3 任务驱动式教学模式

1. 模式介绍

"任务驱动"是一种建立在建构主义教学理论基础上的教学模式，是建构主义理论在教育教学中的具体应用。它将以往以传授知识为主的传统教学理念，转变为以解决问题、表达情感、完成任务为主的多维、立体、互动式的教学理念，将再现式、灌输式教学转变为探究式、实验式学习，使学生处于积极的思维与学习状态，使学生能根据自己对问题、情感、任务的理解，运用已有的知识、技能和经验提出设想与方案，最后经过实践解决问题。

新课程倡导任务型的教学模式。教师通过巧妙设计，将要讲授的知识蕴涵于任务之中，让学生在教师的指导下，通过感知、体验、参与和合作等方式，实现任务的目标，感受成功。这是一种以人为本，以应用为动力，以应用为目的，以应用为核心的教学途径。它为学生提供了更大的实践空间，能更好地发挥学生的主动性和创造性。信息技术是一门新型的应用学科，在信息技术教学中，教师分配给学生难度适当、富有创意的任务，不仅能活跃课堂气氛，而且能深深地吸引学生，激发学生的学习兴趣，满足学生的学习欲望，充分调动学生学习的积极性，有利于发展学生的自学能力、动手能力、综合运用知识的能力以及创造能力，从而使教师教得轻松、学生学得愉快，进一步提高学生自主学习的质量和效率，使学生在完成任务的过程中可以学到新知识、巩固旧知识，收到良好的教学效果。学生在这种模式下完成任务时的成就感是其他模式难以实现的。再加上一定的奖励机制，会加倍地激发学生的积极性，最大限度地发挥其能动性。教师也能从这种模式中得到启发，学到一些东西，实现"教学相长"。

在"任务驱动"教学模式中，任务的确占有十分重要的地位。教学要求的落实、教学目标的实现，均体现在每一个具体的任务之中。那么，教师应该如何设计教学任务呢?

（1）在设计教学任务时，教师不仅要考虑信息技术学科内容的知识结构，而且要充分考虑到学生的认知规律和学习特点，循序渐进，合理安排。

（2）在设计教学任务时，教师要注意渗透对学生的思想教育、道德教育和素质教育等内容。

当前我国的中小学教育已由应试教育向全面素质教育转化。计算机作为信息处理工具，它的应用已经涉及方方面面。因此我们在设计教学任务时，要注意渗透一定的思想教育、道德教育和素质教育等内容。例如，在学习文字处理软件时，可以设计一个让学生利用该软件制作班级板报的任务；在学习画图软件时，可以设计一个让学生制作"教师节贺卡"、"母亲节贺卡"、"新年贺卡"之类的任务；在学习网络知识时，可以设计一个让学生上网查询"环境保护"、"生命的起源"、"网络安全"等内容之类的任务。

（3）在设计教学任务时，教师要注意信息技术与其他课程的整合。

课程整合的最基本特征，就是它的学科交叉性和立足于能力的培养。我们在设计教学任务时，不仅要融合信息技术的文化性、综合性，而且要渗透其他学科知识。例如，可以从物理、化学、地理、生物、数学等学科中挑选任务设计的素材，通过一个或几个任务，把相关的各学科知识和能力要求作为一个整体，有机地结合在一起。

（4）教师要根据教学总目标，结合要学习的各软件的功能，分层次、分阶段、分课时地设计教学任务。

从学生的学习过程来看，当一个任务完成了，就会产生新的认知需求，这样新的任务就产生了。因此教师在进行任务的层次设计时，要考虑到学生的认知需求。另外，在设计教学任务时，还要注意软件基本功能的递进性，新任务中既要有以前任务中已经使用过的功能，又必须加入新的功能，使学生在完成任务的过程中，既巩固已学过的功能，又学习、探索新的功能，循序渐进，逐步提高。比如，要把文章的第 2 段复制到第 3 段之后，教师可以提示学生，此知识点与前面学过的《管理文件夹和文件》中的复制文件或文件夹相类似，让学生从旧知识入手，结合新知识，找到解决问题的方法。同时教师还可引导学生，在进行复制操作之前先要确定复制对象，这时学生就会提出"如何选定文本对象"这个问题。待此问题解决后，另一个问题接着会出现在学生眼前："如何把选定的文本复制到目的地呢?"一个个问题解决了，任务也就完成了。

教学任务的确定，必须来源于学生的学习、生活和实践。这样才能使学生产生强烈的认知需求和动手实践完成任务的冲动。

（5）在设计教学任务时，教师要设计任务的引申与可扩展点。

在设计教学任务时，教师要考虑到学生的计算机水平的差异性，设计的任务不仅要包含基本的任务，而且要包含任务的引申与可扩展点。这样在完成基本任务时，不同的学生就可以根据自己不同的条件与需求，由任务中的"可扩展点"作进一步的发挥与改善。这样的设计既能控制整体教学进度，又可以因材施教，发挥学生学习的自主能动性，激发学生的创造欲望。例如，在文字处理软件的教学中，可以这样设计一个任务：将某文章中标有不同颜色的两段文字交换位置，涉及的知识点有选定、复制、移动、粘贴；还可以把任务再设计得深些（提高层），让计算机水平较高的学生去完成，如：选定文本有哪几种方法? 复制与移动文本又有哪些不同的方法? 它们又有什么区别?

根据任务的性质，可以采用如下两种形式设计教学任务。

（1）自主学习、独立完成。

这种形式强调发挥学生的自主性和创造性，挖掘学生的潜能，培养学生的自学能力，激发学生的钻研精神。例如，解程序设计题时，鼓励学生使用不同的算法和方式实现，最后评价它们的优劣；学习画图软件和动画制作软件时，要求学生作出平面几何中两圆的动态位置关系图；在学习画图程序中的文字工具时，要求学生给中国行政区划图填色、并写上省名及省会名称等；在学习文字处理中的表格功能时，可以要求学生编写自己的简历，并在表格中插入自己的照片。

采用这种形式时，应注意因材施教的原则，对不同程度的学生提出不同的要求、提供不同的帮助，让每个学生经过努力都能完成任务；要给学生提供展示的机会，让他们尝到学习的乐趣，满足他们的成就感。

（2）协作学习、集体完成。

根据学习水平和特长搭配分组，使学生通过交流、沟通、争论、协商，群策群力，合作互助，取长补短；培养学生从多个角度思考问题、解决问题的能力，选择、整合其他成员观点的能力，获得与他人合作的技能。如编排宣传小报、网页制作之类的内容，就可采用此种形式进行。

2. 模式特点

（1）情景导向，目标明确。通过营造知识的应用情景，教学内容任务化，教学目标具体、生动；学习目标明确，印象深刻，易产生求知欲。

（2）符合认知规律、遗忘规律和思维习惯。一般教材的编写是从编者的角度出发，注重体现知识的系统性、完整性，较少地顾及了学生的学习过程。而任务化后，则从学生的角度出发，注重体现在应用上，体现学生的主体地位和教师的主导作用。一般实际生活中的思维方向也是遇到任务，再寻找解决问题的办法的，而不是准备好许多方法再来寻找需解决的任务的。

（3）符合学科特点。信息技术教育具有明显的实践性特点，强调"面向应用，实践为主"的指导思想。但学生信息技术基础、实际操作水平参差不齐，大多数学生虽然热衷于上信息技术课，但主要是"奔"电脑游戏和 QQ 聊天而来的，对信息技术基础知识和技能的学习兴趣并不大。如果沿用传统的方法进行教学，搞"一刀切"，基础好的学生就会感到上信息技术课是在浪费时间，提不起学习兴趣，同时由于老师没有分身术，基础较差的学生也无法得到及时的辅导，时间长了也会渐渐地对信息技术的学习失去兴趣。采用"任务驱动，先学后教，当堂巩固"的方法，可以让各个层次的学生"各得其所"，让各个学生都有一种紧迫感和竞争意识——操作能力较强的学生完成自学后可充当差生的小老师，也可以根据自己的实际情况向更深层次冲刺，充分激发兴趣和获得成就感；基础差的学生通过自学以及同学、老师的帮助，不仅可以完成"作品"，还可以不断提高自己的自学能力。何乐而不为？因此，所有的学生整堂课都会围绕着老师布置的任务去"忙活"，一节课没停手，既不感觉累也不感觉枯燥，不知不觉就下课了，也就没心思和时间去玩别的了。

（4）符合学生的年龄特点。中学生精力充沛，具有较强的好奇心和求知欲，易接收新事物，具有了一定学习能力，能够在一定范围有组织地进行自主学习。接受任务后，学生可以自主地从原有知识技能的启发中或利用软件即时的帮助以及相关菜单、工具栏中的按钮中经过尝试得到答案。这有利于学生养成自主获取知识的习惯。

（5）符合"教师为主导，学生为主体"的教学原则。学生围绕任务主动参与教学过程，活动量大，伸缩度广，从而有利地避免了学生"吃不饱"的现象。学生在课堂上的自学就像是在高速公路上跑的汽车，而老师就像是引桥，引导学生走上高速路，不要走岔路。

（6）注重非智力因素的培养。了解了学生心理变化，从中可以看出学生在此模式过程中的心理变化情况。此模式可刺激求知欲、增加成就感，体现人文关怀，从而潜移默化地激发了学生的兴趣，使学生在实践中自觉磨练意志，逐渐培养学生对信息技术的情感，有利于发挥非智力因素在学习过程中的定向、引导、维持、强化作用，不断强化学生的自我学习能力，使他们终身受益。

3. 实施过程

（1）揭示教学目标。上课时，首先用大屏幕给学生演示预先做好的"成品"，如一张统计表、一张小板报、一个小动画等，激发学生希望自己创作作品的兴趣，调动学生学习的积极性，使学生在上课开始就明确本节课的学习任务和学习方向，促使学生在以后的各个环节里主动地围绕目标探索、追求。

（2）指导学生自学。利用大屏幕展示课前准备好的《自学指导》，提出自学要求，要求学生根据《内容概要》和《作品制作步骤》自学，让学生带着明确的任务，掌握恰当的自学方法，从而使自学更有效。坚持每次自学前给予方法指导，使学生积累不少自学方法。学生在提高学习效率的同时，自学能力也在不断提高。

（3）学生自学，教师巡视。学生按照教师的要求进行自学，积极思考和操作实践。让学生积极主动去探究知识，培养他们的自主学习和动手能力。教师主要是督促学生自学，及时表扬自学速度快、效果好的学生，激励他们更加认真自学。教师重点巡视中差学生，帮助其端正自学态度，使他们变得认真起来，确保人人自学高效。同时，通过巡视，及时了解搜集班上学生存在哪些倾向性疑难问题，为后面的教学做准备。

（4）检查学生自学效果。用电子教室管理软件转播中差生尤其是后进生的操作，最大限度地暴露学生自学后存在的疑难问题，若后进生做错了，就引导中等偏上的学生分析，讲清错因，引导更正、归纳。这不仅对后进生有帮助，而且使尖子生理解得更加深刻。

（5）学生讨论、更正，教师点拨。让学生自由讨论，更正自己的操作错误，推行"兵教兵"的教学方式。操作能力强、通过自学已经学会的学生可以充当小老师，教旁边还不会的学生。凡是学生能够解决的问题，就让他们自己解决，解决不了的由教师补充，最后教师再引导学生归纳，上升为理论，指导以后的运用。

（6）巩固训练。出示针对操作预先准备的巩固练习题让学生做课堂练习，检测每位学生是否都当堂达到了学习目标。习题可做成 ASP 网页，在学生做完后可以马上自动给出成绩，及时反馈学生的学习效果，激起学生极大的兴趣和斗志。

4. 注意事项

《普通高中技术课程标准（实验）》指出："任务驱动"教学强调让学生在密切联系学习、生活和社会实际的有意义的"任务"情境中，通过完成任务来学习知识、获得技能、形成能力、内化伦理。因此，要正确认识任务驱动中"任务"的特定含义，使用中要坚持科学、适度、适当的原则，避免滥用和泛化；要注意任务的情境性、有意义性、可操作性；任务难度要适当、要求应具体，各任务之间还要相互联系，形成循序渐进的梯度，组成一个任务链，以便学生踏着任务的阶梯去建构知识。

在"任务驱动"教学模式中，虽然强调以学生自主学习为主，但是这并不表明可以忽视教师在其中的作用，相反教师的作用更为关键，对教师的要求更高。因此教师在上课的过程中，要注意以下几点。

（1）要遵循"教师为主导，学生为主体"的教学原则。在"任务驱动"教学模式中，教师必须认识到学生的知识是在教师的指导下，由学生主动去学习的。因此要强调学生的主体性，要求充分发挥学生在学习过程中的主动性、积极性和创造性，而教师是整个教学过程中的组织者、指导者和促进者。在学生学习遇到困难时，教师应该为学生独立解决问题提供有效的帮助；在学生学习不够主动时，给学生提出问题，引导他们去探究；在学生完成基本任务后，再调动他们的创作欲望，使他们进一步完成任务的可扩展点。

（2）任务设计要恰当。要准确制定学习目标，既不降低也不拔高要求，把握好任务的质量，任务应该有趣味性、难度适宜、与当前教学内容紧密相关，不能简单地把教学内容转化为一个个问题作为任务提出。

（3）要做到教学相长。教师不能总是以师长的身份出现在学生面前，要学会与学生平等相处，互相学习，互相交流，互相讨论。信息技术课程的最大特点是内容更新换代非常快，这样就有可能有一部分学生某些方面的计算机知识胜过教师，因此，教师更要"知之为知之，不知为不知"，要放下架子，"不耻下问"，正所谓"能者为师"。

（4）在教学过程中，教师要注意适时指导。在整个教学过程中，教师是组织者、指导者，在学生完成任务的过程中，要给予学生适当的指导与帮助，引导学生分析任务，使他们能尽快地明确自己的入手点，并逐步提出新问题，探究问题的解决方法。在整个教学过程中，教师一定要注意防止让学生放任自流地学习。另外，在学生自己完成任务的过程中，教师要监控每一个学生的任务进展情况，要注意观察学生，发现学生中出现的问题，特别是共同性问题，及时给予学生指导，多给学生以鼓励；同时在学生完成任务之后，教师也要对此类问题进行强调、讲解、分析，并由教师或学生直接示范，进行点拨，从而突破教学的重点、难点。

（5）课后教师要作适当的效果评价。当学生完成任务后，教师要作适当的效果评价，给学生提供有针对性的反馈信息。这样做既可以帮助学生了解自己的学习情况，又可以了解学生对知识技能的掌握情况，还可以了解学生的学习方法或学习能力的提高程度，从而为下一步的教学设计提供准确的信息。同时，当学生完成任务后，对某些有代表性的作品，可以把它作为范例转播给全班同学观看，或者也可把广播的控制权交给某些学生，让学生发表自己的见解，学生之间互相讨论、交流、评价，从中教师也可适当地引导学生学会欣赏别人、接纳别人的观点。

（6）此模式主要适用于操作性强的教学内容，如电子表格（Excel）、动画制作（Flash）、网页制作（FrontPage）等，对于理论性较强的内容谨慎采用。

4.5.4　基于问题的教学模式

1. 模式介绍

基于问题的教学是指基于问题的学习（Problem-Based Learning，PBL）模式。它是把教学/学习置于复杂的、有意义的问题情境中，通过让学生以小组合作的形式共同解决复杂的、实际的（real-world）或真实的（authentic）问题，来学习隐含于问题背后的科学知识，形成解决问题的能力，发展自主学习和终身学习的能力。它是以学生为中心、以问题解决为中心的教学/学习模式。整个教学过程围绕问题的解决进行，学生在学习过程中进行分组和协作，在教师的帮助下，组织多种形式的学习活动，通过多种形式获取信息，形成问题的解决方案，并以作品展示等方式对问题解决和学习成果进行表达。

该模式旨在通过引导学生解决复杂的、实际生活中的问题，使学生建构宽广而灵活的知识基础，从而培养和激发学生的内部学习动机，发展有效的问题解决能力、合作能力、自主学习和终身学习的能力。

随着不断的研究和实践，特别是随着信息技术的发展，基于问题的学习日益受到基础教育界的重视，并逐渐在中小学教学中得到应用。

2. 模式特点

基于问题的学习（教学），作为一种新的教学组织形式和教学理念，与其他教学形式相比，具有如下许多优点。

（1）强调意义，而不是强调事实。基于问题的学习是以建构主义学习理论和当代信息加工心理学为基础的，它更多地强调意义学习，强调在真实情景中的学习。

（2）重视学习的自主性。基于问题的学习重视学生在学习过程中的积极性和主动性，强调学生的积极探索和自主学习。

（3）有助于高水平的理解与良好技能的发展。由于 PBL 是以问题为出发点的学习和教学，它重视学习的自主性，重视学习者在问题解决过程中的精细加工，因而有助于高水平的理解和良好技能的发展。

（4）可培养人际技能与团队精神。小组学习是基于问题的学习的重要特点，在 PBL 中可以锻炼和培养学生的人际技能和团队协作精神，有助于学生的社会性发展。

（5）重视自我调节的态度。PBL 的组织特点要求学习者具有较强的自我管理能力和自我调节态度，尤其是在小组协作过程中，学生的自我约束、自我管理能力和自我调节态度有助于提高学习的效果。

（6）有助于建立良好的师生关系。在 PBL 中，教师与学生的角色发生了相应的变化，教师不再是知识的拥有者和灌输者，而是学生学习的辅助者和指导者。这对于建立良好的师生关系是非常重要的。

（7）属于高效的学习。从学习的效果和学生意义建构的深度上来讲，PBL 是一种高水平的、高效的学习。

3. 实施过程

PBL 的具体应用步骤如下。

（1）创设情境，提出问题。根据教学目的和教学内容的需要，创设一个与学生生活密切相关的、能够引起学生兴趣的情境。呈现情境的方式可以多种多样。例如，讲一个故事，放一段录像，听一曲音乐，观察一组调查数据，浏览一个网站，呈现一种现象，等等。如果情境比较复杂，教师可以与学生一起分析问题的情境，引导学生回忆关于这个问题情境的个人体会；学生可以以"我曾经遇到过一件相似的事情"、"我听过"等为题进行讨论。同时，教师可以提出一些引导性的问题。

（2）分析问题，组织分工。进一步仔细分析问题情境，可以让学生与临近的同学讨论自己对情节和情形的理解，分析情境背后的问题实质（例如，电脑死机是硬件、软件、病毒入侵、操作不当还是其他的原因），界定自己要研究的问题（例如，某个同学认为是硬件的原因，他可能继续研究哪些硬件原因会引起电脑死机、硬件引起电脑死机会出现什么现象、教师呈现的情境中有无这种现象、有什么解决办法）。

将全班同学分成小组，小组成员进一步确定需要解决的问题，以列表的形式记录小组成员关于问题的意见，提出解决问题的假设，明确需要做的事情和确定研究计划后，进行小组讨论。

（3）实施方案，解决问题。实施解决问题的方案、探究解决问题的过程就是"从当前状态向目标状态转化所需要的一系列操作"。如果原有的知识不能解决问题，可以通过各种途径（调查、访谈、查阅书籍、上网等）搜集相关的信息。将小组搜集的信息进行汇总、整理、分析、加工，评价并判断信息的有效性、充分性，判断所搜集的信息是否能够解决问题。在获取信息的基础上，讨论、交流解决问题的建议、主张、方案。实施解决方案，查看效果。如果没有解决，可以继续寻找原因和解决的办法。

（4）交流讨论，展示成果。展示的结果可以包括小组对解决问题的建议、推论、方案等，也可以鼓励学生简单地阐述自己（或小组）解决问题的过程。教师可以询问学生的某个想法是怎样与事实相联系的。可能有些学生或者小组在汇报时，依然没有成形的问题解决方案，教师可以鼓励他们汇报目前的进展以及困惑，让所有的同学帮助出谋划策。通过小组之间的交流，在资源、方法、过程、成果等方面相互支持和共享。

在展示之前，可以先将各小组的资料彼此交换和查看，便于提问和讨论。小组汇报之后，为了让学生从其他人那里获取更多的信息，可以尝试这样引导：请大家回忆一下其他小组的观点和论据，想想你有什么收获，你对自己的观点有什么更新。

建议学生使用多种方式表现成果，例如，可以是电子文档、多媒体、动画、表格、网页、程序设计等；也可以写成简单的书面报告，如调查报告、解决方案报告等。

（5）评价总结，反思拓展。采取多种方式对学生进行评价，如同伴互评、教师评价、自我评价等。除了对小组解决方案进行评价，还需要对小组的合作情况、活动开展情况、小组成员表现等进行评价。评价可以采取多种形式，如口头陈述、书面报告、作品集、实践考试、书面考试等。

反思主要指学生对学习的内容和学习的过程进行反思。第一是关注内容，学生提出诸如"我现在已经知道什么"、"如何用这些信息满足项目目标"、"我学到了什么"、"这个概念我理解了吗"等问题。第二是关于学习过程的反思，学生提出诸如"在此环境中我怎样做一个学习者——一个自主学习者，一个问题解决者，一个合作者"、"我的力量及缺点是什么"、"我如何改进提高"等问题。

在教学中，教师可以根据具体情况，省略其中的某些环节，以配合教学目的、教学内容、学生特征以及课程安排等。由于这种方法自身的特点，需要教师和学生占用大量的时间。受教学内容和课时的限制，教师可能无法经常采用这种教学方法，建议在其他教学活动中渗透本方法的精髓。

4. 注意事项

在应用基于问题的学习时应注意以下问题。

（1）PBL 强调以学习者为中心，教师起辅助作用。"由 7 名学习者组成的小组与教员每周会面两三次。教员不是传统意义上的教者，相反，他促进和知道学生的讨论，帮助学习者获取需要的学习材料。"这是建构主义学习理论和人本主义学习观所倡导的，是业已为教育界所普遍接受的一种观点。

（2）学习围绕着特定学习内容进行。这实际上涉及基于问题的学习与课程的关系问题。实际上，在基于问题的学习不时遭受与此相关的一些批评。一些学者认为基于问题的学习忽视了课程学习的系统性和目的性。从国内外一些基于问题的学习的实践和研究结论来看，PBL 与课程并不矛盾，它是与课程目标一致的，是多课程目标的实现方式的一个扩展，是从更多更好的途径完成和实现课程目标。确切地讲，基于问题的学习是常规课程教学的一种组织形式。尽管我们强调基于问题的学习鼓励学生积极主动地学习，但是学生所进行的探索是在教师的辅导和帮助之下进行的，学生所探究的问题是围绕特定学习内容的，是与特定课程内容高度相关的，而不是漫无边际的。

（3）基于问题的学习是一个不断发展和演变的观念。尽管基于问题的学习可追溯到探究学习，杜威的学徒制，然而其新近的发展是从 20 世纪 50 年代初在美国 Western Reserve（西储）大学开始的。

（4）迁移的困难。变化和转变不仅对教师来说是个困难，对学生而言也是一个大问题。基于问题的学习需要学生投入更多的学习时间，需要有责任心和独立学习的能力。教师必须帮助学生顺利适应这种学习方式上的变化和转变。

（5）教同样的内容需要更多的时间。基于问题的学习是跨学科的，需要学生去思考问题的解决方案，而讲授或课堂教学是分学科的，并且不需要学生过多地主动思考问题的解决方案。在开始的时候，基于问题的学习（教学）需要教师花费更多的时间教授相同的内容。越来越多的教师将被要求在基于问题的课程中来教授同样的内容，如果班级规模小于 40 人，那么教师的努力和劳动是与传统教学中的努力与劳动大致相当的。

（6）基于问题的学习开销更大。课程的改变是与开支相联系的。基于问题的教学需要更多的小教室和充足的学习资源。Albanese 认为，因为师资和资源的局限性，基于问题的教学通常在小于 40 人的班级进行更有效，当然它也可以应用于近 100 人的大班。

4.5.5　自主式学习模式

1. 模式介绍

自主式学习（Autonomous Learning）是以学生作为学习的主体，通过学生独立地分析、探索、实践、质疑、创造等方法来实现学习目标的一种现代化学习方式。《基础教育课程改革纲要（试行）》在论及基础教育课程改革的具体目标时指出："改变课程实施过于强调接受学习、死记硬背、机械的现状，倡导学生主动参与、乐于探究、勤于动手，培养学生搜集和处理信息的能力、获取新知识的能力、分析和解决问题的能力以及交流与合作的能力。"自主学习对施教者提出了基本任务，在现代学习社会，施教者包括学校、家庭和社会。对在校学习的学生来说，学校是学习的主要场所和主渠道，教师和校长是最主要的施教者。自主学习要求施教者应以学校教育为主阵地，同时辅以必要而科学合理的家庭教育和社会教育，使儿童和青少年通过自主学习，学会求知、学会做人、学会健体、学会审美、学会生活、学会交往、学会劳动、学会生存，具备与现代社会需要相适应的学习、生活、交往、生产以及不断促进自身发展的基本素质。

适应性、选择性、竞争性、合作性、参与性是信息时代对现代教育的要求。要使学生学会适应，学会主动适应，而不是被动适应；学会适应生活，适应学习，适应环境。培养学生的合作精神，鼓励学生主动合作、乐于合作、善于合作。鼓励所有学生都成为学校内一切活动的积极参与者和主动参与者，使学生通过参与，达到主动学习、主动锻炼、主动发展与提高的目的。

2. 模式特点

自主学习具有以下主要特点。

（1）学习主体的能动性

自主学习是学生自觉、主动、积极地开展和管理自己的学习活动，而不是在外界的压力和要求下被动开展或管理自己的学习活动。这种自觉开展学习活动、自我调控学习的最基本要求就是学习主体的能动性。

（2）学习活动的独立性

独立性是相对于依赖性而言的。自主学习把学习建立在人的独立性上面，而传统学习把学习建立在人的依赖性上面。自主学习要求学生在学习的整个过程和各个方面尽可能摆脱对教师或他人的依赖，由自己作出选择和控制，独立地开展学习活动。

（3）学习过程的自控性

自主学习允许学生自己确定学习主题、学习目标，选择学习内容以及自主选择学习策略和方法。但是自主学习并不等于学生放任自流，学生的各种学习活动安排都不是随意和无目的的。自主学习要求学生在学习活动中有明晰的学习目标和活动方向，调节和控制自己学习行为服务于学习目标的实现。自主学习要求学生有较高的自学能力，同时还要有合理分配学习时间、及时反馈学习效果、恰当调整学习过程的能力。推行自主学习首先要对学生进行自学和学习调控方面的训练，否则极易造成过程的混乱和失控，影响学习效果。

（4）学习形式的多元性

自主学习形式和方法具有多样性和灵活性。为了完成学习任务、达到学习目标，学生可以通过多种渠道、多种途径获得自己所需信息和资源，根据自己的认知风格和学习习惯安排学习活动，既可采用自主探究、独立完成的学习形式，也可采用自主探究、合作完成的学习形式。

（5）学习资源的丰富性

丰富的学习资源，为自主学习提供了有力的保障。当前信息化社会的优势，丰富优质的各种信息资源库，如网络、多媒体、移动工具、社会性软件等，为学生提供了获取资源的多种渠道。自主学习正是顺应了当前信息化社会的特点才得到蓬勃发展的。

（6）学习场所的开放性

自主学习需要开放的学习空间，学习场所不限于教室，学校的图书馆、阅览室、实验室、网络教室、多媒体教室，甚至整个社会等都可以成为学习场所。除了学校外，学生还可以到工厂、农村、大学、研究所等参观考察访问，在实践和思索中完成学习任务。

3. 实施过程

（1）提出问题，布置任务。教师可以根据课程标准和教学要求，提出学习的内容，由学生去准备，做到有的放矢。

（2）明确方向，确定目标。明确学习方向，确立一个目标，注重学习氛围和良好环境的创设，可以通过小组开展学习竞赛，让学习的环境活起来，有利于学生对学习的坚持。

（3）制订计划，落实措施。制订比较严密的学习计划，并严格按照计划开展自主学习，根据计划建立落实计划的保障措施和制度。

（4）限定范围，提供资源。从所用的教材到知识面要先确定下来，除特殊情况，一般不随意改变学习主题。根据选择的范围，提供学习资源，例如网站、文字材料等。

（5）开展学习，进行指导。学生根据要求进行自主学习，老师给予适当必要的指导，提高学习的效率和效益。

（6）展示成果，检查评比。要求学生提交学习成果，并依据学习计划和目标进行检查评比。对作品和学生给予表扬激励，指出存在的问题和不足，以便改进和提高。

4. 注意事项

（1）做好课前设计。课前的准备工作，一定要设计好。选择什么课题、确定什么学习目标、要完成什么任务、如何组织分工，等等，这个过程是学生做好自主学习的前提。过去很多老师注意到了，但却很少有付诸实施的。

（2）重视课堂讲解。在做好课前准备的前提下，重视课堂讲解和指导，注意让学生把问题反馈出来，注意收集整理，并及时分析解决。关注学生的提问，是对他们自主学习的及时的反馈，同时也能从中培养他们的自我学习意识。

（3）作业设计精益求精，自主开发，有效利用。这样的自主贯穿了对学生各方面能力的培养。

（4）提高效益，推动实验。也就是说，有的环节不一定求多，而要以学生的全面进步、自主精神的激励为最终的培养目标。

4.5.6　合作式学习模式

1．模式介绍

合作式学习（Cooperative Learning），亦称协作式学习（Collaborative Learning），是一种通过小组或团队组织学生进行学习，使所有学生的学习效果最优化的教学方式。合作式学习是目前西方学校使用较为广泛的教学模式之一，也是当前我国基础教育课程改革提倡的一种教学方法。在教师指导下，班级成员被分为几个小组，然后同一小组的成员一起理解并完成作业。在教学过程中，利用情境、协作、会话、争论等形式对问题进行充分论证，以获得达到学习目标的最佳途径。小组成员的协同工作是实现班级学习目标的有机组成部分。合作活动中的个体（学生）可以将其在学习过程中的资源（获取的信息、学习的材料和活动的成果）与小组成员共享，甚至可以同全班同学共享。学生学习中的合作式活动有利于发展学生个体的思维能力、增强学生个体之间的沟通能力以及对学生个体之间差异的包容能力。此外，合作式学习对端正学生的学习态度、提高学生的学习成绩、形成学生的批判性思维与创新性思维、个体之间相互关系的处理能力、个体与社会成员的交流沟通能力、自信心、责任感、情感态度和价值观等都有积极作用。

2．模式特点

合作式学习的教学模式灵活多变，教学主体异常活跃，具有以下显著作用。

（1）激发学生的学习动力。合作式学习包含竞争、讨论、合作、设计等多种基本模式，是一种组织课堂学习活动的方式。在这种模式下，课堂气氛极其活跃，学生在合作学习实践中互帮互助，互相完善。运用信息技术，通过网络广播，创设生动形象的场景，激起学生自主学习的情感；同时，向学生展现与本节课学习内容相关、符合学生认知心理的情境，有效地引导学生主动参与教学过程。近来已有大量的研究证明它能对大多数学生起激励作用，产生良好的学习效果。

（2）发挥学生的主体作用。合作式学习以学生为中心，充分发挥学生学习的主动性、积极性和创造性，变师生单向交流为合作、多向交流，使不同层次的学生在互补互助中共同提高。其最大的优点就在于创设了一个轻松、民主、愉快的学习氛围，使学生学得主动、学得轻松。在协作式学习中，因为只有取得群体的成功，才能获得个人的成就，所以个人获得成就的机会反而会因其他学生的存在而增加。学业成绩的高度相关性导致同伴间的积极互动及良好的同伴关系。

（3）提高学生的思维能力。由于已有经验、文化背景的特殊性，学生对事物的理解会各不相同。如果学生之间相互合作，共同探究知识，那么他们的观念和思维方式会发生很大变化，他们会看到问题的不同侧面，对自己和他人的观点进行反思。这种相互之间的不断启迪和帮助，有很强的互补性，它能构建起新的和更深层次的理解。在合作学习的过程中，师生互动、生生交流、相互讨论，既促进了对学习内容的理解和深化，又可激发自己的思维和灵感，不时地迸发出创造的火花。

（4）完成学生的自我建构。在合作式学习过程中，师生的活动是主要因素，教为学服务，立足点要放在促进学生自我建构上（学生对知识的理解、掌握、应用、迁移以及技能的形成，都通过"自我建构"的方式来实现）。在学生自主学习的基础上，教师通过网络提供的交流、群组聚集、在线查阅等功能，组织学生进行合作学习和会话，在网上进行讨论、质疑和答疑，及时反馈学生的合作学习情况，进行交流分析评价，组织形成性练习，使学生能对知识进行自我建构。

（5）增强学生的合作意识。在学习过程中，为了共同完成某个任务，合作者之间互相配合、相互帮助、相互促进，或者根据学习任务的性质进行分工协作，从而结成伙伴关系。伙伴之间可以对共同关心的问题展开讨论与协商，从对方那里获得解决问题的思路与灵感。学习伙伴之间的关系一般比较融洽，不同合作者对任务的理解及其视点不完全一样，各种观点之间可以互相补充，但也可能会为某个问题的解决产生争论，并在争论中达成共识，进而促进问题的解决。这样，合作者在完成学习任务的同时，增强了团队精神和合作意识。

3. 实施过程

信息技术是一门新开设的学科，学生们对这门科目十分喜欢。但在教学中我们发现学生信息技术知识和技能的差别较大，因此，在有关内容的教学中，我们采用合作式学习教学方法，能取得较好的教学效果。下面以画画教学为例，说明协作式教学模式的实施过程。

（1）科学分组，加强指导。分组可采用民主集中制方式，教师考虑学生的意愿和学习能力等方面的因素，让学生自由组合，或教师指定成小组，即四五个人为一小组，每小组的成员一般以好、中、差的程度搭配。组建好小组后，教师的教育重点是指导小组学生间如何"合作"，即指导学生进行讨论、发表各自的意见、倾听别人的想法。不同层次的学生从不同侧面，从各自的认识水平上参与讨论，可以自由地发表见解，并且能够在相互探讨、争论中有充分展示自我的机会和空间，从而培养他们与人交往、合作共事的能力。

（2）面向全体，转化后进。信息技术教学要面向全体学生，使每个学生都得到提高和发展。各个班级都有一些后进生。由于课堂教学的时间有限，教师教学中只能顾及班级的整体水平，对后进生的转化就顾及不全，使转化工作存在一定的难度。通过协作式学习的教学，教师总结出一套对转化后进生行之有效的方法，即"课前选定——课堂合作——课后帮助"三步曲。

① 课前选定，指的是教师在学期初让后进生挑选自己喜欢的组别，教师私下交待各小组长在学习中选定一些较容易的工序，让后进生完成，多给他们一些鼓励，免得在合作中一下子让后进生接触到难度大的任务，产生恐惧感。

② 课堂合作，指优等生、中等生在帮助后进生完成一些难度较大的具体步骤时，后进生也根据优等生、中等生的建议把自己的想法说出来。例如，在上画画课的时候，让后进生积极参与活动，边看边学，边动手边体会。后进生对主体的造型和整体的构图设计能力较弱，就让优等生、中等生先动手打稿，待主体内容画好后，让后进生添加一些配景，或动手上色时让后进生填填色。教师及时给予表扬，使后进生树立起自信心并在合作中享受获得成功的喜悦。

③ 课后帮助，指的是为了弥补后进生对知识掌握的缺陷，小组中的优等生、中等生利用课余时间，为后进生提供一些学习资料，或通过现场指导、示范等方式进行帮助。优等生、中等生如果有个别的内容或技法、技巧不懂得如何指导后进生，可向教师询问，过后让教师和优等生、中等生一起帮助后进生学习，同时要求后进生课余自觉地进行复习，不清楚的地方大胆、虚心地请教师友。这种关心帮助的方法增强了后进生的学习积极性，又巧妙地为后进生起到补缺补漏的作用。

（3）交流评比，合作竞争。小组间的评比激励机制是促进合作完成优秀作业的催化剂。自从班级建立小组的评比机制以后，同学们在课堂纪律、内容安排、语言表达、构图设计、色彩运用、形象表现等方面都有不同程度的进步。这是因为小组成员为了集体的荣誉，纷纷讨论，献谋献策，把各自的意见充分表达出来，然后小组统一成最好的方案，再一起动手完成任务。例如，在布置《冬天的故事》主题画作业时，我们启发学生把在冬天里做过的一些游戏，通过手中的画笔表现出来。顿时各小组纷纷讨论开来，商定主题后又一起探讨用什么艺术表现形式，最后我们收到了许多形象生动、有趣的优秀作品。总之，件件作品都依照学生的喜好完成，作品充分展现出学生的个性和集体的智慧。那些课程结束前，教师组织作品评比，让全班同学欣赏讨论，发表各小组的意见，然后教师进行分析、总结，最后定出各个小组的名次。前三名的小组在设计好的评比栏上加一面小红旗，到学期结束前汇总一次，对前三名小组成员给予奖励。这样一来，各小组同学在互相合作中，注意到绘画作品的生动性、形象性、艺术性、表现性和独创性。

4. 注意事项

我们在教学实践中体会到，协作式学习的教学要求教师应该善于引导学生快速进入课程内容，巧于启发学生想象、构思，还要指导学生敢于冲出传统美术观念的框框，大胆表现自己的内心感受，不要害怕形象画不准确。教学中，教师还要善于提醒学生保留绘画作品的原创性，让学生感受到自我存在的价值，从而更好地表达内心感受。这样的课堂，学生协作更多了，学生绘画、动手及欣赏的能力提高了，群体意识和人际交往的能力随之提高。但是协作式学习的教学在长时间的运用中也会失去其新鲜感。为了不断鼓励他们学习的积极性并磨练学生的意志，教师应该多组织本班画画作品展览，多让学生参加各级主办的各种画画竞赛，让学生在取得成绩时树立信心，在没有获得成绩时不断鞭策自己，并从中磨练坚强的意志。这样会极大地促进学生学习和创作的积极性。

合作式学习的教学方式作为集体教育形式的一种策略，可以使不同层次的学生相互启迪、相互补充，也可使师生教学相长、共同提高。这种教学方式始终处于开放的动态之中，既有利于面向全体学生，又有利于学生个性发展，培养拔尖人才，是提高课堂教学效率和质量及完成信息技术指导纲要和课程标准要求的一个行之有效的方法。

与合作学习、协作学习既有联系又有区别的学习模式是协同学习（Synergetic Learning）模式。百度百科对协同学习模式的解释：该模式是基于何克抗教授提出的"双主"（以学生为主体、教师为主导相结合的新型教学系统设计模式）总模式，吸收了史密斯–雷根模型的教学设计思想和建构主义学习理论，在网络环境支持下，由教师指导的团队学习模式。在学习中通过小组内部协作发挥集体协同效应，通过小组互相竞争发挥群体聚合动力，高效率地实现教学目标。

祝智庭教授认为，协同学习框架以系统协同思想和知识管理为基础，使用协同学习一词表明了一种协同学意义上的教学关系构建和教学结构变革。协同学习是对现有学习技术系统框架的突破：在信息、知识、行动、情感、价值之间建立有机的、协同发展的联系；在交互层面，提供内容与学习者的深度互动；在通信结构层面，提供信息聚合机制；在信息加工层面，提供群体思维操作和合作建构机制。简而言之，我们将协同学习的基本原理归纳为"深度互动，信息汇聚，集体思维，合作建构，多场协调"。

4.5.7 探究式学习模式

1. 模式介绍

探究式学习（Inquiry Learning），又称"探究性学习"或"研究性学习"，是指学生在学科领域内或现实生活情境中选取某个问题作为突破点，通过质疑、发现问题、调查研究、分析研讨、解决问题、表达与交流等探究学习活动，获得知识，激发情趣，掌握程序与方法。

在探究性学习中，学生通过类似于科学家科学探究活动的方式获取科学知识，并在这个过程中，学会科学的方法和技能、科学的思维方式，形成科学观点和科学精神。

探究性学习的最终目的是要学生掌握科学研究的方法。如果不亲自参与探究，学生就无法理解科学探究的艰难，无法体会科学家在科学研究中可能遇到的各种问题以及科学家怎样通过一次一次的尝试来解决问题。参与探究可以帮助学生领悟科学的本质。

在信息技术与研究性学习课程进行整合的探索中，探究性学习的教学效果大为提高，学生的学习积极性空前高涨。学生认为自己正在研究的课题是自己很感兴趣的，彻底改变了苦读书的状况。通过信息技术与探究性学习课程的整合，实现了两者的全面融合。

信息技术教学作为以培养学生创新精神、信息素养、实践能力为目标的必修课程，强调让学生通过探究性学习，提出问题，收集材料，对研究性课题进行探索、分析、研究，最后基于问题的解决模式，在实践操作中培养学生科学的态度和价值观以及创新精神、创新思维、创新能力，并使学生学会解决生活中与信息技术学习有关的实际问题。所以说，探究性学习在信息技术教学中具有举足轻重的作用。

（1）改变学生的学习方式。使学生转变过去单纯地接受教师传授知识的学习方式，完成从"学会"到"会学"、从"要我学"到"我要学"的转变。在信息技术教学中，则要改变由"人灌"到"机灌"的教学方式，使学生形成"做中学"和"学中做"的学习状态。

（2）培养学生的实践能力。使学生通过研究性学习，获得亲身参与探究活动的体验，培养高层次的思维能力和收集、分析、处理、利用信息的能力，提高发现问题和解决问题的能力。研究性学习让学生自己动手实践，在实践中学会发现、在实践中加强信息素养、在实践中提高实践能力和创造能力。

（3）形成学生积极的人生态度。"教育即社会；教育即生活；教育即成长"，研究性学习推动学生关注自然、深入社会、体验人生、珍惜生活，培养学生热爱家乡和祖国的情感。

（4）发展学生的个性特点。研究性学习的目的是使学生自主学习、学以致用、自主探究、自我教育、自我发展，发现和开发学生多方面的潜能，提高学生，发展学生。

（5）养成学生的良好的思想品质。培养学生的科学态度和科学道德、社会责任心和使命感；使学生增强环保意识，养成关心和爱护环境的行为习惯；使学生初步形成可持续发展的观念。

（6）提高学生的综合素质。使学生学会做事、学会共处、学会做人、学会沟通、学会合作与分享；提高学生自我约束、自我管理、自我完善的能力。

2. 模式特点

探究性学习方式的突出特点是专题性、自主性、开放性、实践性、过程性和综合性，坚持学生在课堂实施过程中的"自由选题，自主探究和自由创造。"教师在教学中的地位和作用，不再只是知识的传授者和技能的训练者，而将同时成为学习者、组织者、设计者、协作者、参与者、研究者、指导者、促进者。与以往的学习方式相比，研究性学习更有利于培养学生的创新精神、创新能力和实践能力，是推行素质教育的一种新的尝试和实践。在中学中开展研究性学习是课程教材改革实验的一个重要内容。

（1）专题性。探究性学习要从学科领域或现实生活中选择和确立专门的主题，所以，在探究性学习设计过程中最关键的是提出探究问题，且探究的问题具有专题性。例如，探究的问题可以是数学、生活、航空航天科学方面的专题内容等。

（2）自主性。探究性学习在教学过程中把学生作为活动的主体，立足于学生的学，以学生的主体活动为中心来展开教学过程。学生在积极主动地参与教学活动的过程中以自己的经验和知识为基础，经过积极的探索和发现、亲身的体验与实践，以自己的方式将知识纳入自己的认知结构中，并尝试用学过的知识解决新问题。教师在这个过程中只是一个组织者、指导者和参与者。探究性学习方式有利于学生主体意识和主体能力的形成和发展，有利于塑造学生独立的人格品质，有利于培养学生的自主性。

（3）实践性。探究性学习是以学生的主体实践活动为主线展开教学过程的。学生借助于一定的手段，运用多种感官，通过自己的主体活动，在做中学。这使得学生的实践活动贯穿于学习活动的始终。探究性学习特别强调学生的感知、操作和语言等外部的实践活动，强调学生的直接经验和间接经验的交融、统一，使认知活动建立在实践活动的基础之上，用学习主体的实践活动促进学习者的发展。

（4）过程性。探究性学习追求学习过程和学习结果的和谐统一、接受学习和重视学习的结果。探究性学习更加关注学习的过程。探究性学习非常注重学习过程中潜在的教育因素，它强调尽可能地让学生经历一个完整的知识的发现、形成、应用和发展的过程，让学生尽可能地像科学家那样，发现问题，解决问题，经历一个完整的科学研究过程，体验发现知识、再创知识的创新过程。

（5）开放性。探究性学习的目标是很灵活的，没有像知识目标那样明确具体的要求和水平。探究性学习在内容上是开放的，在探究结果的要求上是开放的。探究性学习打破了传统教学在统一规定下的教学模式，为学生提供了大胆创新、实现自我超越的学习环境。学生在探究学习的过程中，能够大胆地怀疑，提出问题，探讨解决问题的方案，对不同的结果进行分析，培养创新意识和创造能力。

（6）综合性。一是探究内容的综合性。问题是纵横交错的，例如，以《我们的地球》为活动主题，要联系自然环境、物质资源、人类生产、生活实际、社会实践和科学活动等方面的内容。二是探究形式的综合性。要指导学生对地球母亲的历史及其现状进行认识和了解，可以采用查找资料、调查访问、实地考察、科学实验等活动形式。

3. 实施过程

研究性学习的过程是一个历时相对较长的循环的学习过程。例如，我们在进行《建设自己的网上家园》——《我的家乡——北海》教学时，设计了如下的研究性学习实施过程。

（1）创设情境，激发兴趣。向学生呈现与当前网页制作主题内容相关的情境，如展示互联网中精美网页，展示上届学生制作的"我的家乡"的精彩作品，反复播放《北部湾风情》作为背景音乐，激发学生的学习兴趣，引发创作动机，将学生引入一定的网页制作主题情境。

（2）提出问题，确定主题。主要包括选择网页制作主题、规划学习小组、制订研究计划和明确制作要求等过程。

① 选择研究主题。在研究性学习过程中，首先要确定研究主题，分配研究任务。研究课题要多样化，开阔学生的视野，丰富他们的知识面。采用先由教师定范围，再由小组协商选题，最后教师审题的方法。例如，《我的家乡——北海》的研究任务为北海的历史、北海的现状、北海的文化、北海的名人、北海的名胜、北海的饮食、北海的未来等，按上述任务查找资料、调查研究，并分别建立相应网页。

② 规划学习小组。可按上述任务进行分组，也可分为历史组、文学组、艺术组、旅游组等。成员则先由学生自由组合，并选出小组长，教师再根据组合情况，作适当的调整，防止小组间人数和实力的差距太大。要注意小组成员间的合理搭配，做到优势互补、资源共享，化差异为优势。

③ 制订研究计划。要求每个学生必须制订一份学习计划，然后汇总成小组计划，确定小组的研究方案和具体实施方法，并交给老师。这样既训练了学生的写作能力，又便于教师对整个学习过程进行监控。

④ 明确制作要求。例如，作品要满足思想性、科学性、技术性、艺术性、创造性和可操作性

等特点。要根据学生的情况提出网页制作的整体性要求或局部性要求。要注意因材施教，在实际操作时要有一定的梯度，要根据学生学习信息技术的情况来提出要求，对不同层次的学生可采用比较灵活的要求。

（3）学习探究，制作网页。主要包括确定框架、收集资料和页面设计等三步。

① 确定框架，即由每个学习团队根据本小组的主题，构思一个网页的基本框架。学生可以通过浏览、借鉴别人的网页，形成作品构思。

② 收集资料。小组分工协作，通过查找书刊、网上检索、调查研究等形式收集与主题有关的信息，并利用计算机相关软件对收集来的资料进行加工处理。培养学生获取、处理、传输和应用信息的能力以及用文献法开展专题研究的能力。教师要提供网络支持系统及查询工具，指导学生查找相应的参考书，帮助学生解决研究过程中的各种问题。

③ 页面制作。创作网页，就是把处理好的资料通过一种或几种网页编辑软件设计成整体网页。

（4）成果展示，交流评价。学生展示自己的课题报告，进行课题答辩及评价。在相互交流的过程中完善研究成果，达到学习的目标。这种小组协作的学习方式提高了学生的学习主动性和积极性，也发展了学生之间的良好的人际关系。可以分阶段对学生制作的作品进行公开展示，并采用以小组为单位，先组内汇报（个人汇报），再由小组代表作汇报的形式。共同评价分自评、互评、师评三种形式。自评，即学生个人在组内对自我的表现和自己所做的作品进行自我评价；互评，即小组成员之间相互评价；师评，即指导教师对学生的作品进行评价。

（5）完善作品，网上发布。在评价的基础上，学生对作品进行修改、完善，并整合全班学习成果，最后将完整的研究成果在网上发布。

通过围绕《我的家乡——北海》专题的研究性学习，学生学会了利用 IE 浏览器查阅信息、用 FrontPage 制作网页、用 PowerPoint 报告学习情况等，还锻炼了研究性学习、自主性学习、协作性学习的能力，真正成了学习的主人，同时增强了关注社会、贴近生活的意识和热爱家乡、建设家乡的情感。

4. 注意事项

通过教学实践，我们体会到在运用研究性学习时要注意以下几点。

（1）教师应重视问题的提出和解决。在研究性学习中，教师首先要组织学生从学习和生活中选择和确定他们感兴趣的研究课题，去发现问题和提出问题。这些问题可以是课堂内教材内容的拓展延伸，也可以是对校外各处自然和社会现象的探究；可以是纯思辨性的，也可以是实践操作的；可以是已经证明的结论，也可以是未知的领域。在研究性学习中，问题是学生学习的重要载体，学生在解决问题的过程中会涉及多种知识，这些知识的选择、积累和运用完全以问题为中心，呈现横向联系的、立体交叉的状态。

（2）教师应重视学生的自主学习。研究性学习不能依靠教师传授知识和技能，而是强调学生自主学习的行为和过程。当前教学中，学生的学习方式基本上是旧的接受性学习。这种学习方式适用于对实际性知识、技能性知识、规律性知识的掌握，但对于策略性的知识、价值、态度和情感类的知识的学习往往不能奏效（这些知识的学习只有通过自主性学习，才能内化成学生的经验体系）。在研究性学习中，正是通过创设类似科学研究的情境，让学生自主探究、实践、发展和体验，从而，培养学生的科学精神、创新思维以及分析问题、解决问题的能力。

（3）教师应重视学生之间的交流与协作。由于研究性学习是解决问题的学习，学生面临的是复杂的综合性问题，这就需要依靠学生的分工协作和集体智慧。这时，协作既是学习的手段，也是学习的目的。通过协作学习和研究，学生可以取长补短，取得高质量的成果。与此同时，在共同参与的过程中，学生学会了协作的精神与交流协作的能力，如彼此尊重、理解以及容忍的态度，倾听与说服别人的方式、方法，制订并执行合作研究方案的能力等。

（4）把探究性学习与现代技术（如多媒体和互联网）相结合。有条件的地方和学校在指导学生开展探究时，可以从几个方面运用多媒体和互联网等现代技术。一方面，学生可以从互联网上寻找信息和资料，为自己手头的探究服务；另一方面，学生可以运用某些计算机软件对数据进行处理。

（5）探究性学习的评价应以形成性评价为主。探究性学习的评价旨在通过评价促进学生探究水平的不断发展和提高。从评价方法来看，宜采用档案袋的方法来评价，或直接给学生一个探究任务，根据他们的实际表现来加以评价。从评价的内容来看，重点应放在学生在探究过程中表现出来的对探究过程和方法的理解、对探究本质的把握，不能把是否探究出结论或结论是否正确作为唯一或最主要的评价指标。

4.5.8　课程整合式教学模式

1．模式介绍

"信息技术与课程整合"是在 2001 年的《基础教育课程纲要（试行）》中明确提出来的。

教育部颁发的《中小学教师教育技术能力标准（试行）》对信息技术与课程整合作了如下的定义："信息技术与课程整合（Integrating Information Technology into Curriculum）是指在学科教学过程中把信息技术、信息资源和课程有机结合，建构有效的教学方式，促进教学的最优化。"

信息技术与课程整合的深层次目标，不是把信息技术仅仅作为辅助教或辅助学的工具，而是强调要利用信息技术来营造一种新型的教学环境，该环境应能支持实现情境创设、启发思考、信息获取、资源共享、多重交互、自主探究、协作学习等多方面要求的教学方式与学习方式——也就是实现一种既能发挥教师主导作用又能充分体现学生主体地位的以"自主、探究、合作"为特征的教与学方式（这正是基础教育新课程改革所要求的教与学方式）。这样就可以把学生的主动性、积极性、创造性较充分地发挥出来，使传统的以教师为中心的课堂教学结构发生根本性变革（教学结构变革的主要标志是师生关系与师生地位、作用的改变），从而使学生的创新精神与实践能力的培养真正落到实处。这正是素质教育所要求达到的目标。

信息技术与课程整合教学模式流程图见图 4-1。

（1）网络系统。以多媒体、计算机为核心的网络信息系统，可以为学生提供各种形式和内涵的信息，有利于创设包括情境、协作、交流和意义建构四种要素的理想的学习环境。学生通过网络获取所需信息，并对信息进行加工、处理、传播和运用。

（2）教学调控。打破"以课堂为中心"的模式。学生在网络环境下，打破课堂教学内容及教学形式环节的界限，能运用计算机、多媒体、网络进行远程学习和协作学习，使教学灵活化。而教师则对整个教学过程进行引导、调控，帮助学生学习，即教师起到辅助者、帮助者、促进者的作用。

（3）信息调控。打破"以课本为中心"的模式。以多媒体、计算机为核心传播的网络系统信息，给学生的自主性学习带来了无限生机。但网络上的信息并不完全适合学生所需，合理输出的信息才能使学生的学习取得最大效果。因而，教师要做好把关的工作，辅助学生对信息进行合理的选择、运用。

（4）反馈调控。打破"以教师为中心"的模式。教师在积极引导学生主动参与，自觉有效地发现、收集、获取、处理和创造信息的同时，注意使师生之间的信息反馈畅通，使学生强化正确的知识，调节思维方式，改进学习方法，使学生的自主学习准确、有效。

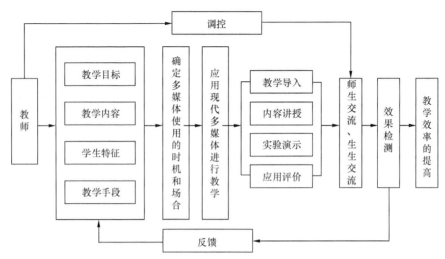

图 4-1　信息技术与课程整合教学模式流程图

（5）合作交流。学生在利用网络环境进行自主学习时可以运用各种方式，学生之间相互进行交流与合作，交换彼此的看法，达到共同进步、共同提高的效果。

2. 模式特点

这种教学模式淡化了学科间知识的界限，使知识的学习、掌握、运用融为一体。这就要求学生能够更快、更方便地获得知识，以适应发展的需要。传统教育手段无法解决这一问题，我们只能从提高教学效率和质量中寻找出路，因此，课程整合式的教学模式便应运而生。这种教学模式的特点具体表现在以下几个方面。

（1）激发学生的学习动机，提高学生学习信息技术的热情。将信息技术课程与具体学科相结合，学生在学习信息技术的同时，也解决相关学科的问题。这样，既激发了学生学习学科知识的动机，又大大提高了学生学习信息技术的热情。

（2）扩展学生的知识面，加深学生对学科内容的理解。由于信息技术本身的特点，学生通过利用学到的信息技术知识完成学科内容时可以获得更多的知识，同时也能加深对学科内容的理解。

（3）强调信息技术课程的实践性，有利于学生信息素养的培养。在学习过程中，学生利用信息技术解决学习中的问题，这不仅需要学生掌握技术，而且还需要学生对技术进行正确选择和对信息进行有效利用。学生通过解决实际问题，从而提高了能力，提高了信息素养。

（4）使学科教师与信息技术教师之间取长补短，使信息技术与课程有效整合。这种形式，弥补了学科教师技术弱和信息技术教师其他学科知识不足的缺陷，还有利于他们之间的互相学习和交流、共同促进和提高，从而推动信息技术与课程的有效整合。

3. 实施过程

为了帮助广大教师解决有效实施信息技术与学科课程整合的问题，美国教育技术 CEO 论坛第三年度（2000 年）报告中提供了一个介于指导性和处方性知识之间的实施步骤。

步骤 1：确定教育目标，并将数字化内容与该目标联系起来；

步骤 2：确定课程整合应当达到的、可以被测量与评价的结果和标准；

步骤 3：依据步骤 2 所确定的标准进行测量与评价，然后按评价结果对整合的方式作出相应的调整，以便更有效地达到目标。

在信息技术课程与具体学科相结合的教学实施过程中，可以根据信息技术的具体内容和不同学科的要求来设计，一般可按提出问题、分析任务、完成任务、交流讨论、巩固创新和评价提高等六个步骤进行。

（1）提出问题。这一步是提出要解决的问题，明确学习任务和目标，创设教学情境，激发学习动机。因为这里涉及信息技术课程与学科课程，至少有两门课程，所以问题可以是交叉的，任务可能是立体的，目标应该是多维的。提出的问题要考虑到各个学科课程之间的联系，注意课程的相关性和知识的系统性。在设计任务和目标时还要考虑学生的认知特点、已有知识、水平和能力。

（2）分析任务。由于所涉及的任务是学科交叉的，因此要清楚地提出和分析任务并不是一件容易的事情。通常来说，信息技术和其他学科的目标是相互独立的，因此可以由学科教师和信息技术教师分别从自己的角度分析任务。另外，技术通常涉及较多细节，所以先由具体学科的教师对学生解释任务，避开技术细节，使学生对任务形成总体的认识，然后再由信息技术教师从技术的角度出发对任务进行分析、分解。教师应在学习总体目标的框架上，把目标分成一个个小目标，并把每一个学习模块转化为一个个容易掌握的"任务"，通过这些小"任务"来体现总的学习目标。

（3）完成任务。这一步以学生的具体操作为主，主要是在信息技术课上完成。学生在操作过程中可能遇到一些问题，教师应该鼓励学生之间进行适度的交流。当学生不能解决问题时，教师应该进行引导。对一些比较普遍的问题，教师可以进行统一示范。要鼓励学生积极思考、发挥创意、相互协作。教师要根据具体情况调整教学方案、控制教学进度。

（4）交流讨论。教师讲解一些共同的难点和重点，并对典型的实例进行点评，还可以进行作品欣赏或方法交流，帮助学生查漏补缺、开阔思路。同任务分析一样，交流讨论也是分开讨论的。对具体学科方面的内容，最好在第二阶段的时候就尽量进行充分的交流讨论。

（5）巩固创新。学生在看了别人的作品或方法之后得到启发，作一些调整和创新，进一步使掌握的知识熟练应用，同时提高创作水平。

（6）评价提高。从评价的主体来看，可以是自我评价、同伴评价和教师评价；从评价的过程来看，可以是结果评价与过程评价相结合；从评价的内容来看，可以包括：对教学情感态度的评价、对教学活动过程的评价、对教学目标达成的评价（是否完成了对新知识的理解、掌握）、对所学知识的意义建构的评价、学生自主学习能力的评价、同学间相互协作的意识的评价、创造性解决问题能力的评价，等等。通过评价，知道存在的问题和不足，总结经验，教学相长，共同提高。

4. 注意事项

教师要想灵活掌握、合理运用这种教学模式，需要平时注意素材的积累及自身水平和素养的提高。

下面五点是信息技术教育专家和中小学一线教师，经过多年深入的理论探索和反复的整合实践而形成的，关于信息技术与学科课程整合必须遵循的指导思想、实施原则与注意事项。

（1）要运用先进的教育理论（特别是建构主义理论）作为指导。信息技术与课程整合的过程绝不仅仅是现代信息技术手段的运用过程，它必将伴随教育、教学领域的一场深刻变革。换句话说，整合的过程是教育革命的过程，既然是革命，就必须要有先进的理论作指导，没有理论指导的实践是盲目的实践，将会事倍功半甚至徒劳无功。这里之所以要特别强调建构主义理论，并非因为建构主义十全十美，而是因为它对于我国教育界的现状特别有针对性——它所强调的"以学为主"、学生主要通过自主建构获取知识意义的教育思想和教学观念，对于多年来统治我国各级各类学校课堂的传统教学结构与教学模式是极大的冲击；除此以外，还因为建构主义的学习理论与教学理论（特别是建构主义学习环境下的教学设计方法）可以对信息技术环境下的教学，也就是信息技术与各学科课程的整合，提供强有力的理论支持。

（2）要紧紧围绕"新型教学结构"的创建来进行整合。在前面分析信息技术与课程整合定义与内涵的过程中，曾经指出："整合"的实质与落脚点是变革传统的教学结构，即改变"以教师为中心"的教学结构，创建新型的、既能发挥教师主导作用又能充分体现学生主体地位的"主导——主体相结合"教学结构。既然如此，信息技术与课程的整合当然应该紧紧围绕"新型教学结构"的创建来进行，否则将会迷失方向——把一场深刻的教育革命（教学过程的深化改革）变成纯粹的技术手段的运用与操作。如果进行这样的整合，那是没有多大意义的。

要紧紧围绕"新型教学结构"的创建这一实质来整合，就要求教师在进行课程整合的过程中，密切关注教学系统四个要素（教师、学生、教学内容、教学媒体）的地位与作用，看看通过自己进行的整合，能否使各个要素的地位与作用和传统教学结构相比发生某种改变，改变的程度有多大，哪些要素改变了，哪些还没有改变，原因在哪里。只有紧紧围绕这些问题进行认真分析，并作出相应的调整，才能实现有效的深层次的整合。事实上，这也正是衡量整合效果与整合层次深浅的主要依据。

（3）要注意运用"学教并重"的教学设计理论来进行信息技术与课程整合的教学设计。目前流行的教学设计理论主要有"以教为主"的教学设计和"以学为主"的教学设计（也称建构主义学习环境下的教学设计）两大类。由于这两种教学设计理论均有其各自的优势与不足，所以最好是将二者结合起来，互相取长补短，形成优势互补的"学教并重"教学设计理论。这种理论正好能支持"既要发挥教师主导作用，又要充分体现学生主体地位的新型教学结构"的创建要求。在运用这种理论进行教学设计时，应当注意的是，对于以计算机为核心的信息技术（不管是多媒体还是计算机网络），都不能把它们仅仅看做辅助教师教课的形象化教学工具，而应当更强调把它们作为促进学生自主学习的认知工具与协作交流工具。建构主义学习环境下的教学设计，正好能在这方面发挥重要的指导作用。

（4）要重视各学科的教学资源建设，这是实现课程整合的必要前提。没有丰富的高质量的教学资源，就谈不上学生的自主学习，更不可能让学生进行自主发现和自主探索；教师主宰课堂、学生被动接受知识的状态就难以改变，新型教学结构的创建也就无从说起。新型教学结构的创建既然落不到实处，创新人才的培养自然也就落空。

但是重视教学资源的建设，并非要求所有教师都去开发多媒体素材或课件，而是要求广大教师应努力搜集、整理和充分利用因特网上的已有资源。只要是网站上有的，不管是国内的还是国外的（国外也有不少免费教学软件），都可以采取"拿来主义"（但"拿来"以后只能用于教学，而不能用于谋取私利）。只有在确实找不到与学习主题相关的资源（或者找到的资源不够理想）的情况下，才有必要由教师自己去进行开发。

（5）要注意结合各门学科的特点建构易于实现学科课程整合的新型教学模式。新型教学结构的创建要通过全新的教学模式来实现。教学模式属于教学方法、教学策略的范畴，但又不等同于教学方法或教学策略。教学方法或教学策略一般是指单一的方法或策略，而教学模式则是指两种或两种以上教学方法或教学策略的稳定组合。在教学过程中，为了实现某种预期的效果或要求（如创建新型教学结构），往往要综合运用多种不同的方法与策略，当这些教学方法与策略的联合运用总能达到预期的效果或要求时，就成为一种有效的教学模式。

能体现新型教学结构要求的教学模式有很多，而且因学科和教学单元而异。每位教师都应结合各自学科的特点，并通过信息技术与课程的深层次整合去创建新型的、既能发挥教师主导作用又能充分体现学生主体地位的"主导——主体相结合"教学结构。模式的类型通常是多种多样的，分层次的。从最高层次考虑，大致有三种实现信息技术与课程深层次整合的教学模式，即"探究性模式"、"专题研究性模式"和"创新思维教学模式"。"探究性模式"适用于每个学科的每个知识点的常规教学（这种模式可以深入地达到各学科认知目标与情感目标的要求，且文理科皆适用）；"专题研究性模式"适用于培养学生的解决实际问题的能力（包括发现问题、提出问题、分析问题、解决问题的能力）；"创新思维教学模式"则适用于培养学生的创新思维能力（包括发散思维、逻辑思维、形象思维、直觉思维和辩证思维能力）。这三种教学模式都有各自不同的实施步骤与方法。我们许多试验学校的大量实践证明：如能掌握这三种模式的实施步骤与方法并加以灵活运用，就能取得深层次整合的理想效果。

4.5.9　WebQuest 教学模式

1. 模式介绍

1995 年，圣地亚哥州立大学教育技术系的伯尼·道奇和汤姆·马奇（B.Dodge & T.March）创建了一种课程计划，由于该课程计划和万维网密切相关，其实质就是基于因特网的探究性学习，所以他们将其命名为"WebQuest"。在这类课程计划中，呈现给学生的是一个特定的假想情景或者一项任务，通常是一个需要解决的问题或者一个需要完成的项目。课程计划中为学生提供了一些因特网资源，并要求他们通过对信息的分析和综合来得出创造性的解决方案。

在以后的 3 年中，许多教师开始编写自己的 WebQuest，并开始在工作室和课堂中展开 WebQuest 的教学实践。借助电子邮件，WebQuest 使用者和编写者之间进行了沟通，能够交流使用心得，并就探究结果进行探讨。因此，WebQuest 网站在因特网上如雨后春笋般不断涌现，并越来越受到教师和学生的喜爱。

在中文里，WebQuest 是网络专题调查或网络探究的意思。探究，是指围绕问题展开的活动，是逐步分析和解决问题的过程。探究学习，是指运用探究的方式进行的学习过程和活动，亦即学生在教师的指导下，主动发现问题，以一种类似科学研究的方法对问题进行分析和研究，从而解决问题和获得知识的过程与活动。网络探究，是探究学习活动的一种具体形式。它主要依托互联网的强大信息资源优势来训练学习者的探究能力。在网络探究中，学习者可以最大限度地利用网络资源，并在发掘互联网信息的同时促进高阶思维能力的发展。

根据完成时间的长短，WebQuest 又可以分为短周期和长周期两种。短周期的 WebQuest 一般1～3 课时完成，其教学目标是获取与整合知识，学习者需要处理大量新信息并最终形成对这些信息的意识。而长周期的 WebQuest 一般持续 1 周至 1 个月，其教学目标是拓展与提炼知识，学习者需要深入分析"知识体"，学会迁移，并能以一定的形式呈现对知识的理解。

伯尼·道奇把 WebQuest 的学习任务分为 12 种（见图 4-2）：总结汇编任务、设计型任务、创造性成果任务、说服型任务、建立共识的任务、科学活动任务、自我认识任务、分析型任务、批判型任务、复述型任务、新闻工作任务和神秘任务。一个实际的 WebQuest 可能包括两种或两种以上的任务。

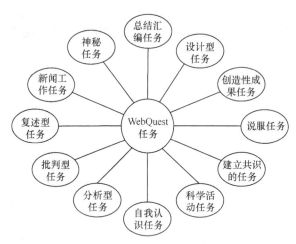

图 4-2　WebQuest 的 12 种任务

一个完整的 WebQuest 必须包括绪言（Introduction）、任务（Task）、过程（Process）、资源（Resources）、评估（Evaluation）、结论（Conclusion）等 6 个部分（关键属性）。除此之外，还可以有诸如小组活动、学习者角色扮演、跨学科等非关键属性。

（1）引言（Introduction）。"引言"部分的目的主要有两个方面：给学习者指定方向；通过各种手段提升学习者的兴趣。

为做到这一点，可以使主题看起来显得：

与学习者过去的经验相关；

与学习者未来的目标相关；

充满吸引力，生动有趣；

重要，因为具有全球性意义；

紧迫，因为需要及时的解决方案；

有趣，因为学习者将进行充实而有意义的角色扮演。

（2）任务（Task）。WebQuest 的"任务"模块对练习结束时学习者将要完成的事项进行描述。最终结果可以是一件作品（如 PowerPoint 演示文稿），或者是口头报告（如解释某一特定主题）。具体可包括编纂、复述、判断、设计、分析等，或是这些任务不同程度的综合。

（3）过程（Process）。在"过程"模块中，教师给出学习者完成任务将要经历的步骤，让学习者知道完成任务的过程。其中可以包括把任务分块的策略，对每一学习者扮演角色或看问题的视角的描述等。指导者还可在这一部分提供学习建议及人际关系建议，例如，如何组织头脑风暴活动等。整个过程的描述部分应当相对简短而清晰。

（4）资源（Resources）。"资源"是一个网站清单。对于这些网站，指导者事先已查找过，能帮助学习者完成任务。资源经过了预选，以便学习者能在主题上集中注意力，而不是漫无目的地网上冲浪。需要说明的是，给学生的资源并不限定在网上，也可以包括非网上的资源。没有道理说一个 WebQuest 的资源中不可以包括教科书、录音带、与他人面对面的交流。

（5）评估（Evaluation）。"评估"是 WebQuest 中的新增模块。显然，如果我们要证明用网络来学习的花费是值得的，那么我们需要能够测评学习结果。由于我们寻求的学习在布鲁姆目标分类学（Bloom's Taxonomy）中处于较高层面，因此难以用多项选择测试题来测量，需要有一个评价量规（Evaluation Rubric）。根据给予学习者的任务的不同，评价量规可以有不同的形式。

（6）结论（Conclusion）。WebQuest 的"结论"部分提供总结经验的机会，鼓励学习者反思过程、拓展和概括所学知识，鼓励学习者在其他领域拓展其经验。这一部分并不特别重要，但能进一步解释、说明文档，提示读者这是文章的结束。"结论"部分还可以给教师提供许多问题，这些问题在全班讨论时可能会用得到。

2. 模式特点

WebQuest 是一个以调查研究为导向的学习活动。在这一活动中，部分或所有能让学习者进行交互的信息都是来自因特网的资源，有些甚至还提供了录像参考资料。在这种探究取向的学习活动模式中，学习者所使用的信息主要来自互联网。为了促进学习成效，WebQuest 主要关注的是如何运用信息，以帮助学习者锻炼分析、综合和评价（Analysis，Synthesis and Evaluation）等高阶思维能力，而不只是搜集信息。

伯尼·道奇认为，WebQuest 的吸引人之处就在于它给学习者和教师提供了学习活动的整体性结构和活动向导。它表述的是这样一种理想——最充分地利用有限的计算机使用时间，让学习者运用高水平的思维技能开展学习活动。

（1）激发学习动机。学生的学习动机一旦被激发起来，不仅能提高学习效率，而且能使他们的心智更处于警觉状态——随时准备跟学习联系起来。WebQuest 运用多种策略来提高学生学习的动机。

① WebQuest 有一个需要切实解决的中心问题。学生要求理解一个真实世界会面临的问题，并对问题求解提出假设、检验和方案。他们面对的是真实的任务，而不是只在学校教室里才有意义的东西。

② WebQuest 能充分利用真实的资源来学习，而不是仅仅依靠陈旧的课本、筛选过的百科全书或中庸的杂志。学生能够通过网络直接访问专家、可供查找的数据库、时事报道，甚至还有让他们增长见识的边缘人群。当学生在合作小组中承担角色后，他们就必须对主题的某些特定方面或观点产生独到的见解。学习伙伴将依靠他们可行的意见来获得灵感并激发学习动机。

③ 学习团队的答案或开发的解决方案能邮寄、E-mail 或直接呈现给真实的群体以获得反馈和评价。这种真实评价能激发学生做到最好，并拿出完整的团队方案，而不只是应付。

（2）发展思维技巧。WebQuest 的一个主要而又通常容易被忽视的特色，就是学生能够在解决问题的过程中发展高阶思维能力。固然，网络是获取信息的有效途径，但如果仅限于此，就未免贬损了网络的功能，也限制了网络对学生更多更大的帮助作用。而 WebQuest 蕴涵的是认知心理及建构主义策略。

① 呈现给学生的问题不能是仅靠信息的组合、分解就可以解决的任务。WebQuest 应当能推动学生把信息转换成其他形式，如一个合乎主题的信息群、一个比喻、一个假设、一个解决方案，等等。

② WebQuest 通过搭建脚手架或实行有利于促进高阶思维的激励措施，来帮助学生进行高阶认知活动。换句话说，把任务分解成有意义的"组块"并让学生分别承担特定的子任务，这种本来通常是专家采用的方式，学习者通过 WebQuest，也能分步完成。

③ 建构主义认为，当学生需要理解如同 WebQuest 中所包含的那样错综复杂的主题时，他们不仅需要简单的定理、抽象的范例或死板的公式，更需要的是丰富的、高信息量的案例以及和主题有关的多种观点。学习者对大量相关的信息反复阅读直到完全理解，这种阅读理解不但能联系起自己的先前知识，而且能建立起新图式，以便他们将来在碰到类似的主题时能进行再次精细化。

如果没有网络，要普通老师来创设 WebQuest 活动非常困难，因为要收集如此海量的资源几乎是不可能的。

（3）促进合作学习。在 WebQuest 中，学生在学习小组中必须承担一定的角色，这有利于提高学习动机。WebQuest 的学习目标一般是宽泛、复杂或有争议性的话题，期望每个学生都能了解主题学习/研究的各方面是不现实的，因而需要学习者把问题分开来解决。这并不是说学习者不需要全面理解主题，而是因为"分开"解决是达到全面理解的必然阶段，同时也是因为每个学习者都不可能是全能的，总是有其特定的专长或优势。事实上，每个 WebQuest 中都蕴涵了这样的目标：发展每个学习者的专长并且使他能得到同伴的赏识。因此，善于合作学习是每个参与 WebQuest 的学习者的必备条件。在同一个班进行过多次 WebQuest 学习后，学习者就会发现，由于小组成员研究的性质和讨论技巧的差异，不同的小组最终会选择不同的解决策略。同样，学习者完成的 WebQuest 越多，他们就越能清楚地意识到自己的努力对小组的最终智力成果的直接影响。

3. 实施过程

学习设计 WebQuest 是一个从简单到复杂、从陌生到熟悉的过程。这意味着从单学科的短周期 WebQuest 开始，逐渐上升到长周期的跨学科活动。以下是建议的一般设计步骤。

（1）熟悉相关知识领域的网上资源；

（2）把这些资源组织成可供查询的数据库、参考资料等类目；

（3）鉴定适合课程标准且具备网上资料的主题；

（4）从这些主题中挑选任务；

（5）设计评价量规；

（6）设计可供执行的步骤；

（7）进一步加工，完成细节工作，使之符合美学原则。

在这一过程中，最困难的部分是选择任务，最耗时的部分是设计过程。

对于一个具体的 WebQuest 案例设计，则可按以下过程完成。

（1）选择合适的主题和目标。主题选择是设计的第一步，设计者首先花些时间思考中小学各门课程标准和教学中存在的问题、可利用的网络资源，才能选择出合适的主题和探究目标进行后面的设计工作。

（2）选择一个能促进高水平思维的任务。好的任务是可操作的、具有吸引力的，能促进高水平思维的。注意：没有必要罗列出具体的活动步骤，因为实施步骤的说明属于"过程"。

（3）设计 WebQuest 网页各部分的具体内容。WebQuest 网页的基本结构一般包括标题、引言、任务、过程和资源、评价等栏目或内容。

① 标题与引言既要符合探究任务和目标的特点，又要引起学习者的兴趣；

② 任务是高水平探究的核心；

③ 过程和资源是帮助学习者完成任务的脚手架，也是需要设计者精心设计的部分；

④ 评价是通过创建评价量规表来展示如何评价最终的学习活动成果，它通常围绕探究任务的目标，从促进学生探究问题、合作学习等维度来设计评价指标。

4. 注意事项

在设计的实施过程中可能会出现一些问题，应及时予以解决。

（1）学生认知水平达不到要求，对相关问题的知识知之甚少。一下子被置于任务的情景中时，部分学生感到有点不知所措，他们虽对任务有一定的兴趣，但因困难似乎太大，他们的兴趣会在一定程度上减弱。解决办法是做好前期知识的铺垫，做好课前的准备。

（2）班级学生人数太多、分组过程中每组人数太多，就不利于学生之间的讨论、合作，也不利于组长的协调组织，影响学习效果。解决办法是减少每组人数，可以考虑每组 4～6 名学生。

（3）学生在收集资料时往往认为这些资料正确无疑，而网上的资料包罗万象、形形色色，所以应该向学生说明，提高他们对信息的识别、分析和判断能力。

（4）WebQuest 对软硬件条件的要求较高，拥有的可用资源不一定满足。例如，如果多媒体教室不能与因特网相连，那么学生的电脑最好能访问教师访问的、保存在服务器硬盘中的网站，可以将 WebQuest 学案直接放在局域网的服务器上，并将从因特网上下载的学习资源一起放入该服务器。

4.5.10　游戏式教学模式

1．模式介绍

现代教学论特别强调学生的主体作用和个性发展，在教学方法的选择上坚持启发式、反对注入式的指导思想。我们也一再强调要以学生的发展为本，培养学生的学习兴趣，强调"兴趣是最好的老师"，让学生像迷恋游戏那样迷恋学习，让学生在快乐中学习，在学习中体验快乐。游戏即学习，学习即游戏，这是学习的最高境界。

（1）什么是游戏？在《高级汉语大词典》中，"游戏"意为游戏、游乐、玩耍、娱乐活动等；"游"意为游览、结交、闲逛、学习等；"戏"有游戏消遣、戏剧、角力等解释。

（2）什么是游戏教学法？游戏教学法是指教师在教学中根据教学目标与学习者的心理特征，运用教育学、心理学等多种理论，以健康的、益智的游戏形式，寓教于乐，寓学于乐，寓乐于教，寓乐于学，使学习内容体现在游戏中，在游戏中掌握学习内容，引导学习者对学习产生浓厚的兴趣，进而掌握知识、提高技能、发展智力、培养品质的教学方法，它就是现在所说的游戏化教学模式（或游戏化学习模式）。游戏教学法是"游戏"和"教学"二者巧妙的结合体。

2．模式特点

（1）采用游戏教学法，激发学生学习的兴趣。早在 2000 多年前，孔子就说过："知之者不如好之者，好之者不如乐之者"（《论语·雍也》）。利用游戏教学法授课，使爱玩游戏的学生也喜欢学习，对学习产生浓厚的兴趣，激发学生的求知欲，在教学中达到事半功倍的效果。

（2）采用游戏教学法，进行思想品德教育。游戏教学法具有德育功能，还可用于中华民族的传统文化教育。德育是以提高学生思想道德素质作为着力点的思想政治教育。通俗地讲，德育是行为规范，是教学生学会如何做人的。行为规范是怎么教出来的？游戏中有游戏规则，这个规则是以内在的规则意识来吸引学生的。要玩游戏就得遵守规则。如果游戏时违反规则、耍赖，耍赖者的结果，第一是会被判输，第二是别人就不再与他玩了。游戏者最怕的就是别人不跟他玩。这是一种内在的惩罚，促使游戏者遵守游戏规则。

（3）采用游戏教学法，提高学生的实践能力。培养学生的计算机操作能力是信息技术教学的主要任务之一，而操作经验实际上就是认识各种类型的软件界面，并熟练掌握组成界面的"界面元素"的操作方法。软件的界面千变万化，绝不雷同，但是组成界面的各种"界面元素"却是完全一样的，不外乎下拉菜单、鼠标右键菜单、弹出式菜单、各种窗口、菜单栏、图标、组合框、对话框，等等。益智性游戏软件的界面设计是最精良的，它几乎囊括了各种类型的"界面元素"。教师只要在操作中适时引导、分析、归纳、总结，学生就可以在玩的过程中不断积累操作经验，提高操作的熟练程度。

（4）采用游戏教学法，培养学生的自学能力。游戏教学法的一种形式是利用游戏软件进行教学，而不同软件的操作使用方法不同，这样就促使学生学习游戏的使用方法，从而培养学生的自学能力。另外，有的软件的文本还是英文版的，学生在学习游戏玩法的同时，也提高了英语水平。

3. 实施过程

根据各个学段的学生的特点、不同的教学目标以及不同类型的计算机游戏特征，教师采用的游戏教学法的步骤会有很大的差异。

一般来说，对低年级的学生，宜采用较简单的益智类游戏进行操作技能和某些较为简单的思维活动的训练；而对于高年级的学生来说，因为他们对计算机的基本操作已相当熟练，我们可以利用计算机游戏教学法进行更高水平的信息素养的培养，如解决问题的能力、信息环境下合作交流的技能、对信息技术的钻研精神和社会责任的培养等，这时可以选择一些角色扮演类或战略类游戏，若条件允许则选择网络类游戏（多人参与的互动），以及运用编程来实现游戏。总的来说，游戏教学法大致经历以下几个环节。

（1）激发兴趣，明确任务目标。这个环节不仅是对游戏的简单介绍，而且是对教学目的和要求的简述。

（2）帮助学生理解游戏规则。这是向学生解释游戏规则的环节，这一环节是很有必要的。因为运用游戏的主要目的是让学生在玩游戏的过程中完成目标知识和技能的学习等，而没有必要使得学生在探索如何玩的规则中花费过多的时间。

（3）适当地演示难点。相对来讲，游戏教学法在小学阶段运用得比较多，而小学生的认知能力、理解能力则比较弱。所以为了能使学生更快地进入游戏，教师应该将游戏的难点讲解清楚。

（4）指导学生练习。学生在玩游戏的时候，教师必须给予适时的指导，一方面帮助学生解决在此过程中遇到的难题，另一方面引导学生正确对待游戏。

（5）检验学习结果，进行总结。当然，在教学过程中，还可组织学生进行讨论，交流学习体会，解决难题；同时教师要注意提醒学生完成任务、目标。计算机游戏教学法是灵活多变的，教师一定要在课前做好充分的准备。

4. 注意事项

（1）防止认为游戏教学法就是让学生玩游戏。教师在运用游戏教学法时，应该有针对性地进行教学设计，让学生在玩游戏时要具有明确的目标。我们不能否认游戏中的角色扮演等有可能会让学生学会做人，学会表达，学会交流，学会有策略地安排人、事和物等，但这并不是说它们就可以代替老师的设计与引导，否则，游戏教学法就会变得漫无目的，放任自流。

（2）教师应该认识到，游戏教学法不是万能的。现在真正与课堂知识点结合紧密的游戏化的学习资源很少。目前，游戏教学法在课堂教学中用到引言中来创设教学情景较为适宜。教师在教学活动中要根据学生的情况综合多种教学方法才能完成教学任务。

（3）教师要引导学生合理安排时间，有目的、有节制地进行一些益智性的游戏操作。在教学中，适当引入有益的游戏，却不以游戏为目的，而是将其作为一种引导学生学习信息技术知识的手段。

（4）选择游戏要有利于帮助学生丰富知识、增加技能和增强科学意识。加强学生的科学意识被认为是培养创造力的重要途径之一。要引导学生有目的地进行游戏软件的安装、解压、合理分配内存等计算机知识的探索实践，寓基础知识的学习于娱乐之中，如用五子棋比赛来进行复制、粘贴等练习操作。

（5）要把握好引入游戏的尺度，不能以玩代教，因玩误教。现阶段不能忽视游戏的负面影响，要绝对禁止在一切学习时间玩游戏（包括在学校公用计算机机房上机时）的情况。学习有余力的学生，可利用节假日，选择政治观点正确、思想内容健康、知识丰富的游戏，安排一定时间进行操作，但教师一定要教育学生有自我控制和约束的能力。

（6）教师要提高自己的教育修养。在教学中及时把握渗透德育教育的契机，找到益智性游戏软件和教学游戏软件中这些教育的"热点"和"精华"，为教育教学服务。在实际教学中，往往是综合应用多种教学模式，而不是单一的模式。合理地选择适当的教学模式可以充分发挥学生的主体作用，创造学生可参与的一种教学氛围，有利于学生信息素质、创新能力的培养。随着信息技术基础教育的进一步发展和深入改革，还会出现更多的各具特色的教学模式。教学模式的探讨和研究已经成为信息技术教师进行科研和实践的一个重要课题。

从教育技术理论与实践近十年来的发展来看，一种新的趋势越来越明显。这种趋势就是"混合学习"（Blending Learning）。混合学习的理念和思想在教育领域已经存在多年。根据美国 Learning circuits（电子学习网站）的解释，混合学习被认为是在线学习和面授相结合的学习方式（Learning events that combine aspects of online and face-to-face instruction）。从本质上来讲，混合学习是一种新型的学习方式或学习理念，它是指在数字化学习式电子化学习（E-learning）和企业培训中，按照系统论的观点和绩效方法，恰当地结合传统学习手段和在线学习手段的学习方式。它的目标是使学习更容易、更便利，从而实现最好的学习效果。它的依据是企业和组织的学习绩效指标。何克抗教授从最近一些国际有关会议上总结出混合学习的新含义，那就是：把传统学习方式的优势和数字化（或网络化）学习的优势结合起来，既要发挥教师引导、启发、监控教学过程的主导作用，又要重视学生的积极性、主动性和创造性，二者结合起来才能达到最佳的学习效果。

4.6　教学方法的选择和评价

如何选择良好的教学方法，实现目的、方法、效果的统一性和教学的高效性，是中小学信息技术教学中十分重要的一个问题。本节讨论在教学中选择教学方法要考虑的因素和最优的教学方法应达到的要求。

4.6.1　教学方法的选择

前面我们已知道，教学方法的种类较多，要想有效地完成教学任务，必须正确地选择和运用教学法。经常有这样的情况：有的教师的教学效果不太好，并不是因为他没有水平，而是由于教学方法不好，特别是部分教师的思想还存在重教学内容、轻教学方法的倾向。所以，必须重视教学方法的选择和运用。

虽说"教无定法"，但是"教有定规"，也就是说，教学方法不是随心所欲的。教学法的选择和确立，都有其自身的规律。首先，要依据全部教学原则，为培养目标服务；其次，由于现代教学对教学方法的要求日益提高，提倡用系统的观点来指导选择教学的方法，以便优化教学过程，发挥其最佳的整体功能，要充分考虑教学得以进行的条件，防止选择过程中的片面性。

在进行信息技术教学时，应考虑以下几方面的因素。

1. 教学目的和任务

不同的教学任务就需要选择不同的教学方法，所选的教学方法要适合课题的教学目的和任务。例如，为了传授理论知识，发展抽象思维能力，就要用讲授法；为了培养实际的技能技巧，增强理论联系实际的能力，就要用操作实验法。

2. 教学内容

知识内容不同，就需要选择不同的教学方法。即使是同一单元的内容，也可能需要不同的教学方法。选择的教学方法要与教学内容相匹配。

3. 学生的实际情况

所选择的教学方法要与学生的实际情况相适应。学生的年龄不同，心理发展水平不一样，选用的教学方法就不同。对低年级学生，应灵活多变，多给学生表现的机会，而对高年级学生，则要多引导他们独立地钻研问题。对同一年级的不同班，由于学生的心理发展有差异，在选择教学方法时也要区别对待。如在一个班级选用讨论法是成功的，在另一个班级选用讨论法则可能由于学生的知识和心理上不具备某些条件而导致失败。

4. 教学条件

教学条件包括教师本身的情况，如教师的理论修养、教学经验、业务能力和组织能力，运用某种教学方法和手段的能力以及个性品质等；还包括学校的教学设备、规章制度、管理思想以及教学计划等。如果学校不具备网络设备或教师不能熟练操作，就不能使用网络教学法。

5. 课型

如果是复习课，就可以选用归纳法、谈话法等；如果是授新课，可以选用讲授法、自学法等；如果是训练技能课，可以用上机实验法等。

6. 教学时间

要根据规定的教学时间完成教学任务。各种教学方法传授同样数量的知识所需的时间是不同的。对一个具体的教学内容到底应采用什么方法，要根据教学目的和可以使用的时间综合考虑，不能片面作出决定。

总之，选择教学方法要依据教学规律和实际情况，不能单纯追求时髦，或把教学搞成眼花缭乱的万花筒，而应产生实实在在的良好效果。

4.6.2 教学方法的评价

教师在选择和运用一定的教学方法之后，要对教学方法的选择和运用作出科学的评价。对教师所运用的教学方法作出科学的评价，会有利于促进教师的教学方法向最优化方向发展；否则，优劣不清，是非不明，不利于教学。

总的来说，最优的教学方法应在规定的时间内达到最好的教学效果。具体地说，好的教学方法应达到以下要求。

1. 有利于"双基"的掌握，形成良好的认知结构。

2. 重视学生能力的培养，特别是独立获取知识的能力、运用知识分析并解决问题的能力、创造性能力的培养。

3. 能充分调动学生的主动性、积极性，发挥学生的主体作用，培养学生的学习兴趣。

4. 能因材施教，把统一要求与分类指导结合起来。

5. 要在教学计划规定的时间内达到以上要求，不能加重教师和学生的负担。

思考与练习

1. 何谓教学方法？现代教学方法有哪些特征？

2. 结合中小学信息技术课的特点，谈谈实验法在中小学信息技术课教学中的重要性。

3. 根据中小学信息技术学科的发展特点，阐述自学指导法在中小学信息技术课教学中的意义。

4. 在当前中小学信息技术课的教学中，有哪些教学模式，其适用范围如何？

5. 何谓任务驱动式模式？试举例说明在教学中如何运用任务驱动式教学模式。

6. 选取教学方法的主要依据是什么？在实际教学中如何选择与评价教学方法？

第5章
信息技术课的现代教学手段

教学目标

1. 理解信息技术课的现代教学手段和现代教育技术的概念；
2. 理解电化教育的作用和电化课的教学方法；
3. 了解计算机辅助教学的有关内容；
4. 了解交互式多媒体教学系统的构成、功能和应用；
5. 了解远程教育的教学模式。

内容结构

本章介绍信息技术课的现代教学手段和现代教育技术、电化教育、计算机辅助教育、远程教育的有关概念和方法等。

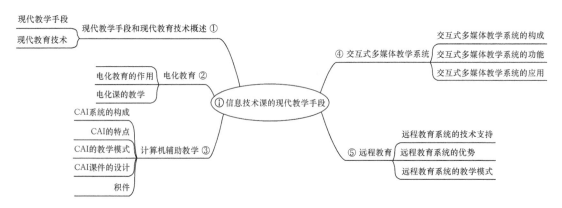

教学建议

现代教学手段对提高学校的教学质量、教学效果具有重要的作用。本章对信息技术课的现代教学手段和现代教育技术、电化教育、计算机辅助教育、远程教育的有关概念和方法进行初步探讨。结合实践，自主探究，体会信息技术课的现代教学手段的用途和用法；任务驱动，实际操作。

教学手段与教学方法一样，是关系到学校教学质量、教学效果的重要因素之一，它在教学过程中起着不可低估的作用。随着计算机技术的日益发展，改善教学手段，提高教学质量，增强学生素质，已得到越来越多的教育工作者的认同和重视。

5.1　现代教学手段和现代教育技术概述

教学手段与教育技术两者密不可分。教学手段的变化与发展同时也是教育技术的变化与发展。教学手段是教育技术的研究对象，是教育技术的具体表现。

5.1.1　现代教学手段

教学手段是直接影响教学方法的一个重要的、可变的因素，也是关系到教学质量和教学效率的重要因素之一，它包括物质性和技术性的层面。教学手段随着教育和科技在教育中的应用而不断发展。一般认为，教学手段的发展经历了两个阶段：以文字教科书、粉笔、黑板、挂图、标本、模型等为主的传统教学手段阶段；在此基础上增加的基于各种电教设备的录音、幻灯、电影、电视、广播、录像、投影、计算器、语言实验室、电教教材和以计算机及网络技术为中心的现代教学手段阶段。在我国，计算机工业始于 20 世纪 50 年代，计算机教育也同时出现。在信息技术教育教学，尤其是中小学信息技术教育中，最常用、最直接、最有效的教学手段当属以计算机为核心的各种现代教学手段，主要指计算机辅助教学、交互式多媒体教学、远程教学等。因此，我们将着重研究与计算机多媒体技术密切相关的现代教学手段。

现代教学手段采用的设备具有较强的记录、存储、传输、重放、再现的功能，突破文字的静止描述而以声像形式呈现教学信息，图文并茂，形、声、色、意、情俱全，更广泛地作用于人的感官，还能使教学信息超越时空的限制，更生动、直观，甚至化虚为实，增强学习者的体验和感受，大大提高教学效果和质量。基于网络的教育，扩大了受教育面，节省了师资、设备，使教学规模进一步扩大。现代教学手段的运用，还引发了教学资源、教学方法、教学组织及设计的变革，从学习过程、学习环境等方面引发课堂教学的巨大变化。多种媒体的组合，使教学信息的传递量更大、传递节奏更快。

积极地运用各种先进的教学手段，应成为每一个信息技术教育工作者的自觉要求。

5.1.2　现代教育技术

1994 年，国际教育传播与技术协会（AECT）对教育技术作出了如下定义：

教育技术是关于学习过程和学习资源的设计、开发、运用、管理和评价的理论与实践。这一定义通常简称为 AECT'94 定义。这一论述，已得到当前国际上大多数专家学者和实际工作者的认同。

2004 年 12 月 15 日，教育部印发《中小学教师教育技术能力标准（试行）》（以下简称"能力标准"）对教育技术作了如下定义：教育技术（Educational Technology）是指运用各种理论及技术，通过对教与学的过程及相关资源的设计、开发、利用、管理和评价，实现教育教学优化的理论与实践。这个定义相比 AECT'94 定义，内容更加全面，目的更加明确。

图 5-1 把教育技术这一概念的各要素之间的关系结构比较形象地表示了出来。

狭义地说，现代教育技术就是将各种现代教学手段应用于教学的技术和方法。由于现代教学手段的多样性，现代教育技术的范围很广，包括各种视听教育媒体在教育过程中的应用，视听教材、课件的制作，现代教育过程的组织，教学系统的设计、实施和评价，教学资源的开发配置，成本与效益问题，及所研究开发的信息技术在教育教学中的应用等。目前，电化教育、多媒体教学系统、多媒体电子出版物、远程教育、网络教学的应用都是现代教育技术成功应用于教育教学的体现。总之，现代教育技术的应用主要是通过现代多媒体传递教学信息，以应用现代技术手段和技术方法解决教学问题，实现教育最优化。当今的教育技术，已发展为以计算机为中心、以信息网络为依托，通过将语言信号、图像信号转换成数字信号，把视音频处理技术、图形图像处理技术等集成在一起，用于扩展人机交互方式的综合技术。可以说，现代教育技术呈现了以多媒体技术为中心，多媒体技术又以计算机为中心的发展趋势。现代教育技术要求教师既要注意研究多媒体的理论与应用，又要注意按教育教学理论和学习心理学的要求研究学习过程及与学习过程相关的教学模式，实现二者的有机结合。

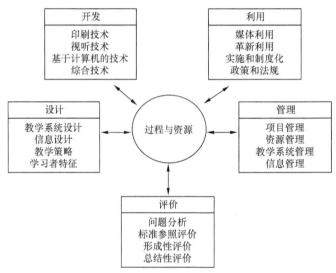

图 5-1 教育技术概念的关系结构图

按照现代学习理论来设计、编制各种视听教材（包括幻灯投影教材、电影电视教材、多媒体教材），既使教学信息更广泛地刺激学习者，又可让学习者在模拟操作的过程和交互的学习环境中顺利地实现学习的正迁移，使学习者主动地扩充其认知结构和使之发生质变，使掌握知识与形成技能统一起来，促进智能的发展。按照教学理论，利用现代教育技术来设计和组织教学过程，更有利于学习者实现从具体到抽象的跨越，更快速地形成抽象经验。将知识、技能、思想通过各种多媒体和教育技术手段传播给特定的对象，以实现预定的教育教学目标，这实际上就是教育传播，是一种传播方式。所以现代教育技术的理论和实践，离不开传播学的各种理论。系统科学理论又为现代教育技术应用于教学提供了指导思想和科学方法。开发教学资源需要有计算机硬件的使用和维修知识、熟悉各种软件的功能、具备软件应用和开发等的知识，需要广播电影电视技术、电光电声电控技术、计算机技术、网络技术等的支持。所以，广义地说，现代教育技术是一门新兴的综合性的学科，它应用了教育教学理论、心理学理论、传播学理论、多媒体理论及系统科学理论等的科学成果，涉及社会科学、自然科学、技术科学、文学艺术等领域。

广义的现代教育技术作为一门学科，有着特定的学科内容，如图 5-2 所示。

目前常见的中小学信息技术课程教学模式主要有在普通教室进行的讲授演示模式、在普通机房进行的操练实习模式、使用 CAI 课件引导学生利用计算机自主学习的模式、在网络教室进行的教学模式、在大屏幕投影多媒体教室进行的教学模式等。其中，前两种通常是交替使用，适用于计算机语言和理论的教学。第三种适用于能让学生自学和自行操作的教学内容。第四种模式既利用网络又配有多媒体功能，能真正实现交互式教学，既调动学生的积极性，又不失教师的主导作用并能做到因材施教。最后一种，使用大屏幕液晶投影仪和实物投影仪进行演示教学，是目前较为理想的计算机教学模式，但其交互性较弱。

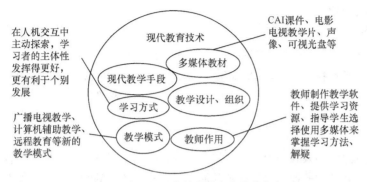

图 5-2　广义的现代教育技术的学科内容

今天，人们越来越觉得，实现教育现代化，离不开现代教育技术；学习、掌握和运用好现代教育技术已成为广大教师特别是教育技术工作者在深化教育改革中迫切需要解决的课题。

5.2　电 化 教 育

电化教育是利用幻灯机、投影仪、电影、广播、电视、录音、录像、多媒体计算机、实物展示台等教学设备及相应教材进行的教育活动。

电化教育始于 19 世纪 90 年代幻灯进入教育领域时；20 世纪开始飞速发展：20 年代无声电影和播音，30—40 年代有声电影和录音，50—60 年代电视和程序教学机电子计算机，70—80 年代闭路电视系统、计算机教学系统和卫星电视教学系统，90 年代后多媒体系统和计算机网络相继应用于教学。

我国于 20 世纪 30 年代也开始在课堂中使用电影，提出并确立了"电化教育"这个名词。从50—60 年代，幻灯、录音和电影开始进入城市中小学和高等院校；这些学校开始生产自己的电教教材、资料（如唱片、录音带），还开始安装同声翻译室、简易语言实验室等；高等院校开设电化教育课，形成由教师、技术人员、工人组成的电教专业队伍；开办广播函授学校；国内第一幢电化教学楼于 1964 年在上海建成。70 年代后，全国各地先后建立了各级电化教育机构，开办广播电视教育和卫星电视教育。同时信息技术教育也蓬勃兴起：设置计算机专业、开展计算机管理教学和计算机辅助教学（关于计算机辅助教学，本章下一节专门论述），等等；电教理论逐渐丰富，形成了电化教学的一整套方法体系：课堂播放教学法、远距离播放教学法、程序教学法、微型教学法、现代成绩考查法等。90 年代以后，多媒体技术、网络技术和认知学习理论、教学设计原理与方法进一步推动了电化教育的理论建设和实践发展，电化教育进入国家重点科研项目和教育改革实验，尤其是中国教育与科研计算机网络的开通，使我国的电化教育融入世界教育发展的潮流。

5.2.1　电化教育的作用

电化教育主要有如下的基本功能。

1. 集成功能

它能把图像、声音、文字等教学资源融合在一起，展现实物固有的信息并向学生提供多重感官刺激从而提高学习效率。学生可以不单纯通过抽象的信息、事物的符号，而借助事物的形、色、声、变化和发展来获取知识。

2. 再现功能

它能突破时间、空间的限制，把教学内容中涉及的（从远古到当今、从太空到海底、从异国到本土、从天体到基本粒子等）事物、现象、过程，全部再现于课堂，还能把所讲述的对象在大与小、远与近、快与慢、虚与实之间相互转化，让学生体验科学家的经历，在具体中掌握抽象的概念，使学习更容易。

3. 交互功能

它能实现人机之间的双向沟通和人—机—人的远距离交互学习。计算机的智能化程度越来越高，能自动对学习者的掌握程度进行评价并能具体选择更适合的学习资源，能真正实现个别化教学。一边操作一边学习互动更利于技能的形成。

4. 虚拟功能

计算机仿真生成的虚拟显示世界，可以创造一种身临其境的完全真实的感觉，使学习者不仅能感知而且能操作虚拟世界中的各种对象。

5. 扩充功能

大容量多媒体软件和网络信息，极大地丰富了学生的学习资源。一张光盘的容量高达 640 MB，相当于 3.4 亿个汉字。计算机网络上的信息更是无穷无尽。远距离教学适用于学校教育、家庭教育、社会教育，适用于幼儿教育、学历教育、继续教育，适用于集体教育和个别教育。远距离教学使得一个教师可以面向更多的教育对象，从而使教学规模空前扩大。

电化教育的上述优异功能，决定了它在教育教学中能够发挥积极的作用。

1. 提高学习质量

电化教学生动形象、感染力强，易于激发学生的学习兴趣和内部动机，为学生学好功课提供有利的条件。实践证明，各种年龄的学生，都喜欢看电视、看幻灯片、听录音、听广播。组织得好的电化教学，总是使学生在兴趣盎然的情景下接受知识。电化教育能使学生轻松愉快地学习，减轻学习负担。例如，讲表格中的行高、表项的操作时，用画图的方法说明起来很不方便，也不容易讲清楚，窗口图形操作系统讲解时难于板书，但如果采用显示屏操作演示，边操作边讲解，或利用 CAI 教学软件进行辅助教学，既容易讲又容易懂，减少学生在学习中的困难。

电化教学对学生智能发展的每个环节（感知、理解、记忆、应用等），都是有益的。它能使学生更充分地感知所学的教材，活跃思维过程，加快学生的理解，便于记忆。电教媒体的应用，使课堂充满活力，有利于学生智力的开发和能力的培养。

电化教学还能更好地适应学生的个别差异和不同水平，提供不同的学习进度、深度和辅导时间，实现因材施教。

2. 提高学习效率

现代的学习理论研究表明，人所掌握的知识中，通过视觉获得的知识比例最大，听觉次之，其次是嗅觉，最后是味觉，而多种感官并用，学习效率最高；学习中注意力集中的比率是，使用视觉媒体远远高于听觉媒体；记忆力的比率，视听并用的记忆力远远大于光看、光听，且大于二者之和。教育研究的实践也表明，小学一年级的拼音教学，用传统教学方式，一般需要四周以上的时间，巩固率还不太高；用幻灯、录音教学，一般只需要三周的时间，巩固率还高达 95% 以上。

可见，小学一年级的拼音教学，采用电化教学可以比传统教学节省一周的时间，且巩固率大大提高。对于中学代数集合和生物的教学，在确保教学质量的前提下，同样的教学内容，采用电化教学可以缩短近 2/5 的时间。实践也证明，信息技术课是要让学生掌握计算机操作的基础知识，是一种技能学习课程，运用多媒体计算机教学，让学生边操作边学习，效果更显著。

3. 扩大教育规模

利用广播电视、卫星传播电视、计算机网络等现代电化教学方式，向学校、家庭、社会传输教育课程，凡是有电视或计算机的地方都可以成为课堂。一个教师能同时教成千上万的学生，大大节省了师资、校舍和设备，扩大了教学规模。现在，世界上已有不少国家用空中办学的办法办远距离教学学校来加速教育普及和发展成人教育、继续教育，取得了良好的效果，终身教育也更易于实现。在我国，广播电视大学提供了更广泛的受教育机会，弥补了高等教育中的不足；网络远程教育也在逐步推广。

4. 促进教育改革

电化教育的实施，能帮助人们改变传统的教学观，实现教学思想上的两个转变——从单纯重视教，转变为既重视教又重视学；从单纯的重视传授知识，转变为既重视传授知识又重视能力培养。电化教育能帮助人们改变传统的教学模式，促进手段的多样化发展。随着电化教育的发展，教学形式也发展为既有面授又有电授，教学手段发展为多种多样的电光、电声、电控等。利用计算机管理教学，可使教学管理机械化、自动化、更加科学。所有这些，为教育的发展提供了新思路，促进了现代教育观、现代教学观、现代学校观、现代人才观等观念与理论的形成。

5.2.2　电化课的教学

电化课的课堂教学过程是教育者运用现代教育技术向学习者传递与交流教学信息的过程。它包括四个基本要素：教育者、教学信息、现代教育技术、学习者。教学信息和现代教育技术在课堂中被综合为电教媒体。依据教育者、电教媒体、学习者之间的关系，信息技术课的电化课堂教学主要有以下三种基本模式。

1. 教师借助电教媒体，向学生传递教学信息，师生进行交互反馈

这种模式可用图 5-3 表示。

在这种模式中，教师的主要职责是选择恰当的媒体和运用正确的方法。这是用得最多的模式。例如，讲授 Windows 操作时，恰当的示范与讲解更利于学生学习。

2. 学生直接向电教媒体学习，电教媒体对学生的反映进行反馈

这种模式可用图 5-4 表示。

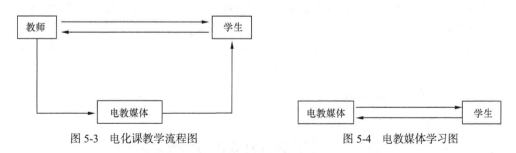

图 5-3　电化课教学流程图　　　　　　　　图 5-4　电教媒体学习图

这种模式通常在使用程序教学机和电子计算机辅助教学时采用。其中，教师的作用主要体现为为学生编制程序教材和通过教材的程序设计来间接控制教学过程；教师并不直接进行教学活

动。它要求教师编制和提供足够数量的优秀的成套程序教材，又要求学生有高度的独立自主的学习精神和掌握使用教学机器的技能。例如，计算机构成、Internet简介等的教学内容，均可预置成一定的学习程序，让学生自主地选择学习。

3. 学生向电教媒体学习，通过教师作出反馈

这种模式可用图 5-5 表示。

这种模式一般用于自学辅导和远距离教学。现在的广播电视大学就采用这种模式。在信息技术课中，它常用于诸如计算机程序语言的教学。教师布置课外

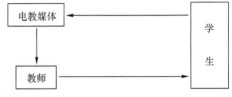

图 5-5　电教媒体学习反馈图

作业，可以是一个问题，让学生在视听阅览室、视听资料中心或者计算机室，运用各种电教媒体独立编制程序解决问题，并由教师检查辅导。教师除了提供足够数量的合格教材外，还要注意从多种渠道（如实验卡、考试等）及时获取学生学习效果的反馈信息，以调整教学内容，改进教学。

根据信息技术课的特点，在电化教学中通常采用如下几种教学法。

（1）播放法

播放法就是教师主要借助电教媒体、演示图像、播放录音来传递教学信息。其中教师的主要责任是作好教学组织和引导工作。实施方式可以有两种：一是仅在演播前和播放中作一些必要的提示；二是在讲解时，穿插播放电教教材的有关片段，为讲授提供感性材料或例证，作为抽象概括的基础，并激发学生听讲的积极性。无论是哪一种，都要注意，播放结束后要进行小结或进行讨论或提问；播放过程中，要随时引导学生的知觉过程，把学生的注意力引到必须进行研究的现象和方面上，特别是当画面比较复杂和不够清楚的地方要及时提醒，还要处理好讲解与播放的关系，做到播放适时、讲解恰当。讲解主要是指导学生看和听，对看到和听到的信息进行补充。

这种方法是用得最多的一种，适用于信息技术课中的任何一个内容模块。

（2）远距离教学法

远距离教学法也称远程教学法，即通过已有的通信和教育媒体传递教学信息，教师和学生在地理上相互隔离，如教育电视频道、网络大学、学习软件在市场上的传播等。

（3）微型教学法

微型教学法也称微格教学法，是对小组中各个学生的动作行为分别用录像或录音记录下来，然后进行分析、评价，以改善其行为，使之获得某项技能技巧的方法。

（4）成绩考核法

利用计算机评分系统进行考试，既能考查操作技能，又能考查知识的掌握程度。

（5）电子教室法

电子教室，是一种应用于小范围局域网的教学软件，如多媒体教学系统，在教师机和学生机安装相应的软件，教师即可通过教师机进行广播和监控学生机，与任意学生进行交流。利用这种方式，教师可以边讲边演示，讲练结合，通过监控把握学生的学生情况，适时调整教学和帮助学生学习。

此外，在电化教学中还采用程序教学法（见第 4 章 4.3 节）等方法。

5.3　计算机辅助教学

通常把计算机在教育领域中的应用称为计算机辅助教育。计算机辅助教学具体又分为计算机

辅助教学（CAI）和计算机管理教学（CMI），这里只着重介绍 CAI。简单地说，CAI 就是利用计算机技术辅助或代替部分或全部的教学活动，是一种新的教学形式。其原理是，设计适合计算机使用的教材，通常将课程内容划分成小的教学单元（每个单元只介绍一个知识点），每个单元中，教师详细规定以什么形式呈现什么内容和提什么问题，并力求预测和预置学生所有可能的回答和对学生回答的评价反馈，选用合适的课件制作工具编制成计算机程序，使其具有教学信息的呈现提问、应答、接受、判别及反馈等功能。这种利用计算机进行教学、完成教学活动的软件称为课件。典型的 CAI 是学生与计算机围绕课件展开一系列的交互活动。

5.3.1　CAI 系统的构成

CAI 系统一般由系统硬件、系统软件、课件三个部分构成，如图 5-6 所示。

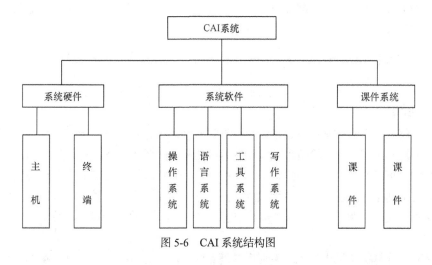

图 5-6　CAI 系统结构图

现有的 CAI 系统一般可以从系统的结构和规模考虑，分为个人 CAI 系统和网络 CAI 系统。个人 CAI 系统是指以个人多媒体电脑（MPC）为硬件环境的 CAI 系统，一般主要包含主板、CPU、内存条、显卡、硬盘、软驱、显示器、键盘、鼠标、CD-ROM、声卡、视频卡、音箱、耳机、麦克风、FAX/MODEM 卡等，此外，可能还包括摄像机、录像机、影碟机、网络和通信设备等外围设备。网络 CAI 系统一般是指网络化的计算机教室，有两种形式：一是将多达几十台的个人 CAI 系统放在一个教室里，供班级授课时使用，是较为低级的形式；一种是把数十台个人电脑按一定的拓扑结构连成一个局域网，目前这已是一种主要发展趋势，因为连网便于教师进行学习任务的分配，实现资源共享和监测学习过程。在网络 CAI 系统中，信息资源管理系统和通信系统为各类 CAI 的支持部件。网络 CAI 系统中每一个工作站的使用与个人 CAI 系统极为相似，在此统称 CAI 系统。

CAI 系统软件包括操作系统、语言处理系统、各种工具软件和写作系统等。CAI 中常用的高级语言有 BASIC、PASCAL、C 语言等。常用的应用软件是一些功能较强的工具软件和写作软件。这些工具软件是帮助 CAI 课件开发、提高课件质量、完成某种特定功能的专用软件，如文字处理工具、表格处理工具、图形处理工具和动画制作工具等。写作系统是一种功能强大、使用方便的应用软件。开发课件时，作者只需根据屏幕提示的要求输入相应的教学内容、各个教学单元之间的连接关系、问题与答案等，即能自动生成课件。Authorware 就是典型的代表。

按照教学目标、教师的教学策略和教学经验，把教学内容设计成一系列的计算机活动，供教学时让计算机运行完成教学过程的计算机程序就是 CAI 课件。它通常是使用 CAI 系统软件来编制的，是一种教学应用软件。

5.3.2　CAI 的特点

CAI 的特点主要有交互性和个别化。

1. 交互性

CAI 的教学过程是在计算机与学生的直接"沟通"中实现的，计算机向学生发出信号，学生也可以通过诸如键盘之类的终端设备向计算机发出指令。

2. 个别化

CAI 能根据学生的个人特点因材施教：自定步调，即 CAI 允许学生自行控制他的学习进度；难度适宜，CAI 能够根据学生当前的知识水平，为他提供难度适宜的学习材料；适应个性，CAI 能提供不同的学习风格以适应不同个性的学生。

5.3.3　CAI 的教学模式

信息技术课中，常采用以下几种较为典型的 CAI 的教学模式。

1. 个别指导

这种模式模拟一定的教学情景，让计算机扮演教师的角色，通过与个别学生对话来展开教学活动。其基本教学过程为：计算机呈现教学内容与提问——学生应答——计算机判别应答并提供反馈。只有学生正确回答后，才能进入下一步的学习，否则计算机提供适当的帮助。这种帮助可以是程序化的个别指导，也可以是对话式的个别指导。由于后者允许学生用自己的语言表达和主动提出与课题有关的问题，需借助人工智能技术实现，因此也称智能导师系统。

2. 操练与练习

这是一种由计算机向学生呈现一系列由易到难的习题，让学生在计算机上解答，计算机立即反馈，告诉学生回答是否正确或给予适当的评价，抑或提供正确答案的模式。这种模式并不教授新的内容，所提问题有旨在记忆和联想的选择题和配伍题，也有旨在加深理解和巩固知识的简答题和问答题；并可以利用多媒体建立许多可视化动态情景作为提问的背景。练习是用自己所学的知识解决问题的过程，主要是培养学生解决问题的技能。

3. 教学测试

这种模式由计算机向学生呈现问题，学生在机上作答，计算机给予评分但不给予即时反馈。此类 CAI 只用于检测学生的学习成果。

4. 教学游戏

这种模式利用计算机创设一种带有竞争性的学习环境，把科学性、趣味性和教学内容融为一体，寓教于乐，如用"挖地雷"游戏来练习鼠标的使用，用打字游戏来练习指法等。

5. 任务教学

这种模式是在学习告一段落时，给学生布置有一定难度的任务，要求在一定的期限内完成，可以是独立完成也可以是小组协作完成，然后组织交流、讨论，以提高学生运用知识解决问题的能力。任务可以是收集有关计算机发展、应用的资料，总结某一软件的使用方法，编写实用性或趣味性的程序，编排一份班级小板报，解决其他学科问题等。在完成任务的过程中鼓励使用计算机、多媒体及各种可能的手段，如查报刊资料、访问参观、上机调试，甚至网上查找资料等。

6. 模拟教学

这种模式利用计算机模拟技术构造一种可供学习者自由探索的学习环境。如有一个叫"电子工作台"EWB（Electronic Workbench）的软件系统允许学习者利用它提供的元件构造各种模拟电路和数字电路，并能动态测试电路的性能。

7. 网络化虚拟教室（电子教室）模式

网络化虚拟教室（电子教室）模式是在计算机网络通讯工具和人工智能技术的支持下，让计算机来模拟教师和同级学生（一个或多个）的行为建立一个虚拟的学习系统，在课堂上进行演示、示范性练习、师生对话、小组讨论、小组合作等的模式。在这种模式中，利用实时通信功能实现传统教室中所能进行的大多数教学活动，还能利用异步通信功能实现诸如异步辅导、异步讨论等的教学活动。

8. 电子书

电子书即各种学习光盘，可认为它是自由式 CAI。

根据不同的学习内容、学习目的和学习策略，应选择不同的教学模式，或单独使用以上某一种教学模式，或混合使用以上某几种。

5.3.4　CAI 课件的设计

任何一个课件都要包含如下几个必要部件：人机界面、教学策略、教学内容、学生模块。其中，人机界面是直接面向学生的，教学策略则体现在教学内容和学生模块中。因此，我们就从这四个方面来研究。

1. 教学策略的设计

所谓的教学策略是指为完成特定教学目标而采取的教学活动的程序、方法、形式和媒体等因素的总体考虑。在设计课件时要把这些总体考虑体现在教学内容的组织、教学任务的安排和教学交互活动的设计中。可以说，教学策略是 CAI 课件的灵魂，决定着课件的质量。

一般而言，教学策略有如下四个方面。

（1）组织策略，即如何将教学内容加以合理的编排，包括在一个教学单元（或一个知识点、概念、原理）内部如何组织教学和如何将多个知识点组织成一个有机整体，形成一个完备的教学过程。前者即教学活动的"排序"问题，后者是"综合"问题（包括如何将各类教学内容组织为一节课及如何建立不同知识元之间的联系）。

（2）传授策略，即在教学过程中的有效的交互活动的设计。提问和反馈是教学过程的重要环节。有效的问题在课件中至少可以收到三种功效：吸引和保持注意；使编码更容易；突出学习材料和教学重点。要考虑如何提问、提什么问题等方面。同提问一样，反馈也是 CAI 的重要过程，包括所有对学生作答的一切应答信息（如"对"、"错"）或更为详细的解释以及电脑给出的警告蜂鸣声、答题正确率图表等。

如何让学生自主地控制学习环境、次序和主题也必须考虑到。有时采用小步子前进、反复地操练和反馈，用教学与测试交替来控制学生的行为；有时提供一些控制手段，如超文本等让学生自主控制学习内容覆盖的范围、学习深度、学习课题等。要使教学过程取得成功，还必须注意到学习策略。一个优秀的课件应提供适当的助学措施，如伴随提问、反思提问、记忆提示、着重标志、知识关系图等。

（3）管理策略，即如何将学生适当分组（一般是根据学生的某些相近性）以便进行学习任务分配和进程调控（在网络 CAI 中尤显重要）；提供怎样的诊断性测试来评价学习成果以确定学习路径（就目前而言，让计算机对学习过程自动进行形成评价还有一定难度）；如何编制适当的学习序列，根据评价结果为学生分配新的学习任务或是提供复习和补习资料（设计学习路径和学习进程）。

（4）激励策略。在 CAI 系统中，可以选择三种不同的激励机制。

独立机制——采用有一定参照标准的测试方法判断个人学习是成功或失败，不与他人的学习表现进行比较。

竞争机制——个人学习成功的判定即意味着他人的失败判定。如在扮演角色游戏时常采用这种评定策略。

合作机制——以小组全体成员达标为学习成功的判定，即以集体合作带动个人成功的激励机制。

2. 教学内容表示

将教学内容转化为教学信息传递给学生，要考虑教学信息的组织结构与表现方式。课件中各知识点的相互关系和链接方式，将决定课件的框架和基本风格，而媒体设计和使用决定课件的质量和效力。

常用的教学信息组织结构有如下几种。

线性结构：知识点按线性排列，学生只能按某种预制顺序接受信息。

树状结构：知识点按教学内容内在的层次关系排列，学生沿树状分支展开学习活动。

网状结构，即超文本结构。它模拟人脑思维的自由联想，将知识点按内在的逻辑相关性建立连接，学生可在知识点间直接跳转，没有固定的路径。

复合结构，由前三种复合而成。通常，在一定范围内，允许自由跳转，但同时受主流信息的线性引导和分层逻辑组织的影响。

通常，线性结构主要用于计算机主控教学；树状结构可用于计算机主控教学，也可用于学生主控教学；网状结构主要用于学生主控教学；复合结构主要用于计算机——学生混合主控教学。在个别指导性课件中，多采用由计算机控制知识点序列，但在每一知识点内容的表示中适当采用超文本技术。这种做法有助于满足不同学习者的需要。

教学信息的表现方式即媒体化呈现形式，文本、图形、动画、视频、语音等媒体形式。选用何种形式呈现教学内容，是课件设计的重要方面。

3. 学生模型设计（包含对学生水平的估计）

学生模型设计，即对学生水平、学习能力、认知风格等进行估计，从而建立相对完备的答案库、应答可能库等。

4. 人机界面设计

课件的效果也依赖于漂亮的人机界面。人机界面能营造良好的学习环境和气氛，还能给学习者以多种媒体信息的刺激，提高学习的积极性和成效。

课件的人机界面，外观往往不同，但界面的表达元素基本一致，主要有窗口、菜单、按钮、工具条、对话框、滚动条等，其组合形式因采用的课件系统的不同而不同。

课件的制作过程一般有几个步骤：选用工具软件、准备媒体素材、合成等。目前市面上出现的课件制作软件主要有：Authorware、Director、ToolBook、PowerPoint、FrontPage、Flash、Dreamweaver、Visual Basic、Visual C 等。课件中主要有文本、图形、图像、动画、音频、视频等多媒体形式。多媒体数据都要使用专业化的设备和软件采集，最后进行数字化后输入计算机中。将课件包含的各种媒体按一定的原则、结构方式组合起来，使课件的内容呈现稳定、连续、平滑，符合设计要求，这一过程即课件的合成。必须遵循教育学、心理学、学习理论，并考虑学习者的学习风格、认知水平、接受能力等。课件的合成并非媒体的简单罗列或相加，而是根据教学内容、教学目标、使用各种教育技术，进行科学的布局，探索最恰当的表现方式和方法。

课件的设计和制作过程实际上是课程内容的再创造过程，由于涉及很多专业技术，所以往往是由专家和教师共同完成的。但单个的课件并不一定能适合每一个教师的实际需要，所以，目前最流行的做法是，利用积件库来制作课件。所谓积件是指组成课件的各种多媒体素材或教学片段。教师只需将合适的积件按照自己的教学策略和风格组织成一个完整有效的课件，即可用来教学。这要比教师亲自收集素材从头制作课件要方便、快捷和实用多了。

5.3.5　积件

积件（Integrable Ware）是由教师和学生根据教学需要自己组合运用多媒体教学信息资源的教学软件系统。它是从课件的经验中发展出来的，是一种更灵活的、适应不同教师、不同教学情境的继课件之后的新一代教学软件系统和教学媒体理论。

1. 积件思想的产生

课件以其独特的优势在教学中起到很好的辅助作用，但是课件一般都是为特定的教学内容而设计的，其内容形式比较集中，具有整体性、固定性、特定性和封闭性等特性。这些特性使得课件的开发和使用出现了"危机"：大量现成的课件不能使用；相同的或类似的课件不断重复开发。积件思想就是在这种情况下产生的，目的是解决"课件危机"。积件思想是将各门学科的知识内容分解开发成一个个标准知识点（积件），贮存在教学资源库中，一个标准知识点（积件）可以看做阐述某一方面、某一教学单位，同时包含相关练习及呈现方式、相关知识链的一个完整教学单元。在教学中，教师根据需要选择相应知识的积件穿插于课堂教学中，或像积木似的自由组合，合成为新的课件。积件的选择、出示时间、组合方式等的不同，可以产生无数的组合，适应了千变万化的课程教学，从而缓解"课件危机"。

2. 积件的构成

积件由积件库和组合平台构成，包括教学信息资源、教学信息处理策略与工作环境。

（1）积件库

积件库是教学资料和表达方式的集合，可将大量的知识信息素材提供给教师和学生，以便他们在课堂教学中自由使用。积件库包括以下五种类型。

① 多媒体教学资料库。这是以知识点为基础的，按一定检索和分类规则组织的素材资料，包括图形、表格、公式、曲线、文字、声音、动画、电视等多维信息的素材资源库。在全国发展积件的起步阶段，建设多媒体教学资料库的关键是确立规则和标准。

② 微教学单元库（Micro Teaching Unit，MTU）。微教学单元是以帮助教师讲授某个教学难点，或帮助学生学习某个知识技能点为目的，或为学生探究认知而创设的学习环境等而设计的"小课件"和"微世界"。它的设计开发方法与原来的课件类似，不同的是微教学单元是供教师和学生在教学中重组使用而准备的资源，所以它一般不需要封面设计，也不需要多余的背景、多余的解说配音等。短小精悍、符合积件组合平台要求的接口格式，方便教师和学生检索和组接在当前的教学情境中运用。

③ 虚拟积件资源库。将网络上的资源作为积件库资源。积件库的建设必须考虑到当前全球网络化的发展趋势，一个学校、一个地区、全国、全世界的教学信息资源都可以由师生在课堂教学中通过网络进行检索、重组，灵活地结合当前教学需要运用。

④ 资料呈现方式库。仔细分析学校课堂计算机辅助教学的信息呈现方式，教师最常用的就十多种，例如，屏幕上的图形和文字的移动，变大变小，反白，闪烁，声音开关，各种强调的方式，引导学生注意的方式，概括总结的方式等，将多种多种的资料呈现方式进行归纳分类，设计成供教师容易调用与赋值的图标，就形成了教学资料呈现方式库。

⑤ 教与学策略库。课堂教学的模式、方法与策略千千万万，但考察我国中小学教学的实际情况，教师们授课和学生们学习经常使用的方法就几十种，其中最常用的方法就几种，如讲述方式、问答方式、习题演练方式、记忆背诵方式、动手操作方式等。将不同的策略方式设计成可填充重组的框架，以简单明了的图标表示，让教师在教学中根据自己需要将不同的素材、微教学单元与不同的资料呈现方式和教学策略方式相结合，将产生"组合爆炸"式的效果，可以灵活地应付各种教学情况；让学生在学习中根据自己的需要将不同的素材、微教学单元与不同的资料呈现方式和学习策略方式相结合，更能帮助学生发挥主观能动性，进行积极的探索和认知学习。

上述不同类型的积件库中，多媒体教学资料库和微教学单元库是具体的教学知识内容库，可称为实库；虚拟积件资源库、资料呈现方式库和教学策略库是知识获取与表达运用的形式，可称为虚库。多媒体教学资料库中的各种素材类似于生物的细胞，微教学单元库中的各种教学"小课件"类似于生物的组织或器官，这些基本的细胞、组织和器官可以构成千姿百态的生物世界。

（2）积件组合平台

积件组合平台是供教师和学生使用来组合积件库并最终用于教学的软件环境。广大教师盼望有一种类似"傻瓜照相机"的特别适合课堂教学使用的积件平台。积件平台软件的基本特点如下。

① 无须程序设计；

② 方便地组合积件库各类多媒体资源；

③ 面向普通中小学教师，易学易用。

3. 积件的特点

积件是针对课件的局限性而发展起来的新的教学软件模式，它的主要特点如下。

（1）注重人的主体性

我国先哲提出，"天地之间，莫贵于人"。积件将教学信息资源与教学思想、教法、学习理论相结合的主动权交给了师生，将过去课件设计者从事的教学设计回归到教师、学生自己的手中，成为教师和学生教学活动的工具，因而适合任何类型的教师与学生，具有高度的灵活性和可重组性，充分体现了面向21世纪尊重人、以人为主体的教育思想。教学设计和学习理论的运用，不是在课件开发之初，而是由师生在教学活动中进行的。计算机成为课堂教学的有力工具，成为教师和学生的个性与创造性得以充分发挥的技术保障。

（2）与教材脱钩

积件以知识点为分类线索。这样，无论教材课程体系如何变化，教材版本如何变化，积件都可被师生应用于当前教学活动中。

（3）基元性与可积性

教学资源素材越是基本的，附加的边界约束条件越少，其重组的可能性就越大。例如，一段下雨的素材（图片、动画、电视），语文教师可用来讲散文、古诗或作文意境，生物教师可用来讲生态，地理教师可用来插入气候的课程演示中，物理教师可用来讲水的状态变化和落体运动，如果让学生来发表意见，则可以提出上百种创意，有的甚至是教师和专家们也意想不到的。

（4）开放性与自繁殖性

积件的素材资源和教学策略资源都是以基元方式入库供教师重组使用的，因而在任何时候、任何地方，任何教师（学生）都可以将最新的信息和自己的作品添加入库。只要确立了积件的信息标准、入库规范，积件在教学活动中就自然具有开放性、自繁殖性。随着计算机技术的发展和全体师生的参与，积件的迅速发展将不可思议，就像今天网络上的信息爆炸一样。

（5）继承性与发展性

积件与课件的关系是继承与发展的关系，积件包含了课件的特殊性，课件是积件的特例。对于个别化教学、学生自学、教师讲解某一特定问题、家庭教育，网络上的学习等，课件是比较适宜的教学软件。它们的不同点是课件适用于某一具体的教学情境，而积件适用于任何变化的教学情境，积件更适合以教师和学生相互交流为主的课堂教学情景。课件经过适当加工（去除冗余部分，规范接口标准），就可纳入积件的微教学单元库，为其他教师重组使用；积件经某教师组合成为适合当前教学情境的内容，也就构成了一个"临时"的课件（准确地说，是"堂件"）。课件与积件可以互相转化、相互组合、相互包含，体现了 CAI 辩证哲学的生动魅力。

（6）严格的规范性

为了实现积件在学校、地区、全国、全球的可重组性，积件的各类信息资源必须遵从当今世界的主流标准和规范。例如，文本的格式、图形的格式、声音的格式、动画的格式、Internet 网络接口的格式等都必须与世界主流应用软件一致，否则无法实现素材资料的组合。教学信息的分类、编码，应有类似"中图法"图书分类的法则。此外，还应考虑光电阅读、条码扫描系统、CD-ROM、VCD 制式等多方面的因素。这需要在国家级的层次上确立法规性的标准。

（7）易用性、通用性、灵活性、实用性

积件集中了当代应用软件的设计思想精华，它有大量丰富的教学素材，用起来很方便，操作界面直观、明白、人性化、教学化，适合全体师生，适合不同的教学情境，成为课堂教学的实用工具。

4. 积件的开发

积件的开发分为积件库和积件组合平台两部分的开发。其中，组合平台涉及底层软件的设计开发，需由有实力的软件公司和编程专家来实现，开发难度较大；积件库的开发在学校一级就可实现，一般由熟悉计算机应用软件的教师和学科教师在一起合作就可以编制。

积件库素材资源的来源大致有以下几类。

（1）将现有的课件或其他软件中的素材重新分离、整理、还原；

（2）将现有纸张载体的资料（图、文）数字化处理（扫描、重新录入，类似于西方国家目前正在进行的图书馆数字化运动）；

（3）自己开发教学中急需的、针对教学难点的微教学单元；

（4）购买计算机软件公司和出版社发行的积件库光盘；

（5）从互联网下载可用于教学的信息源片断。

5.4　交互式多媒体教学系统

交互式多媒体教学系统是目前比较流行的电子教学系统，现在学校内新建的计算机机房普遍采用该模式。

5.4.1 交互式多媒体教学系统的构成

交互式多媒体教学系统由硬件系统和相应的软件系统构成。

1. 硬件系统组成

交互式多媒体教学系统的硬件系统实际上就是一个计算机星型局域网，由服务器、工作站、交换机和一些联网附件组成，其中一台工作站作为教师机，其他作为学生机。其结构如图 5-7 所示。

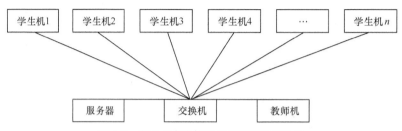

图 5-7　交互式多媒体教学系统的硬件组成

计算机的摆放可以因地制宜，学生机的数量也视具体情况而定，有时需要多个交换机。

2. 软件系统组成

在服务器上安装 Windows NT 或 Windows 9x 或 Windows 2000 操作系统，其余机器安装 Windows 9x，另外在每台学生机上安装"交互式多媒体教学系统"软件——学生版，教师机上安装"交互式多媒体教学系统"软件——教师版。

5.4.2 交互式多媒体教学系统的功能

交互式多媒体教学系统主要具有以下功能。

1. 屏幕广播

屏幕广播是指教师机以广播方式通信，使得学生机同时看到教师机的屏幕内容的一种操作方式。此时学生机的键盘、鼠标全部被暂时冻结，退出广播方式时，自动恢复。教师可以对单一、部分或全体学生进行广播教学。在选择全体操作的状态下，后登录的学生可自动接收教师的广播教学。对部分学生进行广播时，可以随时增加（或删除）学生进入（或退出）屏幕广播接收行列。

2. 屏幕监视

屏幕监视是指通过教师机屏幕看到任意学生机屏幕内容的一种操作方式。此时教师机只能监视学生机的使用情况，不能控制学生机的当前操作。教师机可对单一、部分或全体学生进行监视，多屏同步实时监看，最大可设置 16 屏监看。可对需监视的学生机进行编组（组员数不超过 16），之后，教师可同时同屏对组内所有学生机的屏幕进行监视。

3. 交流

教师机和学生机可以实现一对一、一对多和多对一的通信，即通过机器，教师可与任意学生进行对话交流，学生有问题也可随时向教师提问，教师给予现场解答。双方可以通过耳机话筒进行语音交流或屏幕文字交流。

5.4.3 交互式多媒体教学系统的应用

在教学中，教师通过屏幕广播方式让学生在学生机上学习教师的演示操作过程和阅读教师的相关教学资料。教学结束后，学生可根据教师的示范操作自行练习，教师机切换到监视状态。在实际教学中，教师可根据需要灵活地切换到广播或监看方式，达到边教边练的效果。在练习时监看学生的操作过程，适时辅导或调整教学的内容和进度。学生有问题也可以随时提问，教师现场作答。

目前交互式多媒体系统特别适合于信息技术中的计算机软件的教学，尤其是 Windows 下的操作软件，如文字处理系统 Word、电子表格 Excel，网页制作 FrontPage，数据库管理系统 FoxPro，浏览器 IE 等。

5.5　远　程　教　育

远程教育（或称远距离教育）（Distance Education）起源于 20 世纪 50 年代。现代网络、通信技术和 21 世纪人才培养的教育需求共同推动了远程教育技术的发展。随着教育媒体的变化，远程教育的发展经历了 3 个阶段：以印刷品为媒介的函授阶段，以广播电视为媒介的广播电视阶段，以计算机网络为主要媒介的现代远程教育阶段。以下主要讲述现代远程教育。

计算机技术、多媒体技术与通信技术的发展，特别是互联网的迅猛发展，使得远程教育手段有了质的飞跃，进而形成了高新技术条件下的现代远程教育。现代远程教育为随时随地的自主学习创造了优越的条件，为教育的终身化、教育的大众化开辟了广阔的前景。现代远程教育是一种新型教育方式，是构筑知识经济时代终身学习体系的重要手段。

5.5.1　远程教育系统的技术支持

1. 计算机网络技术

计算机网络技术从 20 世纪 60 年代开始发展，到目前已经历了 40 余年历史。现在，网络技术已进入一个崭新的时代。我国自 1994 年开始相继建成了中国教育科研网（CERNET）、中国公用计算机互联网络（CHINANET）、中国科学技术网（CSTNET）和中国金桥信息网（CHINAGBN）四大互联网络。后又逐渐建成以这四大网络为骨干的网络体系。该网络体系目前已覆盖了国民经济的各个领域和全国的大部分地区，并且实现了与 Internet 的互联。这为我国开展基于 Internet 的教育应用创造了必要的前提与条件。

2. 多媒体通信技术

多媒体通信技术的发展，实现了在网络上同步传送声音、视频等信号，使得异地实时教学成为可能。目前的远程教育系统主要依托互联网、计算机、多媒体通信技术，特别是 Real 公司、微软公司及 Macintosh 公司最新推出的流媒体技术能自适应网络带宽，使学生在远程教学教室内可以看到异地远程教学教室内教师讲课的实时转播，可以得到教师的指导，而教师也可以得到学生的反馈信息。

3. 人工智能技术

教育专家系统是人工智能技术在教育领域的成功应用。内嵌专家系统的远程教育系统可以为每一个学习者建立一个环境，记载他的学习过程、进度、提示等，可以根据网上学生的反馈自动调整教育过程，对不同的学生因材施教。

4. CSCW 技术

CSCW（Computer Supported Work，计算机支持下的协同工作）支持学生与教师在网上进行信息交流，如师生间的网上对话（Chat）、学生提问与教师的回答（Q&A）、学生组内讨论（Discuss）等。

5. 虚拟现实技术

虚拟现实是由多媒体技术与仿真技术相结合而生成的一种交互式人工世界，这个世界可以创造出一种身临其境的完全真实的感觉。在远程教育系统中，利用虚拟现实技术可以创建"真实"的教学情景。

5.5.2　远程教育系统的优势

与传统教学相比，远程教育系统具有以下优势。

1. 基于网络的现代远程教育更符合建构主义学习方式

建构主义者认为学习不是一个被动地记录外界信息的过程，而是一个主动建构的过程。学习者主动地选择一些信息，并运用原有的经验理解信息。建构既是对新信息意义的建构，又是对原有的经验的重组。学习者不但可以利用网上提供的丰富信息自己建构知识，还可以选择自己喜欢的学习方式，优化建构过程。

2. 基于网络的现代远程教育可以促进群体的协同学习

在教育网络协作系统中，同一科目的学生或研究者可以随时地相互联系，交流心得、信息及学术报告等，进行协作学习。

3. 基于网络的现代远程教育可以促进双向互动

在网上教学过程中，教师和学生可以即时交流，及时看到自己的不足，及时调整教学和学习。学生利用网络数据库可在任何时间接收课程内容，进行复习或参加讨论及获得在线帮助，大大提高学习的质量和效益。

4. 基于网络的现代远程教育可以优化教学资源

网上教学摆脱了地域的限制，从而实现教育资源的共享与优化，提高了效益。另外，电子形式的教学信息复制起来既简单迅速又经济，电子教材也易于更新等。

5.5.3　远程教育系统的教学模式

远程教育系统具有以下五种教学模式。

1. 讲授型模式

在网络环境中教学，不受传统课堂的人数、时间和地点的限制，更大规模地突破客观因素的限制。根据教师教和学生学的时间差异，讲授型模式分为异步式讲授和同步式讲授两种。

（1）同步式讲授

教师和学生同时在不同地点上课，师生间可以进行交互。在教学过程中，教师讲解并呈现教学资料，学生通过 Internet 同步浏览、聆听、提问和反馈信息，教师可以接收学生的信息并及时给予解答。

（2）异步式讲授

教师将教学要求、教学内容以及教学评测等教学材料放到网上，学生随时可以通过网络使用这些资料来学习。这种模式的优点是教师和学生的时间自由，易于技术实现；缺点是缺乏师生之间的实时交互、对学生的学习自觉性和主动性要求较高。

2. 个别辅导模式

个别辅导模式可通过 CAI 软件以及教师与单个学生之间的密切通信来实现。CAI 个别辅导是使用 CAI 软件来执行教师的教学任务，通过软件的交互与学习情况记录，形成一个体现学习者个性特色的个别学习环境。应用 CAI 软件可以直接在网上运行或下载到本地机运行。另外一种方式是学生和教师之间通过电子邮件异步非实时地实现，或在线交谈方式实时实现。前者的优点在于学生可以随时向教师请教，但不能马上得到辅导；后者可以得到教师的即时讲解，就像面对面一样，但它要求学生和教师同时连入网络，这对距离较远、分布范围很广的教师和学生来说，这种时间上的同步性的要求往往难以满足。

3. 讨论学习模式

讨论学习模式一般是由领域专家或专业教师在站点上建立相应的学科主题讨论组，学生可以在选定的主题区内发言，并能针对别人的意见进行评论，每个人的发言和评论都及时地被所有参与讨论的学习者所看到。这种学习模式必须由具有特权的教师或领域专家监控，以保证学生的讨论和发言能符合教学目标的要求，防止讨论偏离当前学习的主题。

4. 探索学习模式

通过 Internet 向学生发布一些适合特定对象来解决的问题，要求学生解答。与此同时提供大量与问题相关的信息资源供学生查阅。另外，还有专家负责对学生学习过程中的疑难问题提供帮助。这种学习模式彻底改变了传统教学过程中学生被动接受的状态，使学生处于积极主动的地位，因此能有效激发学生的学习兴趣和创造性。

5. 协作学习模式

基于网络的协作学习系统是指利用计算机网络和多媒体技术，由多个学习者针对同一学习内容彼此交互和合作，以达到对教学内容的比较深刻的理解和掌握。协作学习模式有利于培养团结协作的团队精神，学习者通过交流、协商和讨论来互相配合。协作学习模式分为竞争型、协同型、伙伴型和角色扮演型等。

思考与练习

1. 现代教育技术的概念是什么？广义的现代教育技术包括哪些学科内容？
2. 现代教育技术对教育现代化有何影响和作用？
3. 根据社会、经济和科技的发展情况，试述远程教育的优势。
4. 结合教学实际，谈谈如何应用积件组织多媒体课件。
5. 谈谈现代教学手段在中小学信息技术课教学中的作用。

第6章
信息技术课的教学工作

教学目标

1. 掌握教学设计的概念和设计方法；
2. 理解信息技术课的教学过程的概念和作用；
3. 掌握教案的编写和说课稿的撰写方法；
4. 掌握课堂教学的任务、要求和基本环节；
5. 了解实验教学的作用和组织实施；
6. 了解课外工作、教育实习的意义和要求。

内容结构

教学是教师的教和学生的学相结合的动态过程，教学工作是学校工作的核心内容。教学情况如何，反映学校的办学水平和办学质量。本章内容比较丰富，包括教学设计（含备课）、教学过程、课堂教学、如何说课、实验教学、课外工作、教育实习等几部分。

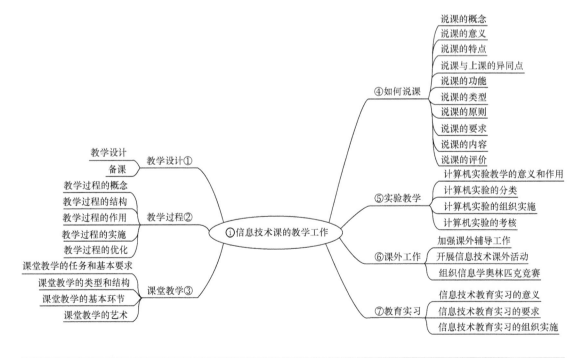

教学建议

本章是本教材的重要内容之一，应该切实掌握。结合教学实际，加强实践环节，要求学生完成编写教案、撰写说课稿等教学设计任务；安排时间由学生进行试教、说课，并进行评议交流；可以组织学生观看信息技术优质课视频；"走出去，请进来"请中小学信息技术教师进行经验交流或上示范课；到中小学听课考察，以提高学生的积极性和教学的有效性。

中小学信息技术课的教学工作，始终是围绕课内课外的活动来进行的，它主要包括教学设计（含备课）、课堂教学、实验教学、课外工作、教育实习和教学评价等。本章主要介绍各项教学工作如何进行（关于教学评价详见第 9 章），以便读者对中小学信息技术课的教学工作有一个全面概括的了解，并培养处理日常教学工作的能力。

6.1　教　学　设　计

在这一节，我们讨论教学设计与备课的有关内容。

6.1.1　教学设计

教学设计（Instruction Design，ID）又称教学系统设计（Instruction System Design，ISD），作为教育技术领域的一门独立学科，产生于 20 世纪 00 年代，80 年代传入我国。目前，教学设计在中外不仅是教育教学研究的热门课题，也是教学应用的重要内容。下面只对教学设计作简单介绍。

1. 教学设计的概念

无论是国内还是国外，至今对教学设计还没有一个统一的定义。

在我国，以乌美娜教授为代表的有较大影响的观点认为："教学设计是运用系统的方法分析教学问题和确定教学目标，建立解决方案、评价试行结果和对方案进行修改的过程。"

以南国农教授为代表的观点认为："教学设计是依据对学习需求的分析，提出解决问题的最佳方案，使教学效果达到最优的系统决策过程。""它以学习理论、教学理论、传播理论为基础，应用系统科学理论的观点和方法，调查、分析教学中的问题和需求，确定目标，建立解决问题的步骤，选择相应的教学活动和教学资源，评价其结果，从而优化教学效果。"

综合以上两种定义，我们把教学设计定义为：教学设计是指依据学习理论、教学理论、传播理论，运用系统科学的方法，对教学对象、教学目标、教学内容、教学媒体、教学策略、教学评价等教学要素进行分析，提出解决问题的最佳方案，使教学效果达到最优化的决策过程。

教学设计既是教学中的一个重要环节，也是一项复杂的教学技术。搞好教学设计，有利于教学工作的科学化，有利于教学理论与教学实践的结合，有利于科学思维习惯和能力的培养，有利于教学水平的提高和师资队伍的建设。

随着教育观念的转变和学习理论、教育理论的进步，教学设计的发展已经到了第三代。以行为主义的联结学习理论为基础的教学设计，称为第一代教学设计（ID1）；以联结—认知学习理论为基础的教学设计，称为第二代教学设计（ID2）。这两代教学设计的共同点，是都以"教"为中心，因此都称为以"教"为中心的教学设计（Teaching-centered Instruction Design，TID）。当前的第三代教学设计（ID3）则以建构主义理论（包括学习理论和教学理论）为基础，是以"学"为中心的教学设计（Learning-centered Instruction Design，LID）。目前，ID3 已开始用于指导基于多媒体和 Internet 的建构主义学习环境的教学设计。

从以上定义可以看出：

（1）教学设计的理论基础是学习理论、教学理论、传播理论。

（2）教学设计的方法论基础是系统科学方法。

（3）教学设计的依据是对学习需求（包括教学系统内部和外部的需求）的分析。

（4）教学设计的任务是提出解决问题的最佳设计方案。

（5）教学设计的内涵共有五个方面：调查、分析教学中的问题和需求；确定目标；建立解决问题的步骤；选择相应的教学活动和教学资源；评价其结果。它包括对象、目标、策略、评价四个基本要素。

（6）教学设计的目的是优化教学效果。

教学设计可以看做教育系统设计在微观层次的应用。教学设计作为一个系统（如课堂教学过程、媒体教学材料等）的计划过程，是应用系统的方法研究、探索教学系统中的各个要素（如教学目标、教学内容、教师、学生、教学策略、教学媒体、教学组织形式等）直接的本质联系，并通过一套具体的操作程序来协调、配置各个要素之间的关系，使它们完成教学系统的功能。而且系统设计过程中的每一个程序都有相应的理论和方法作为科学依据。

对于一般教师日常教学工作来讲，主要是在有关理论（特别是教学设计理论）的指导下，依据教学大纲和教科书，制订教学计划，设计教学结构和教学过程，确定教学形式和教学方法，选择教学材料和媒体，设置教学环境，制订评价程序等。

教学中教师的教学设计在很大程度上决定了学生要学习什么和怎样学习。要使教学有效，就必须有计划。尽管教师要根据教学中的实际情况变更教学计划，但总体上要遵循制订的计划进行教学。

以课堂教学为中心的教学设计过程，以具备了教师、学生（教学对象）、课程计划、设施和资源等要素为前提条件；设计的目标是解决教师在这些条件下如何做好教学工作，完成预期的教学目标。教师为了改进教学，提高教学质量，通常设计的重点是选用合适的教学策略，选择、改编和应用已有的媒体，而不是从头开发。这种设计的模式主要供专职的中小学教师、职业学校教师和大专院校教师参考。

进行教学设计时，需要综合考虑教学目标、课程内容、学习者的特点（学习风格、学习者的年龄阶段等）、教学方法、教学媒体以及教学环境之间的相互关系，如图 6-1 所示。

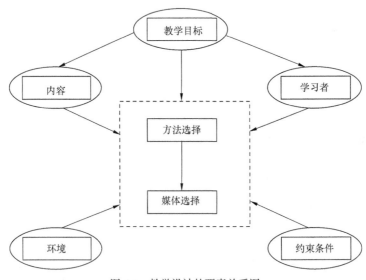

图 6-1　教学设计的要素关系图

2．教学对象分析

当前教育改革、素质教育的教育观念要以学生为主体，坚持面向全体学生，为学生的全面发展创造相应的条件，尊重学生身心发展的特点和教育规律。这就更要充分了解学生。

教学对象分析或称学习者分析，目的是了解学习者的学习准备情况及其学习能力与学习风格，为教学内容的选择和组织、学习目标的编写、教学活动的设计、教学方法与多媒体的选择和运用等提供依据。在对教学对象进行分析时，要对学习者的一般心理、生理和社会背景等方面的特点，以及从事某项特定学习任务的基础知识与技能等进行细致的分析。

学习者特性分析主要包括三方面内容：一般特点分析、起点能力分析和认知风格分析。

一般特点分析是指对学习者从事该学习产生影响的心理的和社会的特点，包括年龄、认知成熟度、学习动机、个人对学习的期望、工作经历、生活经验、文化背景等。

起点能力分析是指学习者对从事特定的学科内容或任务学习，已经具备的有关知识与技能的基础，以及对有关学习的认识水平、态度。这类分析与所学的内容直接有关。

认知风格分析指对学习者感知学习环境、与学习环境相互作用，并在感情上作出反应等方面起决定作用的所有心理特征。简言之，是指"他们学习的最优方式"。

一般特点分析和认知风格分析对教学内容没有太大影响，但对教学媒体和教学方法的选择有直接关系。例如，对年幼的学习者宜采用图形、动画等感官刺激较强的媒体，对序列型学习者宜选用较多的文字性材料，而对视觉型学习者可选用较多的图示性材料等。我们应该充分注意确定每个学习者在参加学习时所具有的一般特点和起点能力，应根据学习者的起点能力进行切合实际的教学设计。

3．教学内容分析

教学内容分析又称学习内容分析，是对教学目标规定的期望水平以及如何将学习者的原有水平转化为这一期望水平所需要的各项知识内容的详细剖析过程。分析教学内容的目的是确定学习内容的范围与深度（这与教育者"教什么"、学习者"学什么"有关）；揭示学习内容中各项知识与技能的相互关系，为教学顺序的安排奠定基础（这与"如何教"有关）。

学习的结果是作为主体的学生反映和认识作为客体的学习内容的产物，脱离了学习内容这个关键变量来谈学生的学习是毫无意义的。学习内容主要包括：学习内容的内在联系；学习内容中的基点（重点、难点和关键点），即哪些是最主要的内容（重点），哪些是学生在接受上有困难的内容（难点），哪些是对学生顺利学习其他内容起到决定性作用的内容（关键点）；学习内容的类型和学习条件。根据加涅的观点，人类的学习可分成五类，即言语信息、智慧技能、认知策略、动作技能和态度（每一类下面还有多个子类），这五类学习结果代表了不同类型的学习内容，而且，不同类型内容的学习需要不同的内外部条件。

具体到信息技术课程，从易于理解和操作的角度出发，我们可以将信息素养分解为知识、技术、人际互动、问题解决、评价调控、情感态度与价值观六大部分。信息素养的六大部分实质上反映的就是学生学习信息技术的结果，信息素养的上述分解为信息技术课程的教学设计提供了指导。

4．教学目标确定

（1）什么是教学目标？所谓教学目标是指在学校的教育目的（或培养目标）以及课程的总目标的指导下，在课堂教学中教师确定的具体预期教学结果和标准，是教学活动的出发点和归宿。它主要确定：学生要完成的主要学习任务，对主要知识与技能理解和掌握的程度，以及在学习态度、学习迁移等方面的要求。因此，教学目标既是教师进行教学的导向，又是学生进行学习的航标，还是进行课堂效果评价的尺度。

（2）为什么要制订教学目标？①指导教师的教学过程。首先，教学过程和教学形式等的选择和设计，都是在教学目标的指导下进行的。其次，在教学过程中，教师要随时根据学生的反映调整教学步骤和内容，但万变不离其宗，始终围绕着要达到的教学目标进行。②有利于提高学生的成绩。必要时向学生讲述要达到的教学目标，可以集中学生的注意力，提高学生学习的目的性和积极性。③促进课堂行为和交流。明确了教学目标，教师和学生可以选择和创造那些能帮助学生掌握目标的活动，使教师和学生共同向这一方向去努力。④有利于评价和测试。每节课的教学活动是否成功，首先看教学目标是否达到。教师可以根据教学目标，拟定一定的测试题，来检验学生是否学会了，是否达到了预期的教学目标。对于学生，知道了学习目标，将使学习更容易，效率更高，也更加主动。

（3）教学目标的分类

教育目标分类学是布鲁姆（B.S.Bloom）教学理论体系中重要的组成部分。教育目标分类学的建立是于1948年在波士顿召开的美国心理学大会上由大学考试专家们提出来的。以布卢姆为首的编写委员会，经过反复探讨陆续发表出来。根据布鲁姆等人的研究，教育目标可以分为认知（Cognitive）目标、情感（Affective）目标和动作技能（Psychomotor）目标三类。在实际教学中，这三方面的行为往往是同时发生的。

① 认知领域的目标分类结构。布鲁姆把认知领域的目标分为六个层次，即知道（Knowledge）、领会（Comprehension）、运用（Application）、分析（Analysis）、综合（Synthesis）、评价（Evaluation）。

② 情感领域的目标分类结构。分类依据是价值内化的程度，这一领域的目标由低到高共分为五个层次，即接受（注意）、反应、价值化、组织、价值与价值体系的性格化。

③ 动作技能领域的目标分类结构。动作技能领域的教育目标分类比情感领域的教育目标分类公布时间更晚，而且出现了好几种分类法。目前尚无公认的最好的分类。这里介绍辛普森等于1972年提出的分类。该分类将动作技能教育目标分成七级，即知觉、定向、有指导的反应、机械动作、复杂的外显反应、适应、创新。

我国教育部发布的《普通高中技术课程标准（实验）（信息技术部分）》将信息技术课程目标归纳为知识与技能、过程与方法、情感态度与价值观三个维度。指出：普通高中信息技术课程的总目标是提升学生的信息素养。学生的信息素养表现在：对信息的获取、加工、管理、表达与交流的能力；对信息及信息活动的过程、方法、结果进行评价的能力；发表观点、交流思想、开展合作并解决学习和生活中实际问题的能力；遵守相关的伦理道德与法律法规，形成与信息社会相适应的价值观和责任感。

上述三个层面的目标相互渗透、有机联系，共同构成高中信息技术课程的培养目标。在具体的教学活动中，要引导学生在学习和使用信息技术、参与信息活动的过程中，实现知识与技能、过程与方法、情感态度与价值观等不同层面的信息素养的综合提升和协调发展，不能人为地割裂三者之间的关系或通过相互孤立的活动分别培养。

（4）各种教学目标的水平

① 认知目标。布鲁姆将认知目标分为知道（了解）、领会、运用、分析、综合和评价六级水平。

1997年教育部颁发的《中小学计算机课程指导纲要（修改稿）》（以下简称《课程指导纲要》）采用了解、理解和掌握三级水平。

了解（知道）：能够记住或复现已学过的知识和操作方法。

理解：对已学过的信息技术知识及操作方法，能用自己的语言或动作进行表达、判断和直接运用。

掌握：能用所学过的信息技术知识和操作方法去解决新情况下的简单问题。

② 操作目标。布鲁姆把它分为知觉、模仿、独立操作、准确、连贯和习惯化六级水平。

1997年的《课程指导纲要》采用初步学会、学会和比较熟练三级水平。

初步学会：能进行速度较缓慢的上机操作（允许有若干差错）。

学会：能进行连续的、差错较少的上机操作。

比较熟练：能进行效率较高的、习惯性的、有错误能立即自我纠正的操作。

③ 情感目标。布鲁姆将它分为接受、积极参与、形成价值观念、组织价值系统、价值个性化五级水平。

1997年的《课程指导纲要》采用愿意接受、感兴趣两级水平。

愿意接受：愿意感知、注意学习内容。

感兴趣：自愿地进行学习，并从接受知识和操作实践中得到满足。

以上分类中使用了知道（了解）、理解、掌握、初步学会、学会、比较熟练、熟练、熟练操作、运用、熟练使用、愿意接受、感兴趣等行为动词，它为教学目标的描述、编写和掌握水平提供参照。

（5）如何确定教学目标

分析教材，首先是确定教学目标（目的）、教学内容及逻辑顺序、重点和难点，做到明确目标，把握重点，突破难点，抓住关键。

① 确定教学目标：在制订教学目标时，可以按知识与技能目标、能力目标和情感目标三个维度进行。同时，要做到明确目的，把握要求。一般来说，教学目标的制订要订得全面、明确、适度、具体，防止要求过高、偏低或片面，模棱两可、含糊不清的现象。

② 把握教学重点：所谓重点就是贯通全局、带动全面的知识点，是指在整个教学内容中最基本、最主要的、占有核心和关键地位的内容，是对以后的学习有重要的基础作用或有广泛常用的内容。把握教学重点，有利于培养学生的智力，提高学生的知识和技能。通常，重点多集中在基本概念、基本理论和基本方法上。

重点的确定是有针对性的，主要依据教学内容，同时也要注意学生接受该部分内容的基础和条件。

③ 突破教学难点：教学难点是教学内容中学生较难理解和掌握的部分，是学生学习中感到阻力较大或难度较高的关节点，或是教师难以处理的内容或难以解决的问题。一般来说，凡是涉及较多的基础知识、论证方法复杂或抽象的层次较高的知识内容，就不容易理解和掌握，这些内容就是教学的难点。

重点和难点有时是一致的，但有时也不一定，而且，也不是每节课的内容都有难点。

把握难点的目的是为了突破难点。突破难点的方法一般是分散难点，各个击破，逐步渡过难关；加强有目的、有梯度、有层次的训练；在运用中逐步内化、理解和掌握知识与技能。

④ 抓住教学关键：钻研教材的过程中，抓住关键也是很重要的。所谓教学关键是指对掌握某项知识技能或解决某个问题起着决定性作用的知识点，即通常所说的"教学激活点"或"教学突破口"。

常见的教学关键点有两种，一是有助于解决教学重点的关键点，二是有助于解决教学难点的关键点。

抓住了关键，掌握知识技能或解决问题就能迎刃而解了。因此，把握教学内容的关键的目的，就是找准教学内容的突破口，保证教学的顺利展开。

5. 教学方法、教学媒体的选择

需要综合地考虑教学目标的要求、学习者的特征、教学环境的现状以及其他约束条件；在选择了教学方法的基础上，还需要进一步综合考虑目标、内容、学生与教学环境以及其他约束条件，对教学媒体作出选择。

6.1.2　备课

教师的教学工作包括备课、课堂教学、课后指导和评价等基本环节，其中备课是课堂教学的基础，是提高教学质量的重要手段和可靠保证。课堂教学能否完成任务、收到应有效果，在很大程度上取决于备课是否充分、是否科学。所以备课对于每一位教师来说，都是不可忽视的基本功。

1. 备课的基本环节

备课是教师在课前进行的一系列的教学准备，是上好课的前提。怎样才能备好课呢？简单地说，要想备好课，就必须认真研究教学大纲，"吃透"教材，针对学生实际，合理安排教学内容，选择适当的教学方法。备课包括以下几个基本环节。

（1）分析教材。分析教材包括钻研教学大纲、教科书和阅读有关参考书。首先是确定教学目标、教学内容及逻辑顺序、重点、难点和关键。教学大纲是教师进行教学工作的主要依据。大纲规定了教学目的和要求，确定了教学进度和重点、难点，指出了教学中应注意的问题。教师要把教材中的知识转化为自己的知识，就必须在教学大纲的指导下，感知教材，理解教材，进而牢固地掌握教材所规定的教学内容。教学大纲规定了本学科的总的目的要求和总的原则，并规定了学生必须掌握的知识内容和范围。因此，教师必须熟知教学大纲，并在教学大纲精神的指导下熟悉教材。阅读参考资料也很重要，它可以补充教科书的不足。

（2）了解学生。教学过程是教师主导作用下的师生共同参与的双边活动。因此，备课时教师应分析学生的情况，了解学生的兴趣、特点，摸清学生对基础知识掌握的现状和学生的理解接受能力，研究学生在哪些地方会感到困难、在哪些地方会感到厌倦、哪些地方会感兴趣、会提出一些什么样的问题等，做到心中有数。在深入了解学生的基础上，还应综合考虑在教学中如何因材施教和调动学生学习的积极性和主动性，使得教学收到良好的效果。

（3）考虑教法。考虑教法即解决如何把已掌握的教材内容传授给学生。它包括：如何组织教材，如何确定课的类型，如何安排每一节课的活动，如何运用各种方法开展教学活动。为使学生顺利地接受教学内容，教师选择教学方法时应从多方面考虑。

（4）编写教案，熟悉教具。教案，又称课时计划，是教师在课堂教学中实施教学活动的具体方案。写出教案后，还要熟悉教案，使教案中的内容融入自己脑海中，做到讲课时不离教案，但基本不用看教案。同时还必须熟悉教具。信息技术教学的教具一般是计算机、大屏幕投映、实物展示台等一整套多媒体设备。对课内用到的设备，要做好准备，要熟悉其性能、特点及演示方法，做好功能检查和试验性演示。遇到故障和难题，要在课前及时解决，保证课堂演示顺利进行。

2. 教学计划的制订

教学计划的制订直接关系到教学的质量，因此必须重视教学计划的制订。

（1）制订教学计划的意义

教学计划包括学年计划、学期计划、单元计划、周计划、课时计划等。教师制订教学计划是教学过程中的一个首要环节。它是对整个教学工作总的设想和具体安排。教学工作是一项非常复杂而又细致的工作，需要有周密的计划，才能循序渐进，扎扎实实地使学生牢固掌握新知识，充分地训练技能，有效地发展智力。所以，要搞好教学，首先就必须制订好教学计划。信息技术教学工作计划主要包括学期（或学年）教学计划、单元教学计划和课时教学计划，其中课时教学计划又称教案。制订教学计划的意义具体有以下几个方面。

① 明确了教学目标，有利于增强教师的责任感。教学工作是一项系统工程，每学期的教学内容不同，而且对技能的训练、智力的发展、思想的提高都有不同的要求。制订教学计划可明确教学目标和任务，从而增强教师实现这些目标和任务的责任感。有了这种责任感，教师就会更加自觉地认真钻研大纲和教材，深入地了解学生情况，主动地采取必要的措施，做好教学工作。

② 有利于落实教育行政部门和学校对教学工作的要求。教育行政部门和学校对教学工作的要求，在计划中要有具体体现。学校通过对教学计划的审阅和执行情况的检查来保证要求的贯彻落实。

③ 有利于全面考虑各项工作的安排。教学工作涉及许多方面，如常规教学、教学改革、教学研究、课外活动小组、教学信息搜集及反馈等。这些工作需采取什么方法落实、时间如何安排、怎样组织，都要全面考虑，才不至于顾此失彼，才能避免盲目性和随意性，使工作协调发展，收到满意的效果。而这些都要靠周密的计划，事先须作好安排。

④ 有利于合理安排教学时间，保证教学工作有秩序地进行。教学工作是非常细致的育人工作，必须遵守循序渐进的原则。而时间总是有限的，这就要求教师每学期对教学时间作出合理的安排。有计划地进行教学才能保证在规定的时间内高质量地完成教学任务。教学无计划，不是白白浪费宝贵的时间，就是会使学生过于紧张，不能生动活泼地学习，降低教学效果。所以，制订教学计划是有秩序地进行教学的保证。

（2）制订教学计划的依据

教学计划是完成教学任务、有秩序地进行教学的必要条件。计划是否符合实际，目标要求确定得是否恰当，措施是否得力合理，都将直接影响教学质量。所以必须了解制订教学计划的依据，才能订出符合要求、切实可行的好计划。制订教学计划的依据主要有以下几点。

① 要依据正确的教学思想和教学原则。教学思想是对教学过程、教学目的、教学方法、教学对象总的看法和态度；教学原则是对教学规律认识的总结。有什么样的教学思想和教学原则，就有什么样的教学表现。制订教学计划所依据的教学思想是否正确、教学原则是否科学，是关系到能否贯彻国家的教育方针、培养社会主义现代化建设人才的大问题。在计划中要努力体现面向全体学生，因材施教，体现使每个学生的德智体等方面都得到全面发展，体现重视培养能力，发展智力等。

② 各级教育部门及学校对教学的要求是制订教学计划的重要依据。教育部颁发了《关于加快中小学信息技术课程建设的指导纲要（试行）》（以下简称《指导纲要》），确定了中小学信息技术教育的总目标。制订教学计划时要认真研究《指导纲要》，在计划中充分体现《指导纲要》的精神。当然，还要考虑本校的具体情况，要根据目前所具备的条件选取教学内容，安排实验，分配课时，使教学计划得以顺利实现。

③ 课本和教学参考书是制订教学计划的具体依据。课本是根据《课程教学内容安排》的要求编写的，它是《指导纲要》的具体化，是教师进行教学的依据，也是学生获取知识的重要工具。教学参考书是指导教师教学的重要参考资料，其中有对教材的分析，重点、难点的处理和时间的分配，教学方法建议等，可帮助教师把握教材的编写意图、特点，加深对教材的理解。所以它也是制订计划的具体依据。当然制订计划时不能照搬参考书上的各种建议，要结合本校实际情况制

订出真正可行的教学计划。

④ 制订教学计划必须依据学生的实际情况。学生是教学的对象，是学习的主体，制订教学计划必须符合学生的实际情况才能使计划建立在切实可行的基础上。不同地区的学校，不同的班级，有不同的情况。制订计划前，要认真作好对学生情况的调查研究，如向学校领导或班主任了解，组织学生座谈或查看作业、考试成绩等。只考虑课本，不考虑学生实际的计划必然是形式主义的一纸空文。

（3）教学计划的内容

教学计划一般包括下列五方面的内容：学期的教学目标；所在任课班级学生的情况分析；提高教学质量的措施；教学进度（包括复习、考试等）；课外活动的安排。

① 学期的教学目标。学期的教学目标是指教师在本学期应完成的教学任务及教学目的和要求。具体地讲，一是知识能力方面的目标，即本学期学生要掌握哪些基础知识，着重培养哪方面的能力，达到什么程度，培养哪些情感意识和精神；二是思想情感方面的目标，即本学期向学生进行哪些思想教育，解决哪些思想问题，达到什么要求；三是成绩方面的目标，尤其是统一考试，本学期学生学习成绩达到什么水平，平均分、及格率、良好率达到多少等；四是发展方面的目标。这些目标要写得明确具体、简明扼要、切合实际，不要过高或过低。

② 所在任课班级学生的情况分析。它是指所在任课班级学生上学期的学习情况和思想情况的分析。新入学班的学生情况，可对升学考试成绩及报考档案材料进行分析。学生成绩分析主要包括各分数段的人数、及格率、良好率及平均分的情况以及好、中、差学生的比例，从而了解学生掌握基础知识的程度和分析、解决问题的能力。可通过学校领导、班主任及其他学科任课教师了解班级学生的思想情况，并进行分析，从而掌握学生的学习态度、集体观念、遵守纪律的情况及其他非智力因素的表现，为制订教学工作措施、进行因材施教提供可靠的根据。

③ 提高教学质量的措施。措施是完成教学任务、实现教学目标的手段，是学期教学计划的主要部分。教师应根据学生的实际和本学期的教学目标，确定完成教学任务、提高教学质量的措施。

④ 教学进度。教师要根据《指导纲要》和本地区对教学的要求，确定本学期讲授教材内容的范围。安排教学进度，一要注意节假日占去的课时数；二要注意讲完一个单元后及期末留适当的复习时间；三要注意教材的重点、难点部分要有足够的教学时间。对教学进度要有科学合理的安排，避免过早结束和到期末讲不完的不良现象出现。当然在执行计划进度的过程中，如出现意外情况，征得领导同意，可对教学进度作出适当的调整、修改，重新安排。教学进度一般列成表。

⑤ 课外活动的安排。丰富多彩的课外活动对于帮助学生理解课堂知识、提高学生的学习兴趣，有很重要的作用。课外活动的安排应事先定出课外小组活动办法，包括活动的内容、时间、组织等项事宜。课外活动也可纳入教学进度表中，使之成为中小学信息技术教学的组成部分。

3. 附：教学计划

2002—2003 学年度下学期信息技术教学计划（一至六年级）

一、指导思想

坚持全面贯彻党的教育方针，教育教学工作全面推进素质教育，科研兴教，规范教学管理，使学生在德智体美劳各方面都得到发展。

二、班级基本情况

全校有 17 个教学班，从一年级开始教学《信息技术》课。

一、二年级的学生有一定的鼠标操作基础，能够操作鼠标并通过软件绘一些简单的图画。

三年级的学生已经有一定的指法基础，大部分会用拼音来输入汉字，能创建自己的文件夹，保存自己的文件等。

四年级的学生大部分会用画笔工具来画一些简单的图画，作图画的移动、复制、大小变化、给图画加上文字，以及图画的旋转与变形。

五年级的学生大部分会使用"Microsoft Word 2003"来编辑自己的文档，把文章美化，如把字变得漂亮点，划出文章的重点句，制作表格，在文档中插入图片、艺术字以及制作小板报等。

六年级的学生会制作一些简单的有链接的网页，会在网页中插入图片，让文字动起来，在网页中插入表格和编辑表格，把音乐、图片链接到网页上等。

三、教学目的和要求

一、二年级本学期主要学习绘画，提高鼠标的操作水平。要求大部分学生学会鼠标的基本操作（如单击、双击、拖动等），一年级学习一般的指法，为今后学习电脑打好基础。

三年级本学期主要学习认识键盘，利用键盘的几个功能键来修改文档，学会保存修改好的文档，加强指法练习，学习汉字输入，包括词组的输入、简拼、混拼输入和中英文混合输入。要求把指法练好，提高打字速度。

四年级本学期主要学习利用多媒体计算机来听 CD、计算机音乐、VCD、用计算机录音、播放录制和保存声音，以及利用计算机来帮助学习语文、数学、英语和自然等。要求学生能利用电脑来帮助学习。

五年级本学期主要学习上网，利用网络资源来帮助学习，扩大学生的知识面，如在网上学成语、英语，在网上欣赏音乐，参加网上画展，并学会写电子邮件和收发电子邮件，一定要学会在网上搜索信息，从而提高学生操作电脑的水平。要求学生能利用网上的共享资源来帮助提高学习，另外引导学生谢绝浏览不良、不健康的网上资源。

六年级本学期主要学习 PowerPoint，利用 PowerPoint 来制作电子幻灯片，并学会设置动画效果，制作电子生日贺卡，给生日贺卡配上音乐，电邮贺卡，能制作图文并茂的小报纸。要求学生能用 PowerPoint 制作电子贺卡，并发给亲朋好友，以及学会制作图文并茂的小报纸。

四、教学具体措施

积极组织学生投入科研活动，认真学习理论知识，深入开展课堂教学改革，带领学生大胆探索，努力实践。因材施教，采用多媒体教学，重视激发学生独立思考和创新的意识，提高学生操作计算机的水平。培养学生的科学精神和创新思维的习惯，全面发展学生素质。

五、课时安排

具体的课时安排如下表所示。

节时	各年级教学内容					
	一年级	二年级	三年级	四年级	五年级	六年级
1	打开画王		认识键盘	认识多媒体计算机	认识网络世界	初识PowerPoint
2	改变笔的大小和形状		内容的修改保存	用计算机听 CD	新手上路	创建演示文稿
3	保存画好的画		标准指法	用计算机看 VCD	网上冲浪	编辑幻灯片
4	学习使用魔术棒		键盘的指法分区		网上学成语	
5	把画存入画册		有趣的打字练习游戏	听更多的计算机音乐	网上欣赏音乐	练习

续表

节时	各年级教学内容					
	一年级	二年级	三年级	四年级	五年级	六年级
6	学习使用画王的特技		加强指法练习		网上画展	设置动画效果
7	把画好的画作墙纸		加强指法练习	用计算机录音	巧记主页地址	设置动画效果
8	使用系统设置			播放录制和保存好的声音	信息搜索	制作生日贺卡
9	学习指法	学画王2002	汉字输入法	播放录制和保存好的声音	认识电子邮件	给生日贺卡配上音乐
10	学明天五笔		词组的输入		发邮件	给生日贺卡配上音乐
11			简拼、混拼输入			电邮贺卡
12	指法练习		中英文混合输入	用计算机来学习语文、数学、自然、英语等		电邮贺卡
13			加强汉字输入练习		收发邮件	制作图文并茂的小报纸
14			加强汉字输入练习			制作图文并茂的小报纸
15	画画，期末作业		期末作业			期末作业
16	画画，期末作业		期末作业			期末作业
17	画画，期末作业		期末作业			期末作业

4. 教案的编写

教案是教师把备课内容用书面固定下来的一种形式。它既是备课成果的提炼和升华，又是备课的继续和深入。编写教案是教好课的重要保证，是教师施教的蓝本。它反映着一个教师的教学思想、知识水平、课堂艺术，是检查教学工作的重要依据，同时也是积累教学经验的主要方式。所以教师在授课之前要认真编写教案。教案的形式不拘一格，内容详略不一。一般来说，教案要包括传统的教案，通常包括下列内容：授课班级、教学课题、教学目标、教材分析、课的类型、教学用具、教学方法、课时分配、参考资料、教学过程、作业及教学后记（教学反思或课后分析）。其中教学课题、教学目标、教学过程是最基本的。教学课题通常指教学内容的凝缩，如第□章、第□节以及相应的标题等；教学目的要根据教学大纲的具体要求，从学生掌握知识、能力培养和品格形成等方面来考虑；教材分析部分通常将教学重点、难点和关键写上；教学用具要写清楚教具的名称、规格和件数。教学过程反映主要教学内容、教材的组织安排（段落和逻辑关系）以及主要教学方法（有的还写上大致时间安排）。教学过程这一栏内容要具体，写好要举的具体事例数据，以防课上临时想，出现举例不当、数据不合理等情况。教学过程结束前通常要进行教学小结，教学小结通常是对课堂教学的内容进行总结，让学生更加有条理地掌握课堂所学的内容。小结时应当提纲挈领，抓住重点。教学小结之后是布置作业。此外，板书的设计也是编写教案时必须考虑的部分，特别是对于新教师和实习教师而言，为了加强课堂教学的计划性，更好地发挥板书在教学过程中的作用，最好能在教案上附有板书设计。

教案写好后，还有一些准备工作要做，如演示实验的反复试做，以及默讲和试讲（新教师要重视这一环节，实习教师尤其要重视）。另外，教案的最后还可加上备注一栏，本栏可作为后记，写出教学执行情况、学生的反映、经验教训以及改进设想等。

教师认真编写教案，可以促使自己更充分地准备，教课更有计划，还可以积累资料，因此要持之以恒。优秀教师的教学经验，正是靠一堂一堂课的实践，日积月累地提炼出来的。编写教案的形式一般有文字方式、表格形式、卡片形式等。教师在编写教案时还可以将不同的形式加以组合，以形成综合教案。

5. 参考教案

下面给出一个教案，供读者参考。

《图文混排》教学案例

科　目	信 息 技 术		课　题		图 文 混 排
授 课 时 间		课　型	新　授　课	课 时 安 排	1 课时
教学内容分析	本课学习图文混排的方法，是"文字处理"部分内容中的重点，也是难点。学习本课要了解图片工具栏的功能，掌握 Word 中图片的插入、图片位置、大小、环绕方式、对比度、亮度的调整、图片背景水印的制作，使版面图文并茂、生动活泼，增加艺术效果。学习本课让学生在排版过程中综合运用已学的技能，掌握排版的指导思想、操作要领，并能应用到实践中去				
教学对象分析	学习本课之前，学生已经学习掌握了文字的编辑与修饰、段落排版的方法。为培养学生获取信息、应用信息的能力，可作进一步的提高，注重学生的自主式学习、探索性实践，充分发挥即时反馈、评价在技能训练中的积极作用。教材中的教学内容，看似比较简单，但是如在教学中让学生单纯以掌握知识而教，会造成学生处理信息的盲目性。在本节课的教学中，从学生的实际出发，根据学生现有的年龄特征、知识基础、认知水平、兴趣、能力等，设计出一定趣味的、略有难度的任务，吸引学生主动探索。实践证明，学生在完成一个充满趣味、力所能及的任务时会专心致志，乐此不疲				
教学方法设计	本课采用任务驱动、自主探究、协作学习、分层教学的教学模式，在教学的各个阶段注意设计不同层次和难度的"任务"，环环相扣，层层递进，循序渐进，逐步深化。教师适当启发，正确引导学生；学生运用旧知识去解决新问题，让学生在掌握知识与技能的同时，增加成就感，培养学生的学习兴趣，掌握科学的学习方法，提高自主学习能力，培养学生利用信息技术进行学习的能力、探索创新的精神以及团结合作的意识				
教学 目标	知识与 技能	1. 掌握 Word 中图片的插入方法和技巧。 2. 了解图片工具栏的功能。 3. 掌握 Word 中图片格式（位置、大小、环绕方式等）的设置方法。 4. 掌握 Word 中图片背景水印的制作方法			
	过程与 方法	利用任务驱动、分层教学，通过学生自主探究、协作学习，使学生在完成任务的过程中，掌握图文混排的方法，编排出图文并茂的文档，培养学生利用信息技术进行自主学习的能力，提高学生获取信息、传输信息、处理信息和应用信息的能力			
	情感态度 与价值观	1. 培养学生高尚的审美情操，使学生能够热爱美、鉴赏美、追求美和创造美。 2. 鼓励学生发展个性，通过作品培养学生探索创新的精神、团结合作的意识			
教学 重点	1.对图片的插入和位置进行调整； 2. 图片环绕方式的设置		教学 难点	图片环绕方式的设置	
教学 准备	1.多媒体教学软件；2.课件；3.学生实践样文				
教学 环节	教师活动		学生活动	设计意图	
情景 导入	1. 通过课件展示形式各样、漂亮的板报样文，引导学生观察，以美激趣，唤起学生探究的意愿，激发学生创作的欲望。 师：同学们，前面我们学习了文字板报的制作。今天老师请大家到"板报大观园"欣赏"多姿多彩"的板报。 师：板报看完了，请同学们说说看，单一的文字板报和图文并茂的板报相比，哪种更漂亮？		观看课件	采用实用形象的作品，激发学生的学习兴趣，从而引出今天的课题	

科　目	信息技术		课　题	图文混排
授课时间		课　型	新　授　课	课时安排	1课时

情景导入	生：当然是图文并茂的板报漂亮。 师：大家想不想、能不能做出如此漂亮的图文并茂的板报呢？老师相信你们通过学习一定能设计出比这更好的板报。今天我们就来学习图文混排的有关知识。 2. 点击课件出现题目——《图文混排》	观看课件	采用实用形象的作品，激发学生的学习兴趣，从而引出今天的课题
认定目标	展示教学目标：（课件） 1. 掌握在 Word 中插入图片的方法。 2. 掌握 Word 中图片位置、大小、环绕方式的调整。 3. 掌握 Word 中图片对比度、亮度的调整。 4. 掌握 Word 中图片背景水印的制作	观看课件	让学生明确本节课要掌握哪些知识点，这样学习才更有方向性、目的性
学习新知	实际操作演示： 一、插入图片 1. 打开文件 （1）启动 Word； （2）单击"文件"→"打开"，打开文件"中华旅游.doc"。 2. 插入图片 单击"插入"→"图片"→"剪贴画"或"来自文件"，插入图片。 3. 调整大小 单击图片，移动鼠标成双箭头时拖动调整其大小。 要点讲解： 1. 插入剪贴画时，可按"←"返回。 2. 图片调整时，一定要指向需要调整的图片。 3. 大小调整，一定要在鼠标成双箭头时才能进行。 学生练习： 从网上邻居打开"teacher"→"高一教学内容"→"中华旅游.doc"插入一幅图片，并调整其位置和大小。 二、删除图片 （1）单击激活图片； （2）按"Del"键删除。 学生练习： 删除插入的图片 三、设置图片格式 1. 设置图片格式 单击图片，单击"图片工具栏"→"文字环绕"→"四周型环绕"。 2. 调整位置 单击图片，拖动鼠标调整其位置。 要点讲解： 1. 环绕方式种类：四周型、紧密型、上下型、穿越型。 2. 如果没有出现"图片工具栏"，单击菜单"视图"→"工具栏"→"图片"。 3. 一定要先选中图片对象，才能进行环绕方式和位置的调整。 4. 其他几种环绕方式的设置与此相同。	观看教师操作，然后进行操作实践（如果学生基础较好，也可让学生自己浏览课件自学，然后进行练习，采用"先学后教"的方法来进行）	激发学生联系实际，急于动手的兴趣

科　目	信息技术		课　题	图文混排	
授课时间		课　型	新授课	课时安排	1 课时

学习新知	学生练习： 四周型、紧密型、上下型、穿越型环绕的设置调整。 四、对比度、亮度调整 1. 单击图片，单击"图片工具栏"→"图象控制"→"增加对比度/降低对比度"； 2. 单击图片，单击"图片工具栏"→"图象控制"→"增加亮度/降低亮度"。 要点讲解： 一定要先选中图片对象，才能进行对比度、亮度的调整。 学生练习 五、制作水印 1. 设置水印 （1）单击图片，单击"图片工具栏"→"图象控制"→"水印"； （2）单击图片，单击"图片工具栏"→"文字环绕"→"衬于文字下方"。 2. 调整位置 单击图片，拖动鼠标调整其位置。 要点讲解： 先设置水印，再调整位置，最后将其"衬于文字下方"。 学生练习 小结：大家做得都不错，希望继续努力	观看教师操作，然后进行操作实践（如果学生基础较好，也可让学生自己浏览课件自学，然后进行练习，采用"先学后教"的方法来进行）	激发学生联系实际，急于动手的兴趣
巩固新知	1. 展示学生的操作任务，强调注意事项（课件）：制作一个介绍自己或学校的图文混排的小板报。 2. 学生实践展示的任务，教师巡视，个别指导	观看操作任务，学生完成布置的任务	以现实生活中的实际任务来"驱动"学生，使之更有兴趣。培养学生自主学习、创新学习的能力
教学反馈	通过多媒体网络教室的转播功能展示部分好的学生作品、点评	其他同学观看	使学生具有成就感，进一步引导学生去主动学习
课堂小结	让学生回顾本节的内容，并让学生总结出自己在实践过程中的制作技巧和遇到的问题，加深印象	回答问题，讨论心得	强调重点、难点
课后作业	让学生继续完善自己的作品，总结归纳出自己在创作中使用了哪些技术和技巧，并鼓励学有余力的学生完成课件中"知识扩展与延伸"部分的课外作业		实现层次性、个性化点拨，因材施教
教学后记	学生在"图文混排"学习中的最大困难是：上课能够明白教学内容，可以完成练习任务，但独立应用时往往不知从何下手。这是因为学生在课上只是"依样画葫芦"，并没有真正掌握操作思路和要领。因此教师要适当启发，正确引导学生用比较和联想的方法，进行知识的建构，在解决问题的过程中，进一步积累感性认识，体验成功感受，通过深入分析，总结经验，上升到理性认识，使学生真正掌握操作要领，做到应用时得心应手。 在教学实践过程中，本课利用任务驱动教学模式，采用实用形象的作品，通过设计不同的任务，进行分层教学，因材施教，激发学生的学习兴趣，活跃课堂气氛，充分调动学生的积极性、主动性和创造性，充分发挥学生的主体作用和教师的主导作用，取得良好的课堂教学效果		

（教案设计：广西北海七中　李学菊）

6.2 教 学 过 程

正确认识教学过程对于改进教学效果、提高教学质量有着十分重要的意义。下面分别从教学过程的概念、结构、作用、实施和优化来认识。

6.2.1 教学过程的概念

人们对教学过程的认识，经历了漫长的历史发展，直至今天仍在继续探索。在公元前6世纪时，我国孔子的教育思想中便含有教学过程理论的萌芽。他提出"学而不思则殆"，提倡"躬行"，即身体力行，初步形成了把"学"、"思"、"行"看作统一的学习过程的思想。这是最早的教学过程思想。随着欧洲资本主义的发展以及自然科学的兴起，教学过程的理论也逐步形成，开始走向科学化的进程。德国教育家赫尔巴特（J.F.Herbart，1776—1841）试图根据心理学来阐述教学过程，提出了明了、联想、系统、方法四个阶段，揭示了课堂教学的某些规律性。这一理论对指导和改进教学实践起了积极作用，标志着教学过程理论的形成。赫尔巴特的教学过程理论后来被他的学生所发展。19世纪末20世纪初，随着大工业生产和科学技术的发展，科学实验日益普及并不断应用于教育，出现了一种反传统的教育派的进步教育思潮，其思想代表是美国实用主义教育家杜威（J.Dewey，1859—1952）。他反对教材中心、教师中心和传统的课堂教学，主张学生活动中心，重视学生的生活经验，通过从做中学来调动学生的积极性，促进他们的成长。在教学过程上，他依据学生在做中学的认识发展提出了五个阶段的过程：从情境中发现疑难；从疑难中提出问题；作出解决问题的各种假设；推断哪一种假设能解决问题；经过检验来修正假设、获得结论。它被简明地概括为困难、问题、假设、验证、结论五步，也有人叫它五步教学法。第二次世界大战后，随着科学技术的迅猛发展，国际经济、政治、军事等方面的竞争日益加剧，各国都对学校教学提出了越来越高的要求，这使得无论是注重传授系统知识的教学过程理论还是强调通过活动探求知识的教学过程理论，均受到冲击与考验。这样，各国就不能不认真总结经验，致力于教学改革，从而促进了教学过程理论的新发展。

近年来，由于社会主义现代化建设的推动，进行教学改革和提高教学质量的需要，以及受到不断介绍到我国的外国教育理论的影响，我国教育界对教学过程是什么、它具有什么性质等问题进行了深入研究。目前普遍认同的观点是：

教学过程是学生在教师有目的、有计划的指导下，积极、主动地掌握系统的科学文化基础知识，发展能力，增强体质，并形成一定思想品德的过程。

教学过程包括认识和实践两个方面，是一个认识与实践统一的过程，唯理论和唯实用都是片面的。一方面，教学过程是学生在教师指导下认识世界的过程，是接受前人积累的知识经验的过程。在这一活动过程中，教师根据一定的教育目的、任务，引导学生掌握系统的科学文化知识和技能、技巧，使学生由不知到知、由知之不多到知之较多，从而发展学生认识世界的能力。另一方面，教学过程是学生在教师指导下，积极主动地掌握知识、发展智能、树立一定的世界观、促进自身社会化的实践活动。在这个过程中学生只有通过必要的实践活动才能完成一定的学习任务。

中小学信息技术课的教学过程是一种特殊的实践与认识相统一过程，也是一个促进学生身心发展和提高学生智力与能力的过程。在教学过程中，教师有目的、有计划地引导学生能动地进行认识活动，使学生在认识的基础上，通过实践自觉地调节自己的志趣和情感，循序渐进地掌握信息技术学科的基础知识和操作的基本技能，同时促进学生的思想道德品质的发展，并为学生树立科学的世界观奠定基础。

6.2.2 教学过程的结构

教学过程是先制订教学目标，根据教学目标确定教学内容，再根据教学内容来确定教学方法和教学组织形式，最后产生和检查教学效果的过程。这个实施过程称为教学过程的结构，可表示为：

教学目标→教学内容→教学方法→教学组织形式→教学效果

这个结构对中小学信息技术课教学的实施过程具有普遍意义，一个学期或一堂课的教学过程都是这个结构。只不过学期教学过程侧重于教学目标和教学内容，而课堂教学过程要求教师对于这五个方面都必须仔细周密地考虑。

6.2.3 教学过程的作用

教学过程是在教学目的的规范下、由教师的教与学生的学共同组成的一种特殊的认识与实践相统一的活动过程。它的作用在于促进学生身心诸方面的和谐发展。具体地说，教学过程有四个方面的作用：传授知识、形成技能、培养智力和发展个性。这四个方面是相互联系、相互重叠和渗透的。

1. 传授知识

传授知识是形成技能、培养智力和发展个性的前提，是教学过程的最基本的功能。而技能的形成、智力和个性的发展反过来又促进知识的增长。而且技能的形成、智力和个性的发展又和知识的传授相互交织，互为因果。

在教学中，教师主要通过教材向学生传授系统知识和间接经验。在讲解教材时，应在学生感知的基础上，引导学生从感性认识逐步进入理性认识。注意运用各种教学方法使得学生积极参与，开动脑筋，深入理解、巩固和运用知识内容，并掌握知识内容。

2. 形成技能

技能和知识是相互依存的，因此形成技能的过程和传授知识的过程是统一的。技能的形成是通过长期反复练习，才能达到熟练的程度。在形成熟练的技能后，可以大大简化学生获取知识和运用知识的过程。在技能的形成阶段，教师要遵循循序渐进的原则，不能急于求成。在技能训练中，教师要配合示范动作，对每一个动作力求讲清要领、方法和顺序，使得学生能心中有数地去模仿和练习。每次练习后，教师应及时分析评价，让学生及时了解结果，纠正错误。教师应适当安排每次练习的时间和次数，在练习前提出明确的目的和要求，以利于学生激发学习的动机并能自己检查和评价自己的练习结果。

3. 培养智力

培养智力是在传授知识和形成技能的基础上，在传授知识和形成技能的统一过程中进行的，三者关系密切，互相促进，互相依存。一方面知识是智力活动的内容；另一方面获取和运用知识的活动本身就是在锻炼和促进智力和能力的发展。而且基础知识和基本技能是智力和能力的构成要素，因此智力离不开知识和技能。

培养智力的途径有多种。一般认为，学生从探索中通过独立思考获取知识，在解决各种理论问题和实际问题的探索活动中运用已经获取的知识、技能，是培养智力的最佳途径。但由于学生的知识和经验有限，所以这种方法只能限制在一定范围内，有选择地进行，而且要充分发挥教师的启发、诱导、检测和评价的作用。另外，有选择、有计划、有指导地参加各种社会实践活动也是培养智力的一种重要途径。培养智力的另一个重要途径是教给学生学习、思考和解决问题的方法。

4. 发展个性

传授知识、形成技能和培养智力是发展个性的重要方面。但学生个性的发展还取决于学生的思想、品德、价值观、情感、动机、态度和意志的培养。教学过程对这几方面也有着积极的影响。

要想在教学过程中培养学生的思想、品德、价值观，教师必须注意传授相关的知识和观念，如辩证法，爱国主义、社会主义和共产主义道德观等；还应引导学生运用已有的知识经验和技能进行思考和评价，以形成自己的理想、信念和道德观，进而外化为学生的情感、动机、态度、意志和言行。另外，教师还应注意激发学生的学习动机和学习兴趣，培养学生坚忍不拔的意志。

6.2.4　教学过程的实施

教学过程是通过课堂教学来实施的。教师在上课前，事先制订课堂教学的课时计划，然后进行课堂教学。在课堂教学过程中一般经过以下 4 个阶段。

1. 创设情境，引入新课

创设情境是指创设与当前学习主题相关的、尽可能真实的学习情境，引导学生带着真实的任务进入学习状态，使学习直观化和形象化。通过创设生动、直观、形象的情境，来引入新课，可以有效地激发学生的联想，唤起学生原有认知结构中的有关知识、经验及表象，从而使学生利用有关知识及经验去内化所学的新知识，发展能力。引入新课，也可以提出新课所要解决的问题，或者是让学生获得感性认识，以便理解新知识。

2. 引导学生理解知识

引导学生理解知识即引导学生由感性认识上升为理性认识。所谓的理解，就是揭示事物之间的内在联系，把新概念纳入头脑中的已知概念系统。学习科学知识，如果没有理解，单靠死记硬背往往学不好，记不牢。

3. 引导和组织学生进行实践

在理解的同时应适当进行实践以利于掌握。可以布置书面练习和上机操作。信息技术课的大部分内容要通过有目的、有计划的上机操作，才能更好地理解和掌握。

4. 检查和巩固知识

检查和巩固是教学过程继续前进的要求。通过检查了解学生的学习情况，可以改进教学方法，避免教学的盲目性。因此教学中应包括检查和巩固知识的工作，可以是即时检查和巩固，也可以是阶段性检查和巩固，还可以是系统性检查和巩固。例如，信息技术课可通过检查和评价学生的作品，巩固新学知识，提高教学效果。

在教学中，不是每一节课都要按以上 4 个阶段依次进行的，应视具体教学内容和学生情况来确定。教师在教学中应注意使用现代化教学手段（多媒体技术、网络技术等）进行教学，提高教学效率。由于信息技术课本身就在传播现代化教学手段和方法，所以更应该率先应用现代化教学手段和方法，促进教学改革。

6.2.5　教学过程的优化

最优化方法主要是用来研究数学规划和最优控制问题的求解方法。最先将这种"最优化"引入教学过程中的是苏联教育理论家巴班斯基。他认为"教学过程最优化就是选择可能适应教学过程具体情况的最佳方案"。关于"最优化"的标准，巴班斯基解释为"最优化标准是一种标志，根据这一标志来比较评价几种可能的解决方案，并从中选择最好的一种"。掌握最优化的标准有助于教师在选择最好的方案时有所依据。这个最佳方案就是在各种具体条件下，把影响教学过程的各种因素最好地结合起来的方案。"最优化"是相对于一定条件而言的，没有也不可能有什么一成不变的标准。教学过程最优化的一般标准是：教师通过对教学系统的分析和综合，通过对最优化教学方案的选择和安排，争取在现有条件下，以较少的时间和精力，取得尽可能好的教学效果。

教学过程最优化是一个完整的过程，这个过程的基本环节有四个。

1．教学目标最优化

教学目标对教学活动的设计起着主导作用，它影响着教学活动的每一个环节，贯穿于教学活动的全过程，并为教学评价提供论据。教学目标最优化的要求如下。

（1）目标正确、适用，不脱离具体的教学对象和教学条件，具有可行性和适用性。

（2）目标明确、具体，使目标具有可见性和可测量性，便于实施，便于测量。

2．教学策略最优化

教学策略是为实现特定教学目标而制订的总体实施方案。教学策略最优化包括：正确选择教学媒体和多媒体优化组合；教学过程结构合理、有序；优化教学方法；反馈和调控最优化等。

3．教学控制最优化

目标是控制的依据，是控制的出发和归宿。正确、具体、可测的教学目标便于对教学实行有效控制。因此，教学控制最优化首先以教学目标作为控制依据，指导教学；其次是根据教学设计的教学策略实施教学活动，根据反馈调控教学过程，最终实现教学效果的最优化。

4．教学评价最优化

判断教学活动是否达到预期效果，实现预订的目标，就需要教学评价。教学评价最优化是以时间和效果标准来评价教学过程的结果。具体地说，就是以最少的时间和精力消耗达到最好的效果。这个效果以实现教学目标与否作为评价的依据，以学生的学习结果作为评价的内容，以定性和定量结合的方法作为评价的方法。

6.3　课 堂 教 学

课堂教学是在教师组织和主持下，按照教学大纲和教材的要求，有目的、有计划地完成既定任务而由师生一道参与的教学活动。课堂教学是教师具体实施教学计划的过程，是教学过程的中心环节，是教学工作的基本组织形式。

教师在课堂上的主要活动是向学生讲授教学内容，输出和回收教学信息，合理地组织学生的认识活动和意向活动，并进行有效调控。教师要根据学生原有的计算机知识和操作水平、思想动态和学习情绪的变化，积极创设合理的教学情境和良好的课堂气氛，最大限度地激发学生对知识的好奇心和探求欲望，激励学生积极地、主动地进行创造性的智力活动，使知识、技能逐步转换成学生的认知结构和能力。

下面从课堂教学的基本任务和基本要求、课堂教学的类型和结构、课堂教学的基本环节和课堂教学的艺术等方面来介绍。

6.3.1　课堂教学的任务和基本要求

信息技术是一门发展很快、应用面十分广泛的新兴技术，它被社会各方面所关注。计算机课堂教学就是关于信息技术方面的专门课程，是一门工具性很强的学科。信息技术教学的主要目的就是让学生在了解计算机文化、初步掌握一些计算机基本知识和技能的同时，进一步激发学生的学习兴趣，增强学生的信息意识和创新意识，有效培养学生对信息的收集、处理、应用和传输的能力，培养学生的自学能力和创造能力，在开发智力、授人以渔的教学过程中实现"两个素质"的教育。教学中要时刻注意信息技术教学不仅仅是传授计算机的基础知识，更不是片面追求"学以致用"的职业培训，而是把计算机作为一种工具，来提高中小学生的素质，培养他们用信息技术解决问题的各种能力。

1.　课堂教学的任务

学生在信息技术的课堂上将学会掌握处理信息的能力，学会综合各学科知识的能力，是素质教育过程中最关键的课堂，因此在组织信息技术课堂教学时必须明确其任务。鉴于信息技术教学的目的，信息技术的课堂教学任务就是要让学生主动参与到计算机课堂活动中来，培养主动参与的意识，掌握主动参与的方法，参与思考、参与实践、参与讨论和创新、参与展示、参与评价，养成主动参与的习惯，发挥他们的积极性、主动性，从而更好地学习和掌握计算机知识。

（1）培养主动参与的意识

课堂教学中，学生是学习的主人。在实施素质教育的过程中，应该强调学生主动参与意识的培养，促使学生在教学活动中主动去探索、去思考，达到最佳的教学效果。学生主动参与意识的培养应注意以下几点。

① 从培养兴趣开始。兴趣是人们力求认识某种事物或从事某种活动的心里倾向。一般来说，如果学生对所学知识感兴趣，他就会深入地、兴致勃勃地学习这方面的知识，并且广泛地涉猎与之有关的知识，遇到困难时表现出顽强的钻研精神。计算机富有极其广泛的乐趣，比如用"画板"实现一张效果图，连接网络可以浏览很多漂亮的网页和图片、了解到很多贴近生活的信息，等等。

② 创造和谐融洽的师生关系。教学实践表明，学生热爱一位教师，连带着也热爱这位教师所教的课程。这属于情感的迁移，即学生对教师的情感，可以迁移到学习上，从而产生巨大的学习动机。

（2）掌握主动参与的方法

学生有了主动参与的意识，还要掌握主动参与的方法，使意识转化为学生的实践活动。在课堂教学活动中，学生是学习的主人。应该让学生参与思考、参与实践、参与讨论和创新、参与展示、参与评价，在教学的每个环节让学生主动参与，真正体现教为学服务的宗旨。

（3）养成主动参与的习惯

习惯是指长时期养成的不易改变的说话、行动、生活等方式。著名教育家叶圣陶先生说过，教育就是培养习惯。信息技术的学习过程中，好的习惯将直接影响到学习者的身心健康。教师有必要帮助学生避免一些坏的习惯，使学生在学校时养成良好的学习习惯，这对他们以后的成长是极有好处的。

通过课堂教学，学生不但学习了计算机的基本知识和操作技能，更重要的是掌握了主动参与的学习态度，具备了自主处理信息的能力。所以能否实现上述课堂教学任务，是非常关键的。

2.　课堂教学的基本要求

当学生积极主动地参与到教学活动中之后，教师要继续保持良好的教学氛围，使学生的这种主动参与行为体现在每一节计算机课上，使之形成习惯，并稳定发展。这就要求教师在整个教学过程中做到：

（1）做好课前准备工作，按照教学计划设计好每堂课的教案；

（2）针对课堂内容，准备好课堂教学中需要的硬件、软件，对所需的资料如图片、声音、视频等素材应事先整理好，形成资源共享；

（3）在教学过程中，端正自己的教学态度，努力创造和谐融洽的师生关系，在课堂上积极寻找学生的闪光点，帮助他们树立良好的自信心，为他们的主动参与创造心理条件，注重课堂教学的每一个环节，从细微之处培养学生主动参与的意识和行为，促使他们的行为形成习惯；

（4）应对每堂课的教学进行测评，有针对性地对教学重点、难点进行摸底，通过反馈的信息及时总结学生学习的掌握程度和思维的发展情况，为下一堂课作好准备。

6.3.2　课堂教学的类型和结构

在课堂教学中，通常根据课堂教学的类型来决定课堂教学的结构。下面分别介绍课堂教学的类型和结构。

1. 课堂教学的类型

（1）根据上课的方式，课堂教学可以分为三种不同类型。

① 理论课：传统的课堂授课形式在信息技术教学中只适合完成像基础知识、语言算法、小结讨论等内容的教学，所以理论课在信息技术课时的比例远小于上机课。

② 上机课：根据教育部的规定，上机课的课时应占信息技术总课时的 70%以上。信息技术课是一门实践性很强的课，有关操作的教学内容应安排在机房进行。配有多媒体教学网或大屏幕投影机的现代化机房，能使教师有更多的机会营造有利于学生"主动发展"的空间。计算机的工具性，为以学生为主体的跨学科教育提供了极大的便利条件。教师应让学生在巩固性练习操作中，多进行知识的整合创造，如用"画板"进行美术创作，用 WPS 或 Word 设计贺卡、办报，用 Music 作曲，用 Excel 分析班级成绩，用 Internet 进行信息交流等。

③ 实践课：实际教学过程中，不满足课堂所学、对计算机的许多专业知识和应用技术表现出浓厚兴趣的学生不乏少数。对于这部分学生，如何正确引导将关系到我们这个专业今后的拔尖人才的造就。因此开设课外实践课将作为课堂教学的拓展和延伸，为这类学生提供辅导和方便。

（2）根据知识掌握的阶段，课堂教学可以划分为以下几种类型。

① 新授课，即以知识理解为主要目标的课。学生第一次接触到新的知识，主要是靠教师整理引导知识点，学生进行学习。

② 复习课，即以陈述性知识的巩固为主要目标的课。此类课以学生的活动为主。

③ 练习课，即以促进陈述性知识向程序性知识转化为主要目标的课。此类课也以学生的活动为主。

④ 检测课，即以知识的应用或检测为主要目标的课。此类课一般是在一个大的教学单元之后或期中、期末进行的。不同类型的知识要求学生作出反应的性质不同。而且，同一类型的知识处于学习的不同阶段也要求学生作出不同的反应。根据学习类型和阶段，教师设计适当的测试形式和内容，以便检测教学目标是否达到。

2. 课堂教学的结构

在我国，课堂教学的一般过程也称课堂教学结构。课堂教学结构的设计必须根据教材特点和学生实际，对不同的知识内容类型和学生班级状况采取不同的课堂教学结构，同时还要准确把握课堂教学结构是知识传授结构、时间安排结构、信息传递结构、认知结构等子结构的集合。只有这些关系有机衔接、和谐有序，才能产生优化的课堂教学结构。

课堂教学结构与课堂教学效果密切相关。优化课堂教学结构，要剖析和克服传统教学结构的弊端，掌握现代教学理论关于课堂教学结构的新理论、新技术。把握好两个原则：第一，学生学习的主体性，即课堂教学结构的优化要有利于发挥学生的学习主体作用，有利于以学生的自主学习为中心，要给学生较多的思考、探索发现、想象创新的时间和空间，使其能在教师的启发下，独立完成学习任务，培养良好的学习习惯和掌握科学的学习方法。这就要求教师不仅要交给学生学习的"钥匙"，更重要的是让学生懂得如何制造"钥匙"。因此，在教学中采取 "先学后教"的方法是科学的。第二，学生认识发展的规律性。确定课堂教学结构，要符合学生认识发展的规律和心理活动的规律，要按照认识论和学习论的规律安排教学。根据这些规律，信息技术课堂的教学结构可以分为五个阶段。

（1）组织上课。目的在于促使学生对上课作好心理上和学习用具方面的准备，集中注意力，积极自觉地进入学习情境。在多媒体教室中进行教学可以获得较高的学习效率，但必须使学生集中注意力，否则放纵的操作很难完成教学任务。

（2）检查复习。目的在于复习已学过的内容，检查学习质量，弥补学习上的缺陷，为接受新知识作好准备。可以通过点评学生提交的作业（作品），复习以前的知识点，进一步巩固旧知识。

（3）讲授新教材。目的在于使学生在已有知识的基础上，掌握新知识。实践表明，"先学后教"让学生先根据思考题自学，然后教师提问检查，质疑问难，并让学生讨论解决一些问题。教师启发诱导，精讲重点、难点及信息反馈中的共性问题，从而达到学生全面掌握新知识点的效果。

（4）巩固新教材。目的在于检查学生对新教材的掌握情况，并及时解决存在的问题，使他们基本巩固和消化所学的新知识，为继续学习和进行独立作业作准备。

（5）布置课外作业。目的在于培养学生应用知识分析问题、解决问题的能力和自学能力。计算机的作业尽量要求以作品的形式提交，可以要求学生提交一份图画（规定使用画板中的几个重要的绘图工具）、或提交一份按要求设计好的 word 文档。

6.3.3　课堂教学的基本环节

课堂教学即"上课"，是整个教学工作的一个环节，是中心环节。而上课本身又由若干环节构成，一般是复习——提出新课（导入）——新课内容——小结——作业等。每一环节都有其特殊的操作动作或操作技术。

基于"任务驱动"的教学模式有很多种，在实际教学中需按不同的情况区别对待，不能因为"模式"而成桎梏，关键是要找到"任务驱动"教学模式的要素。根据交流实践，简要归纳出"任务驱动"课堂教学的基本环节，如图6-2所示。

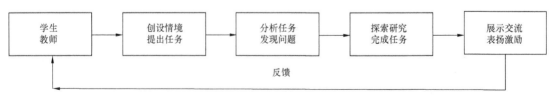

图 6-2　"任务驱动"课堂教学的基本环节

1. 创设情境，提出任务

任务是课堂教学的"导火索"，是问题提出的表现。通过创设的问题情境，把所要学习的内容巧妙地隐含在一个个任务主题中，使学生通过完成任务达到掌握所学知识的目的。因此，设计任务是教师在课前备课的重头戏。这就要求教师纵观整个过程，统筹安排教学内容。

针对学生的特点，每节课的任务不能太重，任务中的新知识、难点不能太多。关键是要引导学生主动发现任务，提出与自己发展水平相当的任务主题。

2. 分析任务，发现问题

提出任务之后，教师不要急于讲解，而要让学生讨论、分析任务，提出完成任务需要做哪些事情，即提出问题。这个时候应该是课堂气氛最活跃的时候。提出的问题中，一些是以前已经学习过的，这些问题学生自己就会给出解决方案；另一些是没有学习过的，即隐含在任务中的新知识点，这也正是这个任务所要解决的问题。这些问题最好都由学生提出。在最初的教学过程中，在学生还没有适应教师的教学方式时，教师可以给予适当的提示。

根据实际情况提出问题时，要采用先粗后细，逐步求精的方法。

需要指出的是，对于某些任务，在这一步不可能把所有的问题一次都提出来。对于一些任务中存在的问题，学生只有亲自做到那一步才有可能提出问题。在这种情况下，就在完成任务的过程中再去提出并解决相应的问题。

3. 探索研究，完成任务

问题提出后，就需要学生通过上机实践完成任务。学生可以先通过自主探索或者互助协作开展探究活动。学生围绕主题展开学习，查阅信息资料，进行尝试探索，完成对问题的理解、知识的应用和意义的建构。

俗话说，"十个手指头伸出来不一般齐"。任何时候，学生之间都存在着差异。因此，尽管我们已经把问题讨论清楚，但是，在完成任务的过程中，一些学生还是会提出这样那样的问题，这时教师要随时解答学生提出的问题，帮助学生完成任务。

4. 展示交流，表扬激励

一般的做法是，每个学生每完成一个任务，都必须交流展示，大家讨论评点，及时对学生的学习情况作出反馈。评价的内容包括：是否完成了对新知识的理解、掌握、熟练应用；学生自主学习的能力；同学间相互协作的能力；创造性解决问题的能力等。在教学过程中，我们不妨采取更为活泼的形式，如给全班设置基本点数，采取奖励（增加）和惩罚（扣减）点数的办法，激励学生力争上游，当个高级会员（点数达到一定数目），享受特殊待遇等。

"任务驱动"的教学思想，由于是将新知识分解到一些具体的任务中，有时会忽略了知识的系统性、逻辑性和完整性，知识在学生头脑中还是零散的。因此在一节课、一个单元后，教师还要引导学生对所学知识进行归纳和总结，并建立起与已学的旧知识间的联系，以加深对知识的记忆、理解，完成真正意义上的知识建构。

6.3.4　课堂教学的艺术

教学既是一门科学，又是一门艺术。广大教育工作者和教师对于这点已经达成共识。人们常说，教学有法，但无定法，各有各法，贵在得法，这足以体现这个共识。

课堂教学艺术是指富有个性、创造性和审美价值的操作行为方式方法。从某种意义上来说，它是不可复制的。只有当人对"技术"的掌握运用所形成的"技能"达到"技巧"的程度以后，加上个人的独创性，才可能有富于创造性的"艺术"境界。所以课堂教学技能、技巧、艺术均以课堂教学技术为基础，艺术则是技术最高层次的创造性发展。王兆生教授在他所著的《教学艺术论》中指出："教学艺术就是教师在课堂上遵照教学法则和美学尺度的要求，灵活运用语言、表情、动作、图像组织、调控等手段，充分发挥教学情感的功能，为取得最佳教学效果而施行的一套独具风格的创造性教学。"

在信息技术的课堂教学过程中，要使学生的知识、能力、情感、习惯一体化发展，教师应该掌握信息技术课堂教学的技术，以高度的责任感对待每一堂课，在教学过程中加以个人的独创性。这样才可能正确地引导学生一体化发展的逐步形成和发展。现在从课堂教学艺术的四个特性展开阐述信息技术课堂教学的艺术魅力。

1. 形象性

形象性是艺术的一个基本特征，也是教学艺术的一个重要特征。教学艺术要借助语言、表情、体态、技巧、图像、音响等方式来表述和解释知识，表达思想感情，进行教学信息的传递，以达到传授知识和进行教育的目的。

在解释资源管理器的硬盘分区这个案例时，可以给学生一个形象的比喻。将计算机的硬盘当成一幢三层楼，硬盘中的C、D、E区分别代表着楼房的一楼、二楼、三楼；而每个分区里面的文件夹，如C盘下的文件夹，则类似于一楼里的小房间；依次类推，每个小房间里边的小布局（如卫生间）则可以形象地说明为子文件夹，等等。通过空间的想象可以成功地引导学生对硬盘中的管理结构有感性的认识。在介绍存储路径之前作这样的比喻往往会事半功倍。

总之，教学艺术的形象性重在"以形感人"，生动直观。加深教学艺术的形象性，不仅可以使学生对知识的掌握建立在感性认识的基础上，而且可以开拓学生对知识的思维领域，启迪学生的智能，丰富他们的想象力，从而为学生的创造孕育契机，发展学生的创造思维能力。

2. 情感性

教学是师生双方的共同活动。在这种活动过程中，师生间不仅存在着知识的传递，而且存在着人的感情交流。教师的传授和学生的学习都具有感情的色彩，这种感情的色彩主要反映在师生对待客观事物、教学内容和相互间的态度上。教学中做到寓理于情、情理结合、以情感人是教学的基本要求，也是教学能够具有艺术感染力的重要条件。教师在教学中做到知情统一，充分利用非智力因素促进教学，使教学充满艺术的感染力，正是高超的教学艺术的表现。

信息技术是一个应用性很广的科学技术，在课堂教学中师生间相互交流是必要的，教师可以引用这样一句话开导学生"两个人各有一个苹果，相互交换后，每个人还有一个苹果；但是如果两个人交换的是知识，那么结果每个人将有可能会得到两个知识点。"在交流过程中，有些时候学生针对自己的兴趣爱好或者家里碰到的计算机操作问题而提出问题，这时候作为教师的你是否应该真诚的帮助回答学生的问题，还是绷起脸孔训示其不得提出与课堂无关的问题？实践证明，教学水平高的教师，爱的情感的流露往往恰到好处，教师语言上的一个停顿、表情上的一个微笑、一句幽默，都能引起学生惊讶、好奇、思索、兴备或鼓舞，开启学生智能之门。

总之，教学艺术的情感重在"以情感人"，充满魅力。现代教学更注重发挥情感的作用，促进学生认知和情感的发展，受到情感的陶冶，使学生产生学习的内驱力，轻松愉快地学习，更能使整个教学充满着情感的魅力。

3. 审美性

艺术追求美、创造美，美是艺术的真谛。教学作为一种特殊的艺术，有着自己特有的审美特点。教学中的审美特点，主要是由作为审美对象和具有审美价值的教师表现出来的。"教师的审美价值或教学的美同时体现在外在和内在两个方面。教师外在的美，主要体现在仪表的美、教态的美、语言的美、节奏的美、板书的美等方面；内在的美，主要表现在理性的美、意境的美、机智的美、风格的美和人格的美等方面。当然，外在美和内在美是互相联系、密不可分的。教学艺术的美就是这种内在美和外在美的有机结合。教学中的审美性是作为教学艺术的手段而存在的，它从属于教学的效果，以提高课堂教学质量为最终目的。

总之，教学艺术的审美性重在"以美育人"，增强美感。没有教学美，教学艺术就会失去光泽，课堂教学就不可能使学生领略美的风光，得到美的享受，接受人生和智慧的启迪，也不可能给学生以强烈的崇高的美感。

4. 创造性

创造性是一切艺术共同的本质特征，也是教学艺术最本质的特征。教学过程的创造性，是由教学对象的特点决定的。教师面对富于动态的千差万别的青少年，不可能用事先准备好的刻板如一的公式去解决课堂教学中出现的各种问题，就必须具有随机应变的灵活性和独具特色的创造性。

缺乏经验的教师往往表现出教学模式化、一般化，难以应付临时的教学变化。教艺精良的教师则是在活泼的学生世界中使教学"活"了起来。无论是在处理教学内容、运用教学原则、选择教学方法的过程中，还是在组织教学过程、运用教学技能、处理偶发事件、完成教学任务的过程中，都能表现出敏锐的观察力、准确的判断力，采取适当的措施，及时进行调节，充分发挥创造性的作用。创造性贯穿于教学的全过程之中。没有创造性的教学，就谈不上创新人才的培养与造就。

总之，教学艺术的创造性贵在灵活创新，独具特色。在课堂教学中，教师能否体现"活"、"新"、"独"、"特"，使教学具有创造性，将决定着教师教学艺术水平的高低，直接关系着教学的成败。

6.4　如 何 说 课

由于教育发展、教研活动、招聘教师和考证（教师资格证）的需要，说课活动受到越来越多的重视，并在广大中小学、教育管理和教研部门广泛开展。

6.4.1　说课的概念

"说课"是指教师在进行教学设计（备课）的基础上，对领导、同行或评委，用口头语言讲解某一课题的教学设想及其理论依据的一种教研活动，它是教师将教材理解、教法及学法设计转化为"教学活动"的一种课前预演。"说课"要阐明的问题是教什么、怎么教和为什么要这么教等。

6.4.2　说课的意义

说课对于每一位教师来说都有着不可低估的意义。

1. 说课能直接促进备课水平和上课效率的提高

说课处于备课与上课之间，以备课为基础，以上课为归宿。说课的理论性和科研性必然会促进备课和上课质量的同步提高。

2. 说课能增加教师锻炼和表现的机会

说课要求教师在同行面前系统地阐述自己的观点和教学设计，因此，它对教师的锻炼价值较大。如果把说课活动由一般的教研活动变成竞赛活动，那么说课就为教师表现自己的才能提供了机会。

3. 长期坚持说课能提高教师的素质层次

长期坚持说课，必然促进教师的理论学习变得越来越广博且深刻，理论应用变得熟练且有效，从而促进教师业务素质产生飞跃性的变化，即由经验型教师逐步变为理论型教师、科研型教师。

6.4.3 说课的特点

1. 机动灵活。说课不受时间、地点、环境和教学设备的限制，可随时随地进行，也不受教学对象和参加人数的制约，只要两个人以上即可进行。

2. 短时高效。单纯的说课一般时间较短，15 分钟左右即可完成。但内容却十分丰富，既包括教师对教材的理解掌握和分析处理，又包括教法设计、学法指导；既要说清教什么、怎么教，又要讲出为什么这样教。

3. 运用广泛。说课的运用很广，领导检查教师备课、教师间教学研究、评价教师的教学水平、开展教学技能竞赛、招聘教师和考取教师资格证等均可采用说课的方法。

4. 理论性强。说课的理论因素很浓，能充分体现教师的教育思想和教学观念。上课是时间性的表演，说课是理论性的分析。理论在说课中占有突出的地位，可以说是整个说课的灵魂所在。这是因为说课不仅要说出教什么、怎样教，而且要说出为什么要教这些、为什么要这样教。要对教案作出分析，首先要分析课程标准、教学大纲、教材内容，明确所讲内容的地位和作用、来龙去脉，然后对课堂教学的各个环节作出能说清道理的设计。这就需要依靠教育教学原理的指导和支撑，要求教师在对课的分析上下一番工夫。没有理论，说课就没有分量，没有力度。教师具有一定的理论水平，是说好课的基础和前提。

基于说课的这些优点，说课已经成为现代学校教学检查、教师教研活动以及教师招聘考核中的主要形式。

6.4.4 说课与上课的异同点

1. 相同点

（1）课题内容相同。说课与上课的教学内容是相同的，是同一个课题。

（2）主要做法相同。说课与上课都要学习大纲（指导纲要）、课程标准，弄通教材，了解学生，选择教法，确定学法，设计教学过程。

（3）主体表现相同。说课与上课都能展示教师语言、教态、板书、操作等教学基本功，都能反映教师的课堂教学艺术和教育教学思想。

2. 不同点

（1）目的不同。上课的目的是将书本知识转化为学生知识，进而培养能力，进行思想教育（即使学生会学）；说课的目的则是向听者介绍一节课的教学设想，使听者了解说课者的教学水平和综合素质。

（2）内容不同。说课不仅要讲清教什么，怎么教，而且还要讲清为什么这样做，即理论依据；上课主要讲清教的知识。

（3）对象不同。说课的对象是领导、同行或专家、评委；上课的对象是学生。

（4）方法不同。说课主要是教师的单边活动，是以教师自己的解说分析为主，完成说课过程；上课则是教师与学生的双边活动，是在教师的指导下，通过讲、听、读、议、练等形式完成教学任务。

（5）评价不同。说课以教师整体素质作为评价的标准；上课以学生的学习效果作为评价的标准。

6.4.5 说课的功能

说课的功能是由说课自身的性质和特点决定的，主要有以下几方面。

1. 说课的教研功能

说课促进了教学与研究的结合。说好一节课，首先是说课者深入研究教材教法的结果，同时还需要说课教师必须掌握一定的教育教学理论，使说课具有教学研究的特性。

2. 说课的培训功能

说课活动能促进教师的岗位学习，加上它的灵活性和普遍适应性的特点，因此说课活动能有效地提高教师的各方面业务素质。

3. 说课的管理功能

（1）说课有教学规范的作用；（2）说课有业务评价的作用；（3）说课有导向激励的作用。

4. 说课的竞赛功能

一是说课活动本身就可以作为教师业务竞赛的一种形式或内容，用来评比和表彰说课活动的佼佼者。二是说课可以为课堂教学比赛服务，让它起到初步筛选的作用，即先通过说课考评，选出课堂教学比赛的选手，既有效度，又简便易行。

5. 说课的选拔功能

通过说课，可以选拔招聘到比较优秀、满意的教育教学人才。

6.4.6　说课的类型

（1）检查性说课：领导为检查教师的备课情况而让教师进行的说课。此类说课比较灵活，可随时进行。

（2）示范性说课：学校领导、教研人员、骨干教师共同研究，经过充分准备后进行的说课。目的在于为教师树立典型，提供样板，让其学习。

（3）研究性说课：为突破某一教学难点、解决教学中某一关键问题、探讨解决方法而进行的说课。此类说课往往和授课结合，课后再深入进行研究，并将研究结果形成书面材料。

（4）评价性说课：通过说课对教师的教学水平给予评价，常用于开展各类竞赛活动。

（5）选拔性说课：通过说课选拔招聘合格优秀的教师等教育教学人才。

6.4.7　说课的原则

说课应遵循以下原则。

（1）理论联系实际的原则。说课是教学与研究相结合的活动，所说的内容是教学设想和理论依据，所以教者既要说清教学设计，又要说清设计的理由，做到理论与实践相统一。将实践经验上升到理论认识，实践是在理论指导下的实践，理论是在实践的基础上的提升。

（2）科学性原则。科学性原则是教学应遵循的基本原则，也是说课应遵循的基本原则，它是说课质量的基础。说课应做到教材分析正确、准确、透彻，教学目的确定，教法设计合理。

（3）创造性原则。说课是深层次的教学研究。一节示范性的说课，对教学具有很重要的指导意义，所以教师在说课中应注意将自己的教学经验总结提高，形成自己的教学风格，同时要注意发现新问题，提出解决问题的新思路、新方法。这样才能使教师的业务水平不断提高，进而不断提高教学质量。

（4）可行性原则。说课是将教案转化为"教学活动"的授课前的实践演习，是对教学方案是否具有实用价值的检验。备课是为了授课，授课是备课的实施，所以教学设想必须切实可行，才具有实用价值。教学设计是否可行，关键在于是否从学生的实际出发。无论是教学目的的确定，还是教学方案的设计，都应从学生的智能水平、心理特点、生理特点出发，才能具有可行性。

6.4.8　说课的要求

说课的基本要求主要有以下几方面。

（1）亲切自然，声情并茂。既然是说课，就要求说课者把为什么这么教和指导学生怎样学的科学理论依据等内容"演说"给同行听，而不是简单地"读"给大家听。因此，说课时应尽量脱稿，要精神饱满，充满激情，使听者受到感染，引起共鸣。

（2）突出重点，准确简练。说课的时间一般是 15 分钟左右，因此不能平铺直叙，面面俱到，而要根据大纲（指导纲要）、课程标准的要求和教材的实际，精心选择教学内容中最主要、最本质的东西来说。对有的说课环节可一笔带过，而对"怎样导入新课"、"怎样运用恰当的教学方法来突破教材的重点和难点"等则应浓墨重彩，予以渲染。

说课的听众多是同行教师，所以对语言的要求相对较高，关键是要准确简练，不要拖泥带水。

（3）表现专长，突出特色。要能够说出对教材、教法有别于常规的特殊理解、安排，充分体现出说课者的教学专长，突出教学特色和教学成果。说课者在教材的处理、教法的选用、学法的指导、板书的设计、教学环节的安排等方面都应该有自己的独到之处。

（4）媒体辅助，直观快捷。说课应讲究效率，力争在有限的时间内把教学设计说清楚。因此，有条件的学校，开展说课活动时，要努力使用多种媒体手段，以增强说课效果。

6.4.9　说课的内容

说课的内容，一般来说，包括说教材、说课标、说学法、说教法和说教学过程等几个方面。

1. 说教材

教材是课程的载体。能否准确而深刻地理解教材、高屋建瓴地驾驭教材、合乎实际地处理教材、科学合理地组织教材，是备好课、上好课的前提，也是说课的首要环节。

说教材的要求如下。

（1）简析教材来源——来自哪一学科、哪一册、哪一章节。说清楚本节教材在本单元、本册教材、本门课程，甚至学生成长发展中的地位和作用，即弄清教材的编排意图或知识结构体系。

（2）说明如何依据教材内容（并结合指导纲要、课程标准和学生的具体情况）来确定本节课的教学目标或任务。

（3）说明如何精选教材内容，并合理地扩展或加深教材内容，通过一定的加工将其转化为教学内容，即弄清各个知识点及其相互之间的联系。

（4）说明如何确定教学重点和教学难点，抓住教材的关键。

（5）说明教材处理上值得注意和探讨的问题。

2. 说课标

说课标就是要把课程标准中的三维目标作为本课题教学的指导思想和教学依据，从课程论的高度驾驭教材和指导教学设计，要重点说明有关课题的教学目标、教学内容及教学操作等在课程标准中的原则性要求，从而为自己的教学设计找到用力的依据。

（1）目标内容（三维目标）

一是知识与技能目标，它是教材中学生应了解、理解、掌握的基本知识和基本技能。

二是过程与方法目标，它是学习中学生在知识迁移和构建中所需要掌握的方法、培养的技能和能力。

三是情感态度与价值观目标，它是学生在学习、活动、探究中的情绪、行为、感情及思维和创新意识的准确定位，要具体明确，切不可泛泛而谈。

（2）重点难点——诸目标中的教学重点和难点。

（3）设计依据——课程标准上的要求是什么？本册教材的目标要求是什么？本单元的目标要求是什么？落实到本章节（本课中）的要求是什么？

另外，也可以把"说课标"安排在"说教材"部分进行说明。

3. 说学法

说学法即对学习者的情况和学习方法（学生学习的方法、能力训练的方法、教师导学的方法）进行分析。说学法要求教师必须了解学情，研究学路，确定学法，概述性地讲述在自己设定的教学模式下，学生如何开展学习方法和途径。说学法具体要说清如下三个方面的内容。

（1）学习者分析：分析学生的知识结构和心理、生理特征，以及对本学科已有的技能和能力等。

（2）针对本节教材特点及学习目标，学生宜采用怎样的学习方法来学习它？这种学法的特点怎样？如何在课堂上操作？

（3）在本节课中，教师要作怎样的学法指导？怎样使学生在学会的过程中达到会学？怎样在教学过程中恰到好处地融进学法指导？

4. 说教法

说教法即对教学方法和教学模式进行分析。教法包括教师教的方法、教学手段（媒体的运用等）、解决重点的方法、突破难点的方法、抓住关键的方法。说课者应根据教材特点和实际情况，预定选用的教学方法，如演示法、讲解法、讨论法等，并考虑对整个教学设计采用何种体系和模式进行，如任务驱动教学模式、小组合作式教学模式等。

说教法，应说出"怎么教"的办法以及"为什么这样教"的根据，具体要做到以下几个方面。

（1）要说出本节课所采用的最基本或最主要的教法及其所依据的教学原理或原则。

（2）要说出本节课所选择的一组教学方法、手段，对它们的优化组合及其依据。

（3）要说明教师的教法与学生应采用的学法之间的联系。

（4）要重点说明突出重点、化解难点的方法。

5. 说教学过程

说教学过程包括对教学设想、教学准备和教学环节三个方面进行说明。

（1）教学设想，在这里需要简单地说明开展教学的一些设计思想和理念。

（2）教学准备，包含对教具、学具、课件、教学环境和资源等的准备工作的介绍。

（3）教学环节，对教学过程各环节的设计和实施状况进行描述。

说教学过程可以按照教的过程和学的过程两方面来分析。

（1）教的过程——教师的讲授活动主要分哪几个步骤，每一步的重点是什么。

① 说出教学全程的总体结构设计，即起始——过程——结束的内容安排。

② 重点说明教材展开的逻辑顺序、主要环节、过渡衔接及时间安排。

③ 说明如何针对课型特点及教学法的要求，在不同的教学阶段，师与生、教与学、讲与练是怎样协调统一的。

④ 要对教学过程作出动态性预测，考虑到可能发生的变化及其调整对策。

（2）学的过程——学生在学习中要解决什么问题，完成哪些任务，学习过程主要分为哪几个步骤，每一步的重点是什么。

以上五个方面，只是为说课内容提供一个大致的范围，并不意味着具体说课时都要按照这个顺序和内容，面面俱到，逐项来说，也可以增加其他方面的内容，如设计思路等。总之，应该依据明确，思路清晰，突出重点，抓住关键，以便在有限的时间内进行有效的陈述。该展开的内容充分地展开，该说透的道理尽量去说透，这样才能取得良好的效果。

6.4.10　说课的评价

这里说课的评价不是指对说课活动的评价，而是专指对说课者及其说课情况的评价。那么用什么样的标准去衡量说课的质量与效果呢？

（1）要看教学设计的水平。它主要体现在科学性、客观性和创造性三个方面。

（2）要看说课的理论水平。说课是一种高层次的教学探究活动，它的价值很大程度上体现在教育教学理论的阐述和应用上。

评价理论水平，一要看理论宽度，即涉及多少领域或多大范围；二要看理论深度，即是否把握到了理论的深层次的东西；三要看理论与实际的结合是否严密。

（3）要看说课的效率水平。看说课者是用较少的时间说了较多的内容，还是用了较多的时间说了较少的内容；听者听起来是否比较困难，接受的信息量是大还是小。

（4）要看说课的语言表达水平。说课能充分展示教师的语言组织和口头表达能力。其语言表述水平体现在：（1）普通话水平；（2）专业术语的使用水平；（3）说话的流畅度、速度和节奏控制水平等。

6.5　实　验　教　学

计算机实验教学是信息技术教学的重要组成部分之一。信息技术教学的主要内容是计算机教学。由于计算机学科是实践性很强的学科，所以在进行理论教学的同时必须进行实践教学。计算机实验为计算机教学提供了很好的实践机会，它有助于加深学生对计算机理论知识的理解和培养并提高学生的计算机操作应用能力。

6.5.1　计算机实验教学的意义和作用

计算机实验教学的意义和作用主要体现在以下几点。

1．计算机实验是计算机理论到应用的桥梁

计算机学科的重要特征之一就是实践应用，计算机的应用最终要通过实际上机操作来实现。计算机实验教学是为了适应中小学生的认知特点，为他们形成计算机知识和技能提供直观、生动、具体的感性材料和例证，帮助他们克服认知困难和提高认知能力。

2．计算机实验是培养学生基本技能的重要手段

基本技能的形成离不开实践。计算机实验对于基本技能的形成的作用是其他任何教学活动无法替代的。能力是在实践活动中形成的。在计算机实验过程中，学生要进行观察、思维和实验操作等活动，学生的观察能力、思维能力和实验操作能力等都会进一步得到发展。因此，计算机实验对于培养学生的能力具有重要的意义。在各种能力中，计算机实验能力的形成和发展尤其强烈地依赖于计算机实验活动。计算机实验是培养学生计算机操作能力的最主要的途径。

3．计算机实验能引起中小学生学习计算机的浓厚兴趣

计算机具有强大的多媒体功能，它使得计算机实验真实、形象、生动。这对中小学生具有很大的吸引力，能使他们产生浓厚的兴趣——这种兴趣不只是停留在观察丰富多彩的各种计算机软件的使用上，而且可能以计算机的奥妙引导他们亲手实践和进一步探索、思考。计算机输出画面、声音、图表等多种媒体的信息，可以激发他们的求知欲，形成高层次的对计算机学习的兴趣和对计算机学习的爱好。许多计算机工作者当初就是这样步入计算机科学的殿堂的，兴趣是他们学习计算机最初和最好的老师。

4. 计算机实验可以加深学生对计算机知识的理解

计算机实验不但能为计算机知识和技能的形成提供生动、具体的感性材料，而且能为计算机知识和技能的应用、检验、巩固提供良好的情境和机会。学生初步形成的计算机知识和技能往往比较肤浅，不够精细、准确，体会不深，容易遗忘。计算机实验可以使他们的计算机知识和技能进一步得以丰富、充实和修正，形成深刻的印象。

5. 计算机实验有利于提高学生的道德素质和科学素质

计算机实验与观察、分析、处理等科学方法密切地联系着。通过计算机实验，学生可以直接受到科学方法的熏陶和训练。这有利于培养学生实事求是、勇于探索、追求真理、尊重科学、敬业好学的科学精神，有利于培养学生严肃认真的科学态度和科学道德品质，有利于提高学生的科学素质及提高学生的道德品质和人格素质。

综上所述，计算机实验教学有着广泛深刻的意义，远远超出了计算机认知的范围。

6.5.2　计算机实验的分类

计算机实验按实验场所可分为实验室实验和课堂实验。

1. 实验室实验，是在教师的指导下由学生在实验室中独立地操作来完成一定的实验任务的实验。这种实验的持续时间比较长，通常以课时为单位。学生实验室实验的功能和目的主要有以下几方面。

（1）学习某些实验方法；

（2）初步学习或者练习某些实验操作；

（3）比较系统地形成或者巩固计算机知识；

（4）形成或者加深对某些计算机概念、原理和规律的认识；

（5）复习、运用、巩固和加深已学的计算机知识和实验技能，并初步应用于解决一些简单的实验问题；

（6）培养学生的实验能力、思维能力和独立工作的能力，培养实事求是的科学态度，不怕困难、追求真理的科学精神，认真、细致的工作作风以及爱护实验器材、遵守纪律等良好品质。

在实验室实验中，学生进行实验操作的独立性较强，需要他们作好预习，具备一定的预备知识和基本技能；同时，需要教师加强指导，要设计好实验方案，组织好教学过程，保证学生实验达到良好的教学效果。

2. 课堂实验，是教师在讲授过程中安排学生在课堂中进行的实验，也称"随堂实验"。这种实验把学生的实验活动与课堂教学活动紧密地结合起来，比较符合中小学生的特点，因而对中小学生比较适用。课堂实验从属于计算机课堂教学，要受课堂教学规律的制约，主要体现在以下方面。

（1）实验内容必须与教师讲授的内容有密切的联系，具有说服力；

（2）操作简单；

（3）时间较短。

课堂实验要求教师有较强的实验教学能力以及实践经验。为了搞好学生课堂实验，教师要精心地选择实验内容和设计方案，充分地作好实验准备。实验前要使学生明确实验目的，了解实验的规则和要求；在学生实验操作时，要做好巡视，指导学生做好实验。

另外，也可以根据实验操作对象，把计算机实验分为教师演示实验和学生分组实验；还可以根据学生对教师的控制是否作出反馈，把计算机实验分为操纵型实验和调控型实验。

6.5.3 计算机实验的组织实施

计算机实验的组织实施主要包括以下几个方面。

1. 计算机实验的基本要求

（1）有教育价值，能有效地促进计算机知识、技能的学习和应用；有利于启迪学生智慧，引发思维活动，促进科学的计算机知识的形成；有利于激发学习兴趣、调动学习积极性。

（2）使学生认识计算机实验的方法，了解计算机实验在计算机科学研究中的应用，培养学生的实验意识，提高学生的科学素养。

（3）使学生了解、掌握计算机实验的基础知识和基本技能，培养学生的实验能力。

（4）提供生动、具体的感性材料，与课堂教学等形式互相配合，给学生提供应用、验证和巩固计算机知识与技能的实际情境，促进学生学好计算机课程。

（5）培养学生对计算机的学习兴趣，使学生养成理论联系实际、实事求是的科学态度和锲而不舍、追求真理的精神。

（6）实验前，要求学生理解并熟悉计算机实验的内容、要求、规则和步骤，实验内容必须科学、准确，能被学生接受和理解，实验步骤必须明确、具体。

2. 实验方案的制订

为了提高计算机实验教学的质量，要求必须有优良的实验方案并且把它付诸实现。要想有良好的实验方案，需要了解、掌握有关的计算机知识和实验技术原理。要使优良的实验方案付诸实现并取得预期的效果，实验者除要有良好的实验技能外，还必须理解、掌握实验的原理和方法。为了充分发挥实验在教学的积极作用，必须恰当地规定实验的逻辑功能，选择适宜的教学方法和组织形式，按照正确的程序和原则开展实验，使实验教学内容合理、先进。为了搞好计算机实验教学，教师还必须对计算机实验系统的要素作整体的、系统的了解，如计算机的数量、型号、硬件配置、软件环境、外部设备情况等。欲使计算机实验教学适应社会及其发展的需要，教师还必须研究它的发展趋向，不断地改进和更新它的内容、手段和效果等。

计算机实验方法应满足如下要求。

（1）按照方案进行的实验符合科学性、教育价值、可接受性、鲜明性等要求，实验效果良好，能有效地实现预订的实验目的。

（2）方案周全、具体，便于操作，能保证学生按照方案做好实验，实验结果准确。

（3）形式规范，描述清晰，文字简练，便于阅读，能适应学生的特点。

一个完整的实验方案应包含如下基本项目：实验名称、实验目的和要求（明确提出实验的教学目标，说明实验在教学中的具体作用）、实验准备（包括设备要求和预习内容）、实验步骤（通常按时间先后顺序）、说明（交待实验的关键和注意事项等），以及问题和讨论等。

3. 计算机实验的组织实施要求

（1）选择好实验项目。

（2）布置交待清楚实验项目和实验要求。

（3）设计实验过程。

（4）根据需要进行分级。

（5）作好计算机设备及相关软件的准备。

（6）实验过程中，要加强指导与启发，要求学生记录实验结果或完成实验报告。

（7）做好实验结束后的收尾工作。

实验结束后，应关闭计算机及电源，检查设备材料是否损坏丢失，然后清理桌面，板凳归位，一切复原，关闭门窗。

6.5.4　计算机实验的考核

计算机实验的考核可以用如下方法来进行。

（1）用实验报告考核。它主要用于平时成绩考核。

（2）用综合题目或任务考核。它主要用于单元或课程结束性考核。

（3）用实验结果考核。它主要用于了解当时学生的实验情况。

（4）用辅助教学测试软件来考核。目前有许多针对某些软件操作而开发的测试软件，如打字速度考核软件、汉字输入法教学测试软件、WindowsXP 操作考核软件等。

6.6　课　外　工　作

课外工作是课堂教学的补充，是教学工作的必要组成部分，对课堂教学质量的提高起促进作用。

6.6.1　加强课外辅导工作

课堂教学并不能面面俱到，十全十美，因此加强课外辅导是十分必要的。

1．课外辅导的意义

课外辅导配合课堂教学，补充课堂教学的不足，对保证和提高课堂教学质量起促进作用，是教学工作的必要组成部分。课堂教学采用集体教学，有一定局限性。由于学生个体存在差异，如学习态度、学习基础、学习条件、学习兴趣等，学生在学习上便有差距。要克服课堂教学的不足，充分发挥每一个学生的聪明才智，使好的学得更好，差的迎头赶上。教师必须在抓好课堂教学的同时认真抓好课外辅导工作。

2．课外辅导的分类

根据辅导方式，课外辅导分为集体辅导和个别辅导两种。

（1）集体辅导是针对多数学生利用课余时间进行辅导，主要是针对课堂教学中普遍存在的问题进行辅导，或课外活动辅导。

（2）个别辅导是针对个别学生进行辅导，主要是针对学生在课堂教学中不理解或者不消化的教学内容进行辅导。个别辅导又分为优生辅导和差生辅导。

根据辅导内容，课外辅导分为单纯课外辅导和课外活动辅导两种。

（1）单纯课外辅导的内容主要是课堂中学生不理解或者不消化的教学内容，可以采用个别辅导或集体辅导方式。

（2）课外活动辅导的内容主要是课堂教学内容外的内容，是课堂教学内容的补充和延伸。一般采用集体辅导方式。

3. 课外辅导的基本要求

（1）集体辅导主要用于给学生解答普遍性的疑难问题、指导学习和读书的方法及对学生进行学习目的、学习态度的教育。

（2）个体辅导必须全面深入地了解每个学生的具体情况，对症下药，有的放矢，对不同学生应采用不同的辅导方法。如对于优生，采用启发式方法，对于差生，采用详细讲解的方法。

4. 课外辅导中应注意的问题

（1）正确处理课堂教学和课外辅导的关系。课堂教学是教学工作的主要形式，课外辅导只是起辅助作用。教师应把主要精力放在课堂教学上。

（2）注意培养学生的非智力因素。学生的学习效果的好坏，与智力因素有关，也与动机、兴趣、情感、意志、品格等非智力因素密切相关。在课外辅导中要注意培养学生的非智力因素，促进智力水平的充分发挥。

（3）正确处理预防和补救的关系。课外辅导虽然是差生补救的措施，但是教师应尽量把好课堂教学质量，预防差生的出现。

6.6.2　开展信息技术课外活动

信息技术课外活动是教学工作的另一种形式，是课堂教学的补充和延伸，是信息技术教学的一个重要环节。

1. 开展信息技术课外活动的意义

为了适应社会发展的需要，培养出高质量的人才，许多学校都十分重视课外活动的开展。大量实践证明，加强信息技术课外辅导对促进学生的信息技术知识向更深更广的方面发展、培养学生全面发展具有十分重要的作用。

（1）调动学生学习信息技术的积极性。在课外活动中，教师有意识地组织引导学生参加各种与教学相关的课外信息技术实践，可使学生获得大量知识信息，调动他们学习信息技术的积极性。在课外活动中，学生有更多的时间培养自己独立工作和学习的能力，并提高分析与解决问题的能力，可使学生增强求知欲，提高学习兴趣，明确学习方向。

（2）弥补课堂教学的不足。由于信息技术课的实践性和应用性，学生对信息技术课的知识和技能要学得深，学得活，光靠课堂教学是不够的。课外活动可以弥补这些不足，对培养学生能力特别是动手能力大有益处。在信息技术课外活动中所解决的实际问题比课堂教学中的复杂、全面，需要学生独立思考，亲自动手。因此，信息技术课外活动可以加深学生对书本知识的理解，提高实际操作能力，克服"高分低能"的现象。

（3）丰富学习内容，促进学生的全面发展。课外活动不断引入新知识、新信息、新方法，丰富了学生在校生活的内容，促进了学生的全面发展，有利于培养学生对社会的适应能力，促进学生的身心健康，使学生保持活跃的思想、旺盛的探索与进取精神。

2. 信息技术课外活动的形式

信息技术课外活动是在学生自愿的基础上组织起来的，活动广泛，形式多种多样。但各种形式的活动中都应突出培养学生独立工作和学习的能力这一点，要把学生的主动性充分调动起来，使他们在教师的指导下有计划地开展活动。信息技术课外活动的主要形式有信息技术课外活动小组、组织专题讲座、组织读书活动、开展信息技术沙龙、举办信息技术知识展览会、参观调查、撰写论文等。

（1）信息技术课外活动小组。参加小组的成员一般是对信息技术有浓厚的兴趣，信息技术课学得较好的学生。他们通过小组活动扩大知识面，培养各种能力。活动小组也可吸收成绩较差、纪律性不好的学生，通过小组活动对他们进行教育，促使他们转变。小组不宜太大，最好控制在 10 人左右，按年级分组，每组选定一个负责人，由信息技术专业人员担任指导教师。小组可按学生的志愿成立相应小组，如程序设计小组、文字处理小组、计算机维修小组、图形处理小组、动画设计小组、数据处理小组等。

（2）组织专题讲座。组织专题讲座的目的是加深和拓宽课堂教学内容，让学生更多地了解信息技术领域中的新思想、新方法和新进展等。讲座可邀请在信息技术领域有造诣的校内教师或校外信息技术专家。讲座的内容主要有信息技术的最新进展、新技术、新材料、新方法、新软件、新算法、程序设计方法与技巧、信息技术在某些领域的应用及前景、信息技术发展史、信息技术的学习方法等。

（3）组织读书活动。组织读书活动的目的是拓宽学生的知识面。信息技术的内容很广，分支很多，许多软件实用性很强，在课堂上没有时间细讲，教师可指导学生阅读有关的课外书籍，再让学生相互介绍各自掌握的一些非常实用的知识。这样可提高学生的自学能力和激发他们的学习热情。

（4）开展信息技术沙龙。开展信息技术沙龙不仅可以巩固和加强课堂所学的知识，而且可以训练和发展学生的某些技能技巧，激发他们学习信息技术的兴趣。沙龙的组织者、讲演者和表演者主要是信息技术课外活动小组成员。其活动主要是将信息技术的知识内容与表演方式结合起来。表演节目的内容要求生动有趣，密切配合教学大纲，符合科学性。信息技术沙龙也可以专题报告的形式进行，邀请工程师、高校教师、学生家长来做报告。

（5）举办信息技术知识展览会。举办信息技术知识展览会可以起到丰富校园文化生活，鼓舞学生，促进信息技术的学习等作用。教师可在学期结束、节日或毕业前，利用课外活动时间，组织学生举办一个信息技术知识展览会，展出学生开发的小软件、设计的动画、写的有关信息技术的文章等。展出时由开发者讲解，演示。

（6）参观调查。这种方式主要是组织学生参观有关的工厂、企业、机关、科研机构等。请被参观单位的工程技术人员讲解信息技术的应用情况，达到理论联系实际，开拓学生视野和激发他们的学习兴趣的目的。

3. 信息技术课外活动辅导的基本要求

教师在组织信息技术课外活动时，应注意以下几点。

（1）精心选择和准备课外活动内容。

（2）对于挑选和吸收参加课外活动的学生要遵循自愿和择优的原则。

（3）在开展课外活动中，教师要起引导作用。

（4）在开展课外活动中，要注意培养学生的分析问题和解决问题的能力。

（5）在开展课外活动中，要注意培养学生共同攻关、团结协作的精神。

6.6.3　组织信息学奥林匹克竞赛

组织信息学竞赛，可以激发学生学习信息技术的兴趣，引起学校和家长的重视，提高教学质量；可以培养计算机人才和选拔优秀的计算机后备人才；还可以培养和提高学生的非智力因素：坚强的意志、严谨的作风、力争上游的精神、胜不骄败不馁的信念和团结互助、热爱集体的优良品质等。

1. 信息学奥林匹克竞赛的简介

随着科技的发展，人们越来越重视信息技术的教育。为了培养青少年计算机知识和应用技能，1987年在联合国教科文组织第24届全体会议上保加利亚 Sendov 教授提出了举办国际信息学奥林匹克竞赛（IOI）的倡议。首届竞赛于1989年5月在保加利亚的布拉维茨举行，此后每年举办一届。我国每年组织青少年参加竞赛，并且都取得了可喜的成绩。

为了提高我国青少年计算机知识和应用技能的水平、选拔参与国际信息学奥林匹克竞赛的我国选手，在原国家教委和中国科协的大力支持和领导下，中国计算机学会主办了我国青少年信息学奥林匹克竞赛活动（NOI）。竞赛的原则是普及与提高相结合，重在普及。

NOI 采用分区联赛方式进行，以省、自治区、直辖市为分区实施单位，每年举办一次。竞赛分初中组和高中组，采取全国统一大纲、统一命题、统一竞赛时间、统一评分标准的方式，由各赛区组织评阅。分区联赛共进行两轮：初赛和复赛。初赛采用笔试形式，时间为2小时，试题类型有选择题、判断题、填空题、完善程序题、程序编程题及问答题等，试题采用的程序设计语言为 BASIC 语言或类 PASCAL，由参赛选手任选其一。复赛为上机编程题的形式，时间一般为3小时，采用的语种不限，主要考查选手的计算机编程和上机调试能力。

2. 信息学奥林匹克竞赛的辅导

每年都应鼓励部分基础较好、能力较强的学生报名参加我国青少年信息学奥林匹克竞赛，再从中挑出较好的参加国际信息学奥林匹克竞赛。参赛人选应采用自愿原则，人数不宜太多。为了提高参赛选手的水平，应对参赛选手进行辅导和强化训练。参赛的辅导工作难度高、工作量大，需要教师投入大量的精力。

教师在进行辅导时要做到以下几点。

（1）深入研究竞赛大纲，加强业务，提高能力。

（2）选择合适的训练教材和参考读物。教材应紧密围绕竞赛大纲的内容和要求，除基本知识和基本方法外，还应有大量的例题和练习题。

（3）辅导的形式应是讲解和做练习题相结合，笔头练习与上机练习相结合，集中训练与个别辅导相结合。讲解的内容应紧密围绕竞赛大纲，高于课程教学内容的要求，但又不能超出学生的接受范围，着重训练思维方法和提高技能技巧。

（4）补充以下相关内容。

程序设计方面：介绍结构化程序的基本概念和较复杂的数据类型，如记录类型、文件类型、指针类型等；训练和培养学生程序设计的综合能力，如阅读和理解程序的能力，将实际问题用数学模型和相应的数据结构以及算法描述的能力，程序运行时间和占用空间的估算能力，编写文档资料的能力等。

数据结构方面：介绍常见的数据结构，如线性表、串、队列、链表、栈、树、图等，使学生了解有关概念的含义、有关算法及应用。

基本算法方面：介绍简单的搜索、字串处理、排序、查找、统计、分类、归并、简单的回溯算法、排列组合应用、递归算法、枚举法、表达式处理等。

此外，目前国内也有不少中小学开始推动机器人课程，国内国际都积极开展机器人竞赛活动。有条件的教师也可以组织机器人竞赛方面的辅导工作及相关活动。

中国青少年机器人竞赛活动，是中国科协在21世纪青少年科技创新活动中着力创建和打造的一个崭新品牌。它以普及机器人技术，突显创造与创新，强化团队贡献，培养科学素质，关联当今世界面临的问题与机遇为宗旨。竞赛内容：（1）中国青少年智能机器人单项竞技赛；

① 高中组——机器人登月采矿竞技比赛；② 初中组——机器人探险与排障竞速比赛；③ 小学组——机器人接力竞速比赛。（2）中国青少年机器人设计成果展示与评审。（3）中国青少年机器人足球杯比赛。（4）FLL 机器人世界锦标赛中国赛区比赛。（5）FVC 机器人工程挑战中国赛区比赛等。

国际奥林匹克机器人大赛，是国际奥林匹克机器人委员会（World Robot Olympiad Committee，WRO）及麦高公司教育事业部（LEGO Education）合办的国际性机器人比赛。

6.7　教　育　实　习

教育实习是高等师范院校教学工作的重要环节；是理论联系实际，使学生增强专业意识，巩固和运用所学的基础知识、基本理论和基本技能，了解教育规律，培养学生的教育教学独立能力，使他们成为合格的教师的重要环节；同时也是全面检验高等师范院校办学水平、提高教育质量的必要措施。

6.7.1　信息技术教育实习的意义

教育实习的意义具体来讲有以下几个方面。

1. 贯彻理论联系实际的原则

信息技术教学的主要内容是计算机教学。计算机学科是实践性很强的学科，因此在信息技术教学中必须贯彻理论联系实际的原则。教学实习是教师必须经历的专业培训的一个重要环节，是专业实践课。因为，一个合格的信息技术教师不但要有广博的系统理论知识，而且要有丰富的实践经验。对于师范院校的信息技术（计算机）教育专业的学生而言，只有通过教育实习，才能成为优秀的教育工作者。

2. 培养实习生教书育人的实际工作能力

教育实习是师范院校教育专业的学生在毕业前的一项综合性、实践性、社会性、专业性都很强的"实战演习"。通过实习，学生可以培养自己的教育教学实际工作能力，包括教学工作能力、班主任工作能力以及其他方面的能力。在实习中首要的任务是培养和锻炼教学工作能力。教学工作能力的培养和锻炼主要是在指导教师直接的指导下，实习生自己认真钻研，实习生之间互相切磋，取长补短，直接参与教学的各个环节来完成的。通过实习，实习生可以初步了解和掌握学校课堂教学的基本要求，熟悉教学的全过程，并依据教学大纲，独立地熟悉教材，进行教学设计、编写教案、试讲、课堂教学、批改作业、课外辅导、成绩评定等工作。

3. 检验学生所学知识，达到教学相长

师范院校的学生在实习前，已系统地学习了本专业的各方面的知识和技能，但不知掌握程度如何，而通过教育实习可以得到检验。实习生在实习中要达到一定的教学目的和完成一定的教学任务，就必须下一番功夫，认真备课，虚心向老师请教，广泛地与同学交流，及时发现问题，不断地补充自己，提高各方面的能力。

4. 引导学生了解、认识和掌握教育教学规律

实习生本身还是学生，对教育教学规律和要教的学生的了解一般停留在书本上和个人的体验上。在教育实习中，实习生要完成教育实习任务，就得在指导教师的引导下，主动地了解、认识和掌握教育教学规律，由感性认识逐步过渡到理性认识。

5. 巩固实习生的专业思想

实习前，有的学生不愿意当教师。在实习中，当通过自己亲身实践和体验、倾注自己的心血、用自己的言行感染学生并受到学生崇拜时，实习生就会体验到教师职业的神圣与光荣，就会增强自己的社会责任感和使命感，坚定当好一名人民教师、献身于教育事业的信心。

6. 检验高等师范院校的办学质量

教育实习既全面考核学生的专业思想、专业知识、专业技能、政治思想素质和工作能力等情况，又检验学校的思想政治工作、教师素质、课程结构、课程内容和教学管理水平等情况。学校可以根据实习中所反馈的信息，对症下药，改进教育、教学和管理工作，提高办学质量。

6.7.2　信息技术教育实习的要求

信息技术的教育实习与其他专业一样，包括教学实习和班主任工作实习等。教学工作包括备课、试讲、上课、作业批改、上机指导、课外辅导、测验等基本环节。教学实习对实习生的基本要求如下。

1. 实习前要作好充分准备

（1）思想心理准备。教育实习是由学生向教师身份转变的过渡时期。实习生应在心理上、思想上、行动上高度重视，作好角色转变的思想心理准备，提前用教师的标准自觉地要求自己，对实习的目的、意义、内容和要求有明确的认识。

（2）知识技能准备。实习生在明确实习的内容和要求后，应按其要求补缺补漏，加强相关的知识和技能，尤其是自己的薄弱项。

（3）材料准备。实习生应准备教育实习中的必用和备用的各种物质（如教材、参考资料、工具书等）。

2. 备课要提前、要认真，教案要熟

实习生初为人师，对教学没有经验，容易怯场，因此备课一定要做到"早"而"细"。"早"就是要在实习准备阶段就应开始备课，避免因准备不充分而引起慌乱；"细"就是要求实习生精心进行教学设计，教案要尽量写得详细些，教案中各个项目（教学目的、教学重点和难点、教学用具、教学过程等）要写完整，不要寄希望于在课堂上临时发挥。最好同时也准备好一份简略的教案，上课时两份教案同时用，一时记不起或思路中断，可扫一眼略案，这样便不易出错或怯场，做到胸有成竹。

写好教案后必须进行试讲，请指导教师或同学试听。若不成功，还要在指导教师的指导下对教案进行修改后再试讲。另外，试讲时对教案一定要熟，思路要清晰。

3. 上课要注意教学方法和教学方式

要想上好课，除了教师本人的努力外，还要有学生的密切配合。因此到实习点后实习生应尽快与学生建立比较亲密的师生、朋友关系。上课时要注意课堂秩序，以保证教学的顺利进行。要注意教学方法和教学方式，充分调动学生的积极性，努力避免"背台"和"冷场"。"背台"就是教师长时间对着黑板讲课，不注意观察学生的情绪和反映，不与学生交流。"冷场"就是教师在教学过程中较长时间不说话。造成"冷场"的原因主要有教师板书、演示时心理紧张造成思路中断等。克服的方法是：板书时，应边写边念；演示时，应边操作边讲操作要领，并提醒学生注意观察，多采用启发性教学，也可以让个别学生直接参与。如果因为紧张一时思路中断，可在提问学生时，扫一眼略案，接上思路。

4. 加强实验教学和指导

信息技术课的实践性很强，很多课时要在实验室（机房）完成。教师布置实验操作（上机作业或要求）时，要进行集体或个别辅导，发现问题后及时指出，并要进行一定的检查。

5. 结合信息技术的特点，多开展课外活动

信息技术课的内容相当广泛，应用也很广。适当开展相应的课外活动，可以激发学生的学习兴趣，使学生巩固所学的知识。

6.7.3 信息技术教育实习的组织实施

信息技术教育实习的组织实施包括以下两方面。

1. 实习组织机构

实习组织机构包括学校实习领导小组、系（院）实习领导小组、接收实习生学校的实习领导小组、实习小组等。

2. 实习的组织管理

（1）组织管理的基本要求

① 提高对实习工作的重要性的认识。

② 加强组织领导，制定和健全规章制度。

③ 精心选派指导教师。

④ 多方位激励，开展争先创优活动。

⑤ 协调好实习各方面的关系。

⑥ 加强巡回指导。

⑦ 严格组织纪律。

⑧ 认真作好成绩评定与总结。

（2）对实习生的基本要求

实习生具有学生和教师的双重身份，在指导教师面前是学生，在学生面前是教师。学生身份，对实习生的基本要求：

① 虚心向指导教师学习和请教。

② 深入钻研、正确理解教材。

③ 初步了解和掌握学生的特点。

④ 初步掌握教学规律。

⑤ 把实习同教育调查、为社会服务结合起来。

教师身份，要求实习生应该做到：

① 热爱教育事业，不断提高自己的师德修养。

② 增强自身的教师职业素质，精心设计教学方案，完成教育教学任务。

③ 以身作则，举止言谈、衣着打扮、态度仪表等都应为人师表，做学生的表率和楷模。

④ 关心、爱护、尊重每一个学生，与学生平等相处。

思考与练习

1. 教学过程的实质是什么？有哪些作用？

2.　备课有哪些基本环节？

3.　如何确定信息技术课的教学目标？在具体的教学设计中，如何体现三维教学目标？

4.　教案一般要包括哪些内容？结合中小学信息技术教材，编写一份教案。

5.　课堂教学有哪些任务和基本要求？

6.　中小学信息技术课的课堂教学艺术包括哪些特性？在教学中，如何提高课堂教学的艺术性？

7.　如何撰写说课稿？如何进行说课？

8.　计算机实验教学有何意义和作用？如何组织实施实验教学？

9.　信息技术课外活动有哪些形式？组织信息技术课外活动时应注意什么问题？

10.　教育实习对实习生有哪些基本要求？

第7章
信息技术课教学的基本类型

教学目标

1. 了解什么是概念；
2. 了解程序设计的含义；
3. 掌握命令的教学设计；
4. 掌握操作类的教学设计；
5. 掌握程序设计的教学方法。

内容结构

本章讨论中小学信息技术课程中一些典型内容的教学问题，包括概念的教学、操作命令的教学和程序设计的教学等三个方面。

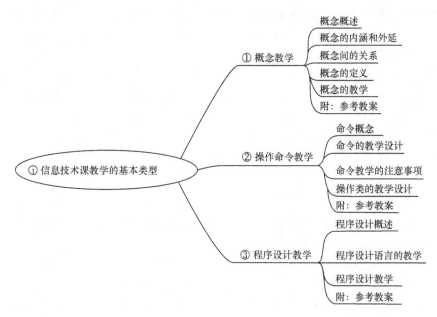

教学建议

可结合中小学信息技术各学段的实际内容，安排一些操作命令的教学和程序设计的教学等方面的实践，加深对本章教材的理解和掌握。

本章将对中小学信息技术课程中的一些典型内容的教学进行研究，介绍概念的教学、操作命令的教学和程序设计的教学。

7.1 概　念　教　学

概念不清往往会引出一连串的错误及疑惑，所以对概念教学必须给予足够的重视。

7.1.1 概念概述

概念是反映事物的本质属性和特征的思维形式。

概念与语词有着密切的联系。概念是语词的思想内容，语词是概念的语言形式。概念不同于感觉。感觉是具体的、直接的，而概念是抽象的、概括的。抽象性和概括性是概念不同于感觉的重要特征。正确的科学概念，是科学抽象的结果，它反映了一类事物的全体，又概括了这类事物共有的本质特征。它是人们经历了长期反复的实践，经过思维加工而形成的。它又是人们对客观事物认识的深化和发展。从概念产生的客观背景来说，它一般有两种情形：一是由直接客观事物的存在反映得来的；二是在原有概念的基础上，经过多层次的抽象而形成的。正像毛泽东同志在《实践论》中所指出的那样："概念这种东西已经不是事物的现象，不是事物的各个片面，不是它的外部联系，而是抓住了事物的本质，事物的全体，事物的内部联系了。概念同感觉不但是数量上的差别，而且有了性质上的差别"。随着人们的社会实践和认识的发展，概念也在不断深化。如目录、路径这些概念，已经舍弃了对象的具体内容，这些概念谁也看不见，在现实生活中，人们只能看到如书的目录、道路等具体的事物。概念是主观的抽象形式与客观的具体内容的辩证统一，它不是远离客观事物，而是更接近客观事物，抓住客观事物的本质，是对客观事物更深刻、更正确、更完整的反映。计算机信息科学概念是一类特殊的概念，它是反映事物在计算机信息方面的本质属性的思维形式。

概念是用语言表达的，其主要表达形式是语词和符号。例如，"个人电脑"、"中央处理器"等语词都分别表达一个概念；"PC"、"CPU"等符号，也分别表达一个概念。当然，同一个概念也可能有不同的语词表达，例如，"文件夹"又可表达为"目录"等。

概念是人类思维的基本结构单位，任何一门科学理论都是一个概念的系统。如果把人的思维比做一个有机体，那么概念就是这个有机体上的细胞。

7.1.2 概念的内涵和外延

任何一个概念，都要有确定的含义，并能反映确定的对象范围。因此，任何一个科学概念，都应该有如下两个逻辑特征的结构。

一是概念所反映的这类事物的共同本质属性，即确定的含义，称为概念的内涵（或内包）。内涵是概念所反映的对象本质属性的总和，即概念所反映的对象的质的方面。

二是概念所反映的这类事物的全体，即概念所包括的对象的数量，或指对象范围，这称为概念的外延。

例如，循环概念的内涵就是重复执行一段和程序，无限循环和有限循环等则是这一概念的外延。

显然，概念的内涵是对概念的质的论述，表明了所反映的事物的共性所在；外延是对概念的量的刻画，表明了所反映的事物的范围所在。二者分别回答了一个概念"是什么样的"和"是指哪些对象"的问题。两个方面的结合，就确定了一个概念，并使不同概念之间界线分明，不容混淆。

应该指出，概念的内涵和外延之间有着密切的联系，二者既统一，又是互相联系、互相制约的。一个概念的内涵如果确定了，在一定条件下，其外延也随之确定了；反之，若是概念的外延明确了，在一定条件下，其内涵也就确定了。而当一个概念的内涵扩大，它的外延就缩小；反之，概念的内涵缩小，它的外延就扩大。内涵和外延的这种变化关系，通常称为反变关系。例如，循环的外延大于有限循环的外延，因为有限循环的内涵扩大了。

逻辑思维对概念的基本要求是概念要明确。弄清一个概念的内涵是什么、外延是哪些，也就从质和量两个方面明确了概念所反映的对象。

7.1.3 概念间的关系

概念间的关系主要是指概念外延间的关系。任何一个概念都要有所指，因而我们可以约定，任何一个概念的外延集都是非空集合。这样，根据概念的外延集合是否有公共元素这一标准，就可以把概念间的关系分为相容关系和不相容关系。

为了叙述起来简明方便，我们先设概念甲、乙、丙的外延集合分别为 A、B、C，再分别讨论这些概念间的关系（如下）。

1. 概念间的相容关系。如果 $A \cap B \neq \Phi$，即两个概念的外延集至少有一部分相同，那么这两个概念之间的关系称为相容关系。它进一步还可以具体分为如下三种关系。

（1）同一关系。当 $A = B$，即概念甲与概念乙的外延集完全相同时，就称这两个概念为同一关系（或全同关系），如"死循环"和"无限循环"。

（2）属种关系。当 $A \supset B$，即概念甲的外延集完全包含概念乙的外延集时，就称这两个概念为属种关系（从属关系），而且称外延集较大的概念甲为属概念，称外延集较小的概念乙为种概念，如"分支"与"两分支"、"多分支"。

（3）交叉关系。当 $(A \cap B) \subset A$ 且 $(A \cap B) \subset B$，即两个概念的外延集相交而不重不合时，则称这两个概念为交叉关系。

在计算机信息科学中，相容关系的概念很多。

"目录"和"文件夹"、"拷贝"和"复制"等，都是具有同一关系的两个概念，它们彼此可以在论述中相互代替。

"分支"和"两分支"、"存储器"和"内存储器"、"输出设备"和"打印机"、"打印机"和"激光打印机"等，都是具有属种关系的两个概念，前者都是后者的属概念，后者都是前者的种概念。需要注意，属种关系是相对的，如上述举例中，"打印机"是"输出设备"的种概念，但同时它又是"激光打印机"的属概念。

"磁盘"和"光盘"、"键盘"和"鼠标"等，都是具有交叉关系的两个概念。具有交叉关系的两个概念的公有属性，可以概括出新的概念。如"磁盘"和"光盘"交叉后公有"外存储器"，"键盘"和"鼠标"交叉后公有"输入设备"。

2. 概念间的不相容关系（或全异关系）。如果 $A \cap B = \Phi$，那么就把同一属概念丙之下的两个种概念甲和乙之间的关系，称为不相容关系，或称为全异关系。它进一步还可以具体分为如下两种关系。

（1）矛盾关系。当 $A \cup B = C$ 时，两个种概念的外延集之和正好等于其属概念的外延集，就称这两个种概念甲和乙之间具有矛盾关系。

（2）反对关系。当（$A \cup B$）$\subset C$ 时，两个种概念的外延集之和小于其属概念的外延集，就称这两个种概念甲和乙之间具有反对关系。

在计算机信息科学中，不相容关系的概念也有不少。

相对于属概念"存取"而言，其种概念"存盘"与"删除"之间就具有矛盾关系。

相对于属概念"外围设备"而言，其种概念"输入设备"和"输出设备"之间就具有反对关系。

总之，概念之间的关系，依据其外延集之间的关系，可以分为同一关系、从属关系、交叉关系、全异关系四种可能的关系。任何两个概念，必然具有这四种关系中的某一种关系。

7.1.4　概念的定义

概念的定义就是揭示一个概念的内涵或外延的逻辑方法。揭示内涵的定义称为内涵定义，明确外延的定义称为外延定义。在计算机信息科学中，大多数概念的定义是内涵定义，也有少数概念的定义是外延定义。

1. 定义的结构

任何定义都由被定义项、定义项和定义联项三部分组成。

被定义项是需要加以明确的概念；定义项是用来明确被定义项的概念；定义联项是用来联结被定义项和定义项的语词，常用的定义联项有"是"、"就是"、"也就是"、"叫做"等。例如，"一字节就是一个 8 位长的二进制数"，"一字节"是这个定义的被定义项，"一个 8 位长的二进制数"就是这个定义的定义项，而"就是"这个词即是定义联项。再如，"计算机病毒是一种可以在计算机系统中起破坏作用的程序"，"计算机病毒"是这个定义的被定义项，"一种可以在计算机系统中起破坏作用的程序"是这个定义的定义项。

对于任何一个概念，三个组成部分的表达方式可以是多种多样的。

2. 下定义的方式方法

定义在撇开具体内容后的逻辑框架或结构模式，通常称为定义方式。常见的定义方式有属加种差定义、发生定义、关系定义、外延定义、约定式定义等。

（1）属加种差定义

属加种差定义是概念定义中最常用的一种定义方式。用属加种差定义时，要做好两方面的工作：一是找出被定义概念的邻近的属；二是确定种差，即找出被定义概念在它的属概念中区别于同一属中其他种概念的本质属性。

属加种差定义可以用下列公式表示：

$$属 + 种差 = 被定义项$$

例如，"当循环"和"直到循环"的属概念是"循环"，它们的种差是"当条件成立时循环"和"循环直到条件成立"。又如，微机和小型机的属都是计算机，而微机的 CPU 用的是一块大规模集成电路芯片，即种差。

对于同一事物来说，种差往往不是唯一的。因此，用属加种差作出的定义往往是不唯一的。客观事物的本质属性是多方面的，而定义只是根据一定的实践目的，揭示事物某一方面的本质属性。因此，尽管同一个概念可以有多种不同的定义，但在同一体系中，一般只能采用一个定义。事物其他方面的本质属性，可以由所给的定义推出，作为性质处理。

（2）发生定义

发生定义是把只属于被定义概念，而不属于其他任何事物的发生或形成的特有属性作为种差的定义。例如，表达式是用括号和运算符把常量、变量函数联接而成的有意义的式子。

（3）关系定义

关系定义是以事物间的关系作为种差的定义，它指出这种关系是被定义事物所具有的而任何其他事物所不具有的特有属性。例如，逻辑变量就是用变量与逻辑值的关系来定义的。

（4）外延定义

外延定义是通过列举概念的全部对象来下的定义。一般说来，如果某个属概念划分后所得的各个种概念都是已知的，那么可以用这些种概念来给这一属概念下外延定义。

（5）约定式定义

约定式定义是依据某种特殊需要，通过约定的方式来下的定义。这种定义方法，一般是利用意义已经确定的表达式，去规定新引入的表达式的意义。

7.1.5 概念教学

概念是信息技术科学知识体系的基础，是信息技术科学基础知识的主要内容之一。因此，概念的教学是提高教学质量、实现教学目标的关键。

1. 概念教学的一般要求

概念教学首先应明确教学要求。由于学生对计算机信息技术概念的形成与掌握，在多数情况下是在原有认识结构的基础上进行的，也是在计算机信息技术概念本身的逻辑联系中进行的。因此，对概念的教学，特别是对一些重要的概念教学，必须从掌握概念体系的总要求出发，经历一个不断学习、不断深化和不断应用的过程。具体应达到以下一般的要求。

（1）使学生了解概念的由来与发展。计算机信息技术概念是人脑对于现实事物在计算机信息上的反映。概念的形成包含了分析、综合、比较、抽象、概括等一系列思维过程。了解诸对象的属性、区分共性和差异就是分析与比较的过程；把共性分离出来、舍弃非本质的差异就是抽象的过程；把同属性的对象归为一类就是综合的过程；以类属性为标准，能够识别具有同一属性的其他对象统归于此类就是概括的过程。

在信息科学教学中，应该使学生了解到，任何一个概念都有其客观背景，都是某类具体的计算机信息对象的本质属性经过抽象、概括的结果，任何被定义的计算机信息对象都是客观存在的。同时，还应该结合具体的概念学习，使学生认识到概念的不断发展性，对有些概念的认识要随着知识的扩充与深化而不断发展与精化。例如，文件、目录、程序、程序设计等概念都是这样。

（2）使学生掌握概念的内涵、外延及其表达形式。掌握概念主要是明确概念的内涵和外延，熟悉概念的表达形式。一般概念的教学要使学生明确其内涵、外延，掌握概念的定义、名称、符号等。事实上，许多学生在实际操练中出现的错误，都是因为概念模糊不清而产生的。

对于教材中出现的原始概念，教学中也应该通过具体的实际审阅或直接经验，让学生把握它们的意义，并懂得原始概念是定义其他概念的出发点。

（3）使学生了解有关概念间的逻辑关系，会对概念正确地进行分类，从而形成一定的概念体系，进而加深理解，牢固掌握，为灵活运用、提高能力奠定基础。

例如，在"操作系统"教学中有关"文件"的概念体系、有关"操作"的概念体系等，都应使学生在一定的学习阶段之后，分别将有关概念建立联系、形成概念体系，以利于掌握和运用。

（4）使学生能够正确地运用概念。运用概念是学习概念的主要目的。学生在运用概念的过程中，又可以加深对概念的理解，从而有利于更牢固地掌握概念。因此，在概念教学中，要结合具体概念引导学生运用概念去确定某对象的属性、判断某对象是否属于这一概念的外延集以及解决各种实际问题，并能逐步达到正确、灵活运用概念的水平。

2. 概念的教学途径和一般方法

心理学的研究表明，掌握知识的一般途径是感知、理解、巩固和应用。学习和掌握信息技术概念同样应经历三个心理发展阶段：感知、表象、形成概念（引入概念）阶段；理解、掌握概念（明确概念）阶段；巩固、应用概念（运用概念）阶段。

因此，概念教学要抓住概念的定义方式，从内涵、外延、相关概念入手，利用比喻、类推、联想等手法，使学生在大脑里形成正确、直观的形象。这样，学生就掌握了这个概念，教学的目的也算达到了。概念教学的一般途径，也应该大体分为三个阶段进行。下面就概念教学的全过程中的各阶段的意义和方法，分别说明如下。

（1）概念的引入。引入新概念的过程，是揭示概念发生形成的过程。而各种概念的发生形成的途径又各不相同：有的是现实模型的直接反映；有的是在相对具体的概念的基础上经过逐级抽象得出的；有的是经过思维加工，将思维对象理想化、纯粹化得来的；有的是根据计算机信息科学内部的需要而直接规定的；有的是从理论上的存在性或信息对象的结构中构造产生的；等等。因此，引入概念就是要揭示概念发生的实际背景和基础，了解该概念的必要性和合理性，并初步揭示它的内涵和外延，给该概念下定义等。在这一过程中，教师的主要任务是设法帮助学生完成由感性认识到理性认识的过渡，或者是帮助学生把新材料与原有认知结构建立起实质性的联系。因此，在教学中必须重视概念引入的教学设计，为学生提供丰富的直观背景素材，提出有趣生动、发人深省的问题，使学生经历概念的发生和形成过程。

当然，并不是也不可能要求所有信息技术概念的引入，都经历以上全部过程，而是依据概念形成途径的不同而各有侧重的。对一些简单的概念，引入过程可以根据已知概念十分简略地进行。例如，学习了"指令"概念之后，"程序"概念就可以十分简单地引入；学习了"循环"的概念后，就以顺势给出"当型循环"和"直到型循环"的定义，不必多费周折。但是，对于一些比较抽象而又十分重要的概念，就必须十分重视其引入过程。一般来说，可以有以下几种引入概念的方法。

① 以感性材料为基础引入新概念。用来引入概念的感性材料是十分丰富多样的，可以是学生在日常生活中所接触到的事物，也可以是教材中的实际问题以及模型、图形、图表、影像，等等。在教学中，教师应有目的、有计划地列举出一些足以反映某一概念本质属性的直观感性的实际素材，引导学生去观察、分析、抽象出它们在形或数方面的共同属性，并在此基础上舍去其非本质属性、突出其本质属性，从而引入新概念。

这种引入概念的方法，不仅由于丰富的感性材料而有利于学生接受新概念，承认概念的存在性，而且在观察、分析、抽象概念的本质特性的过程中，亦可发展学生的观察、分析、比较、归纳和抽象的能力。从某种意义上讲，这样比机械地死记一些概念要有用得多。

例如，有一些较抽象的概念，如目录、文件的路径、源程序、目标程序等，学生理解起来有一定的困难。教师既要让学生理解这些概念，又不能占用太多的学时。教师在讲"目录"概念时，可以从图书目录的分类与编目便于图书查找这一已有的经验出发，提出在计算机的磁盘上可否用图书管理的方法来管理文件的问题，引出计算机中目录的初步概念。

应该指出，在用感性材料引入新概念时，应选择那些能够充分显示被引入概念的特征性质的事例。这样才能便于学生从事例中分析、归纳和抽象出共同的特征性质，这样形成的新概念才容易被学生所接受。

② 以已有知识为基础引入新概念。学生已有的知识，也是引入新概念的直观背景材料。尽管

这些知识本身也是抽象的，但学生已熟悉认可，因而也是相对直观、具体的了。特别是信息科学中的概念，都是按一定逻辑规律构成了概念体系。各概念体系中的概念之间的逻辑联系，就给我们提供了引入概念的有利条件和方法。分析概念间的逻辑关系，也就揭示了引入概念的必要性和合理性。因此，在教学中可以采取适当的方法，以学生已有的概念为基础，揭示逻辑联系，引入新概念。例如，在讲源程序、目标程序等概念时，因牵涉到汇编程序、编译程序、解释程序等概念，概念过于集中，学生不易接受。但在讲源程序、目标程序之前，学生已有计算机语言分为机器语言、汇编语言和高级语言的概念，因此可以利用这一已有的知识作进一步的分析，找出机器语言的特点（机器能够直接执行），同时提出问题"汇编语言和高级语言程序如何在机器上执行，"再提出解决问题的办法（将汇编语言和高级语言程序翻译以后再执行）。通过上面的分析与讲述，很自然地就出现了"用汇编语言和高级语言编写的程序"以及把它们"翻译以后的程序"。在此基础之上给出源程序、目标程序的概念，学生就会感到这是很自然的结论。如果对"翻译"作进一步的分析，那么翻译别人的话时可以有两种翻译方法：逐句翻译；听完一段话以后再翻译。从这两种不同的翻译方法中可以引出"编译"和"解释"的概念，从而可以进一步引出"编译程序"和"解释程序"的概念。具体有如下做法。

a. 通过与已有概念类比引入新概念。计算机信息科学中有些概念的内涵有相似之处，把这些概念进行类比，明确其内涵的异同，利用已有概念揭示内涵并引入新概念就是很自然的方法。例如，类比"内存储器"概念，引入"外存储器"概念，属于并列学习。

b. 通过对已有概念的限制或概括引入新概念。教学中具有属种关系的概念的内涵与外延之间存在着"反变关系"。利用这种关系就可以逐步增加已有概念的内涵，引入外延较小的新概念（就是概念的限制）；也可以逐步减少已有概念的内涵，引入外延较大的新概念（就是概念的概括）。基于这种方法，概念的内涵明确，新概念的存在性显然，学生也易于接受。例如，在"程序设计"中，通过对一般"循环"的概念的限制，在其内涵中增加"有限"这一本质属性，就可以引进"有限循环"这一新概念的定义。事实上，在教学中，这种归属学习和总括学习更便于建立概念体系，有利于概念的掌握与运用。

c. 通过揭示事物发生的过程引入新概念。计算机信息科学中有些概念是用发生式定义的，因此可以采用揭示事物发生的过程的方法引入这类概念。在教学中，一般可以通过演示活动的直观教具或演示画图说明的方法，揭示事物发生的过程，从而引入蕴含于其中的概念。例如，"循环"概念可以通过画流程图引入。这种方法生动、直观，具有运动变化的观点，同时，引入的过程又自然地阐明了这一概念的客观存在性。

此外，对有些概念定义的合理性问题，在引入这些概念的过程中必须给予特别说明。这样才能使学生较好地得到理解。例如，在定义"复制"时，要说明它与日常生活中的"复制"概念的一致性。

总之，概念的引入要从实际出发，精心设计，认真对待，采取不同的方法，引导学生观察、分析、比较、抽象、揭示对象的本质属性，适时地引进新概念，为学生深入理解、牢固掌握和灵活运用概念打下基础。

（2）概念的明确与理解。引入概念，仅仅是概念教学的第一步。为了使学生真正达到理性认识，形成科学概念，教学中尚须在定义的基础上准确、深刻地引导学生理解概念，明确其内涵与外延以及概念间的关系，逐步建立起概念体系。为此，在概念教学中，需要做好以下具体工作。

① 正确表述概念的本质属性，准确理解概念的定义。在概念教学中，务必使学生对概念所指

的一类对象的本质属性有清楚的认识和正确的表述，切忌形式地讲解定义和满足于学生能够背诵定义。

教学中，要使学生深入理解定义，就要抓住概念定义中的关键词语着重讲述；对概念的名称、符号及限制条件都要交待清楚，使学生明确把握；有些概念的定义是由相关概念组成的，要想突出其中的相关性，就要掌握这些概念的要点。

在概念教学中，对于表达概念的抽象符号，更要注意讲清其实质，使学生理解其内在含义。例如，"赋值"符号"＝"比较抽象，教学时要在大量具体"赋值"的基础上，使学生明确：这一符号包含了相同的含义，但主要是给内存变量另赋值是根本的，而选用什么字母表示是无关紧要的。但一经选定字母，则不同的字母表示不同的。

② 充分揭示概念的内涵和外延。明确概念就是要讲清概念的内涵和外延。为了帮助学生深刻理解概念，教学中就要在充分揭示概念的内涵、外延和内涵与外延的统一性上下工夫。应该明确，概念的定义只是揭示其内涵或外延的一种逻辑方式，掌握了定义还不等于全面深刻地理解了这一概念。应该进一步使学生懂得，概念的定义中仅仅是突出了它的最特殊的本质属性（种差），它还应具有它的属概念的一切属性。因此，一方面要使学生对概念的内涵有全面的认识；另一方面，由于概念所反映的对象常表现为不同的形式，所以也必须让学生熟悉该概念所反映的对象的外延集，这样才能使学生具有从不同方面确定概念所反映的对象的能力。

③ 对比概念差异，防止负迁移。在初中教学中，有些概念的形成过程相似，或表述概念的语词基本相同，或表达概念的符号相差无几，或内涵与外延相类似（如"复制"与"粘贴"、"移动"与"剪切"等），致使学生容易混淆，在运用它们时产生负迁移，错误地把上述两类概念中的一类概念的全部属性用到另一类概念上去。因此，在教学中，要有意识地引导学生进行对比，明确类似概念的差异，以澄清认识，避免混淆，防止产生负迁移。这样，学生在运用这些概念时，就不会不加区别地乱用了。

④ 讲清概念的确定性及某些概念的发展与深化。概念的确定性是指它所反映的是一类确定的事物。在一般情况下，概念的确定性是在一定范围或在一定条件下的确定，是相对的。在教学过程中，一般讲清了概念的定义，给出了正确的、恰如其分的定义，也就确定了这一概念所反映的一类事物。该概念的确定性也就不言而喻了。但是，有些概念在给出定义之前或之后，很有必要特别讲一下概念的确定性。在教学中，对于每一次概念的发展，都要联系原有概念说明发展的必要性和合理性，并指出概念发展后它的内涵与外延的变化。

值得指出，各种概念在中学计算机信息科学中的地位和作用不同，因而它们在发展中的深化和完善程度也不尽相同。在教学中应该根据具体情况区别对待。有的概念在中学中只是初步形成，仅要求初步了解；有的概念在中学中要逐步深化、逐步精确化，需要分阶段、分层次进行学习，而且达不到完善的科学程度，尚需在进一步学习中发展、完善；有的概念在教学中经过几次发展，已初步完善。在教学中，教师应当明确每个重要概念发展的阶段性及每个阶段的教学要求，有目的地控制概念教学的深度，引导学生恰当地发展、完善。

（3）概念的巩固和运用。为了使学生牢固地掌握计算机信息科学中的概念，并能够灵活、正确地运用概念，教师在教学中应采取多种形式，引导学生复习概念，并通过多种途径，引导学生充分发挥概念在操作中的理论指导作用，引导学生在解决问题中运用概念，在运用中又能更进一步地加深理解和牢固掌握概念。为此，教学可以从以下几方面进行。

① 及时巩固所学概念。为使学生在课上及时能巩固所学概念，一般在给出概念定义之后，要及时采取多种形式，提高学生的认识。

② 及时复习、不断整理所学概念。为了使学生牢固掌握所学概念，还必须依据科学的心理规律，及时地、经常地对已学概念进行复习。这是因为任何概念都不是孤立存在的，一方面它要基于一系列其他概念的预备，另一方面它还是后继概念形成的基础。这就是说，概念之间的联系密切，掌握概念必须在概念体系中把握。因此，在某一类概念教学到一个阶段时，特别是在章节末复习、期末复习和毕业总复习时，要重视对所学概念的整理和系统复习，要引导学生对每一类概念不断进行总结，建立各类概念的一定体系，并使学生了解概念体系中各概念的"纵向"联系（关系）和不同概念体系中概念的"横向"联系（关系）。

③ 广泛联系实际，灵活运用所学概念。这也是概念教学的有效途径，是使学生牢固掌握概念、加深对概念理解的必由之路。

在教学中，除了及时布置一些联系所学概念、检查所学概念的作业练习外，还要精心选择一些运用概念指导的操作的问题，让学生在解决问题的过程中灵活运用概念，培养学生的逻辑思维能力。另一方面，可以在学生掌握概念的定义后，配备一些有关的实际问题和相邻学科的问题，从中提高学生灵活运用概念来解决问题的能力。

7.1.6　附：参考教案

一、课题：信息社会与信息处理

二、教学目的：了解信息、信息社会、信息处理的概念，理解信息处理离不开计算机，从而激发学习兴趣。

三、教学重点、难点：重点是信息处理离不开计算机，难点是对信息社会这个概念的把握，关键是概念的介绍。

四、课型与教法：单一型，讲授法加谈话法，注意启发。

五、教具：能吸引学生注意力的一幅挂图。

六、教学过程

［组织教学］学生到位，注意力集中。

［自我介绍］让学生认识自己。

［板书］计算机应用基础

前言：本学期每周 2 学时，将学习书中的第一、二章的内容。星期二下午第 2 节上课，第 3 节上机。期末考试，课程学完将参加全省的统考。

今天我们学习第一章第一节的内容。

［板书］第一章　计算机应用基础知识

第一节　信息社会与信息处理

评点：新授课没有复习引入环节，可开门见山；作为课程的第一堂课，本节课应有课程的内容、教学、实习的安排、课程要求及测试的说明。

［提问］我们为什么要学习计算机知识呢？

［自答］不懂计算机将不能在信息社会中生存。

什么是信息呢？

［板书］一、信息

（挂出挂图，请学生观察，并回答）

［提问］你从图上看见了一些什么？

从挂图上看到的东西就是这幅图负载的信息。

信息是人类大脑对现实世界的反映和理解。因此对同一事物，人的视点不同、思维不同，得到的信息是不同的。刚才的图，同学们每人看到的信息就可能不同。信息是主观的，信息在人类社会中是无处不在的。

信息可用不同的方式存储起来：文字、数字、图片、图表、录像、录音，即有多种媒体的信息，并用这些方式进行表述和传递。存储的信息称为数据。

同一个对象，往往要用不同的信息来描述它。例如，摆在你们面前的课桌，形状、颜色可用图片来描述，长、宽、高可用数字来描述，材质、用途可用文字来描述。于是现实世界中的课桌，就转换为信息世界中的课桌了。

评点：从图片开始，活跃了课堂。从信息概念的内涵和外延及相关概念来介绍，可加深理解。

［板书］二、信息社会

从不同的侧面、用不同的媒体信息，就可以将现实的客观或抽象的事物变为信息化的事物，我们的现实世界也就变成了信息世界。读一本好的小说，看一部好的电影、录像，如同身临其境，这就是信息世界的奇异魅力。然而这种转换和人类社会的进步是分不开的。

1．人类社会的三次革命

农业革命—工业革命—信息革命（计算机革命）

（看书，充分利用教材）

2．3C技术的发展，突出了信息的重要性

（看书，勾出一句话）

信息是人类社会的一种宝贵资源。

3C技术使得现实世界转化为信息世界成为可能，使得人类社会从工业社会向信息社会过渡成为可能，使得"秀才不出门，便知天下事"成为可能。

［板书］三、信息处理与计算机

……

评点：有了场景，突出重点已很自然，也很容易。

［板书］四、小结：在信息社会中不学计算机，何以立足？

［板书］五、作业

7.2　操作命令教学

操作命令类主要是指操作系统（如Windows系统）的使用、一些应用软件（如Visual Basic、Visual Foxpro）的使用以及一些教学软件（如CAI）的使用等。

7.2.1　命令概述

1. 命令的表示

命令的表示一般称为命令的格式。它应包含命令所执行的程序所在的位置信息、命令操作的对象信息、命令操作结果的输出信息等几个方面。

例如，在Visual Foxpro中，CREATE　DATABASE [数据库名]命令的功能是在当前位置用指定的数据库名来创建一个数据库。如果数据库名缺省，则要求用户录入数据库名。如果没有给数据库名指定扩展名，系统自动将其扩展名加上".dbc"。

2. 命令的生命周期

从输入命令开始，要存储命令、执行命令、输出结果，直到命令终止。虽然有的命令字符仍在模板中，可以再现其字符，有的命令字符还显示在屏幕上，但是先前的命令已经结束了。

7.2.2　命令的教学设计

1. 命令教学的步骤

格式：介绍命令的语法结构。

功能：介绍命令实现的任务、动作。

应用：命令针对不同目的应用。

错误与处理：命令错误后的提示，以及解决方法。

求助：记不住命令时如何获得帮助。

在讲解命令时，还可以有不同形式的引入，可以把某种典型的应用设问作为引入。格式和功能不一定要求全，可以逐步深入、系统化，特别是有的命令开关特别多时，可从最常用的、最简单的形式讲起。

2. CAI 教学设计

命令类教学可用 CAI 课件类实现。设计 CAI 课件时，一般要在课件中实现命令的语法功能介绍，即帮助环境。帮助环境包括：命令的输入环境、命令的执行环境、命令的输出环境。

典型的例子如快快乐乐学电脑（一种 CAI 课件，市面上有售）。

3. 板书教学设计

板书进行命令教学更灵活一些，可以针对学生的具体情况进行讲解设计。为了直观，最好能有演示环境（真实的或模拟的），通常将黑板分为两个部分：课程讲解部分和屏幕演示（模拟）部分。演示也可用数字投影仪、幻灯机、普通投影仪以及图片来实现。

7.2.3　命令教学的注意事项

1. 切忌命令的堆积

应适当组织命令，按一定的分类或一定的逻辑顺序介绍。

2. 加强实践

命令的教学要和学生的实践密切结合，通过教学，让学生在上机时清楚地知道做什么、怎样去做，进而掌握格式功能，熟练应用。

3. 一定要有实践的模拟环境

例子可参看本节后的参考教案。

7.2.4　操作类的教学设计

这里指的操作类是指利用菜单选择，或视窗类的应用软件或系统软件，不用记命令格式、功能，通过选择操作来完成特定的任务。

例如，Windows 操作系统的使用、Office 套件的使用、Visual Basic 软件的使用（操作和命令结合），它们是由一幅一幅的菜单（特殊如窗体），在系统提示的引导下，由用户选择后，一步一步去完成任务的。因此，我们的教学要顺应其规律进行教学设计。教学内容的组织可采用如下一些方式。

1. 以窗体为单位（一屏）组织教学内容。对屏幕上出现的标示菜单项逐一讲解说明。有条件时可在微机演示的配合下进行教学，也可事先做好投影片、幻灯片或挂图来配合教学。

例如，在 Word 软件使用的教学中，首先介绍如何从桌面或"开始"菜单进入 Word，第二屏介绍 Word 窗口的主菜单栏，依次或有侧重地介绍各项功能，第三屏介绍常用工具栏中各按钮的功能及使用方法。

2. 以任务为单位（任务驱动）组织教学内容。首先提出任务，然后按操作步骤一步一步地讲解。对每一窗体，只讲需要的部分，忽略其他的功能。

讲解时，切忌只演示而不板书主要步骤，也要注意板书不要太多。例如，在 Word 系统中编辑一篇已录入的文稿，将其中的第一自然段与第二自然段交换位置。

板书：

方法一　打开文稿

　　　　——（选定）拖曳鼠标选定第一自然段

　　　　——（剪切）"编辑"菜单中选"剪切"或单击^X 或单击"剪切"工具按钮

　　　　——（定位）光标移到第三自然段的段首

　　　　——（粘贴）"编辑"菜单中选"粘贴"或单击^V 或单击"粘贴"工具按钮

（讲解完，再强调"选定、剪切、定位、粘贴"八字四步，便于记忆）

方法二　打开文稿

　　　　——选定第一自然段

　　　　——将选定块拖曳到第三自然段的段首

然后再比较相同功能的两种操作的不同的适用情况。

3. 先讲规律性操作（共性）、窗体共性菜单项，再以窗体或任务组织教学内容。

操作课必须加强实践，而对于上机的任务（题目），教师一定要仔细设计，提出具体要求。如对于 Word 中移动文字段的操作，就可要求用 2～3 种方法来完成。

4. 注意教学内容的连续性。例如，对于 Word 中复制文件的操作，先讲复制，再讲粘贴，上一步的结果作为下一步的对象。

7.2.5　附：参考教案

《鼠标器的使用》

［教学目的与要求］

1. 了解鼠标指针的含义。

2. 初步掌握鼠标器的五种基本操作方法。

［课时安排］

建议 1 课时

［教学重点与难点］

鼠标器的操作

［教学过程］

一、观察发现，激趣引新

1. 操作：学生观察，教师移动鼠标。

2. 提问：你发现了什么？（鼠标指针）

3. 质疑：学到这里，你有什么问题吗?

4. 提问：同学们提了许多问题，今天你最希望解决什么问题？

5. 叙述：今天我们就来研究一下鼠标有哪些了不起的本领。

（板书课题：鼠标器）

二、引导交流，自学新知

（一）鼠标器的操作

1. 谈话：你以前见过鼠标吗？今天让我们再一次认真地观察鼠标，看看它是什么样子的。

2. 学生自由观察。

3. 汇报：你有什么新的发现？

4. 同学们观察得很仔细。（展示鼠标图片）鼠标外形像一只老鼠，后面还有一个细细的尾巴，所以我们形象地把它称为鼠标。在鼠标器上有两个按键，左边的称为左键，右边的称为右键。同学们使用的鼠标中间还多了一个像轮子一样的按键，这个键叫做滚动键，也叫滚珠。

5. 同学们，你们以前使用过鼠标吗？你认为使用鼠标容易吗？假如老师不教，你会完成一些很难的操作吗？

6. 出示学件，学生尝试操作。（3～5 分钟）

7. 交流：操作对了吗？你一共进行了哪几种操作？（对单击、双击、右击、移动、拖动，逐个教学，并提一提握鼠标的方法）

8. 现在大家都会操作了吗？谁还有什么不明白的地方吗？真的都会了吗？你能再操作一下给老师看看吗？

9. 学生自由操作，教师巡视，个别指导。（3～5 分钟）注意学生握鼠标的方法。

（二）认识指针

1. 刚刚你在操作的时候有什么发现？在移动鼠标的过程中，指针有没有变化？

2. 你还看到过鼠标指针的其他样子吗？

3. 出示图片，介绍鼠标指针的形状。

7.3　程序设计教学

本节介绍程序设计和程序设计语言的发展历史、程序设计的分类，以及程序设计语言的教学、程序设计的教学设计。

7.3.1　程序设计概述

程序是用语言、文字、图表等方式表达解决某个问题的方法步骤（算法）。计算机程序是用指定的计算机语言表达解决某个问题的方法步骤，这些方法步骤必须是计算机能理解并且能执行的。

程序设计主要指研制计算机程序的过程，它应该包含：对问题的分析与了解、选取解决该问题的方法步骤、用特定的计算机语言将方法步骤记录下来（记录下来的这个方法步骤就是程序清单）。

长期以来，人们以极大的努力来研究程序的设计方法，把所涉及的课题发展为计算机科学的一个又一个的分支。但时至今日，研究的速度还赶不上计算机应用的突飞猛进的要求。不过总的来说，新的理论在不断地提出，新的方法也层出不穷，一个认知体系正在逐步形成。

在 20 世纪 60 年代之前不存在程序设计的系统化方法。人们以个人的手工技艺方式来编写程序。程序员专注于各种不规范的、在很大程度上有赖于灵感的编程技巧，除了保证程序的正确操作外，特别强调时间和空间效率，往往绞尽脑汁只是为了缩短几条指令。程序的设计过程保留在程序员的头脑当中，提交的工作结果一般只是源程序文本，而这样的文本常常是其他人甚至程序员自己事后都难以读懂的。

20世纪60年代之后，随着计算机应用的发展及一些高级语言的出现和完善，程序日益庞大复杂，迫使程序的编写不得不采用合作的方式，因而就需要用方法和规则来协调和制约程序员们的集体工作。于是，人们开始研究一些和程序设计过程密切相关的方法。由此而产生的程序设计方法学主要关注数据对象的抽象表达、算法的设计和分析以及程序的合理结构。

进入20世纪70年代后，程序的规模和复杂程度以空前的速度猛增，以致程序往往被称为"程序系统"。大系统的源程序行数逾百万，工作量极大，因此，程序的开发遇到了前所未有的困难。作坊式的组织和开发手段在这些新问题面前一筹莫展，束手无策（现在常用"软件危机"来表达当时程序编写人员所面临的困境）。危机促使人们开拓新的思路——用工程化方法来开发程序，从而诞生了一门新的学科——软件工程学。

随着时代的发展，程序设计语言也有了新的突破。20世纪80年代出现了面向对象的程序设计语言及设计方法。它简单、直观、实用，十分接近人类处理问题的自然思维方式。面向对象进行程序设计时，只要从分析问题中的客体的属性和行为及其相互关系入手，不再是从程序的第一行一直编到最后一行，而是考虑如何创建对象、利用对象来简化程序设计。

面向对象的程序设计与面向过程的程序设计风格截然不同。各学校可根据自身的条件，作出选择。

在中学进行程序设计的教学，对学生逻辑思维的训练及综合素质的提高非常有效。

程序设计的教学，应重视两方面的教学：程序设计语言的教学及程序设计（算法）的教学。

7.3.2　程序设计语言的教学

在程序设计的发展过程中，出现了各式各样的计算机语言。

最早期的语言是二进制语言，程序设计人员只能用计算机能直接识别和执行的二进制代码来编写程序，这种语言称为机器语言。为了减轻设计人员的负担，很快又出现了用符号来代表二进制代码的符号语言，而这种语言编写的程序需要通过汇编程序翻译后才能执行，所以又称汇编语言。不同的计算机上提供不同的二进制语言或汇编语言，所编写的程序一般只能在同类型的计算机上运行，所以这种语言又称为"面向机器的语言"，也称为"低级语言"。

程序设计的关键是将问题的算法过程描述出来。非计算机专业人员很难掌握机器语言或汇编语言，这就成了计算机普及与发展的"拦路虎"。设计人员很快就提供了一种描述算法过程很方便、同时又脱离了对机型的要求、能在任何计算机上运行的计算机语言。利用这种计算机语言可以直接写出各种表达式来描述简单的计算过程，利用这种语言提供的各种控制语句可以描述复杂的数据加工处理过程。这种语言是面向问题和算法过程描述的，所以又称为"面向问题的语言"，也称为"高级语言"。

高级语言编写的程序称为"源程序"。源程序是不能在计算机上直接运行的，必须将其翻译成二进制程序后才能执行。翻译过程有两种方式：一种是翻译一句执行一句，称为"解释执行"方式，完成翻译工作的程序就称为"解释程序"；另一种是全部翻译成二进制程序后再执行，承担翻译工作的程序就称为"编译程序"。编译后的二进制程序称为"目标程序"。

最早出现的高级语言是"ALGOL（算法语言）"，第二个是"FORTRAN（公式翻译语言）"，之后高级语言层出不穷，目前比较普及的有 Basic、Foxpro、C++、P 语言等。

程序语言包含程序设计语言的语法和语义。不弄清楚程序设计语言的语法和语义，是无法编写出正确的程序的。

1. 程序设计语言的语法

程序设计语言和自然语言非常接近。英语由字母按一定的词法组成词（字），每个词有一定的含义；由若干词按一定的顺序组成句子，表达一个完整的思想成分；再用句子组成文章，表达一个完整的思想。汉语用笔画组成字，再构成词、句子和文章。语法是一组规则，它由词法和句法组成。词法指明如何由符号（字母或笔画）组成合法的字词，句法指明如何由字词组成句子。

程序设计语言的词法规定如何由字母、数码等符号组成合法的关键字、标识符、表达式等字词。例如，变量的名字是以字母打头的字母、数码组成的字串。不能使用关键字作变量名。

程序设计语言的句法规定如何由关键字、标识符、表达式等组成合法的语句，也称为语法、语句格式。

例如，赋值语句的语法是

　　　　<变量名>=<表达式>

表述时往往还要加上一些说明，比如一般情况下左边的变量与右边表达式的类型应该一致。

2. 程序设计语言的语义

语言的语义也是一组规则，它定义了合法句子的含义，也就是句子的作用和意义，或者说句子的功能。

语言的语义有显式说明和隐式说明。教学时要注意正确完整地介绍语句的语义。例如，在赋值语句中：

$$A = 10 + 3$$

明显的含义是先计算右边表达式，再将表达式的值 13 赋给左边的数值型变量 A，也就是将 13 存入变量 A 的存储单元。同时又隐含着变量 A 占用的存储区域是 2 个字节，因此变量 A 的整数取值范围是 $-32\ 768 \sim +32\ 767$。

3. 语法和语义的教学

语法和语义都是一些法则。学生在学习语法和语义时会不以为然，容易觉得枯燥、无味。教师在处理教材时，要适当地分散并结合程序设计，增加趣味性。在教学时要注意选择恰当、形象、生动的语言，激发学习兴趣，并结合上机实践，适当组织教学内容。语法和语义的规则不要求一次讲全、讲完，以其主要的、常用的为主，其余的在以后适当的时机再补充、加深。

比如，要交换两变量 a、b 的值，要用：

```
t=a; a=b; b=t
```

而不能用：

```
a=b; b=a
```

就好像是两瓶不同颜色的酒要交换酒瓶，必须找一空瓶子来过渡一样。

又比如

```
x=5; y=x+10; x=y
```

此时 x 的值为 15，原先的值 5 已被冲掉。也就是说，变量好比一个私人空间，不得同时容纳两个值，而它的原则是"后来者居上"，前者必被淘汰。

程序设计语言是程序设计的基础，就好比没有好的砖瓦就盖不出好的大楼一样，所以在程序设计语言的教学中一定要通过各种实例反复说明、比较，让学生务必正确理解每个语句的语义和语法，并能灵活运用来表达自己的意图。

7.3.3 程序设计教学

鉴于中学信息技术课的教学大纲没有指定哪一类语言，各类学校可根据自身的条件，作出不同的选择。

1. 面向过程的程序设计

程序设计人员编写程序就是解决如何获得输入数据、如何存储处理数据、如何输出数据，也就是分析问题及解决问题的过程。算法和数据表示了程序设计中的两个紧密相关的方面。1984年，瑞士科学家、Pascal 语言和 Modula2 语言的发明者、图灵奖的获得者沃思（N. Wirth）教授用"算法+数据结构=程序"精辟地表述了算法和数据在程序设计方法学中的核心地位。事实上，程序就是在数据的特定表达形式上对抽象的算法进行具体的描述。不了解施加于数据上的算法，就无从决定如何构造数据；反过来，算法的设计又依赖于它所加工的数据的构造。因此，这两方面构成了一个不可分割的整体。

（1）算法的特征

算法就是解决确定的一类问题的操作序列，也就是解决某一种类型的问题的过程。机械地按一定的规则和次序执行这些操作，就可以对数据对象进行加工和变换，最终得到问题的解决方法。具有以下五个主要特征的操作序列才能被称为算法。

① 有穷性：执行有限个操作后能自动终止。

② 确定性：每一个操作都必须有确切而无二义的定义。

③ 可行性：每一个操作都可以在有限的时间内完成。

④ 有输入：通常有若干个原始的输入数据。

⑤ 有输出：要产生输出数据，一般是输入数据的最终变换结果，还可能包括其他有用的信息。

因此，一个算法是一个有穷规则的有序集合，这些规则给出了解决某一类问题的一个确定而可行的计算序列。对于这类问题的任何一种合法的初始输入，通过按部就班的机械计算，都可以在有限步后终止计算，得到输出结果。例如，对于求两个正整数 m 和 n 的最大公因数问题，可以设计一个包含三个步骤的操作序列：a. m/n 的余数为 r；b. 如果 $r=0$，则输出 n 的值，终止，否则执行 c 步；c. 以 n 作为 m 的新值，r 作为 n 的新值，转向 a 步。这就是数学中著名的辗转相除法（又称欧几里德算法）。

显然，这个操作序列具有前述的五个特征，因此这是一个计算机算法。对于给定的任意两个正整数，只要反复执行三个操作步骤若干次，就能得到它们的最大公因数。

（2）算法表示的逐步求精

由于要解决的问题头绪复杂，往往无法很快把握住每一个操作步骤的细节，因此，要构造解决问题的算法，通常应首先就问题的全局作出决策，设计出一个抽象算法。抽象算法由对抽象数据对象的一系列抽象操作组成，表达的是解决问题的总体策略。然后，考虑抽象数据和抽象操作如何具体实现，由此算法进入下一个抽象程度降低了的层次，这个过程为"求精"。在求精过程的每一步里，抽象的数据和操作都进一步分解、精细化和具体化，如此反复，直到算法能够用某一种程序语言规定的成分来表示数据结构和操作过程为止。这时，原来的抽象的算法就演变成了一个能够被计算机系统识别、理解和执行的程序了。

例如，用直接排序法对 n 个数进行排序时，先从 n 个数中找出最大者，然后再在剩下的 $n-1$ 个数中找次大者……在有限步后，留下一个数，即为最小者，这样排序任务也就完成了。

虽然算法很简单，但是，n 个数是数据对象，而"找出"是对它的抽象操作，因此需要在一个更具体的层次上考虑它们的实现。例如，用一个集合表示所有的数，集合里的元素就代表每一个具体的数；再构造一个循环，于是用两个元素的比较运算就可以实现"找出"的操作。

到了程序设计层次，就得进一步考虑在具体的语言环境中如何实现集合的构造。如 Pascal 语言是提供数据的集合类型的，可以直接定义一个集合变量；而在 Visual Basic 语言中就可定义一个数组，数组元素就是每一个具体的数，而该元素的下标代表它在数组中的排序位置，以下标为序用数组元素的值比较大小，不合要求就交换数值，这样，用数组和比较运算来表示的"找出"操作就通过对数组元素的交换得以实现了。

（3）算法的分析

对于要解决的同一类问题，往往能够设计出多种算法。如上述求两数的最大公因数问题，不一定用辗转相除法，也可以用穷举法：从两数中的任一数开始，由大到小，顺次取出自然数 I，检查两数分别除以 I 时余数是否都为零，如全部为零，则 I 就是它们的最大公因数，否则就继续检查下一个 I，总能找出它们的最大公因数。这种算法的想法简单，但效率要差一些。

算法分析的任务就是在某些约定的标准下，去研究和判别一个个具体算法的优劣。衡量和评价算法通常采用"计算复杂性"的概念，一个算法需要耗费的时间和空间分别称为该算法的时间复杂性和空间复杂性。

评价算法还有一些其他重要标准，如对数值算法必须研究它的数值稳定性及精确度等，这里不一一细述了。

（4）算法的表示

常见的用来表示算法的方法有程序流程框图、NS 图和 PDL 逻辑语言。

流程框图我们已经比较熟悉了，NS 图不适宜在中小学中介绍，PDL 逻辑描述是较实用的一种方式。

PDL 语言是介于自然语言和结构化程序设计语言之间的一种语言，常称为结构化英语或结构化汉语。它遵循自顶向下、逐步细化的原则，用简单的语法规则和自然语言相结合，很概括、很简单地描述模块的算法，特别适合于分析和讲解算法。

少量的法则：

用 IF <条件> THEN <工作 1> ELSE <工作 2> 描述选择结构。

用 SELECT CASE——END SELECT 描述多分支结构。

用 DO—— <循环体>—— LOOP WHILE <条件> 条件控制循环。

用 FOR X=初 TO 终 step 步长——NEXT X 描述计数循环。

其他则用自然语言来说明。

例：求两数 m，n 的最大公因数。

```
输入两数 m, n
For i=m to 1 step -1
  If m, n 能同时被 i 整除 then 终止循环
Next i
输出两数的最大公因数 i
```

（5）结构化程序设计方法

结构化技术的方法是"自顶向下，逐步求精"。设计人员从最能直接反映问题体系结构的概念出发，确定解决问题的若干个子目标，再进一步考虑各个子目标（子问题）的解法，这样就把问题的解决过程精细了一步。逐步的精细，当所有的要表达的概念都可以用某种程序设计语言描述

时，解题过程就转换为程序了。

结构化方法的实质是，先确定子目标，以表达要"做什么"，不同的子目标有不同的功能，再进一步考虑子目标的实现方法，即"怎样做"。这样，整个问题就分解为一系列相对独立的子问题，它们中的每一个都只涉及局部的表达环境和手段条件，可以相对独立地加以解决。这样通过化繁为简，各个击破，整个问题就得以圆满解决。

结构化方法的运用必然使问题的解从形式上也呈现一种结构化的构造，即具有一种和自顶而下的求精过程相一致的层次构造。

20世纪60年代末，人们的注意力普遍放在程序的编写方面。有两位学者利用数学方法严格证明了一条定理："任何程序逻辑都可以只利用顺序、选择、循环三种基本结构的重复、组合、嵌套来实现"。在此基础上产生了结构化程序设计方法：通过先全局后局部、先抽象后具体、先宏观后细节的逐步求精方法，在自顶向下的求精过程中反复使用三种基本结构的重复、组合和嵌套来表达处理控制逻辑，最终自然产生高质量的结构化程序。

到了20世纪70年代中期，人们开始认识到，编写程序只是软件开发中的一个环节，而合理地建立系统结构更重要。因此研究的重点移至设计阶段，将结构化方法应用于设计，由此产生了结构化系统总体设计方法。该方法以模块化为基本策略。所谓模块是指程序系统的结构单位，在语言环境中表现为子程序、过程、函数等形式。模块具有四种基本属性：有数据的输入/输出、有逻辑功能、有内部数据、与一般运行程序相对应。结构化的总体设计方法以功能为依据，遵循自顶向下、逐步细化的原则，将总系统划分成若干个模块，系统的功能通过这些模块的具体功能来实现，而每个具体功能又可再划分成若干的下层模块来实现，一直到产生极细微但依然完整的底层功能为止。这样，整个程序系统呈现由模块之间调用关系所建立的一种层次结构。在本阶段只需关心模块的划分、模块输入/输出的定义、调用关系的确立等问题，至于模块的功能如何实现则是编写程序阶段的事情了。

2. 面向对象的可视化程序设计

思维方式决定解决问题的方式，传统软件开发采用自顶向下的思想指导程序设计，即将目标划分为若干子目标，子目标再进一步划分下去，直到目标能被编程实现为止。面向对象的技术给软件设计领域带来极大的变化，它利用软件对象来进行程序开发。所谓对象就是指软件开发过程中所处理的所有实体，包含数据和对数据操作的代码实体，或者说是在传统的数据结构中加入一些被称为成员函数的过程，因而赋予对象以动作。而在程序设计中，对象具有与现实世界的某种对应关系，我们正是利用这种关系对问题进行分解的。

面向对象程序设计（Object Oriented Programming，OOP）是一种计算机语言。如果一种语言支持面向对象风格的编程，就称为"面向对象"的程序设计语言。面向对象编程是一种用来针对一类问题编写优质代码的编程技术。采用面向对象进行程序设计时，不同于面向过程的程序设计，不必将精力用于分析和逐步求精输入和输出的关系上。面向对象的程序设计是当今众多计算机语言中最具有特色的一种程序设计范例，它与其他计算机语言设计风格迥然不同。面向对象程序设计同样能满足结构程序设计特点的需要，可用于设计或维护越来越大和越来越复杂的程序。这些程序由于建立了一致的、易于操作的实体，即对象，从而更加模块化了。对象语言打破了"数据"和"程序"之间传统的二分法。这种程序设计风格使软件变得易于扩展，并可以反复使用。面向对象的程序设计语言除了Smalltalk之外，其他很多语言都是在原过程语言的基础上扩充而成的，如C++语言等。

可视化（Visual）程序设计是一种全新的程序设计方法，它主要是让程序设计人员利用软件本身所提供的各种控件，像搭积木似的构造应用程序的各种界面。

在传统的过程化的应用程序中，应用程序自身控制了执行哪一部分代码和按何种顺序执行代码，即从第一行代码开始执行程序，并按应用程序中预定的路径执行，用户无法改变程序的执行流程。

在事件驱动的应用程序中，代码不是按照预定的路径执行的，而是在响应不同的事件时执行不同的代码段。事件可以由用户操作触发，也可以由来自操作系统或其他应用程序的消息触发，甚至可以由应用程序本身的消息触发。这些事件的顺序决定了代码执行的顺序，因此应用程序每次运行时所经过的代码的路径都是不同的，它的执行流程由用户来决定。

显然，使用面向过程的程序设计方法编写程序的缺点是程序员始终要关心什么时候发生什么事情，用这种方法编写 Windows 环境下的事件驱动的应用程序，工作量非常大。而使用面向对象、采用事件驱动方式的编程机制，程序员无须考虑按精确次序执行的每个步骤，而只需编写响应用户动作的程序即可，工作量相对较少。

Visual Basic、Visual C++、Visual FoxPro 和 Delphi 等都是面向对象、采用事件驱动方式的可视化编程语言。

目前，不少中学把 Visual Basic 作为教学语言。Visual Basic 提供了面向对象程序设计的强大功能，用 Visual Basic 进行应用程序设计，实际上是与一组标准对象进行交互的过程。因此，准确地理解对象的有关概念，是设计 Visual Basic 程序的重要环节。

（1）对象（Object）

在现实生活中，一个实体就是一个对象，如一个人、一辆汽车、一台电脑等都是对象。在面向对象的程序设计中，对象是系统中的基本运行实体，是代码和数据的集合。

在 Visual Basic 中，对象分为两类。一类由系统设计，可以直接使用或对其进行操作，如工具箱中的控件、窗体、菜单等；另一类由用户自定义。

对象是具有特殊属性（数据）和行为方式（方法）的实体。建立一个对象后，其操作通过与该对象有关的属性、事件和方法来描述。

（2）属性（Properties）

属性是一个对象的特性，不同的对象有不同的属性。对象常见的属性有标题（Caption）、名称（Name）、颜色（Color）、字体（Font）、是否可见（Visible）等。通过修改对象的属性，可以改变对象的外观和功能。可以通过下面两种方法来设置对象的属性。

① 在设计阶段，利用属性窗口对选定的对象进行属性设置。

② 在程序代码中，用赋值语句设置，使程序在运行时实现对对象属性的设置，其格式为：

<对象名>．<属性名>=<属性值>

例如，给一个对象名为"Command1"的命令按钮的"Caption"属性赋值为"确定"，其在程序代码中实现的语句是

```
Command1.Caption="确定"
```

（3）事件（Event）

所谓事件，就是发生在对象上的事情。在 Visual Basic 中，系统为每个对象预先定义好了一系列的事件。例如，单击（Click）事件、双击（DblClick）事件、装入（Load）事件、改变（Change）事件、鼠标移动（MouseMove）事件等。

对象的事件是固定的，用户不能建立新的事件。当事件由用户触发（如单击）或由系统触发（如装入）时，对象就会对该事件作出响应，响应某个事件后所执行的程序代码就是事件过程。一

个对象可以响应一个或多个事件，因此可以使用一个或多个事件过程对用户或系统的事件作出响应。虽然一个对象可以拥有许多个事件过程，但在程序中能使用多少个事件过程，则要由设计者根据问题的具体要求来确定。

事件过程的一般格式如下：

```
Private Sub  <对象名>_<事件名> ([<参数表>])
  < 事件过程>
End  Sub
```

其中，<参数表>随事件过程的不同而不同。

例如，命令按钮 Command1 的 Click（单击）事件过程为：

```
Private Sub Command1_Click( )
  Form1. BackColor=vbRed
  Command1. Caption="欢迎光临！"
End  Sub
```

过程中的代码 Form1. BackColor = vbRed 表示将窗体的背景颜色设置成红色。运行时，用鼠标单击命令按钮，就会执行该事件过程，将窗体的背景颜色设置成红色，并将按钮上的字改为"欢迎光临！"的字样。

（4）方法（Method）

在传统的程序设计中，过程和函数是编程语言的主要部件。而在面向对象程序设计中，引入了称为方法（Method）的特殊过程和函数供用户直接调用。如对象打印（Print）方法、显示窗体（Show）方法、清除（Cls）方法、移动（Move）方法等。对象方法的调用格式为：

```
[<对象名>. ]方法名  [<参数表>]
```

若省略了对象名，则表示当前对象，一般指窗体。

例如，FirstForm. Print "欢迎使用 Visual Basic"

该语句使用 Print 方法，在名称为 FirstForm 的窗体上显示字符串"欢迎使用 Visual Basic"。

又如，SecondForm. Show

该语句使用 Show 方法，显示名称为 SecondForm 的窗体。

再如，MyPicture. Cls

该语句使用 Cls 方法，清除名称为 MyPicture 的图片框中的文本信息。

3. 程序设计的教学设计

程序设计的教学特别要注意渐近性的原则，由浅入深，由仿制到独创，要特别鼓励创新。

（1）框架式教学设计

用例子将解决某类问题的程序讲解之后，归纳其基本结构框架，学生可以很容易地套用此框架解决同类问题。

例如，累加器程序设计框架可分析归纳如下：

```
累加器变量 s=初值
FOR i=1 TO n
    给定一个加数
    s=s+加数
NEXT  I
输出 S
```

用此框架可解决的一类问题示例：

① s=1+2+3…+1 000

② s=12+22+32+…+1 002

③ s=1+2¹+2²+…+2⁶³

④ 求从键盘输入的若干个数之和、积等

⑤ 阶乘程序

⑥ s=1+（1+2）+（1+2+3）+…+（1+2+3+…+n）

（2）算法的逻辑分析

上面的教学设计是仿制。要进一步教会学生掌握程序设计中特有的一些逻辑思维方式。如累加的算法，其核心是计算机程序中常用的递推思维，将若干数的求和变成若干步的两数相加，新和=前一次和+加数，用数列形式表示，即 $A_n=A_{n-1}$+加数。

① 递推算法分析。许多问题的解决，都要用到递推的算法。这类问题的特点是：a. 与自然数有关，如斐波那契数列问题；b. 有明显的递进步骤。复利计算、增长率问题都可看成是在前一次的基础上增加一个定比。字符方式的图形也是一行一行的进行。

例：用字符"*"号构成 n 行金字塔图形打印。

```
    *
   ***
  *****
 *******
*********
```

算法分析：以具体的 n 值为例讲解，n =5。但要强调不能就此用 5 个 Print 语句实现，而要向一行又一行的递推方式引导。实际图形的特点是由两类字符构成，即左边的空格和"*"。研究空格个数和"*"号个数与行数的关系式，如下：

第 1 行　至少 4 个空格，　1 个"*"号

第 2 行　至少 3 个空格，　3 个"*"号

第 3 行　至少 2 个空格，　5 个"*"号

至此可归纳得到：

第 i 行　至少 $n-i$ 个空格，（$2i-1$）个"*"号

可用第 4 行、第 5 行验证上面的归纳。于是算法为：

```
FOR i=1 TO n
    打印第 i 行
    光标换行
NEXT i
```

打印第 i 行进一步分解：

打印 n-i 个空格（或将光标定位于 n-i 列处），且光标不换行

```
FOR j=1 TO i
    打印"*"且不换行
NEXT j
```

② 穷尽算法分析，也称穷举法、枚举法。把所有可能出现的情况都考虑到，让计算机逐一处理验证。这一逻辑方式也是计算机程序设计中常用的方式。例如，求不定方程的整数解就常用此法。

例：百鸡问题：鸡翁一，值钱五；鸡母一，值钱三；鸡雏三，值钱一。百钱买百鸡，问：鸡翁、母、雏各几何？

算法分析：容易估计到公鸡数 X、母鸡数 Y 都在 0 与 100 之间

$\{（X, Y）|0 \leqslant X \leqslant 100, 0 \leqslant y \leqslant 100\}$

因此有算法：

```
FOR X = 1 TO 100
FOR Y = 1 TO 100
    Z=100-x-y
    IF X*5 + Y*3+z*(1/3) = 100   THEN X, Y, Z是解
NEXT Y
NEXT X
```

如果根据价钱考虑到公鸡不可能超过 20 只，母鸡不可能超过 33 只，那么程序更可优化了。

③ 渐近式算法分析：从个例一步一步的算法分析，最后归纳到一般的算法。例如，求 n 个数 A（1），A（2），…，A（n）中的最大数 M 的算法分析，可以如下进行：

1）n=1 时，只有 1 个数，最大数 M=A（1）

2）n=2 时，有两个数，

```
IF A(1)<A(2) THEN M=A(2) ELSE M=A(1)
```

上式可演变为：

```
M=A(1)
IF M<A(2) THEN M=A(2)
```

3）n=3 时，有三个数，算法可为：

```
M=A(1)
IF M<A(2)  THEN M=A(2)
IF M<A(3)  THEN M=A(3)
```

上式可演变为循环方式：

```
M=A(1)
FOR i=2 TO 3
IF M<A(i)  THEN M=A(i)
NEXT i
```

4）归纳可见，当有 n 个数时，算法如下：

```
M=A(1)
FOR i=2 TO n
IF M<A(i) THEN M=A(i)
NEXT i
```

为拓展能力，此问题还可以进一步形象化地延伸。可以用标志法，即记忆下标值；也可以用直接交换法，即直接用 A（1）、A（i）比较，不用变量 M；还可以进一步引申出排序问题。

④ 逐步求精算法分析。逐步求精包含两层意思：一是自顶向下，逐渐细化的过程；二是由粗到精、由繁到简的过程。

例：打印出某班前三名学生的成绩。可假定这些成绩单存入 A（1），A（2），…，A（N）中了。

第一层：找出前三名的成绩打印出来

第二层：找出第一名的成绩 =>M1

　　　　找出第二名的成绩 =>M2

　　　　找出第三名的成绩 =>M3

　　　　打印出 M1、M2、M3

第三层：找出 A（1），A（2），…，A（N）中最大数的下标 =>K

　　　　M1=A（K）：A（K）=−1 消除最大数

　　　　找出 A（1），A（2），…，A（N）中最大数的下标 =>K

　　　　M2=A（K）：A（K）= −2

　　　　找出 A（1），A（2），…，A（N）中最大数的下标 =>K

　　　　M3=A（K）：A（K）= −3

　　　　打印 A1、M2、M3

第四层：仅需细化"找出 A（1），A（2），…，A（N）中最大数的下标 =>K"即可。

第五层：该算法中有三段是重复的程序段，即第四层的程序，用子程序或一个循环即可。

以上几种算法、分析方式往往是综合进行的。

（3）算法的评价

算法的评价包括从正确性、可读性、速度、存储空间等方面评价算法。中学的算法评价应重在正确性和可读性方面。

例：将三个数 A、B、C 由大到小排序输出。

算法分析如下：

第 1 种算法，穷举列出六种情况：

```
IF  a>b>c  THEN  输出  a、b、c
IF  a>c>b  THEN  输出  a、c、b
IF  b>a>c  THEN  输出  b、a、c
IF  b>c>a  THEN  输出  b、c、a
IF  c>a>b  THEN  输出  c、a、b
IF  c>b>a  THEN  输出  c、b、a
```

第 2 种算法：

```
IF  a>b>c  THEN  其实是下面两个判断的结合：
IF  a>b  THEN
IF  b>c  THEN
```

因此第 1 种算法中的六种情况将有 12 个判断，其中有的是不必要的。

```
IF  a>b  THEN
    IF  b>c  THEN
      输出 a、b、c
    ELSE
      IF  a>c  THEN
        输出 a、c、b
      ELSE
        输出 c、a、b
      END IF
    END IF
ELSE  （此时已有 b>a）
    IF  a>c  THEN
      输出 b、a、c
    ELSE
      输出 c、b、a
    END IF
END IF
```

这个算法减少了判断的次数，但增加了学生阅读程序的困难。如果更看重算法的可读性，第 1 种算法反而是更好的。

（4）一些典型程序算法

① 离散函数的极值问题。

例：已知矩形的周长是整数 L，且长和宽也是整数，求矩形面积最大时的长和宽。

可用穷举比较的方法。

② 分类求和、统计问题。

例：将学生考试成绩（均为整数，且满分为 100 分）分为五类，统计每类的人数。分类如下：60 分以下；60～69 分；70～79 分；80～89 分；90～100 分。

③ 增长率、复利等问题。

④ 数列值和数列求和问题。

⑤ 数和表中数字、字符的查找问题。

⑥ 数列的排序问题。

⑦ 枚举问题。

⑧ 迭代问题。

⑨ 递推、递归问题。

⑩ 作图问题。

7.3.4　附：参考教案

《Visual Basic 程序设计方法》

科目	信息技术		课题	Visual Basic 程序设计方法		
教学目的	1. 了解 Visual Basic（简称 VB）的作用和 Visual Basic 的集成开发环境。 2. 了解窗体、对象、属性、事件、方法和消息等概念，了解事件驱动的应用程序模型。 3. 学会创建简单的 VB 程序					
教学重点	Visual Basic 有关概念；创建 VB 程序					
教学难点	如何创建 VB 程序					
课时安排	1	教学方法	讲授法与演示法相结合		教具	多媒体网络设备、相应软件系统
教材分析	《普通高中技术课程标准（实验）》把"算法与程序设计"作为选修内容。该模块旨在使学生体验算法思想，了解算法和程序设计在解决问题过程中的地位和作用；使学生能从简单问题出发，设计解决问题的算法，并能初步使用一种程序设计语言编制程序实现算法来解决问题。教学中要注意与其他学科相关内容的衔接，理论联系实际，引导学生设计算法和计算机程序来解决身边的实际问题。 本节内容较多，对 Visual Basic 的几个核心概念，只是与以前使用过的软件（如 Excel）作一类比，要求知道窗体、对象、属性、事件、方法、消息、事件驱动等是怎么一回事，并不要求深入理解。当然，还要求学生知道的是创建一个 VB 程序的步骤，知道程序代码的重要性（本课要会模仿就行了）。本课老师先用几分钟的时间，制作一个可以播放音乐、电影和展示图片的多媒体程序，使学生对计算机的功能如此强大却操作简单感到十分惊讶，从而产生强烈的学习动机、自主探索的兴趣和创造的欲望。然后再设计计算任意两个数的乘积的程序，要求学生模仿编程。上述程序简单易学，生动有趣，既能让学生学到程序设计的方法，又能提高学生学习编程的积极性。本课最后部分的课堂练习与思考能促进学生对编程的认识与兴趣，对部分尖子生的提高会有很大的帮助					
教学设计	教学过程	一、创设情境，引入新课 　　我们现在使用的软件，如 Word、PowerPoint 等，都是通过程序设计出来的。"软件产业"的最主要内容就是程序设计，由此可见程序设计是非常重要的。如何用 VB 设计出属于我们自己的应用程序和应用软件呢？这个课题涉及的内容非常广泛。我们这节课仅介绍程序设计的方法。 　　下面老师制作一个可以播放音乐、电影和展示图片的多媒体程序（只演示给学生看，不要求学生				

续表

教学设计	教学过程	掌握）。怎么样？很难想象，只花几分钟的时间，就能编出一个多媒体程序吧？这也就是 VB 被公认为开发效率高的原因。 二、讲授新课 1. 什么是 Visual Basic Visual Basic 是面向对象的可视化程序设计语言，其特点是功能强大、简单易学。 Visual——开发图形用户界面的方法。 Basic——Beginners All-Purpose Symbolic Instruction Code，即初学者通用指令代码，是应用最为广泛的语言，特别适合初学者。 利用 Visual Basic，初学者只要掌握几个关键词就可以建立实用的应用程序，而专业人员可以实现其他任何 Windows 编程语言的功能。 2. Visual Basic 中的几个基本概念 （1）展示几个关键概念 ① 窗体又称表单对象，它是在 Windows 桌面上定义的一个可见的工作窗口，在这个窗口中用户可根据需要放置系统提供的各种控件对象和进行与工程有关的各种设计。 ② 对象是系统中具有特殊属性（数据）和行为方式（方法）的基本运行实体，是代码和数据的集合。 ③ 属性是指一个对象所具有的特征。 ④ 事件是指发生在对象上的动作，通常由鼠标单击、按下键盘上的键或程序控制来产生。 ⑤ 方法是指某些对象所具有的属于它自身的特殊的函数或过程。 ⑥ 消息：每发生一次事件，就会引发一条消息发送到操作系统。 （2）事件驱动模型 （与传统的应用程序进行比较） 传统的应用程序按预定的路径执行。 事件驱动的应用程序在响应不同的事件时执行不同的代码片段（举一个窗口的例子）。 因为事件的顺序无法预测，所以代码中必须考虑到执行时的各种状态。 （3）Visual Basic 的界面 ① 启动 Visual Basic（演示操作过程）。 ② 界面介绍（展示）：菜单栏、工具栏、工具箱、工程管理器、属性窗口、窗体布局窗口。 ③ 保存和退出（演示操作过程）。 3. 创建一个 VB 程序 （展示） 基本步骤：创建界面 / 设置属性 / 编写代码 接下来我们的目标是创建一个计算任意两个数的乘积的程序。 任务：计算任意两个数的积。 分析：应用程序的界面应该让用户输入被乘数和乘数；显示计算结果。而我们设计的程序应该在接到用户输入的信息后，对数据进行计算，最后把结果输出到屏幕上。 设计步骤： 启动 VB 后，系统自动提供一个名为 Form1 的窗体，我们就在这个窗体上进行设计。 （1）创建界面。（边演示边讲解） 双击工具箱上的命令按钮（CommandButton），屏幕上添加一个带有 Command1 的控件，我们用鼠标把它拖到合适的位置。 （2）设置属性。（边演示边讲解） 为了使用户明确应用程序的功能，修改命令按钮上的字样。方法是从 Command1 的属性表上找到 Caption（标题）属性名，把右端的 Command1 改为“计算两数乘积”。用回车键确认。

续表

教学设计	教学过程	（3）编写代码。（边演示边讲解）
		双击"计算两数乘积"命令按钮，在代码编辑窗口编写如下事件驱动程序：
		
		`Private Sub Command1_Click()`
		　`Dim a, b, c As Integer`
		　`a = InputBox("请输入被乘数：")`
		　`b = InputBox("请输入乘数：")`
		　`c = a * b`
		　`Print a; "和"; b; "相乘的结果等于："; c`
		`End Sub`
		
		　运行程序：按工具栏上的"启动"按钮或单击菜单"运行"—"启动"，用户单击命令按钮，弹出一个对话框，等待用户输入被乘数，单击确定后，又要求输入乘数，再单击确定，即可以看到程序运行的结果。
		提问：如何结束程序的运行？
		4．练习
		模仿本课内容，在自己的计算机上编程，计算任意两个数的和、差。
		如何计算任意两个数的商呢？
		5．小结
		（1）Visual Basic 工作机制主要涉及的对象、属性、事件、方法等。
		（2）事件驱动的应用程序是在响应不同的事件时执行不同的代码片段。
		（3）创建 VB 程序的基本步骤：创建界面、设置属性、编写代码。

思考与练习

1. 结合中小学信息技术课程中的具体概念，谈谈如何进行概念教学。
2. 目前中小学信息技术课程中哪些内容的教学属于基本操作的教学？常用哪些教学方法？
3. 程序设计主要有哪些方法？程序设计的基本步骤是什么？

第8章
智力、能力与信息素养的培养

教学目标

1. 理解智力、能力与信息素养的概念；
2. 了解智力因素、非智力因素的发展和培养；
3. 理解能力的培养方法；
4. 理解信息素养的培养途径。

内容结构

本章包括智力因素、非智力因素的培养，能力的培养，信息素养的培养等三部分内容。

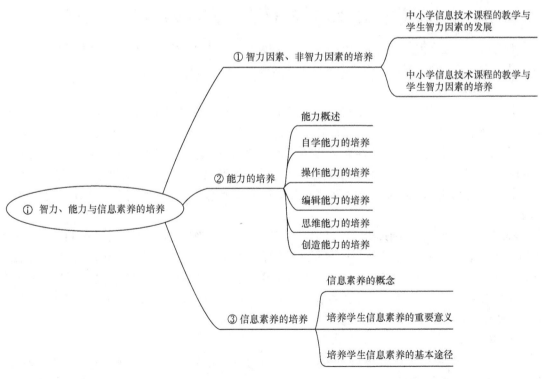

教学建议

（1）在学习过程中，结合生活、学习实践，体会智力因素、非智力因素对我们的影响。

（2）阅读相关材料，完成具体的学习任务，理解智力、能力的培养方法。

（3）根据指导纲要或课程标准要求，树立终身学习的观念，适应时代发展的需要，提升信息素养。

在教学中如何发展学生的智力、培养学生的能力，是当前国际上共同关心的教育理论问题之一。不少教育学家、心理学家对此作了广泛深入的研究，提出了各式各样的发展智力、培养能力的途径和措施。

《学习——内在的财富》强调了"教育必须促进每个人的全面发展"这一主题思想，对教育的发展方向作了以下论述：（1）把着眼点从教育转向学习，从外部的"教"转向内在的学，强调教育的使命就是使人学会学习，借以充分发挥每个人的所有潜力和才能，因为学习就是人类的内在财富。（2）21世纪更需要多样化的个性，而这种多样性正是社会创造力和革新活力的保证。教育是非常个性化的过程，同时它又是构建社会互动关系的过程。因此，学校要给儿童和青少年各种可能的发现机会和实验机会，以及发展想象力和创造力的机会，防止教育的功利倾向。

培养信息素养是信息技术课程的总目标。

由此可见，发展学生智力、培养学生能力是当前信息技术教学的一个重要课题。

8.1 智力因素、非智力因素的培养

本节对在中小学信息技术教学中发展学生智力因素和培养学生非智力因素进行论述。

8.1.1 中小学信息技术课程的教学与学生智力因素的发展

智力是一个复合体，一般认为由注意力、观察力、记忆力、想象力和思维力等五个方面的要素组成。发展智力要从发展组成智力的这些因素入手。

1. 注意力

注意是心理活动对一定对象的指向和集中，具有指向性和集中性两个基本特征。指向性是对一定事物的选择；集中性是对所选择事物的贯注和坚持。注意的指向选择功能，是学习的先决条件；注意的集中持续功能，是学习得以顺利高效进行的必要条件。注意力控制着智力的发展。不能集中注意，观察就不能细致，记忆就不能牢固，想象力和思维力都会受到影响。因此，教师在信息技术课程的教学中要充分利用有意注意和无意注意交替的规律，培养学生的注意力。

要教育学生树立远大的理想，明确学习的目的和意义，确立学习目标；要充分利用现代教学手段，如多媒体和网络等，把学生的责任意识与学习兴趣结合起来，努力调动学生的有意注意。同时，适当注意教学内容的变化、知识之间的联系、学习进度的快慢；还可适当向学生介绍计算机发展过程中的一些小故事，以充分利用无意注意，即在不知不觉中引发学生对信息技术的兴趣，提高他们学习的主动性、积极性和创造性。

2. 观察力

观察是一种特殊的感觉和知觉。感觉是客观事物的个别特性通过感觉器官在头脑中的反映过程。知觉是客观事物的整体通过感官在头脑中的反映过程。观察力是人们认识客观事物的某种属性和特征的能力。观察是运用感官主动地搜集信息，它不只是观看，而是所有感官共同参与的整个感知过程，同时还带有分析思考的成分。人们通过观察，获得大量的感性材料，获得对事物的鲜明而具体的印象，通过思维加工、处理、提炼、比较、分析、综合、抽象、概括、判断、推理，上升为理性认识，从而促进智力的发展。观察在学生的学习过程中是非常重要的。观察是获取知识的条件，是理解记忆的基础，也是发明创造的保证。

学生学习信息技术课程离不开观察，如学习计算机的组装维护时，需要观察机器的运行情况，学习程序的调试与修改时需要观察程序的执行结果，学习 DOS 命令的使用时需要观察屏幕反应。学生命令操作错误的原因常常是对老师课堂上的讲解观察不细，应有空格的地方漏了空格，应是反斜杠的地方输入成正斜杠等。因而在教学中应注意培养学生的观察能力。首先，要结合教学内容和教学目标，为学生创造良好的观察条件，提供观察的环境和被观察的事物；其次，要让学生明确观察的意义、目的和任务，掌握观察的方法和步骤，综合运用分析、比较、归纳、推理等方法，使学生根据观察的目的和任务，有计划、按步骤地进行观察，提高观察的效率；再次，要注意使学生在观察中思考研究，通过观察对象的表面现象和外部特征，思考其本质规律。

3. 记忆力

记忆是过去经验在人脑的反映和再现。记忆是一个复杂的心理过程，记忆与感知不同，感知是人脑对当前直接作用的事物的反映。记忆的重要性是不言而喻的。列宁指出："只有用人类创造的全部知识财富来丰富自己的头脑，才能成为共产主义者。"俄国伟大的生理学家谢切诺夫说过：一切智慧的根源都在于记忆，记忆是"整个心理生活的基本条件"。记忆是一切知识的基础。通过记忆，人们得以回忆过去，同往事保持联系；得以牢记现在，将经验信息保存下来。记忆是学习不可缺少的武器，离开记忆，学到的知识就不能得以储存积累，不能获取后续知识，不能将知识上升到理性知识，因此也就谈不上有学问，以致一切活动都没有意义。就此而言，学习知识主要就是在理解的基础上记忆。记忆力是整个智力的基础，是智力结构中的材料。一切智慧的根源都在于记忆，记忆是整个心理活动的基本条件。没有记忆，观察就无法实现，想象就失去了根基，思维也就没有了根据。

在信息技术科学中，许多操作命令、程序设计语言中的语句和语法等都需要记忆。因此教师在教学中应注意培养学生的记忆力，以提高教学效率。首先，要使学生明确记忆目标，记忆的目标越明确、具体，记忆的效果就越好；其次，应使学生在理解的基础上记忆，例如，对于一个命令，在弄懂命令的结构和含义后来记忆，效果就比较好；再次，让学生学会科学的记忆方法，集中记忆与分散记忆有机结合，善于应用比较分类、归纳整理、化繁为简的方法来记忆，提高记忆能力；最后，创造良好的学习环境，排除干扰，让学生注意劳逸结合，提高记忆效率。根据信息论的观点，人的大脑所能接受的信息量遵循如下公式：

$$S = b \cdot T\log_2(1 + P/N)$$

其中，S 为信息量，N 为噪声功率，b 为频带宽，T 为传递时间，P 为传递功率。在其他条件相同的情况下，噪声越小，人所接受的信息量越大。因此，安静的学习环境能促进记忆。

4. 想象力

想象是在人脑中对已有表象进行加工改造而创造新形象的过程。这种新形象称为想象表象。想象表象与记忆表象不同。记忆表象基本上是对过去感知过的事物形象的简单重现；想象表象是旧表象经过加工改造，重新组合创造的新形象。想象虽然体现的是新形象的创造性，但它的内容和其他心理过程一样，来自客观现实。想象是反映客观现实的各种成分的形象的组合过程，想象也是人脑对客观现实的一种反映形式。想象是在实践活动中发生、发展起来的，同时想象也是人类实践活动的必要条件。

想象力的发展是智力发展的一个极其重要的方面。学生再造性想象的发展对他们学习科学文化知识起着重要的作用。创造想象则是学生进行创造性学习和创造性活动的必要条件。想象参与思维过程，人如果没有同思维内容相联系的表象，思考就会发生困难。一个创造想象贫乏的学生，思考问题必然思路狭窄，也不可能有很强的分析问题和解决问题的能力，其智力发展是不充分的。爱因斯坦说过："想象力比知识更重要，因为知识是有限的，而想象力概括着世界上的一切，推动着进步，并且是知识进化的源泉。严格地说，想象力是科学研究中的实在因素"。在信息技术课程的教学过程中，教师要充分调动学生的想象力，鼓励他们积极想象计算机内部构造、程序的动态运行过程，想象计算机科学的未来发展。这样有利于发展学生的创造能力。

5. 思维力

思维是人脑对客观现实的反映。人的思维过程具有间接性和概括性的重要特征。所谓间接性，就是通过其他事物的媒介来认识客观事物，即借助已有的知识经验，来理解或把握那些没有直接感知过的或根本不可能感知到的事物，以及预见和推知事物的发展进程。所谓概括性，就是把同一类事物的共同特征和本质特征抽取出来加以概括。

思维是在感知的基础上产生和发展起来的。正确的思想不但没有脱离客观事物，反而是客观事物的反映，更加接近客观现实，使人更深刻、更正确地认识现实世界。信息论、控制论和系统论认为，人脑是一个复杂的信息处理系统，思维就是人脑对信息进行分析、综合、储存、检索并作出决定的过程。科技工作者在此基础上创制了电子计算机、人工智能设备及模拟人的思维的机器人。就目前科技水平而言，电子计算机只是在模拟人的逻辑思维规律的基础上设计出来的，它相比于人脑的形象思维的活动，还存在极大的一段距离，因而还不能完全替代人的大脑。

人们认识世界的低级阶段是感知，感知仅能直接地、具体地反映事物的各个侧面和外在联系；高级阶段才是思维。思维是深入学习的途径，是整个智力的核心和智力结构的中枢。只有学生的思维力得到很好的发展，他们的智力才能得到很好的发展，他们才能深刻地理解和牢固地掌握所学知识，形成理性的认识。毛泽东同志指出："理性认识依赖于感性认识，感性认识有待于发展到理性认识"。所以，如果学生学习不好，主要原因之一在于缺乏思维能力。

8.1.2 中小学信息技术课程的教学与学生非智力因素的培养

非智力因素是指那些不直接参与认知过程，但对认知过程起始动机、定向、引导、维持、强化作用的心理因素。它包括动机、需要、兴趣、情感、意志、性格、气质、好奇心，等等。一个人要想最大限度地发挥自己的聪明才智，不但需要有高度发达的智力，而且需要具有良好的非智力因素。大量统计资料表明，非智力因素所包括的诸因素在科学创造、学生学习和教师教学中具有十分重要的作用。无论是科学家的发明创造，个体对人类社会历史经验的学习，还是人类灵魂工程师的传道、授业、解惑，都无不体现着非智力因素的作用和影响。

在信息技术教学的活动过程中，呈现在学生面前的是一个丰富多彩的计算机世界。一般来说，刚开始学生对该学科具有特别浓厚的学习兴趣。不仅如此，有资料表明，通过信息技术的学习，学生对其他各门课程的兴趣均有所增加，特别是对数学和英语两门课的学习兴趣明显增加。这是由于数学是进行科学研究、解决实际问题的有力工具，而在程序设计中，总是先要建立所求问题的数学模型，确定某种算法。这就要求学生必须具有扎实的数学基础、严谨的逻辑思维方法，才能更有效地把求解的问题转化为程序。学生在编程实践中会逐步体会到数学的重要性，因此促使他们更加重视数学的深入钻研，从数学中去寻找解决问题的方法。又由于程序设计语言本身是用英语写成的，语句（或命令）基本与英文单调用义。因此，要熟练地掌握一门计算机程序设计语言，必然要有较高的英文水平，以减少学习计算机语言时的障碍。

　　信息技术的学习对学生的责任心、自信心、好奇心、好幻想、独立性、耐性、情绪稳定、人际关系、合作能力等均有不同程度的影响。一方面，由于信息技术的发展，计算机的硬件和软件都已达到了相当高的水平，它不仅可以进行各种计算、数据处理，还可以绘图、奏乐曲、做游戏、上网，甚至可以代替教师上课。这一切，使中小学生觉得计算机是那么神通广大，因而产生了一定的神秘感。这是使学生的好奇心发生较大变化的外因。另一方面，中小学生正处于一个具有强烈求知欲的年龄阶段，他们都希望探索出计算机神奇的奥秘，这是使学生的好奇心发生较大变化的内因。中小学生在强烈的好奇心的支配下，便萌发了自己要编写出功能强大而又非常有趣的软件的动机。但大多数人受现有水平和能力的限制而只能停留在幻想阶段。因而也就使得好幻想这一非智力因素大大地增加。

　　同时，学习计算机对学生的耐性这一非智力因素的改变作用也会比较大。其原因是计算机程序的设计是一项既艰苦又十分有趣的劳动，尤其是程序的编制过程，需要有好的耐性（对初学编程的人更是如此）。程序由设计到使用，其中既有成功的喜悦，也有失败的痛苦。学生的耐性就是在程序设计与调试不断失败、又不断成功的过程中得到了锻炼和培养的。由于学生编写程序时往往是一个人独立完成，在不断的编程实践中，独立性也就不自觉地得到了培养。

　　另外，信息技术的学习在很大程度上能够提高学生的自信心。但也会使少数学生的自信心下降。这主要是因为这些学生的计算机基础知识不过硬，未能熟练地掌握编程的技术和技巧，以致多次编程运行失败。信息技术的学习还使得学生的性格逐步向外向型发展，培养了他们良好的人际关系，提高了他们的沟通能力和协作能力，这对促进学生的创造力是有益的。促使学生的性格向外向型发展是由信息技术学科的特性及学生的进取心、求胜欲望所决定的。随着时间的推移，学生敢于提问，积极主动地向老师或同学请教。这样便使得一些平时不爱言语的学生也活跃起来，性格也逐渐改变。

8.2　能力的培养

能力的培养是中小学信息技术教学的重要目标。下面对这一问题进行深入的探讨。

8.2.1　能力概述

1. 培养能力的重要意义

　　关于能力的概念，从不同的角度出发，有不同的定义。至少有以下几种说法：能力是人顺利完成一定活动所需要的最直接、最基本的那些本领，是高度概括性的经过反复训练获得的；能力是使活动顺利地、高效率地获得好结果的本领；能力是依靠自我智力认识世界和改造世界所表现出来的身心力量；能力是指人能够顺利完成某种活动所必须具备的个性心理特征。比较一般的界定是"能力是直接影响效率、使活动顺利完成的个性心理特征"。它包括两层含义：

　　（1）能力和活动联系在一起。只有通过活动才能发展人的能力和了解人的能力。

　　（2）能力和活动效率有关。并不是所有在活动中表现出来的心理特征都是能力，只有那些直接影响效率、使活动的任务得以顺利完成的心理特征，才是能力。

　　能力按其倾向性可分为一般能力与特殊能力。

　　一般能力主要指智力，它是从事各种活动所必须具备的认识能力，由观察力、记忆力、注意力、思维力、想象力等能力构成。特殊能力是指为了顺利地从事某种专业活动所必须具备的一些能力综合。如精细地分析音高、音强的听觉能力，精密地分析色彩、色调的视觉能力，就是从事音乐或绘画活动的特别要求的特殊能力。一般能力与特殊能力是相互联系、相辅相成、不可分割的有机整体。特殊能力是一般能力在具体活动中的特殊表现，一般能力的发展为特殊能力的发展创造了有利条件。在人的每一项活动中，一般能力和特殊能力是共同起作用的，因此很难将它们分开。

当今不少教育学家、心理学家针对教育工作的目的、改进教学方法、发展智力、培养能力发表了一系列重要论述。当代著名的瑞士心理学家琼·皮亚杰（Jean Piaget）认为：教育的主要目的是培养能创新的、而不是简单地重复前人已做过的事的人，这种人能有所创造、有所发现、有所发明。皮亚杰主张在学校的教育过程中为学生创造有利于学习的环境，使他们都有机会独立参加学习活动，从而学会掌握知识的途径和方法，做知识的主人。美国的布鲁纳认为：教一门学科，不是建立一个小型的图书馆，而是要学生独立思考，像一名数学家那样考虑数学，像一名史学家那样考虑史学，积极参与到获得知识的过程中去。他提倡让学生自己去探索事物，发现知识，并由自己去作出结论和进行概括。他认为要注重学生的理解和发现，要注重在学校里培养学生的独立工作的能力、以不变应万变的能力。伟大的科学家爱因斯坦认为学校教育的目的应该定为：培养具有独立思考能力和判断能力的学生，而不是光有专业知识的人。

2. 信息技术教学中培养能力的原则

在中小学信息技术教学中，应该注意发展和培养的能力通常包括实验操作能力、自学能力、编程能力、思维能力、创新能力和信息素养等，其中自学能力是基础，思维能力是关键，创新能力是核心。为了在信息技术教学中发展学生的能力，要贯彻以下原则。

（1）端正教育思想，明确教学目标。中小学信息技术课程的教学目的不仅是使学生获得计算机基础知识和计算机操作基本技能，而且更为重要的是要使学生掌握获得知识的过程、方法和途径。获得知识与培养能力是相辅相成的、辩证统一的，不能把二者对立起来、割裂开来。教学中教师的主导作用要与学生的主体地位结合起来，教师要充分发挥学生的主体作用，积极启发学生的思维，调动学生的内在学习动机，提高学生学习信息技术的兴趣和爱好，同时运用学习的迁移原理，促进学生对新概念、新知识的学习和牢固掌握。

（2）更新教学模式，培养学生能力。教学中要改变教师采用传统的或社会上的培训班的教学方法来教、来考信息技术，单纯传授知识的局面。宜采用自主式、探索式、主题式、活动式、讨论式、启发式、任务驱动、问题解决、项目教学、合作式学习、探究性学习和网络泛在学习等教学方法和教学模式，进行教学改革，理论联系实际，加强实践操作，注重培养学生的实践意识和提高学生的创新能力。

（3）精心设计教学过程，提高教学质量。一般说来，信息技术教学过程可按照"三阶段七环节"来进行。第一阶段是示范阶段，包括讲解和示范等两个环节。在这一阶段，教师要讲清基本概念、基本知识、重点、难点、关键，然后对要动手实践的内容进行操作示范，讲清操作的基本方法、操作要领、步骤和注意事项等。第二阶段是制作阶段，包括学生自主探索、分组讨论和作品的制作等三个环节。在这一阶段，教师启发学生思维，引导学生进行观察、自己动手做实验、进行逻辑推理和程序设计等；学生一边获得知识，一边应用知识解决问题。第三阶段是讲评阶段，包括作品的交流和讲评等两个环节。在这一阶段，展示学生作品，教师进行评价，对学生给予赞赏和鼓励，使学生产生成就感；并总结巩固，归纳整理有关理论、方法，布置必要的练习题或设计题。按照这种设计教学过程，一般教学效果都比较好。

（4）改进考查方式，开展课外活动。要培养学生的能力，就必须切实减轻他们的学习负担，让他们德智体诸方面全面发展；努力创造各种条件，使学生有机会将学到的知识运用到实际中去。教师可组织课外兴趣小组，开展各式各样的课外活动，使学生接触社会和大自然，利用所学知识和理论去认识和改造世界，从而培养学生的能力。

3. 中小学信息技术教学中能力培养的基本途径

在中小学信息技术教学中如何培养学生的能力，是一个十分复杂且涉及范围极广的课题，其中教材与教法的改革是主要关键。从某种意义上来说，教法的改革尤为重要。以下就如何培养能力的共性问题作一些分析。

（1）提高学生学习的自觉性、积极性。只有提高了学生学习的自觉性、积极性，使他们方向明、决心大，保持旺盛的学习热情，产生强烈的内在动力，才能使他们既学好基础知识，又在能力上得到培养。

（2）学好信息技术科学的基础知识。知识与能力是相辅相成的。离开知识，培养能力就成了无源之水、无本之木。例如，学生如果对循环语句的认识模糊，就不能编写需要进行重复算法处理的程序，就很难具备编写较复杂程序的能力。基础知识的教学，应注意教给学生规律性的知识与知识的规律性，使其对知识的掌握条理分明，系统严谨，做到掌握透彻，运用自如。

（3）改进教学方法和教学组织形式。为改进教学方法和教学组织形式，人们开展了最优化教学模式的探讨，认为"导入—展开—终结"的教学过程是当前较好的一种教学模式。所谓导入，就是提高学生学习新知识的意识、愿望，动员必要的经验、认识和掌握已有的学习方法，为学习新知识诱发理想的学习心理机能，这是学习成功的关键阶段；所谓展开，就是在导入的基础上，采用适当的教学方法，使学生初步理解和掌握所学的知识，这是教学过程的核心阶段；所谓终结，就是在前两个阶段的基础上，由掌握教学本质的学习转向能动的现实的掌握阶段。

（4）注意各方面知识的渗透、综合。信息技术科学包括很多分支学科，各分支学科之间都有密切的联系。中小学信息技术课程包括计算机基础知识、操作系统的使用、文字处理、数据处理、多媒体作品制作、程序设计、网络应用、数据库应用等方面的内容。培养某种能力不能孤立地进行，信息技术科学各分支学科之间都应加强知识的渗透和能力的综合培养。同时，信息技术科学又与数学、物理等学科有密切的联系。数学知识是信息技术科学的重要基础，特别是在程序设计中，涉及不定方程、初等数论、迭代方法、近似计算、优选法、概率论、递推数列，等等。在信息技术教学过程中，应运用迁移规律，使学生凭借已有的知识来学习与掌握新知识，同时让学生冲破旧有知识的束缚。

（5）提高教师的知识水平和业务能力。培养能力是在教师的正确指导与严格示范下进行的。这就要求教师的知识面要宽，教学能力要强。信息技术科学技术的发展速度极快，新思想、新技术、新方法层出不穷。作为信息技术学科的教师，只有加强业务修养，及时吸取新思想、新技术、新方法，广泛获取资料，努力提高自己的知识水平和业务能力，才能适应新形势的要求，承担起培养学生素质和能力的重任。由于教学形式的改变，学生的思维更为开阔，想象力更为丰富，常常会提出教师意想不到的许多"怪"问题。教师只有充分备课，深入钻研教材和参考资料，精心设计教案，充分估计到教学中可能出现的各种情况，才能准确地驾驭教学进程，循序渐进地完成教学任务，将能力的培养不断推向新的高度。

8.2.2　自学能力的培养

自学，不仅能培养学生的自学能力、阅读能力、思维能力和表达能力，还能培养学生的刻苦钻研精神、坚强的意志和毅力、良好的学习习惯、创新创造精神等，全面提高学生的素质。

自学能力，是指一个人通过自己学习，独立地掌握知识和应用知识的能力。它主要包括独立阅读能力、独立思考能力、灵活运用所学知识分析和解决实际问题的能力。自学能力的形成是复杂的、多层次的，需要长期坚持自学，形成习惯。提高自学能力就是提高掌握知识的质量和速度，并能不断地扩大知识面。自学能力又是独立工作能力、科研能力等其他能力的重要基础。所以说，自学能力是一个人终身受益的法宝。自学能力的培养不仅对于学生在校期间的学习是必要的，而且对于学生在毕业后的未来发展更有着不可忽视的意义。

自学能力的培养和提高，是多种因素共同作用的结果。明确的学习目标和动机、强烈的兴趣和好奇心、坚强的毅力和意志、坚定的信念和自信心等，对于自学能力的培养和提高都是至关重要的。首先要让学生明确自学的重要意义，提高自学的自觉性，从"要我学"发展到"我要学"；其次，要让学生学会正确地选择学习目标、制订学习计划和掌握自学方法，从"学会"转化为"会学"。

1. 明确自学的意义

（1）自学是成才的重要途径。《学习的革命》一书封面上写到："学会学习是通向21世纪的个人护照"。达尔文说过："我所学到的任何有价值的知识，都是由自学得到的"。自学是获取新知识和成才的最基本、最重要的途径。古今中外名人中，自学成才的例子不胜枚举。只是"初中毕业"的华罗庚，就是自学成才的著名数学家。法国的笛卡儿也没有上过大学，却创立了解析几何学，并成为伟大的哲学家、数学家和物理学家。苏联作家高尔基，原是一个孤儿，平生只上过几个月的小学，少年时代有过痛苦的流浪生活，当过学徒、厨工、佣人、小贩和工匠，但他经过艰苦的自学，终于成为大文豪。类似的事例还有很多。自学有所得，自学出真知。古代大教育家孟子说过："君子深造以道，欲其自得之也。自得之，则居之安；居之安，则资之深；资之深，则取左右逢其源。故君子欲其自得之也。"大概的意思是，一个人要想有较深的造诣，必须用自学的方法达到目的。这样的学问就扎实，积累就深厚，应用起来也就左右逢源、得心应手了。

（2）自学是提高学习效率的重要因素。自学能力的形成，对提高学生的学习效率、促进其智能的发展以及增强其在今后工作中的应变能力具有极为重要的作用。自学能力的培养之所以重要，是因为自学是学生在学习过程中的必须进行的。预习、复习、作业、课外阅读等学习环节，往往都是学生自己独立完成的。美国布鲁纳倡导的"发现法"——用自己的头脑亲自去获得知识，也是强调了自学的重要性和必要性。缺乏自学能力的人，离开了老师便不知所措，寸步难行，要在学习上取得优秀的成绩是不可能的。

（3）培养学生的自学能力是教师的重要任务。从战略眼光来看，培养自学能力是一项比接受知识更为重要的任务。《学习的革命》多次论述到"教授学生如何学习和如何思考，比教给他们知识更重要"。此书在全世界众多国家发行，它强调自学是最重要的学习方式。

2. 掌握自学的方法

作为21世纪的信息技术教师，应当谨记"授人以鱼仅供一饭之需，教人以渔则终生受用无穷"的道理，寓学法于教法中。不仅要使学生"学会"，更要使学生"会学"。在教学过程中应以学生的"学"为中心，教好是为了学好。教师与其教给学生广博的知识，不如教给学生掌握广博知识的方法。教会学生掌握良好的自学方法，就是使学生掌握学习规律，提高获取知识和应用知识的能力。对于学生来说，学会如何自学，要比学习知识显得更为重要。科学的学习方法，能极大地开发人脑智力，能使人更快更好地掌握知识。因此，一种好的学习方法的创立，无疑是锻造了一把打开知识宝山的利斧。

教师要想教给学生自学的方法，首先要在教学中演示出各种具体的、学生易于掌握的方法，如延伸自学法、横向联系法、综合归纳法、寻根探源法、求同存异法，等等。教师在教学实践中演示出各种解决问题的方法，不只使教学手段灵活而不呆板、立体而非平面、错综而非单一，更重要的是给学生提供众多的、可借鉴的方法，让学生使用。在教给学生自学方法的时候，学生学什么和怎样学是教师要解决的最大难题，前者是定向问题，后者是规则问题。

（1）学什么？要使学生定向，教师在教学中必须首先定向，增强针对性，减少盲目性，少做或不做无效劳动。当今世界被称为信息爆炸的时代，大量的信息映入我们的视野，使我们眼花缭乱。有关专家讲过，每 1～2 年，计算机的软、硬件就更新换代一次。面对如此快速的发展，我们应该有选择性地学，应当学习信息科学中的基本问题和基础知识；抓中心，抓重点，针对自己的实际情况，有选择性地学。具体来讲，必须做到如下两点：①要学习那些和教学内容关系密切的或者是重要的精华部分。由于知识的海洋如此浩瀚，信息技术科学的发展速度又如此迅猛，学生在校的学习时间有限，势必不能什么都学，且无须什么都学。②学习要从易到难，由浅入深。因为对浅显内容的处理水平的要求较低，所以通常信息处理都是由低水平向高水平发展的。

（2）怎样学？"最有价值的知识是关于方法的知识。"最重要的方法是关于学习的方法。为了很好地掌握学习方法，首先要完成"学习方法的学习"。教师引导学生进行综合、归纳、分类、整理，是培养学生的自学能力的不可缺少的环节。不同的课程采取不同的学习方法，不同的学生采用适合自己的学习方法。例如，在学习 Internet 时，如果只单纯地学习局域网、互联网、各种网络的结构和类型等概念，学习如何设置 TCP/IP 协议、如何保存网页和图片等，而没有实际上机操作，这样既单调枯燥，目的性也不强，就会降低学习的兴趣和效果。最佳的学习方法，应是在学习过程中，理论与实践结合，知识与能力并重，反复观察、分析、比较、讨论、总结，随时验证、修改、完善自己的学习方法，协作学习，集思广益，着重将学到的新知识、新技术应用到学习和生活实际中，去解决问题。

3. 培养阅读能力

学生自学的目的不仅是要掌握一定量的知识，而且要培养自学能力。自学的两个重要环节是读书和思考。阅读能力是自学能力的核心；学会思考是提高自学能力的保障。学生最基本的任务就是读书。高尔基说得好："书是人类进步的阶梯。"读书，就是为了继承前人珍贵的智慧遗产，为了发扬代代相传的科技成就和灿烂文化。只有通过读书，才能增长知识，发展智能，才能使自己的知识渊博。

（1）选好书本。要想提高自学能力、真正学好一门信息技术课程，单有课本还不够，还要有其他教材和参考书。而自己学习时，选用好的书本就显得十分重要了。书本选得好，学起来就方便、系统，少走许多弯路。如果书本选得不好，不但影响学习效率，浪费时间，而且学起来困难也大，缺乏系统性，学习积极性会受到很大的影响。至于选哪本书好，可以请教有关方面的专家或教师。从内容来看，最好选择讲解详细、例子丰富、结合实际、具有系统性和权威性的教材。

（2）提高阅读能力。选好了教材和参考书后，教师要正确引导学生进行阅读。要想善于读书，就要讲究读书的方法。阅读能力的高低，直接影响自学的效果。如何提高阅读能力呢？

阅读能力不仅以基础知识和基本技能为基础，而且要求具有一定的抽象思维能力、良好的思维品质以及良好的记忆和理解能力。参考书不应从头到尾看下去，而应该是当教材上的内容不好懂或说得不够时，再去查看参考书中的有关部分。向书本学习，是最基本的一种自学方式。教师要教给学生各种阅读方法。

在中小学信息技术课程教学中，对于书中的疑问，教师可以组织学生进行讨论，开展协作式教学。这样可以随时了解学生的讨论情况，然后抓住主要问题进行必要的引导和解释。经过一段时间的训练，再让学生自己阅读，并在阅读中自己去找重点、抓关键。教师也可以提出几个任务，让学生自找参考书、上网查找有关资料、写读书报告、进行设计创作，通过这一系列的学习和实践活动，提高他们的阅读能力，培养他们的钻研精神和自我完善知识的学习能力。

（3）学会思考问题。读书离不开思考，自学更是如此。孔子所说的"学而不思则罔，思而不学则殆"（《论语•为政》），说明了读书学习与思考问题的辩证关系，二者是相辅相成，互为影响的。要使书本中的知识成为自己的知识，思考就是二者的桥梁。自学中的思考可以是分析、比较、综合、归纳，等等。首先是归纳性的思考，即把学得的知识按照逻辑的线索整理归纳，分清知识的"主干"和"分支"。要在自学中把握知识的联系，还要进行联系性的思考，考虑每个概念、定理之间的关系，抓住新旧知识的联系。

（4）做好读书笔记。俗话说"好记性不如烂笔头"。坚持做读书笔记，不仅是加强记忆、加深理解、巩固学习成果、提高学习效率的好方法，而且对于开展科学研究、提高写作水平，都大有裨益。

读书笔记有各式各样的形式。简单的，可以是在书上作各种记号或写简单的评语；复杂些的，可以是写纲目提要。读书笔记一般有以下几类。

① 批注式笔记。即边阅读，边直接在书中你认为重要的地方作记号，并在书的空白处写下自己的批语。这种方法简便易行，便于复习时应用。

② 摘录式笔记。摘录文献或著作中一些你所需要的或感到新颖有趣的材料，供以后引用。

③ 问答式笔记。只适宜于较简单的题目，不需要深入分析原文的问题，只需机械地识记原文中的某一段落内容。

④ 提要式笔记。综合全书写出要点，当你要系统深入地研究某一重要著作时，可做提纲挈领式的笔记，记下内容提要。

⑤ 心得式笔记。读理论性书刊时一般适于采用这种方法。这样，可写成一篇较完整的小短文，也可写成零散的随感体会。

⑥ 综述式笔记。在记了同一问题的几部著作或几篇文献的笔记后，全面掌握材料，抓住重点和要领，综述各论著的见解和观点，说明问题的现状和发展趋势，其中有自己的看法和分析。这有利于综合能力和表达能力的培养。

4. 利用软件培养自学能力

培养自学能力，始于积极思维，成于动手实践。充分利用软件系统自带的教学程序、帮助系统和一些教学软件来培养学生的自学能力。这样，既培养了学生的自学能力，使学生掌握相关软件的使用方法，又提高了学生的动手能力，一举多得。例如，在 Windows 系统的教学中，可以利用 Windows 系统自带的 Windows 教程，来达到以下几个目的：一是教会学生使用鼠标，二是可以让学生掌握 Windows 的基本知识，三是让学生了解 Windows 应用程序的使用和程序风格，等等。教师引导学生完成了自主性教学，培养学生的自学能力。

自学能力是一种综合性的能力，是学生各种能力的集中表现。自学能力的形成是一个逐步由低到高的、有阶段性的、有层次性的过程。对学生自学能力的培养要循序渐进，不能急于求成，要注意检查督促，给予指导帮助，总结经验，肯定成绩，增强他们对自学的信心，提高自学能力。

8.2.3 操作能力的培养

1. 信息技术操作技能的含义和形成特点

所谓操作技能，是指实验操作近于自动化了的动作方式。在信息技术教学中培养学生的操作技能，实际上就是要使学生形成熟练的从事实验操作的能力。一个操作技能的形成往往要经历从操作表象到操作概念，再到具体操作，最后发展到熟练运用的四个阶段。操作表象就是将感知过的某一操作过程概括地反映在头脑中所形成的形象，即能想象出怎样去做；操作概念就是把某一操作的本质和规律抽象出来，能够说出自己如何动手去做；具体操作就是将表象付诸具体实践，还原为实际的操作；熟练运用则是形成技能的高级阶段。

实践证明，操作技能的形成过程一般具有以下三个特点。

（1）开始进步快。这是因为初始阶段是一个由不会到会的质变过程。

（2）中间有停顿。中间有一个或长或短的停顿期，即所谓高原期。这是由于各种动作间原有的配合关系已经发挥了最大限度的作用，而更新的配合关系尚未形成，各种命令的应用尚未达到熟练的程度。

（3）后期进步慢。在操作进入后期阶段，会有一个新的进步。但因此时技能已经形成，是一个由不熟到熟的量变阶段，所以进步速度较开始阶段缓慢。

2. 培养学生信息技术实验操作技能的重要意义和要求

信息技术科学是一门实践性很强的学科。信息技术的发展和应用，是人们不断实践、探索、发现、研究与创造的结果。信息技术实验操作技能的培养是中小学信息技术教学的重要任务之一，它对培养学生的信息素养、创新精神和创新意识，提高学生的理性知识和实践能力，具有重要的作用。因此，我们应该高度重视，通过信息技术操作实验，培养学生的思维能力、创造能力和解题能力。

在教学过程中，教师要做到目的明确、要求具体、计划周密、循序渐进，通过实验有计划地使学生掌握信息技术操作技能。对每一章、每一节的实验到底要让学生学会、掌握哪些技能，教师应拟出恰当的教学目的，并事先告诉学生，引起他们的重视。教师对每节实验课学生应该完成的具体实验内容也应提出明确的要求。

3. 信息技术操作技能的形成过程

教师讲解示范、学生先模仿练习再独立操作，这是培养学生操作技能的基本过程，也是学生操作技能形成的过程。这个过程包含操作领域的初步学会、学会、比较熟练三级学习水平层次。

（1）教师讲解示范，帮助学生初步领会有关的操作技能。要使学生形成操作表象和操作概念，教师需要提供感性经验，讲解示范是实现这一过程的有效手段之一。例如，对于一个新操作命令，教师不仅要讲清操作步骤，而且从命令格式、命令选项到命令的使用、屏幕显示信息等都要详细讲解，并要作演示示范，从而使学生获得清晰的表象和准确的概念。在认知定向阶段，教师要作好讲解与示范，使学生理解与相应的操作技能有关的知识，了解动作的难度、要领、注意事项和动作进程；学生要作好观察、记忆和想象。

（2）学生模仿练习，初步形成操作技能。在教师示范的过程中，学生会产生印象、形成概念并加以模仿。这时教师应指导学生模仿，并通过不断对比使学生掌握操作使用的基本命令和基本步骤。接着就要采取有效的练习方式、方法，促成其意识控制的减弱和动觉控制的增强。这一阶段，要求学生能进行连续的、差错较少的上机操作，在掌握局部动作的基础上，把个别动作结合起来以形成比较连贯的动作，或在了解某种技能的大致特征后，对其中的个别动作做更多的练习。教师应当积极加以引导，使学生的注意力从认知转向运动，从个别动作转向动作的协调与组织，要让学生能够评价自己的操作，并根据自己的动作表象来校正自己的技能。

（3）学生独立操作，使操作技能逐步协调和完善。这一阶段，要求学生在初步形成技能的基础上，使自己的各种动作在时间和空间上彼此协调起来，构成一个连贯的、稳定的操作系统。此时，意识对动作的控制作用降低到最低程度，基本动作接近自动化。要想使学生的操作达到熟能生巧的地步，一定数量的重复练习是十分必要的。对此，应当注重实验环节的教学，给学生以更多的练习机会，让学生能够在比较长的时间内独立从事实验操作，使学生的实验操作技能、技巧不断得到加强和巩固，使学生操作的准确性、稳定性、灵活性和协调性得到进一步提高。随着操作技能的协调和完善，学生就能够熟练地运用这种技能去完成自己所面临的各种任务。当新的任务出现时，又会产生掌握新技术的要求，学生的操作技能便从一个水平向另一个更高的水平不断发展。

4. 培养学生操作技能的一般原则

掌握信息技术操作技能是一项相当复杂的工作，需要教师在教学中加以精心指导和学生进行反复训练。依据技能的形成和发展的规律、信息技术教学的特点及学生心理发展的状况，学生操作技能的培养宜遵循下列原则。

（1）探索性原则。利用先探索后指导的效应，使学生在探索过程中发现困难所在，然后给予指导，这样学生才有深刻的印象而获得实际的帮助。

（2）示范性原则。在教学中，教师作出示范，可以呈现某种技能的全过程，克服盲目的尝试和猜测。学生通过观察范例，获得较明确的观察印象，从而掌握解决问题的途径、原则、方法和步骤。

（3）针对性原则。基本技能的形成具有从简单到复杂、从低级到高级、从技能到技巧的层次性特点。根据各种信息技术技能的性质、复杂程度和形成阶段的不同，针对学习者本身的特点和条件，即学生不同的个性特点、学习态度、知识经验、准备状况和努力程度，采用不同的指导方式，确定分量的多寡及详略程度。

（4）迁移性原则。技能是一系列行动方式的概括。教师应引导学生经常把个别特殊事例概括为一般原则、方法，并把一般的原则、方法运用到特殊事例，纵横引申、多向联系，促进概括能力的形成，使技能得到广泛的迁移。

5. 培养学生信息技术操作技能的方法和途径

（1）多种方法同时使用。同一任务是能通过多种途径来实现的，应从不同角度加以展现，以达到传授学习方法和培养发散思维的目的。在 Windows 的应用程序中，同一任务可以通过多种方法来完成。例如，教 PowerPoint 制作背景时，应讲从格式菜单选择背景，也应讲右击演示文稿空白处选择背景等。又如，在讲图形的复制、粘贴时，由教师启发之后，学生展示了四种方法：

方法一：使用菜单功能：选取——复制——粘贴；

方法二：使用鼠标右键：选取——复制——粘贴；

方法三：使用快捷键：按住 Ctrl 键不放，使用移动工具；

方法四：使用命令：选取——按 Ctrl+C——按 Ctrl+V。

在传授学习方法的同时，既要帮助学生掌握观察问题、分析问题、解决问题的一般方法和步骤，又要帮助学生掌握适合个体实际的具体学习方法，提高实验操作能力。

（2）单项练习和综合练习相结合。技能形成的先决条件是练习，但练习并不等于完全的机械重复。练习是在教师指导下的一种有目的、有步骤的活动。在练习过程中，活动的结构、完成活动的方法决定了练习的质量。任何一项操作总可以分为几个简单的局部操作，即可以进行单项的分步练习。对每一步，教师要逐一讲解操作要领并作好示范。待学生能讲出实验操作步骤后，再让他们进行分步的模仿。在模仿过程中，教师应巡回指导，发现错误的操作应及时纠正，以免学生先入为主。在单项分步练习过关后，就让学生按照步骤连续进行操作。此时，教师除了向学生强调各单项分步的操作外，还应要求学生把注意力放在某些关键性的分步操作上，以求达到关键操作的准确、稳定与灵活。

有些更为复杂的操作，综合性较强，它们是由几个基本操作组成的。对于这些操作，教师指导时应分清主次，分层次进行，应根据学生实际掌握的情况在练习时做好平衡工作。此外，待学生学习了几种基本操作后，教师再根据具体情况组织学生进行综合性实验。这种实验应具有以下特点：①除了知识的综合性外，还要有基本操作的综合性；②基本操作的连续性；③基本操作的灵活性。

（3）集中练习和分散练习相结合。技能的形成主要靠练习，但练习的效果与练习的次数、时间并不是成正比关系的。尽管教师是有目的、有步骤地让学生多练，但是技能形成的后期速度也会减慢。其主要原因是随着练习的增多，学生的兴趣逐渐下降，注意力分散，以致练习效果欠佳。如果这种练习过于集中，此种趋势将会逐渐增大。因此，要适当安排分散练习。一般来说，适度的分散练习比过度集中好。适度的分散练习不仅在时间上较经济合理，而且还能提高每次练习的效果，在技能的保持上效果也好。通常在开始阶段，练习时间要短些，到了后期，练习时间则以长一些为宜。教师要做到集中和分散相结合。至于如何分配练习，要根据操作的性质、学生的实际操作水平以及学生的年龄特点来决定。这就要求教师认真备课，作出周密的计划，实验内容应该做到前后互相衔接。此外，教师也要重视学生运用多种感官参与活动。尤其是在技能形成的"高原期"，为了尽快度过这一阶段，教师除在学习态度、意志方面对学生严格要求外，还要采用新的、直接的或间接的练习方式来强化学生训练。如采用口头问答和正误判断、个人公开操作、集体检查结果、半独立或完全独立操作、作品交流与成果评价、展示操作卡片和教学挂图、集体观摩实验等多种形式，以便进一步提高学生的实验操作能力。

8.2.4　编程能力的培养

1. 程序设计在信息技术学科中的地位

程序设计是利用某种计算机语言，编制完成某一特定功能的程序的过程，是涉及描述、开发及有效实现求解的一系列活动，是利用计算机实现自动化的重要手段。

计算机学科主要是系统地研究信息描述和变换的算法过程，包括研究它们的理论、分析、设计、效率、实现和应用。可以这样说，一切算法的基本问题是"什么能被自动化"以及"如何有效地自动化"。这个自动化的过程就是程序设计的过程。

程序设计语言是人们学习计算机的最基本的工具，也是人们学习计算机基础与应用知识的基本课程。通过学习，学生要掌握程序设计的基本概念、基本知识和基本方法，养成良好的程序设计风格，得到一定的程序设计训练，具备初步编写程序来解决实际问题的能力。程序设计是信息技术教学的重要内容之一，也是理论、抽象、设计和应用的综合能力的一种体现。所以说，程序设计能力是学生学习信息技术课程应具有的最基本的能力。

2. 程序设计的知识和能力构成

根据循序渐进的原则，与程序设计有关的教学内容主要有计算机基础知识和操作、程序设计语言和基本的程序设计方法、最基本的数据结构及其基本算法、常用的算法设计方法等。对这些知识的学习，必须与能力的训练有机地结合起来。程序设计能力表现在以下几个方面。

（1）自然语言能力。要有较强的运用自然语言描述现实事物的能力。只有运用背景知识正确且清晰地陈述问题及其求解目标，才能确定程序的功能。

（2）数学描述能力。程序设计是为了告诉计算机做什么和如何做。这就需要利用定义、定理、公式、函数等数学工具把问题形式化，建立数学模型。

（3）数据结构设计能力。选择合理的存储结构、在计算机中表示数学模型，是程序设计的一个重要方面。

（4）算法构造能力。好的程序由精心构造的、好的算法构成。给出问题求解的离散化计算过程，是程序设计中最具有创造性的工作。

（5）程序编码能力。用某种程序设计语言表达算法，尽管这种能力往往被认为技术含量不高，但也需要对程序设计语言能熟练地掌握和对算法设计有深刻的理解。

（6）程序调试能力。程序调试能力是一种专业综合技能，需要对程序设计语言和程序结构有深刻的理解，需要熟练的操作技能，需要会设置测试数据和设置程序断点。这些都有待于学生在实践中逐步积累经验。

可以说，程序设计能力的高低很大程度上反映在驾驭自然语言、数学语言和计算机语言的能力上。这三种语言是人们毕生有用的三种通用智能工具。自然语言和数学语言是计算机语言的基础；良好的英语和数学训练是学好程序设计语言和培养程序设计能力的重要基础。

3. 培养程序设计能力的有效途径

知识的价值在于运用，知识的运用需要技能，而技能的形成则依赖训练。程序设计知识的学习和能力的培养需要各方面的知识基础，它是一个系统的教育训练过程，需要多个教学环节的紧密配合才能完成。

（1）明确教学要求

程序设计语言课程一般是为应用性教学而设置的，因此，课程的教学不仅仅是传授知识，而且应该强调应用性，应该以培养学生的能力为主。程序设计语言的内容比较丰富，在教学中如果面面俱到，必会耗费较多课时，而且教学效果不一定好。这是因为过分强调程序设计语言的系统性和完整性就可能会转移学生对课程重点的注意力。教学关键在于教会学生如何正确运用程序设计语言编写程序，训练实用编程能力。所以必须突出重点，突出应用性，侧重思想，即把程序设计语言的基本思想、基本环境、基本概念、基本知识和基本方法教给学生，使他们在学习中对硬件、软件环境、程序设计的基本思想和基本技巧，对所学程序设计语言的基本概念和使用方法以及编程技术有一个比较全面的感性认识，从而提高解决实际问题的能力。

（2）打好数学基础

严格的数学训练是程序设计能力的基础，学习和加强排列与组合、数列、数学归纳法等离散系统的数学方法对提高程序设计能力尤为重要。问题描述和建立数学模型是程序设计的前奏，数学归纳法、穷举法、构造证明法等证明技巧是算法设计方法的基础。

（3）强化英语水平

程序设计语言的符号系统以英语为基础，程序设计文档语言首选英语。英文资料是计算机的最新和最大的技术资料来源。英语水平是我国软件产业发展和参与国际竞争的制约因素。

（4）重视阅读训练

从某种意义上来说，程序设计是用程序设计语言和方法进行的一种写作。可以想见，学生如果没有阅读过一份完整的、规范的、有实用价值的标准程序，即使记住了有关语言的语法规则，也不可能写出像样的程序。所以，大量阅读、分析、修改和扩充典型的算法和程序，是提高程序的写作能力的有效途径。而这个重要的学习环节往往未得到应有的重视，缺乏配套的程序设计阅读分析教材。教师应经常指导学生阅读程序、理解程序，提高学生分析程序的能力。

（5）注重算法设计，突出数据结构内容

瑞士科学家、Pascal 语言和 Modula 2 语言的发明者沃思（Wirth）教授提出了著名的公式：算法+数据结构=程序。这个公式表达了程序的实质，说明对于一个程序设计问题来讲，算法与程序设计是紧密联系的，绝不能脱离数据结构去讲解算法设计。程序设计语言的教学应该而且能够结合数据结构的基本内容。对于同一个计算问题，选用不同的数据结构，其算法大不一样，算法的优劣程度也不同。因此，要教会学生对不同的问题选择合适的数据结构。在整个程序设计课程中，必须强调算法设计方法，通过不断的算法设计训练，使学生切实掌握迭代、枚举、递归、分类等常用的算法设计方法。

（6）更新教学内容

信息技术学科是一门综合性学科，而且程序设计语言的应用领域在不断扩大和发展。因此，在教学中应结合专业的特点和教学的要求，将软件工程的思想方法贯穿于整个教学过程，介绍程序设计语言的最新发展和应用，重视面向对象程序设计方法的引入，搞好教材内容的更新，如图形程序设计、下拉式或弹出式菜单、计算机病毒防治等。这样不仅能把最新的知识和最新的发展动态充实到教学上来，大大丰富教学内容，而且使学生加深对程序设计语言的理解和掌握，保持对信息技术和专业的兴趣，及时跟上信息技术日新月异的发展趋势，在今后工作中保持领先地位。

（7）采用先进的教学手段

用传统的课堂教学方法讲授动态的算法和数据结构是十分低效的，像排序、递归等抽象动态的内容用传统方法讲解就常常是费力不讨好。应该采用先进的现代教学方法，如直观教学方法（利用挂图、教具等讲解），以及计算机辅助教学和计算机辅助学习（Computer Aided Learning，CAL）进行教学。它们是讲解算法和进行程序设计训练的最佳教学平台，既能增加学习的趣味性，又可利用图形的直观性帮助抽象和动态过程的理解。

（8）加强实践环节

在教学中，常常听到学生提出这样的问题：“程序设计语言有什么用？”有的学生还反映：“程序设计语言并不难学，就是不知道如何应用。”一些学生学到了一定的科学知识，但上机动手水平低。这种现象与普遍忽视实践环节有关。为了扭转这一局面，在整个教学过程中，必须强调实践环节的重要性，充分安排上机实践时间，加强系统训练和实践能力的培养。根据课程特点，精心组织一系列由易到难、由浅入深、配套衔接、结合学科学习、有一定设计技巧的程序设计作业，最后再安排一次综合性强、有一定难度的课程设计实践。这样，使学生通过上机作业和课程设计的完成，独立思考，各显才干，总结经验，培养他们的动手能力、编程能力以及分析问题和解决问题的能力。

8.2.5 思维能力的培养

1. 思维能力概述

所谓思维能力是指人们间接地、概括地认识客观世界的能力。人的思维过程具有间接性和概括性的重要特征。所谓间接性，就是通过其他事物的媒介来认识客观事物，即借助已有的知识经验，来理解或把握那些没有直接感知过的，或根本不可能感知到的事物，以及预见和推知事物发展的进程。所谓概括性，就是把同一类事物的共同特征和本质特征抽取出来加以概括。思维的概括性不仅表现在它反映某一类客观事物共同的、本质的特征上，而且表现在它反映事物与事物之间的内在联系和规律上。

思维是人类认识世界的高级阶段，是揭示客观事物的一般特性和规律性的联系与关系，对其进行概括性的、间接反映的过程，是智力的核心。学生只有思维能力得到良好的发展，才能使智力得到良好的发展，才能深刻理解和牢固掌握所学知识，形成理性的认识，才能把学习搞好。同时，思维能力也是发展各种能力（包括分析、综合、比较、概括、归纳、演绎、推理、想象等能力）的基础。所以，培养学生的思维能力，对发展学生的智力和提高学生的能力都具有重要的作用。

2. 如何培养学生的思维能力

（1）牢固掌握基础知识

基础知识是思维的条件，知识面越广，思维的步子就越大。思维能力的基础是联想能力，而联想又是以所学的知识为基础的。知识是联想的素材，头脑中空空如也是无法进行联想的。因此，培养学生的思维能力的第一步就是尽可能地让学生掌握丰富的知识，特别是系统的基本知识、基本理论。越是基础知识、基本理论，越是与广泛的具体知识有联系的内容；越是更新速度快的新理论、新技术、新方法，就越与基础知识、基本理论的联系更加紧密。因此教师在信息技术的教学过程中，除了使学生学习和掌握教材的基本知识和基本技能外，还要注意不断丰富学生的知识内容，开拓学生的知识面。

（2）加强实践活动

想象是创造的先导，实践是思维的源泉。联想的具体方式有以表象为基础的联想，即所谓形象思维，有以抽象概念为内容的联想，即所谓抽象思维。而抽象概念的形成又是建立在丰富的感性认识的基础上的。因此，培养学生的思维能力，必须让学生尽可能地多参加实践活动，在实践中丰富感性认识，储备表象。例如，组织学生运用编程知识解决学习、工作、生活中的问题，可以提高他们的思维能力。

（3）改进课堂教学

知识虽是联想的素材，但对于死记硬背的知识，由于学生未掌握它们之间的内在联系和关系，就不容易形成联想。所以培养学生的思维能力，必须在教学中重视用联想的方式传授知识，即尽可能地采取启发式教学，防止注入式。同时，要注意知识的系统性，注意把生动的直观教学和形成系统的科学概念密切联系在一起。思维起源于解决问题的过程。教学的艺术在于集中和保持学生的注意力，不停地让学生进行积极思维。启发就是引导，引导学生通过思维活动，去获得知识和本领。教师要善于提出思考性的问题，创造思考的良好气氛和环境。

课堂教学是整个信息技术课程教学的重要环节。在课堂上教师是学生思路的"向导"，是学生获取知识的"指挥"。提高教学质量，关键在于教师掌握教学规律，摸索学生心理状态和思维过程，既牢固地掌握基础知识，又着重于智慧的启迪、能力的培养和创造精神的激发。在信息技术课程的教学中，思维的过程大体上包括下述内容：①概念的形成和发展；②算法的推导；③程序结构的分析；④教材各章节的思路、层次、结构、内在联系和体系；⑤解题的思路；⑥程序的调试。教师要了解和把握这些规律，以便培养学生的思维能力。

（4）培养学生良好的思维品质

良好的思维品质主要有以下几个方面：思维的广阔性和深刻性、思维的独立性和批判性、思维的主动性和灵活性、思维的新颖性和持恒性。思维全面深刻、独立思考、积极主动、灵活新颖，是学生成功的有利因素；勇于探索、坚持不懈则是创造和创新能力长足发展的重要保证。因此，在教学中，教师必须紧密地结合教材内容和学生实际，有意识、有目的、长期地培养学生良好的思维品质，促进学生思维能力的不断发展。

需要特别指出的是，教师要十分注意鼓励学生打破条条框框的束缚，抛弃因循守旧的思想，进行求异思维，别出心裁地进行广泛的联想。别出心裁的联想，就是所谓的创造性思维。关于创造性思维能力的培养，本章 8.2.6 将专门论述，这里不再赘述。

（5）教会学生科学的思维方法

思维能力的培养必须具有科学的思维方法作为保证。发展学生的思维就要教给学生科学的思维方法。科学的思维方法有很多，其中主要有分析与综合、比较与分类、抽象与概括、推理与论证、具体化与系统化等。下面对分析与综合、抽象与概括、判断与推理这几种方法作简要介绍。

① 培养学生分析与综合的能力

分析是在思想上把事物的整体分解为各个部分、个别特性或个别方面的思维过程。综合是在思想上把事物的各个部分、不同特征或不同方面结合起来的思维过程。分析和综合是相反而又彼此紧密联系的过程，是同一思维过程中不可分割的两个方面。培养分析与综合的思维技能对提高学生分析问题、解决问题的能力的作用很大。为了培养学生的分析能力，教师应从各个方面去研究教材。在讲课时，应让学生的注意力集中在整体的细节或成分上，广泛利用图解和图表，使各个方面能突出地表现出来。为了培养学生的综合能力，教师在讲课时，应将学生的注意力集中在整体、联系、结合和系统上，根据具体情况，充分利用足以说明各部分在整体中的相互关系的图解和图表。

例如，对一般程序设计问题，首先要明确问题已知什么数据和要求什么数据，两者之间有什么关系；接着就要对问题进行分析，这就要根据问题所给的条件与所要达到的目标，首先选择合适的数据结构，然后根据所用的数据结构，通过联想、类比与变换进行综合，应用概念与数量关系设计合适的算法。这样的过程有时也不是机械进行的。随着算法的需要，有时反过来要修改数据结构。这就形成了从分析到综合的一个动态的思维过程。

② 培养学生抽象和概括的能力

抽象是在思想上找出同类事物的本质特征，舍弃非本质特征的思维过程。概括是在思想上把同类事物的本质特征加以综合并推广到同类其他事物的思维过程。人们正是通过这些过程揭示事物的本质和规律。

在教学中，教师要注意选出关于事物本质属性的关键问题来启发学生的思维，使学生逐步掌握其探索和思考的方法。要善于分析问题的实质，掌握问题的规律。例如，在习题教学过程中，不能满足于就题解题，要引导学生把被处理的事物、数据对象的本质属性抽象出来，再把它推广为一类对象所具有的普遍属性。这种从具体到抽象、从特殊到一般的思维活动，具有很大的创造性。例如，在学习"筛法"后，要求学生不停留在用筛法求素数的问题上，而是注意认识到筛法具有"筛东西"的特点，看到它的实质就是在一个范围内挑出满足一定条件的事物并将其留下来，而将不满足条件的事物舍去。掌握了筛法的实质，就可以把它的思想方法推广到各式各样的问题中去。

③ 培养学生判断与推理的能力

判断是关于对象的一种思维形式或思想。一般来说，判断是用陈述句（或叫断定句）来表达的。判断是语句的思想内容，语句是判断的语言表现形式。推理是由已知判断引出新判断的思维形式。任何一个新的判断总是从个别的判断推理出来的。那个别的判断叫做前提，而这个新判断叫做结论。按照前提和结论一般性程度的不同，把推理分为演绎、归纳和类比。演绎是由一般性的前提推到个别性的结论，归纳是由个别性的前提推到一般性的结论，类比是由个别性的前提推到个别性的结论。归纳和类比统称为非演绎推理。在教学中，教师要注意有计划、有意识地教会学生判断与推理的方法，及综合地、灵活地运用各种推理方法来解决各式各样的实际问题，提高学生的思维能力。

8.2.6　创造能力的培养

1.　创造能力概述

（1）创造的含义

创造是近年来使用频率较高的词语，是在素质教育、经济全球化、国家创新体系等大背景下提出来的。创造的含义日益丰富，对于它的界定目前仍是众说纷纭，见仁见智。《辞海》对创造的解释是"首创前所未有的事物"。心理学认为："创造是提供新的、第一次创造的、新颖而且有社会意义的产物的活动"或"创造是一种行为表现，该行为表现的结果富有新奇与价值"。由此可见，①创造是首创，是新颖（新奇），是有意义（有价值）的；②创造是一种活动（行为）或事物（指活动或行为的结果）。我们建议采用如下简单明确的界定："创造是提供新颖的、有社会价值成果的活动。"这个成果可以指新思想、新观念、新理论、新概念，也可以指新方法、新技术、新工艺、新产品，它要求新颖、独特、有社会价值。因此，创造含义的界定包括两层意思：

第一，创造必须是首创的、独创的、新颖的、独特的。凡是创造必有新的特点，意味着前所未有的、新颖的成果，不能是简单的重复或原样模仿。

第二，创造必须是对社会有意义或有用的，能解决存在的实际问题或理论问题。

创新是一个相当广泛的概念，不同的情况下，常有不同的含义。较为一致的看法是：创新是新设想（或新概念）发展到实际和成功应用的阶段。因此，一般意义上讲，创造强调的是新颖性和独特性，创新则强调的是创造的实现性。创造着重"首创"，是一个具体结果；创新是创造的过程和目的性结果，侧重宏观影响的结果。本文采用的"创造"与"创新"的基本含义是一致的。

（2）什么是创造能力

关于创造力的含义，也有多种提法。"创造力是创造心理活动的基本成分，是一个综合性体系化的概念，以一种系统性能力为主要表现形式，具有潜能的性质"；"创造力是指人在文艺创作、科学发现或技术革新等活动中表现出来的提出新设想、解决新问题的能力"；"创造力是指一个人或集体产生新的思想观念、新的事物的能力"。根据前面对"创造"的定义，我们可把创造力简要地界定为"创造力是提供新颖的、有社会价值成果的活动的能力。"创造能力是创造力的一种成分和表现形式，是创造力的外显。

创造力是每一个正常人都具有的自然属性。科学研究的结果表明，创造力对于个人来说并不是天生的、神秘的，也不是少数天才的专利，而是每个人都具有的一种潜在能力，它可以通过学习、训练或创造教育的实施激发出来。

2.　信息技术教学中培养创造能力的有效途径

我国是具有悠久历史文化的文明古国，对人类创造行为的关注，可追溯到人类历史早期。20世纪初，著名教育家陶行知在创造教育方面作出许多贡献。1943 年他在《新华日报》上发表了《创造宣言》，指出"处处是创造之地，天天是创造之时，人人是创造之人"，影响深远。党和国家一直十分重视创造教育，早在 1985 年《中共中央关于教育体制改革的决定》中就指出："教师的任务不仅仅是传授知识，更主要的是培养学生的能力，尤其是创造能力。"

信息技术课是一门新的学科，其教学过程具有创新性。同时，信息技术课比较贴近现实，有着其他课程无法比拟的可操作性、实用性、实效性，并且目前也不受应试教育的影响。基于这些特点，利用信息技术教学，非常利于培养学生的创新精神和创造能力。

（1）激发学生的创造潜质

这里的创造潜质是指创造的目标、创造的意志、创造的精神等。巨大的动力来源于伟大的目标，创造的目标是创造行为的内在原因，是直接的推动力量。没有创造的目标，就不会有创造的行动，也不会干出伟大的事业。而创造的目标源于对国家、社会、人民高度的责任感和事业心，来源于造福人类的伟大理想，这些都是培养和教育的结果。创造的意志是创造的条件和保证。具有坚强意志的人，认为"无限风光在险峰"，就能坚持不懈，有百折不挠、勇往直前、不畏艰难和险阻、不达目标誓不罢休的精神。创造精神是一种发现问题、积极探求的心理取向。一个人如果有了创造精神，就不会墨守成规，因循守旧，循规蹈矩，而是会多疑善问，具有批判精神，敢于向权威提出挑战，打破条条框框，勇于创造，积极开拓，开创新事业，作出新贡献。这些素质是在信息化时代激烈的竞争中赢得主动权、抢占制高点的关键，也是学生必备的一种素质。因而教师在教学过程中要渗透创造潜质的培养。

（2）培养学生的创造心理

创造性心理是创造力的基础。有创造力的人，不仅具有独创、立异、新颖、流畅等创造思维活动的特征，而且具有比常人突出的非智力因素，体现出积极的价值观。心理学的研究表明：具有创造力的人，多具有好奇心、自信心、自尊心、进取心，多具有顽强的意志力；多具有勤奋、勇敢、谦虚、谨慎的性格特征，多具有正义感、社会责任感和敢于负责的牺牲精神。他们对错综复杂的问题有容忍、接受的悦纳力；他们对显然矛盾的事物，并不感到吃惊，也不会产生焦虑的情绪，而是感到新奇，从而产生兴趣；他们很少顾虑错误和危险，认为错误是获得新信息和进步的机会，"失败是成功之母"；他们对认识、理解、审美、充分发展自己特质的需要的满足更加重视。因此，培养学生创造性的心理，就要培养他们树立正确的人生观、具有良好的思想品德和坚强的意志；启发他们思维的自觉性，使他们善于明辨是非；训练他们思维的果断性，使他们遇事当机立断；培养他们思维的顽强性，使他们不怕困难与失败，勇往直前，敢攀高峰；增强他们思维的自制性，使他们执着地追求既定目标，等等。

（3）激发学生的创造动机

创造动机不仅是学习的动力，而且也是创造的起点，是推动创造顺利进行的兴奋剂，是构成创造行为、创造志向的重要因素。激发学生的学习动机和好奇心，培养学生的学习求知欲，调动学生学习的积极性和主动性是帮助学生形成与发展创造性思维能力的重要条件。

一些心理学家在研究创造性思维的培养问题时指出，学生的学习动机和求知欲、学习的积极性和主动性，不会自然涌现，它取决于教师所创设的教学情境。著名教育家赞可夫说："教学法一旦触及学生的情绪和意志领域，触及学生的精神需求，这种教学法就能发挥高度有效的作用。"自古以来，教师所创设的教学情境不外乎两种：注入式和启发式。前者使学生的学习完全依赖教师的讲解，被动地学，根本谈不上创造性思维的启发；后者则创设问题的情境，调动学生思维活动的积极性和自觉性，使学生的学习过程成为一个积极主动的探索过程，使学生通过学习不仅能获得知识和技能，还能进一步探索求知的新情境，发现未掌握的新知识，甚至创造前所未有的新事物。教学法中，可以通过导入来创设教学情境。例如，在"Visual Basic 程序设计方法"一课的引入阶段，教师仅用几分钟的时间，制作一个可以播放音乐和电影、展示图片的多媒体程序，使学生对计算机的功能如此强大却操作简单感到十分惊讶，从而产生强烈的学习动机、自主探索的兴趣和创造的欲望。

（4）培养学生的创造性思维

心理学认为，创造能力的内涵主要包括两个方面：创造性思维和创造性个性。创造性思维，即思维的创造性，包含四种品质：一是流畅性，即思维敏捷，这是表现出创造性的基础；二是变通性，即思维灵活，思路开阔，善于随机应变，能够从多视角、多维度、多层次观察问题，分析问题和解决问题；三是精密性，即思维严谨、缜密、周到细致；四是独创性，即思维独特，能够使思维突破常规和经验的束缚，获得新颖独特的创造成果。创造性个性包含在一般个性中，但是不等同于后者，仅是属于其中的一部分，它主要有四种品质：一是冒险性，即一个人处事果断、敢作敢为、不怕担风险的品质；二是挑战性，即敢于不唯书、不唯师、不唯上，大胆质疑问难的品质；三是好奇性，即对新知识、新事物感兴趣，好学求知；四是想象力，主要指一个人内心世界丰富多彩、人格空间宽阔充实。创造能力的这两个方面是不可分割的。

教师在教学中，应从培养学生以上思维特点来发展学生的创造性思维，以达到培养学生创新思维和创造能力的目的。在教学中，教师和学生一起搞科研，撰写论文，搞小创造、小发明，都是培养和发展学生创造性思维的好方法。

（5）引导学生进行创造性学习

在信息技术的教学中，教师要善于启发学生独立思考，培养学生创造性学习的习惯。启发学生运用所学的基本概念、基本知识、基本理论和定理，运用新旧知识的结合，创造性地提出自己的见解。这是创造性运用所学知识的常用形式，也是促使学生积极地思考、钻研、想象和创造的最佳方法。

教师要培养学生独立思考、提出问题、分析问题和解决问题的能力，要给学生留有充分的思考余地，不要在教学中把每一个内容都讲解得十分详尽、一览无遗，而是要突出重点，条理清晰，言简意赅，点到为止，尽量让学生进行探索性学习、协作性学习，让他们多提问、多思考，同时要教学生学会发现问题、分析问题和解决问题的科学方法。

（6）进行教法创新

在教学方法和手段的利用上，教师应注重选择适合学生发展的教学方法。根据学生的个体差异和兴趣特长，教师除了要充分利用现代信息技术手段和变换多种教学方法外，还要留出一定的时间让学生自主选择适合自身情况的学习方法，努力为每个学生创造发展的机会。在以人为本的教育理念的指导下，教师应更加注重教学环境，关注学生发展。这一教学思想主要体现在课前准备、大显身手、激活思维、大胆实践等环节中。

信息技术课是一门实践性、操作性很强的学科。在教学中教师要加强学生在练习环节的训练。练习在信息技术课的课堂教学中是必不可少的。实践证明，有思考性的练习是训练学生创新思维的最有效的手段之一。因此教师在教学中要注重巧设练习，要从生活实际出发，设计一些开放性的习题。这样不仅可以开拓学生的思路，发挥学生潜在的学习能力，而且更重要的是可以培养学生的创新素质。让学生学会使用现代信息技术，是为了让学生掌握解决问题的武器。例如，在程序设计的教学中，结合中学数学学科的教学内容，留给学生一些类似解一元二次方程、解方程组等的练习，使教学有针对性，提高学生的学习兴趣，也促进其他学科的学习。对于应用软件的教学，不仅以教会学生学习使用该种软件的操作方法为目的，更重要的是培养学生在遇到一种新软件时该如何去学习的能力，如遇到问题时怎样通过看软件环境自带的帮助系统、怎样去提出问题并自己查阅书籍来解决等，以此来综合训练学生收集整理信息、分析处理信息的能力。

总之，利用信息技术教学中的各种有利因素，最大限度地更新教育观念，深化教育改革，训练学生的创新思维，激发学生的学习潜能，培养学生的创新精神和创造能力，全面提高学生的整体素质，是信息技术课的主要目标，也是时代赋予信息技术教育工作者的神圣使命。

8.3 信息素养的培养

培养学生的信息素养，是我国中小学正在推进的信息技术教育的核心目标。《中小学信息技术课程指导纲要（试行）》提出："培养学生良好的信息素养，把信息技术作为支持终身学习和合作学习的手段，为适应信息社会的学习、工作和生活打下必要的基础。"《普通高中技术课程标准（实验）》指出："信息素养是信息时代公民必备的素养。高中信息技术课程以义务教育阶段课程为基础，以进一步提高学生的信息素养为宗旨，强调通过合作解决实际问题，让学生在信息的获取、加工、管理、表达与交流的过程中，掌握信息技术，感受信息文化，增强信息意识，内化信息伦理，使高中学生发展为适应信息时代要求的具有良好信息素养的公民。""普通高中信息技术课程的总目标是提升学生的信息素养。"以上指明了在中小学信息技术课程教学中培养学生信息素养的目的和作用。

8.3.1 信息素养的概念

1. 信息素养的含义

所谓信息素养，是指人们为了某种目的而获取信息、传输信息、处理信息和应用信息的能力，是综合能力的基础。信息素养是一种非常重要的能力，依靠信息素养技能，人们能够表达思想、交流感情，开展合作，进行有效的思维、研究、决策和问题求解，进行终身的持续学习与合作学习。信息素养在当今这样一个技术飞速发展、信息资源日益丰富的社会是日益重要的一种素质。技术的发展、信息资源的丰富，使得我们每个人都面临着多样的、充分的信息选择，这些选择包括学术生活、工作场所以及个人生活中的。利用图书馆、社区、专门机构、媒体和 Internet，以及日益增加的其他来源，信息以其未经过滤的本来姿态出现在我们的面前。这就产生了一系列的问题，包括信息的确实性、有效性、可靠性、伦理性，等等。另外，我们还能通过多媒体获得信息，包括文字、声音、图片、动画、视频，等等。这些新的媒体形式不可避免地对人们评估信息、理解信息、有效地利用信息产生新的挑战。信息质量的不稳定、信息数量的无限扩张，都对社会产生了巨大的问题。如果不具备有效地利用信息的能力，信息的充裕本身并不足以创造一个拥有更多知识和更有见识的公民。

2. 信息素养的结构

信息素养的构成目前有多种说法。下面是三个要素、六大技能、九条标准的构成法。

从理性上说，信息素养应该包括信息意识、信息能力和信息伦理三方面。

（1）信息意识，是指个人具有信息需求的意念，对信息价值有敏感性，有寻求信息的兴趣，具有利用信息为个人和社会发展服务的愿望。

（2）信息能力，是指能够有效地获取、加工利用信息的能力，包括操纵信息工具的能力、检索获取信息的能力、加工提炼信息的能力、整合创建信息的能力、交流传播信息的能力等。

（3）信息伦理，是指个人在信息活动中的道德情操——能够合法、合情、合理地利用信息解决个人和社会所关心的问题，使信息产生合理的价值。

在利用信息素养解决问题的过程中，这三个方面是交织在一起、相互作用的。因此有人提出了一种过程性的信息素养结构，俗称信息素养的六大技能。

（1）确定任务：描述信息问题和确定信息需求（解决该问题需要什么信息）；

（2）决定策略：识别各种可能的信源并选取最佳信源；

（3）搜索获取：探明信源的位置并从中提取信息；

（4）加工利用：感受、解读、提炼相关信息；

（5）合成展示：整合多种信源的信息，组织和构建便于交流和展示的信息作品；

（6）鉴赏评价：判定信息作品的效果和评价信息问题的解决过程的效率。

美国制定了从信息素养、独立学习和社会责任三方面提出学生学习的九大信息素养标准。

（1）信息素养

标准一：能够有效和快捷地存取信息；

标准二：能够熟练和恰当地评价信息；

标准三：能够准确和创造性地使用信息；

（2）独立学习

标准四：作为独立学习者的学生具有信息素养，并能探求所需信息；

标准五：作为独立学习者的学生具有信息素养，并能欣赏作品及对信息进行创造性的表达；

标准六：作为独立学习者的学生具有信息素养，并能在信息查询与知识创建中做得更好；

（3）社会责任

标准七：对学习团体和社会有积极贡献的学生具有信息素养，并能认识信息对民主化社会的重要性；

标准八：对学习团体和社会有积极贡献的学生具有信息素养，并能在信息和信息技术中实施有道德的行为；

标准九：对学习团体和社会有积极贡献的学生具有信息素养，并能在团队中探求和创建信息。

我国《普通高中技术课程标准（实验）》对学生的信息素养作了如下概括："学生的信息素养表现在：对信息的获取、加工、管理、表达与交流的能力；对信息及信息活动的过程、方法、结果进行评价的能力；发表观点、交流思想、开展合作并解决学习和生活中实际问题的能力；遵守相关的伦理道德与法律法规，形成与信息社会相适应的价值观和责任感。"并归纳为"知识与技能、过程与方法、情感态度与价值观"三个目标之间的相互渗透、有机融合，强调在教学中要引导学生在不同层面的信息素养的综合提升和协调发展。

8.3.2　培养学生信息素养的重要意义

1. 信息素养是学生综合素质的重要组成部分

承担培养人类社会的继承者与接班人、未来社会的建设者重任的教育事业，应该使受教育者的德、智、体全面得到发展，这就是素质教育的目标与意义。我国教育界的领导与广大教育工作者现在已经取得共识，教育应该从应试教育的轨道转向全面素质教育的轨道，但是目前对于什么是素质教育的认识尚未达成一致。从根本上来说，应该讨论教育目标、教育方式等重要问题。由雅克·德洛尔任主席的国际 21 世纪教育委员会，在 1996 年向联合国教科文组织提交报告《教育——财富蕴藏其中》，指出"信息和交流活动都是极其重要的，在这方面，重点是以个性化的方式为某个确切的项目捕捉和处理特定的信息"，把教育应该培养人的信息素养放在一个十分突出的位置。

关于素质教育的目标，我们可以按照思想道德教育目标、情感意识教育目标、知识技能教育目标等进行分析，提出各个方面的综合要求，防止偏废。而在中小学开展以计算机教育为核心的信息教育时，所考虑的教育目标本身就是一个综合目标。在中小学开展信息教育的一个重要目标是培养学生在现代信息社会中应该具备的思想道德品质，以使他们在信息社会中的一举一动都能够符合文明人所应该遵守的准则。在中小学开展信息教育的另一个目标是培养学生在现代信息社会中的一种现代精神——既具有合作精神，相互提供有用的信息，以求共同解决全球性的问题，又具有竞争精神，充分利用包括信息资源在内的一切条件，去取得最大的效益。此外，信息技术的应用不仅要求人们具有基本知识与能力，而且要求人们具有勇于承认错误与纠正错误的精神、坚韧不拔的工作精神等。这样才能取得学习成就以及研究成果。当然，在中小学开展信息教育的主要目标还是培养学生应用信息技术的基本能力和对信息技术的基本知识的理解与掌握，使学生能够应用这些知识，进行创造性的开发和劳动。由此可见，信息素养将成为人们综合素质的一个重要组成部分。因此，在中小学信息技术教学过程中，应把培养学生的信息意识和提高他们的信息素养作为一项重要内容。

2. 信息素养的培养可以促进学生思维的发展

对一个具有信息素养的人来说，当面对问题时，他能够确定解决问题需要什么样的信息以及如何来获得这些信息，并且对获得的信息能够加以评价、判断、分类、组织，最后把它们应用到解决具体的问题上。由此不难看出，在获取信息和利用信息的过程中，人们的思维活动一刻也不能停止。因此，注重对学生信息素养的培养，在提高学生获取信息、处理信息、运用信息解决问题的能力的同时，也必然对学生思维的发展产生积极的促进作用。

特别值得一提的是，现代教育提倡素质教育，而培养学生的创新意识、提高学生的创新能力是素质教育的重要内容。在信息社会里，人们的信息素养与创造活动和创造性思维有着密切的联系。创造性思维是人类思维的高级过程，它不仅能揭示客观事物的本质特征和内在联系，而且能在此基础上产生新颖的、前所未有的思维成果，给人们带来首创的、具有社会价值的产品。创造性思维有发散思维和集中思维两种思维形式，而创造活动则是发散思维和集中思维统一的结果。发散思维和集中思维是思维过程中互相促进、彼此沟通、互为前提、相互转化的辩证统一的两个方面。一方面，当问题不明确时，首先必须进行有针对性的集中思维，综合已知的信息，确定发散点；然后，再进行有联想性的发散思维，重组已有信息并加以应用，为解决问题提供新信息、新设想和新途径。集中思维是发散思维的基础，也是创造性思维的基础。从人类思维发展的过程来看，集中思维比发散思维的发展要早些。因此训练时，教师要注意因势利导，循序渐进。另一方面，发散思维是创造性思维的一个重要组成部分。从解决问题的过程来看，发散思维提出多种思想、观点、策略和假设，对于创造性地解决问题十分重要；从结果来看，发散思维产生的众多信息，如方法、途径或解答等，能对创造性成果作出验证。由此可见，良好的信息素养，可以促进学生有效地进行创造性思维活动，帮助他们更好地开展创新实践，加速从认识旧事物发展到创造新事物的进程。因此，在中小学信息技术教学过程中，把培养学生的信息素养与提高学生的创新能力加以综合考虑，有着十分重要的意义。

3. 信息素养是个人能力发展的重要基础

从水平维度来看，信息素养是思维能力、问题解决能力、决策能力和合作能力的基础。这些能力的有机整合就形成个人的综合能力，具有这种综合能力的人就会具有较强的实践能力和创新能力。不难明白，当前国际上普遍关注的信息技术与学科整合，正是受到这种理念的驱使。从垂直维度来看，信息素养是终身学习的基础。这是因为，具备一定的信息素养，学习者就能够掌握有效的学习方法，获得有用的学习内容，对所做的研究进行扩展，能够更好地自我导向，对自己的学习进行更有效的控制。因此，良好的信息素养有利于学生各种能力的提高。

学生综合能力的提高需要良好的信息素养为基础，主要体现在以下几个方面。

（1）良好的信息素养可以提高学生的自学能力。学生自学时，首先必须获取有关的知识信息，然后对它们进行加工和处理。良好的信息素养能使学生有针对性地获取信息，减少盲目性。同时，良好的信息素养可以帮助学生对有关的信息进行正确的评价、判断和处理，准确地把握知识间的关系，从而可以提高自学的效率。

（2）良好的信息素养可以增强学生的记忆和表达能力。良好的信息素养可以帮助学生建立各种知识间的相互作用与联系，使学生在了解掌握事物全过程的基础上来记忆事物，从而使记忆的准确性和持久性大大提高。

（3）良好的信息素养有助于提高学生的实践与操作能力。学生在获取信息、处理信息和运用信息解决问题的过程中，必然伴随着大量的实践活动与具体的操作。良好的信息素养可以使得学生的实践有方向，操作有目的，并在实践与操作中使自身的基本技能得到不断地巩固和加强。

（4）良好的信息素养可以促进学生创造能力的提高。良好的信息素养可以促进学生思维的发展，特别是创造性思维的发展，从而使学生在探索和发现新知识的过程中，不断发展其创造性能力。

8.3.3 培养学生信息素养的基本途径

信息是知识的基础，是创造的源泉，也是解开自然之谜的向导。未来的社会是信息的社会，未来的教育是培养信息能力的教育，未来的人才是具有获取信息、传输信息、处理信息和应用信息的能力的人才。在确定了信息素养的目标以后，很重要的工作就是研究如何培养学生的信息素养问题，即有哪些办法可以培育学生的信息素养。信息素养的培养途径有许多。归纳起来，学校中的信息技术教育一般可以采取专门课程教学、学科课程整合、信息技术的应用等三种方式，它们都是学校中经常使用的培养信息素养的基本方法。

1. 通过信息技术专门课程，培养学生信息素养

设置信息技术方面的课程，开展信息技术方面的学科教学，是目前各个国家与地区进行信息素养培养的最主要的手段，是信息素养培养途径中的基础。事实上，就目前我国的情况来看，由于信息技术教育在素质教育中所起重要作用，把信息技术作为必须课程，纳入学科教育的范围，编写完整教材，系统安排各项教学内容，开设信息技术课程，规定具体的信息素养评价方法与标准，保证比较集中的时间完成学生信息技术知识、基本能力和伦理道德的培育工作，对于提高学生的信息素养有无可替代的地位。

信息意识的加强和信息素养的培养，需要教师在日常的教学中坚持对学生进行长期的训练、培育，也需要学生自己的锻炼、积累和体验。针对学生信息技术知识水平和操作技能差异较大的情况，教师在应用"任务驱动"进行教学时，可把一章分成几个阶段，创设不同的教学环境，提供不同的硬件、软件、辅导和任务，让基础不同的学生在不同的任务和问题驱动下，从不同的阶段开始学习，在规定的课时内最终完成即可，使学生拥有学习的主动权。例如，在讲授《采集网上信息》时，可把这一内容细分为三个小任务：首先是保存完整的网页，这对于学生来说比较容易；其次是文字的保存，这是该节课的重点和难点；再次是保存图片，相对来说，这个操作比较容易。通过以上三个小任务的完成，包括基础较差的学生在内的所有学生，基本都能掌握保存网

页和网上的文字、图片的方法，提高获取信息的能力。

2. 加强学科课程教学整合，培养学生信息素养

自从 20 世纪 50 年代末产生以信息技术为主的计算机辅助教学以及 90 年代出现新型的教学信息技术，网络与多媒体在教育中得到越来越广泛的应用。许多教育技术研究人员在从事各门学科教育的技术研究工作中发现，以计算机辅助教学为主的信息技术教学应用，不仅丰富了教学技术的应用模式，增强了教学效果，而且可以改变学生的学习态势，培养学生自主学习与合作学习的能力。同时，信息技术教学在学校的推广应用，使学生能大量接触信息技术，从而进一步培育信息意识与情感，提高信息伦理道德修养，熟悉与理解信息技术的基本知识，熟练掌握各种信息能力。因此，在学校推广以计算机辅助教学为核心的现代教育信息技术，本身就具有培养学生信息素养的功能与任务。而且可以说，在中小学大力开展信息技术教学应用是信息素养培育途径的主流。

另外，信息素养是一种注重实践操作的素养。如果能够在各个学科的教学中充分运用信息技术，那么不但能够增强教学效果，而且能够提高学生与教师的信息素养。例如，如果在语文、数学与外语教学中推广信息技术教学应用，那么学生不但能够学习语文、数学和外语方面的学科知识，而且由于需要使用键盘打字、使用鼠标检索的有关信息，因此能够提高操作能力。由于体会到信息系统能够十分方便地组织信息、表达信息、呈现信息、传播信息和解决问题，学生会感到信息技术的便利、实用，由此提高信息意识与情感。这种意识、情感是一种重要的潜在因素，会促使学生怀着好奇心开始钻研信息技术与应用信息技术的奥秘，使他们以后可能成为社会所需要的信息技术人才。这样，学生在学校中使用信息技术的时间会大大多于信息技术课程所能提供的使用信息技术的时间。学校之所以能通过信息技术辅助教学来培养学生的信息素养，是因为学校的信息技术应用频率比较高，有利于形成一种利用信息技术的氛围，特别是有利于培养学生信息素养中的意识情感。

3. 创设信息技术应用环境，培养学生信息素养

创设信息技术教学应用环境，是培养学生信息素养的重要条件。信息素养的培养是要经过师生双方的努力才能实现的，一方面学生素养的形成离不开教师的启发与引导，另一方面学生自身的努力对素养的形成起着极为关键的作用。教师在教学中，要认真学习信息技术知识，提高自己获取、加工、处理、传输和应用信息的能力；教师和学校要为学生提供应用信息技术进行学习的条件和环境。从信息能力的培养来说，除了信息系统的使用能力以外，获取信息、理解信息、处理信息、表达信息等能力的培养均与具体的知识范畴有关。以信息获取能力的培养为例，一方面要教会学生使用信息技术进行浏览，查找有关的信息资源，另一方面，还要能够向学生介绍与具体知识有关的信息资源的"6W"，即在这个知识领域内需要获取什么信息（what）、从谁那里能够获取信息（who）、从什么地方能够获取信息（where）、什么时候能够获取信息（when）、怎样获取这些信息（how）、为什么需要获取这些信息（why）。而这些都与具体学科知识的学习有关，所以，教师要在学科教学中提高自己的信息素养的同时提高学生这方面的信息获取能力。

思考与练习

1. 在中小学信息技术课的教学中，能力培养的基本途径是什么？

2. 在中小学信息技术课的教学中，能力培养包括哪些内容？

3. 结合中小学生的年龄特征，谈谈你对其思维能力的培养的看法。

4. 谈谈创造能力的培养对学生未来发展的影响。在中小学信息技术课的教学中，如何培养学生的创造能力？

5. 培养学生的信息素养有何意义？在中小学信息技术课的教学中，如何培养学生的信息素养？

第9章
信息技术课的教学评价

教学目标

1. 理解教学评价的概念；
2. 掌握学生学习成绩评价的方法；
3. 熟悉教学评价工作的组织和实施过程。

内容结构

教学评价是教学活动的重要方面，对教学起到导向作用。本章学习教学评价概述、教学评价的内容及分类、学生学习成绩的评价及教学评价工作的组织和实施四部分的内容。

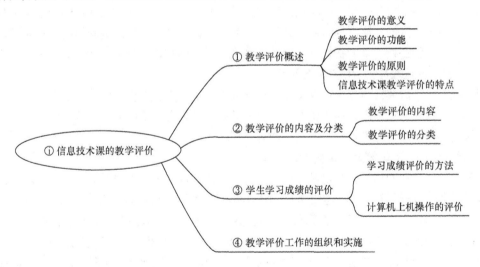

教学建议

教学评价是重要而较难实施的教学环节。建议结合教学和学习实际，选择一节信息技术课（可以是视频或教师实际授课），根据本章所学知识，从教学过程、学习活动和教学效果等方面开展一次教学评价活动。

教学评价是根据一定的标准和方法，对教与学的过程进行测量、分析和评定，对教学效果作出的价值判断。教学评价是教学活动过程中的一个重要组成部分，是不断提高教学质量的重要工具。

9.1　教学评价概述

为更好地进行教学评价，有必要对教学评价的意义、功能、原则以及信息技术课教学评价的特点有所认识。

9.1.1　教学评价的意义

教学评价涉及教学活动的各个方面，如教学课堂结构的评价，教学方法和方式的评价，命题教学的评价，教师教学能力的评价，学生学习能力、学习成绩的评价，等等。它对教学活动的开展有着重要的意义。

1. 教学评价是深化教学改革的重要措施

要进行教学改革，就要对教学过程进行阶段性的测量和总结。总结前一阶段教学效果的经验和教训，为后一阶段教学工作的改进提供重要的依据。只有这样才能避免盲目性，确保教学改革沿着健康的道路发展。

2. 教学评价是全面提高教学质量的重要途径

通过从教学评价中搜集到的数据，可以得到教师教学、学生学习各方面的信息。对教师的素质、教学态度、教学方法、教学技能和教学效果给出客观的评价，对学生的学习态度、学习方法、学习成绩作出鉴定，使被评者看到自己的成绩或不足、成功之处或失败之处。这样，一方面激发教师和学生的内在动力和需要，提高他们工作、学习的积极性，另一方面使教师和学生了解教学工作中、学习中出现的问题，及时调节教与学，使教学过程得以不断改进和提高、不断完善和优化。这有利于增强评价对象的责任感、公平感和成就感，促进教学质量的提高。

3. 教学评价是教育科学研究的重要内容

现代教育科学研究被划分为三大领域：教育基础理论研究、教育发展理论研究和教育评价研究。教育评价是教育科学研究的重要内容，而教学评价是教育评价的主要部分。因此，要进行教育科学研究，教学评价是必不可少的主要内容。

4. 教学评价是教学管理的重要手段

教学评价是教学管理的重要组成部分，它不仅是教育行政机关加强业务指导和管理的途径，也是教师对学生进行教育管理的重要手段。教学评价在评价教师教得如何、学生学得怎样的同时，对教师和学生的行为规范也提出了要求。这种要求不仅为教学管理提供了依据，同时也为教学管理的实施提供了保证。没有评价的管理，就没有反馈的机制，因而是一种不科学、不健全的管理。有评价的管理，能及时反馈信息，及时发现问题、解决问题，因而是一种科学的管理。因此，教学评价对促进学校管理体制的形成和完善有着十分重要的意义。

9.1.2　教学评价的功能

教学评价的功能是多方面的，概括起来有以下几个方面。

1. 导向功能

教学评价具有指明方向的功能。有什么样的评价，就有什么样的内容，就会导致什么样的结果。教学评价，不仅可以使教育领导部门在评价中取得客观的信息，为学校指明办学方向，而且可以使教师与学生正确认识自己，明确教与学的目标，对学校领导、教师、学生起着积极引导的作用。

2. 检查功能

教学评价具有检查监督的功能。学校要想了解教师的教学态度、教学水平和教学质量，教师要想了解学生的学习态度、学习能力和学习水平等，通过教学评价中的信息反馈，可以得到科学的依据，以利于进行检查、鉴定和监督。

3. 激励功能

在教学评价的过程中，往往会营造出一个正式或非正式的竞争环境，激发教师和学生的内在动力和需要，起到激励先进、鞭策后进的作用。

客观、科学的教学评价，可以使教师明确自己在教学工作中的努力方向，调动教师教学工作的积极性，激发教师自觉钻研并努力提高自己教学水平的内部动机。

学生通过测试知道自己学习成绩有进步，会产生成就感，提高学习兴趣，增强学习的自信心。

4. 改进功能

教学评价，可以暴露教学过程中的教师教学、学生学习所存在的问题或薄弱环节，为有效的指导和改进提供可靠的依据，从而达到直接促进教学发展和提高教学质量的目的。

9.1.3　教学评价的原则

1. 目的性原则

教学评价不是直接目的，而是通过教学评价的判断过程，推动教学改革，实现教学目的的手段。教学目的是教学评价活动的出发点、归宿和依据。在教学评价活动中，肯定什么、否定什么，支持什么、反对什么，倡导什么、坚持什么，都要服从教学目的，要为教育目的服务。

2. 科学性原则

科学性是指尊重客观事实，客观地反映事物的本质。教学评价活动的开展、教学评价的指标体系和标准、教学评价的方法，必须建立在现代教育理论的基础上，符合教育学、心理学的基本原理和教育规律。在教学评价过程中，要用实事求是的态度、科学的评价指标体系和标准、科学的方法，衡量教师的教学质量、学生的学习情况，不能随意推断或带有偏见及个人情感。

3. 可比性原则

在教学活动中，往往会碰到学习对象、教学内容、课堂形式、教学方式和方法不同的情况，这为课与课之间的比较带来困难，它们能不能比、如何公平比，成为重要的问题，因此可比性原则是保证教学评价得到正确认识的原则。在教学评价中，以教学目的为依据，分解评价目标的量化及权数的分配，使对不同评价对象的评价具有可比性。

4. 可行性原则

教学评价的可行性原则是指评价的指导思想和评价目标要切合实际、具体可行，评价的指标中各项反映的现象或事实要是可测的、具体而明确的，评价指标要具有明显的可操作性，评价指标体系不要过于烦琐，评价计算体系要简便易算，评价的标准和评价的结论不宜定得过高。

以上是教学评价中具有普遍意义的几个原则，它们是相辅相成、互相渗透、互相制约的。在教学评价中我们要努力把握这些原则，正确顺利地开展教学评价。

9.1.4　信息技术课教学评价的特点

前面我们讨论的关于教育评价的有关知识是针对普遍情况而言的，而信息技术课程有着不同于其他课程的特殊性，因此，信息技术课的教学评价也体现一定的特点。了解和把握这些特点，对信息技术课进行教学评价有着十分重要的意义。

与其他学科相比，信息技术课在学习内容、学习过程和学习结果等方面都具有鲜明的特点：信息技术的学习内容强调对原理方法的理解与技能的形成和熟练的相互渗透，学习过程注重知活动与技术活动的内在统一，培养目标则倡导原理知识、操作技能、信息素养、技术文化、人文修养等多方面的统筹发展。因此，信息技术课的教学评价就更加复杂，仅在教学结束后通过纸笔测验考查学生学习成绩的评价方式显然难以适应信息技术教与学的需要。

信息技术教学评价需要综合考虑各种因素，要进行形成性评价、过程性评价和终结性评价等。一方面，要树立"全程的评价观"，即在教学之前的教学设计阶段就对教学过程中和教学后的计划实施的评价提前进行系统规划和准备，使对评价的规划成为教学设计和教学计划的重要组成部分，将对"教—学"过程的设计和规划转变为对"教—学—评价"过程的设计和规划，并在整个教学过程中不断搜集和积累学生的学习信息，据此分析诊断学生的学习情况，动态调整教学过程或提供学习建议，发挥对教学和学习的"全过程"促进作用。另一方面，要采用"面向教学的评价方式"，在分析信息技术学科特点的基础上，探索合适的评价方法，不能无视信息技术的学科特点，盲目照搬其他学科的评价方法。比如，信息技术的教学评价不仅要考虑对掌握概念、理解原理等认知活动的评价方法，而且要考虑如何评价学生在理解的基础上的技术设计、技术操作和技术优化，更要考虑如何评价综合任务体现出的信息素养和技术素养等。

1. 信息技术课的教学评价要注重实践

信息技术课的内容主要包括计算机基础知识、计算机的应用及程序设计基础，因此信息技术课是一门实践性很强的学科。信息技术教学不仅要进行理论性教学，而且要进行实践性教学，要通过课堂演示、学生实验才能达到教学目的，往往实验学时要占总学时的三分之二。教学评价的目标包括两方面的内容：一是对计算机知识了解和理解的程度；二是用计算机进行操作和应用的能力。学生的成绩也应由笔试成绩和上机操作成绩两部分组成。

2. 信息技术课的教学评价中存在着难以量化的因素

考查学生对计算机知识的理解和掌握程度，尤其是考查学生的计算机操作和应用能力时，所处理的是难以客观量化的对象，不能直接进行测量。一般地，对学生操作能力的要求分成三个水平层次：初步学会进行速度较缓慢的上机操作（允许有若干差错）；学会进行连续的、差错较少的上机操作；比较熟练地进行效率较高的、习惯性的、有错误时能立即自我纠正的上机操作。这其中含有许多不精确的成分，如把握不好，必然会给教学评价带来误差。为减少误差，就必须解决"量具"本身标准化和"量具"使用方法标准化的问题，这是两个较为复杂的问题。同时，信息技术课程的教学评价应该是一个综合性评价，即要对理论性教学（如讲课）和实践性教学（如上机实验）进行综合评价。这不但增加制定和分析评价标准的难度，而且使得评价过程更加复杂化。

3. 信息技术课的教学效果依赖于教学设备

信息技术教学需要硬件支持。教学过程和教学效果在很大程度上依赖于机器设备的数量和质量。我国各地区之间经济发展水平的不平衡导致资金问题，再加上各地区教育部门、学校领导对信息技术教学的认识程度不同，因而各地区在信息技术教学的师资配置、教学条件（如机房建设、计算机软硬件）的投入等方面存在很大的差异。这使得地区与地区之间、学校与学校之间的信息技术课程的教学效果不同，也使得在大范围内进行教学评价有一定的困难，教学评价往往要局限在一定的范围内。在评价过程中，制订的评价方案要充分考虑本地区的实际情况。

4. 信息技术的教学评价标准依赖课程内容

随着计算机科学的不断发展，信息技术教育的目标不断提高，信息技术课程内容的更新比普通课程要快得多，如以前是在 DOS 平台，而现在是在 Windows 平台。即使是在 Windows 平台，课程内容也在不断升级、不断更新，这就造成教学评价的可变性，增加了评价的难度。评价内容及标准随着教学内容的更新而不断改变。

根据信息技术教学评价的特点，我们应认识到在进行信息技术教学评价时，既要考虑对计算机基本理论知识的教与学的评价，又要考虑对实际上机操作能力的评价；在评价过程中注意"量化"问题，力求做到公正、合理。

9.2　教学评价的内容及分类

在这里，我们对教学评价的主要内容以及根据教学评价涉及的目的、标准所作的分类进行介绍。了解教学评价的内容及类型，有助于更好地进行教学评价。

9.2.1　教学评价的内容

教学评价主要有教学过程的评价、学习活动的评价以及教学效果的评价。

1．教学过程的评价

教学过程的各项基本内容就是教学过程评价的基本内容，具体内容如下。

（1）教学目的是否明确具体，是否符合教学内容，是否符合学生实际。

（2）教学内容是否符合大纲的要求，是否符合学生的接受能力，是否能对教材中的能力和思想教育因素进行挖掘。

（3）教学方法是否具有启发性，是否注意激发学生的学习兴趣。教学中是否发挥了教师的主导作用和学生的主体作用。课堂的组织教学是否具有完整性与和谐性。

（4）教师的语言表达是否形象、生动、准确、精练。

（5）教师的板书是否设计合理、具有条理性，字迹是否工整。

（6）教材的处理是否注意突出重点、化解难点、因材施教、符合学生的认知规律。

（7）教师演示实验的操作是否规范、熟练，演示的内容是否恰当。

2．学习活动的评价

在教学过程中，对学生学习活动评价的主要内容如下。

（1）学生的学习积极性和主动性是否被充分调动起来，兴趣是否浓厚，是否积极参与。

（2）学生是否理解学习内容，对哪些问题尚未弄清，对哪些内容能作适当的加工或发挥。

（3）学生对计算机的操作技能是否熟练掌握，能否应用计算机解决问题。

（4）教材中所隐含的思想教育因素是否对学生的思想品质、情操、意志等产生积极的影响。

3．教学效果的评价

评价教学效果就是对教学效益进行评价。具体内容如下。

（1）对照教学目的对学生的进步发展趋势和实际达到的水平作出判断。

（2）学生是否学到教师所教的内容，认知领域达到的程度和水平如何。

（3）学习内容的巩固性与持续性如何，是否补充了其他内容。

（4）丰富学习经验、提高能力的教学设计是否实现了。

（5）学生已获的经验与能力是否起了迁移作用。

（6）学生的思想是否得到提高。

9.2.2　教学评价的分类

对教学评价进行分类，即用一定的标准和原则来区分教学评价、划分不同的类型，能够帮助我们更好地把握每一类教学评价，更准确、全面地认识它们。对教学评价进行科学的分类也是教育评价研究的一项重要课题。这里我们仅根据教学评价涉及的目的、标准进行分类介绍。

1. 按评价的目的进行分类，可以分为三类

（1）形成性评价

形成性评价是在教与学的过程中进行的。焦点是注意学生在学习过程中的进展情况，了解学生是否理解了学习内容，是否掌握了所学的知识，是否达到了局部的教学目标。形成性评价可以为师生及时提供反馈信息，以便教师和学生调整教学活动。

① 通过观察、提问、讨论、检查作业、上机操作、作品创作、在线测试等形式和手段及时掌握教学状态中的情况，调整学习活动。

② 通过单元测验，及时掌握该单元知识的教学具体情况，使学生了解是否达到目标，明确努力方向，强化学习活动。

③ 通过总结性测验掌握整个学科知识的教学的具体情况，并作出相应的记录。

形成性评价能强化正确的反应，调节和改进教与学。这种评价在教学过程中的各个阶段均可使用。

（2）诊断性评价

诊断性评价主要是为判断学生的知识、技能、能力实际达到的水平，并随之为下一步确定相应的措施，使教学活动正常开展而进行的评价。

诊断有如下两种情况。

① 症状诊断：着重于找出存在的问题。发现问题和缺陷，以便采取有效的补救措施，对教学过程进行适当的调整。

② 原因诊断：着重于找出原因。弄清产生问题和缺陷的原因所在，以便"对症下药"，进行有效的指导。

在教学过程中，发现学生在学习中存在的难以解决的问题后，为了找出产生问题的原因，引导学生排除造成学习困难的障碍，确保学习活动正常开展，就要应用诊断性评价。诊断性评价一般在形成性评价之后使用。

（3）总结性评价

总结性评价是在学习结束后，对教学效果和学习成果作出总结性结论的评价。目的是对学生作出学习的鉴定，给出评定成绩，了解教学目标达到的程度，评价教学的有效性。总结性评价进行的次数不多，一般一学期或一学年两三次，学校期中、期末、毕业考试均属此类评价。在信息技术课程中，考试应包括笔试与机试两个方面，这是与其他学科的不同之处。总结性评价的概括性水平一般比较高，考试内容包括的范围比较广，每个题目都包括许多计算机课题的基本知识、技能和能力。

应该注意到，在时间上，形成性评价、诊断性评价和总结性评价具有不同的要求。诊断性评价表现为临时性，总结性评价和形成性评价分别表现为阶段性和长期性。总结性评价的重点是判断结果，形成性评价则更重视反馈、调节和改进。现在应由注重总结性评价向注重形成性评价发展。在教学过程中，随着时间的推移，选用的方法应有所不同。这样才能充分发挥诊断性评价、总结性评价和形成性评价在教学过程中的作用，使评价更好地为提高教学质量服务。

2. 按评价所参照的标准分类，可以分为两类

（1）绝对评价

绝对评价又称为目标参照标准评价。它是根据确定的评价标准（如教学大纲或教学目标等），把评价对象与评价标准进行比较，衡量评价对象是否达到标准的一种评价。这个标准不随客观环境的变化而变化，不因被评价对象水平的高低而改变。只要服从评价标准，评价就是公平、合理、客观的。学校中的教学评价多属于此类评价。

（2）相对评价

相对评价又称为常模参照标准评价。它是指在某一个集团（班级、学校、地区、国家）中，以这个集团的平均状况为基准，评价每个被评对象在这个集团中所处的相对位置的一种评价。它的客观性很强，且经过百年的发展后，有一套测量和统计的方法。它适用于竞争性的选拔性考试。它所表示的是学生之间的比较，而与教学目标无很大的直接的关系。一般大型的标准化考试、升学考试以及各种竞赛性考试等都属于此类评价。

9.3　学生学习成绩的评价

在中小学信息技术教学过程中，需要不定期或定期检查教学质量，对学生学习计算机的成绩给予评定。通过考查或考试得到的分数，只表示学生学习计算机所达到教学目标的程度的数量化反映，并不说明它本身具有多大的价值。通过评价对分数加以解释后，才能表明分数的含义，才能作为教学反馈信息的可靠数据。

9.3.1　学习成绩评价的方法

对学习成绩进行评价的基本方式是定性评价与定量评价。

1. 定性评价

定性评价是指用切合实际的语言表达学生的学习情况。它一般建立在评价者的经验或印象的基础上，难免带有一定的主观随意性。

定性评价的方法有评语鉴定法、等级评定法等。

（1）评语鉴定法

评语鉴定法就是用简明的评语来表述评价结果的方法。这种方法能对教学中许多模糊现象进行描述和鉴定。比如，可以通过学生的学习兴趣、学习态度、上课表现、作业质量、考试成绩、实际上机操作能力等说明学生的学习情况。这种方法的优点是简便易行，结论一目了然；缺点是不够精确，容易掺杂主观因素。

（2）等级评定法

等级评定法简便易行，但不够精确，同一等级者之间的差距不好区别。主要有以下几种形式。

五级评定法：优秀、良好、中等、及格、不及格；

四级评定法：很好、较好、一般、差；

三级评定法：上、中、下；

二级评定法：合格、不合格。

例如，对学生的学习态度包含的各方面进行四级评定，如表 9-1 所示。

表 9-1   针对学生的学习态度的四级评定表

评级要素	等 级 评 定			
	很　　好	较　　好	一　　般	差
学习目的				
上课表现				
作业质量				
课外活动				

2. 定量评价

定量评价是把评价目标数量化，进行定量分析、处理，用数字表示评价目标的评价结果。

定量评价常用统计分析方法，要计算平均数、标准差、标准分数、T 分数等。

（1）平均数

平均数反映了一组分数的集中趋势，反映了该组分数的一般水平。针对不同的条件、不同的目的，可采用不同的平均数。这里仅介绍算术平均数。计算公式有

简单算术平均数 $\bar{x} = \dfrac{1}{n}\sum\limits_{i=1}^{n} x_i$;   加权算术平均数 $\bar{x} = \dfrac{1}{n}\sum\limits_{i=1}^{n} x_i f_i$

其中 $\bar{x}$ —— 算术平均数 x_i —— 学生的分数

       n —— 学生人数 f_i —— 某一分数出现的次数（权数）

例如，某班的计算机基础上机操作考试的平均分是 80 分，说明该班学生考试成绩大部分集中在 80 分周围，反映了该班学生考试成绩的一般水平。

（2）标准差

标准差反映了分数分散的程度及平均分的代表性。其计算公式是

$$\sigma = \sqrt{\frac{1}{n}\sum_{i=1}^{n}\left(x_i - \bar{x}\right)^2}$$

其中 σ —— 标准差 x_i —— 第 i 个学生的分数

       $\bar{x}$ —— 同次考试全体学生的平均分 n —— 学生人数

标准差大，说明学生的分数比较分散，个别差异大，平均分的代表性小；标准差小，说明学生的分数比较集中，个别差异小，平均分的代表性大。

（3）标准分数

标准分数又称 Z 分数，是以标准差为单位表示一个分数在团体中所处的相对位置。计算公式是

$$Z = \frac{x - \bar{x}}{\sigma}$$

其中 Z —— 某学生的标准分 x —— 学生的原始分数

       $\bar{x}$ —— 同次考试全体学生的平均分 σ —— 标准差

$Z=0$，说明该生的学习成绩与团体的平均成绩相同，表明该生成绩一般；$Z>0$，说明该生成绩高于团体平均成绩；$Z<0$，说明该生成绩低于团体平均成绩。由此可以估算学生在该集体中的大致名次。

在不同次的考试中，由于考试内容的不同、题目难度的不同，学生获得的分数无法比较，这种现象称为不可比。要评价学生在不同时期的学习情况，使每次考试由不可比变为可以比，就需

要将百分制分数化为标准分数，简称标准分。

例如，某学生及其所在班的两次计算机考试成绩是，期中考试 80 分，全班平均分 82 分，标准差 6.2，期末考试 78 分，全班平均分 75 分，标准差 6.5。问：这个学生的成绩是提高还是下降了？

从表面上看，这个学生的期末考试成绩比期中考试成绩低了 2 分，但还不能得出该生成绩下降的结论。

用标准分计算如下：

期中考试　$Z_{期中} = \dfrac{80-82}{6.2} \approx -0.32$　　　　　期末考试　$Z_{期末} = \dfrac{78-75}{6.5} \approx 0.46$

0.46＞−0.32，说明该学生的学习成绩提高了，期末考试成绩比期中考试成绩好。

计算机考试通常分为理论考试和上机考试两部分，用标准分数法对学生的成绩进行综合评定，可以比较合理地比较学生的学习成绩。

例如，甲、乙两个学生原始分数见表 9-2，试分析谁的成绩好。

表 9-2　　　　　　　　　　　　甲、乙两个学生的原始分数

科　　目	原始分数		全体考生		标准分	
	甲	乙	$\bar{x}$	σ	甲	乙
理论考试成绩	90	81	80	10	1	0.1
上机考试成绩	64	73	62	4	0.5	2.75
合　　计	—	—	—	—	1.5	2.85

从平均成绩看，甲与乙都是 77 分，因而无法判断在班级中谁的成绩更好些。如果采用标准分数法来分析，情况就不同了。通过上表的计算，因为 2.85＞1.5，所以学生乙比学生甲的成绩好。

（4）T 分数

因为标准分数法中 Z 的值有正有负，使用起来不方便，经常变换，因此常采用 T 分数法。计算公式是

$$T = 10Z + 50$$

T 分数以 50 为一般，50 以上越大的越优秀，50 以下越小的越差。

与标准分数的意义相同，采用 T 分数，不仅可以说明某学生的成绩在团体中所处的位置，而且可以反映学生在不同次考试、不同学科上的学习情况，还可以在各学生之间进行比较。

3. 定性评价与定量评价的结合

定量评价是定性评价的基础，定性评价是定量评价的出发点和结果。如果评价仅停留在纯数字上，仅用单纯的数字表示学习情况，不回到定性就失去一定的意义。因为在教学过程中，学生的操作过程、解决问题的思路、思维品质、个性等无法用分数来反映。如果仅停留在定性上，没有确定合理的数量关系，就难以作出准确的科学评价。只有将定性与定量有机地结合起来，才能对学生的学习成绩作出公正的评价。

如以学生考试的答对率为标准，按五级评定：

答对率为 95%～100% —— 优秀（学生熟练掌握或灵活运用教学内容的所有要求）

答对率为 85%～＜95% —— 良好（学生掌握或较能灵活运用教学内容的要求）

答对率为 75%～＜85% —— 中等（学生基本掌握教学内容的要求）

答对率为 60%～＜75% —— 及格（学生基本掌握教学内容的主要要求）

答对率为 60% 以下 —— 不及格（学生不能掌握教学内容的要求）

这里特别要指出的是，以上主要是指教师对学生的评价。为了调动学生学习的积极性，变被动学习为主动学习，还可以鼓励学生进行自我评价和他人评价，吸引学生主动参与评价，认识自己、认识他人，使得评价更为公正。

9.3.2　计算机上机操作的评价

信息技术课程是一门实践性极强的学科，不上机操作就学不会，不实践操作学了也没有用。重视计算机上机操作的评价，是信息技术课的一大特点。

1. 计算机上机操作评价的内容

计算机上机操作评价的内容有上机目的是否明确、上机操作的态度如何、是否熟悉操作规程、是否熟练掌握操作步骤、处理执行过程中出现的问题的能力如何、是否能灵活运用所学的知识更简便地得到结果、实验结果是否顺利得到、与他人合作的情况如何、能否用多种软件创作自己的作品，等等。

2. 计算机上机操作的考核方式

计算机上机操作评价可以通过上机操作技能的考核来完成。平时可用单元测验，即进行形成性考核；期末集中进行终结性考核。考核方式可以多样，有技能型内容方面的上机操作考试，有"任务驱动模式"完成作品的考试，等等。

3. 编制考核试题的原则

（1）必须依赖操作和操作技能。

（2）必须有利于考核思维能力和上机操作实际能力。

（3）能比较全面地覆盖各项考核内容。

（4）难度适宜，便于对不同水平的学生进行区分。

（5）操作步骤繁简适当，便于评定。

下面给出一个多媒体制作评价量规实例，供评价多媒体作品教学参考。

表 9-3　　　　　　　　　　　　　多媒体制作评价量规实例

评价内容		标　准	小组自评 1～5	教师评价 1～5	其　他 1～5
作品主题和内容		内容全面，包括任务要求的所有基本主题，能论及有关的其他主题			
		观点准确，论证清楚、有力			
		主题内容和逻辑顺序准确、清楚，重点突出，易于理解			
		包含细节提问，能激发读者思考、好奇和探询更多信息的动机			
技术	布局	区域划分清晰，版式美观，易于理解			
		内容表现形式多样、合理			
		布局平衡合理，易于观看和检索			
	界面	页面风格与主题相符，形式新颖			
		背景能很好地衬托出主题			
		图片、图片使用合理，能引起访问者的兴趣并有助于理解相关文本			

续表

评价内容		标　准	小 组 自 评	教 师 评 价	其　他
			1～5	1～5	1～5
技术	多媒体素材应用	声音使用合理，能创造与主题相符的氛围			
		能根据演示的需要合理设置有关对象的动画效果，动画播放顺序准确、自然			
		能准确、合理地使用外部的多媒体素材，如声音、动画、视频素材等			
	导航	有用于导航帮助的目录页，各幻灯片标题清晰易懂，利于理解和检索			
		能利用母版设置各页之间的链接，相关页面之间的链接准确、合理			
		页面切换自然、准确			
口头报告		能使用生动、准确的语言			
		报告组织严密，条理清晰，易于理解，能引发观众的兴趣			
		能灵活地使用信息传递和交流技巧			
		小组成员轮流发言			
		作过较好的预演			
组内分工合作		分工明确，能相互合作，取长补短			
		小组成员能完成分配给的任务			
		各小组成员主动帮助别人，共同完成项目			
综合评议：					
总分					

注：（1）每位评价者根据被评价者的具体表现与各评价标准的符合程度分别给予 1～5 分。

（2）若有其他诸如同学、专家、学生家长等的评价者，可根据评价者的数量在后面增添相应数量的系列。

9.4　教学评价工作的组织和实施

为保证整个教学评价工作的顺利进行，应该有一个考虑周密的组织和实施计划。其主要内容应包括成立教学评价的领导小组和专家评价组，确定评价标准，收集、整理和分析信息资料等。

1．成立专家评价组

专家评价组可由精通信息技术教育的研究人员、具有丰富教学经验的计算机教师、教导主任和主管业务的校长组成。为使评价组更有权威性和客观性，尽可能聘请与被评价者无直接联系和业务关系的专家。

评价组的人数由被评价对象的人数决定，为保证评价的合理性，一般以 5～9 人为好。

2．确定评价标准

进行评价不能凭印象和经验，也不能凭一些数字资料，通过少数服从多数来得到评价结果。进行评价主要根据评价标准，评价标准是决策判断的准绳。熟悉评价的内容和标准，明确评价的原则、方法和步骤，在评价工作中才能正确地评价自己和他人，才能保证评价工作顺利开展。

制定评价标准应遵循的原则如下。

（1）先进性与合理性

由于信息技术教学内容不断更新换代，因此评价标准要充分体现时代的要求，要体现教学评价的功能。标准的内容要符合各地区、各学校的实际。标准的技术手段和形式既要先进又要合理，要突出改革、创新、提高素质等因素的特征。

（2）统一性与协调性

局部标准与全局标准要一致，学校编制的标准与上级部门编制的标准要一致，地方与地方之间、学校与学校之间编制的标准要尽量一致。制定的标准要素之间要格调一致，衔接配套，不允许在评价时拔高或降低要求的现象出现。

（3）严谨性与可行性

标准是属于教育管理中的一项法则。法则必须是严肃的、严格的，否则就不能成为法则。对标准的内容和词句都应认真研究，做到语言精练、准确。编制标准要充分考虑使用的方便性。标准的内容要简明易懂；标准的形式要布局合理，层次清楚；标准的用词要清楚明白。

3. 收集、整理信息资料

方法有观察法、访谈法、座谈法、问卷调查法及统计分析法等。

（1）观察法就是根据评价指标的要求，在自然的状态下，通过实地参观考察、听课、参与各项活动而获得评价信息的方法。观察法是收集直观暴露真实现象的重要手段。

（2）访谈法是通过调查的形式访问有关人员或找有关人员谈话，了解情况，从而获取评价信息的方法。它有明确的目的和较强的针对性。利用这种方法，可以了解到真实情况，获得较深入和具体的资料。

（3）座谈法是邀请少数有关人员聚集在一起进行交谈，从而获取评价信息的方法。通过召开座谈会（如教师座谈会、学生座谈会、管理人员座谈会等），可以获取较全面的评价信息。

（4）问卷调查法就是设计有关评价信息的问题表格，通过书面填写的方式来收集信息资料。问卷调查法是最基本的、重要的调查方法。它完全服从问卷的要求，能有效地获得较为复杂的评价信息。

（5）统计分析法要计算平均数、标准差、标准分数、T 分数等数字资料。

通过观察、听课、听汇报、访问、召开座谈会、发问卷等工作来收集大量的文字和数字资料，获得直接的认知，有利于进行定性、定量分析。

4. 自我评价

自我评价是指被评者根据评价的内容和标准对自己的工作和学习情况进行全面的总结、分析和评价。自我评价是十分必要的。它不仅有利于发扬评价的民主精神，激励被评者的参与意识，也可以使被评者在评价中发现自己的长处与不足，明确今后的努力方向。

5. 结果统计与定性分析

指定专人对评委的评价结果进行统计分析，先分别计算自评、他评和领导专家评价的各项平均分和总平均分，再用加权求和的方法统计出各评价项目的最终合成结果和总的评价结果。最后，还应委托专人，综合评议各方面的评价意见，写出定性分析的总结性评语。评语要文字简洁、重点突出，既要肯定成绩，又要指出其中的不足，提出改进的措施和指明今后努力的方向。

6. 评价结果反馈

教学评价的目的在于检查与交流，发现教学过程中的长处与不足，调动教师工作和学生学习的积极性，不断提高教学质量。及时而又恰当地反馈评价结果是教学评价的重要环节。在向被评者反馈和解释评价结果时，要注意方式方法，在肯定成绩和优点的同时，也要实事求是地指出存在的问题和缺点。对表现突出的老师和学生，应给予表扬和鼓励。

思考与练习

1. 教学评价的意义是什么？
2. 教学评价有哪些功能？
3. 如何理解信息技术教学评价的特点？
4. 如何评价学生的学习成绩？

第 *10* 章
信息技术课的教学研究与论文撰写

教学目标

1. 了解信息技术教学研究的含义和特点；
2. 掌握信息技术教学研究中常用的研究方法；
3. 应用调查研究法开展信息技术教学研究；
4. 掌握信息技术教学研究报告或论文撰写的基本格式和要求。

内容结构

本章对教学研究概述、教学研究的方法、教学研究课题的选择和教学研究报告或论文的撰写等进行初步探讨，最后提出信息技术教育需要深入研究的问题。

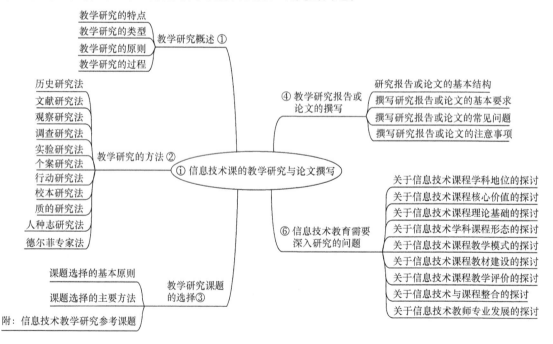

教学建议

（1）结合教学实际，每人选择一个信息技术研究方向（课题），上网搜索相关材料，撰写一篇文献综述。

（2）选择一个信息技术研究主题，以小组（4～6人）为单位，开展教学研究，把研究成果通过网络工具，如博客、微博、维客等，记载下来，并进行分享。

（3）根据个人实际情况，制定一份教师专业发展规划（职业生涯规划）。

对于科学探索，马克思曾有精辟的论述："在科学的道路上是没有平坦的大路可走的，只有那在崎岖小路的攀登上不畏劳苦的人，才有希望到达光辉的顶点"。

国学大师王国维曾用诗词描述做学问的三种境界。

第一种境界：昨夜西风凋碧树，独上高楼，望尽天涯路（晏殊《蝶恋花》）。

第二种境界：衣带渐宽终不悔，为伊消得人憔悴（柳永《蝶恋花》）。

第三种境界：众里寻他千百度，蓦然回首，那人却在灯火阑珊处（辛弃疾《青玉案》）。

王国维的治学境界是说，要成为大学问家、大事业者，首先，需要登高望远，明确目标与方向，洞察路径，了解事物全貌；其次，必须坚定不移，废寝忘食，孜孜以求，直至"人瘦衣宽"也不后悔；最后，还要有专注执着的精神，经过千淘万漉，反复追寻，深入研究，自然会豁然开朗，有所顿悟，能够从必然王国进入自由王国。

教师开展科学研究，首先要有淡泊名利、自我牺牲的精神，要有胸襟宽广、眼光深远的崇高理想，把国家利益、教育事业放在第一位；其次，要有实事求是、精益求精的科学态度；再次，要有勇于挑战、善于探索的创新意识。在选择研究方向的时候，考虑国家的重大发展机遇、社会关注的重大需求、科技前沿的重大课题、世界科技发展的重大趋势、教育教学实践的实际问题。要有一种追求、一种精神，不畏艰难，坚忍执着，刻苦钻研，锲而不舍，把整个身心沉下去，科研成果才能浮上来。

信息技术教育是信息技术科学、电子物理学、数学、生物学、哲学、心理学、艺术以及人工智能的交叉学科。反映到信息技术教学上，尽管有教材，但也无法穷尽教学中生动活泼、千变万化的问题。收集、剖析、探索、回答这些来自教学第一线的问题，是教学研究的基本任务。

10.1　教学研究概述

教而不研则浅，研而不教则空。教学是研究的基础，研究是教学的提升，两者相辅相成、共同促进。中小学信息技术课程的教学研究，是以教育科学的基础理论为武器，用科学的态度和方法来研究中小学信息技术教学工作，研究教学对象，总结经验，从中探索具有普遍指导意义的教育教学规律。

10.1.1　教学研究的特点

1. 研究对象的复杂性

教学的对象是人，而人是复杂而多变的，在教学实验中，要控制实验因子非常困难。

2. 研究范围的广泛性

教学与社会的进步和人的发展关系密切，尤其信息技术学科的内容变化快，因此，教学研究时常要涉及教学的内外部关系。

3. 研究方法的综合性

探求教学因果关系时，常常不能运用单一的方法来获得结论，而必须综合地使用多种研究手段和方法。

4. 研究成果评判的主观差异性

一项教学研究成果，常因不同的人从不同的角度进行评判，而出现不同的结论。

10.1.2 教学研究的类型

按照一般科学研究的分类方法，中小学信息技术教学研究的课题，相应也可分为基础理论研究课题、应用性研究课题和开发性研究课题。

1. 基础理论研究课题

基础理论研究的范围十分广泛，涵盖从中小学计算机课程设置、教学目标、教材建设，到信息技术科学的学习方法、教学方法等。其任务是探索中小学信息技术教学过程中各个有关因素相互联系及其变化的规律，为解决教学实践所提出的问题提供理论依据。基础理论研究课题的特点是探索性强、不确定因素多、研究周期长。在基础理论研究中，对象面必须具有广泛性和普遍性。

2. 应用性研究课题

应用性研究课题是将教育理论和信息技术科学理论研究的成果，运用于教学实践，探索提高当前中小学信息技术教学质量和教学效益的研究课题。它着重于研究如何把教育理论转化为具体实施的教学方案和具体方法。如在中小学信息技术教学中，怎样进行思想教育，如何激发学生学习计算机的兴趣、发展智力、培养能力，中小学信息技术教学方法改革实验研究，现代教育技术的应用，现有 CAI 课件的应用，中小学信息技术教学质量评估，中小学生学业成绩评定等。

应用性研究课题的特点是实践性强。其研究成果具有现实意义，有利于信息技术教学的深化和验证，有助于提高当前教学效益。

3. 开发性研究课题

开发性研究课题是运用信息技术科学、教育学、教育心理学的理论知识，结合实际需要，设计、试制新的教学材料和课件，开辟新的应用领域的研究课题。例如，各种教学软件的设计、制作等，都属于开发性研究课题。

以上三种教学研究工作，是相互联系、相互渗透、相辅相成的。前者的研究成果，作为后者研究的依据，有赖于后者的研究去实现，并在实践中不断检验和发展。同时，后者的研究成果，又不断为前者提出新的课题，充实其内容。

应当强调：正确地选择教学研究的课题，对教学研究工作的进展速度、成败，都具有决定性意义。

10.1.3 教学研究的原则

为保证教学研究的结果具有科学性，避免获得违反科学的结论，必须遵守以下原则。

（1）不能主观臆断，必须从客观事实出发。没有事实就不能进行研究；研究计算机课程的教学，就必须具有丰富的计算机知识和教学经验。对于材料的取舍，不能凭个人的主观倾向，只选用对自己的假设有利的部分，而舍去对假设不利的部分；更不能抓住只言片语，自圆其说。

（2）不能随行就市，必须全面地研究问题。客观事实十分错综复杂。分析问题不仅要客观，而且要全面，不能被传统的习惯所左右，不能随行就市。科学研究允许抽样分析，但不能以偏概全，要经过充分的论证，没有充分的根据就不能轻易下结论。

（3）不能用统计代替分析，必须注意事物的数量和质量分析。数量包括数目多少、大小、规模、时间、空间、强度、变化程度和发展速度等，它们反映事物的存在和发展情况。通过对数量的分析，可以了解事物的变化，并预测其发展的方向和变化速度等。在许多场合作事物的质量分析时，也常用数量分析作基础。

科学研究只作数量分析是不够的，数量变化到一定程度会发生质变。但是，有时数量不能反映问题的实质，有时数字使用不当会产生歪曲事实的结论。

（4）不能轻信材料，要最大限度地保证材料的可靠性。获得材料时要鉴别真伪，要看这些材料是否是在正常情况下取得的。在研究中使用材料时，要尽可能使用第一手材料，其他的材料只能起参考作用。收集到的材料的可靠程度与材料的收集者的观点、方法、经验、能力有关。

（5）不能被现象迷惑，必须寻求事物的本质。材料经过汇集后，仅表现了现象，并未体现出事物的本质。"认识的真正任务在于经过感觉而达到思维"。现象和本质是客观现实的两个不同的方面。现象是事物的本质在各方面的外部表现。必须透过现象，追求本质。因此，必须对大量的现象材料进行解剖、分析、分类、比较、概括，加以去粗取精，去伪存真，由此及彼、由表及里地改造制作。

在对现象的分析过程中，只有抓住主要矛盾，抓住决定事物的发展的主要因素，才能得到清晰、明确的结论。现象的表现是散乱的，而研究课题的内容总是有限的，即使在研究中排除了无关因素的干扰，与研究课题无直接联系的现象还是会不断出现，因而要排除这些现象的干扰，紧扣研究课题的中心，才能获得正确结论。

10.1.4　教学研究的过程

教学研究的过程是对教学中的问题进一步探索和认识的过程。教学研究大体上包括发现问题、收集资料、深入研究、实践验证四个阶段。

1. 发现问题

一切研究工作都始于发现问题。为了解决问题，才需要进行研究。因此，教学研究的第一个阶段就是认清教学中的矛盾，即发现教学过程中的问题。

2. 收集资料

确定要研究的问题之后，必须了解这个问题的各方面的情况，占有大量的事实、材料和数据。

3. 深入研究

在占有丰富的资料的基础上，进行分析、综合、抽象、概括等思维过程，由感性认识上升到理性认识，得出结论，并提出解决问题的设想、改革方案等。

4. 实践验证

经过深入思考和研究得出的结论是否可靠、可行，必须付诸实践，用实践来检验。

上述教学研究过程的四个阶段，并没有绝对的顺序，允许交叉、同步或反复地进行。

一个教学研究项目，可以包括四个阶段，也可以在其中的一个阶段或两个阶段里进行，并取得成果。然而，无论教学研究的课题是大还是小，都有共同的特点。

（1）具有明确的目的和理论的指导。研究的课题，是教学实践中需要探讨、解决的问题，具有明确的目标，而且都以信息技术科学和教育理论为依据。

（2）具有周密的计划和实施步骤。对研究的课题，都要制订出周密的研究方案和实施步骤；通过各种途径，收集资料；控制无关因素或次要因素，进行系统的观察，做好记录和数据处理；

认真分析、概括，作出科学的结论。

（3）需要反复地在教学实践中验证。一个科学的结论，只有通过多次实践和使用，证实其有效、可行后，才能确认它在一定范围内具有现实意义。

10.2　教学研究的方法

信息技术教育作为一门多种学科交叉融合的学科，其研究方法集各科学研究方法之所成。本节介绍以下常用的研究方法：历史研究法、文献研究法、观察研究法、调查研究法、实验研究法、个案研究法、行动研究法、校本研究法、质的研究法和人种志研究法等。

10.2.1　历史研究法

任何一门学科要成为真正的科学，就必须运用历史研究法来认识其过去、研究其现在和预测其未来。教育中的历史研究法就是通过收集某种教育现象或教育问题发生、发展和演变的历史事实，加以系统客观的分析研究，从而揭示其发展规律的研究方法。历史研究法包括以下几个主要的研究步骤。

（1）分析研究课题的性质和所要达到的目标以及有关的资料条件。不是任何问题都可以使用历史研究法。在选择历史研究法时，要权衡其必要性和可能性。

（2）收集历史资料，尤其是尽可能地收集到原始资料，对第二手资料要考究其出处、转述者的立场和治学态度。

（3）对史料进行鉴别，去粗取精、去伪存真，使研究建立在真实可靠的基础上。

（4）对史料进行分析研究，以深入考查其演进的变革、特征及内在成因和机理，发现和揭示其演变的规律。历史研究要把历史事物和人物置于特定的历史条件下和广阔的社会大背景之中加以考察分析，要处理好古与今、史与论、批判与继承、继承与发展等的关系。

10.2.2　文献研究法

文献研究法是指根据一定的研究目的或课题需要，通过对文献的搜集、鉴别、整理和研究，形成对事实科学认识的方法。内容分析法通过对文献的定量分析、统计描述来实现对事实的科学认识。这两种方法有共同的对象，都不与文献中记载的人与事直接接触，因此，它们又称为非接触性研究方法。两者的区别是在分析的重点与分析的手段上有不同。文献研究法是课题研究中最常用的方法。几乎所有的课题，都要先进行文献研究。

1. 文献法的一般过程

文献法的一般过程包括五个基本环节，分别是提出课题或假设、研究设计、搜集文献、整理文献和进行文献综述。文献法中的提出课题或假设是指依据现有的理论、事实和需要，对有关文献进行分析整理或重新归类研究的构思。研究设计首先要建立研究目标。研究目标是指使用可操作的定义方式，将课题或假设的内容设计成具体的、可以操作的、可以重复的文献研究活动，它能解决专门的问题和具有一定的意义。

2. 搜集文献的渠道

搜集文献的渠道多种多样，文献的类别不同，其所需的搜集渠道也不尽相同。搜集教育科学研究文献的主要渠道有：图书馆，档案馆，博物馆，社会、科学、教育事业单位或机构，学术会议、个人交往和计算机互联网。

3. 搜集文献的方式

搜集研究文献的方式主要有两种：检索工具查找方式和参考文献查找方式。检索工具查找方式指利用现成（或已有）的检索工具查找文献资料。现成的工具可以分为手工检索工具和计算机检索工具两种。手工检索工具主要有目录卡片、目录索引和文摘。参考文献查找方式又称追溯查找方式，指根据作者文章和书后所列的参考文献目录去追踪查找有关文献。积累文献是另外一种搜集文献的形式。每一个研究课题都需要汇集、积累一定的文献资料，而每一个课题的研究过程同时也是一个新文献资料的积累过程。首先，文献积累内容应努力做到充实和丰富。其次，积累文献应该有明确的指向性，即与研究目标或课题假设有关。最后，积累文献应该全面。全面，要求研究者不仅搜集课题所涉及的各方面的文献，而且应注意搜集由不同人或从不同角度对问题的同一方面作出记载、描述或评价的文献；不仅搜集相同观点的文献，而且应搜集不同观点甚至相反观点的文献。尤其需要防止研究者自己已有的观点或假设对积累指向的影响，不要轻易否定或不自觉地忽视与自己观点相左的材料。

4. 积累文献的一般过程

一般情况下，积累文献可先从那些就近的、容易找到的材料着手，再根据研究的需要，陆续寻找那些分散在各处、不易得到的资料。积累文献是一个较为漫长的过程。为了使整个过程进行得更有效，可以根据实际情况分为若干阶段进行整理。每一阶段，把手头积累到的文献做一些初步的整理，分门别类，以提高下一阶段搜集文献的指向性和效率。此外，还可以使用现代教育情报系统的检索方法，在具有相应条件的环境中，快速查找、获取所需要的文献资料。积累文献，不只是在有了具体的研究任务以后才需要做，更重要的是在平时经常注意积累和搜集各种文献资料，养成习惯，持之以恒。

5. 积累文献的方式

可以通过做卡片、写读书摘要、做笔记等方式，有重点地采集文献中与自己的研究课题相关的部分。常用的卡片有目录卡、内容提要卡、文摘卡三种形式。写读书摘记与读书笔记，既是积累文献的方法，又在某种意义上是制作文献的方法。因为读书摘记和笔记中渗透了更多的制作者的思维活动。它有时是第二手文献的构成部分，有时又是新的第一手文献的创造过程，是在研究过程中形成的"半成品"。读书摘记以摘记文献资料的主要观点为任务，因不受篇幅限制，它比卡片式的内容提要详细得多。研究者在读到一些较有价值的文献，或者读到一些在主要观点和总体结构上很有启发的资料时，就可采用读书摘记的方式，把其主要观点和结构的框架摘记下来。总的来说，摘记的重点在"摘记"，不在于"评价"。与摘记不同，读书笔记的重点在"评"。评论的方式有总评、分章节评和重点选评。写得好的读书笔记，即能提出新思想和新观点的读书笔记，本身就是一种科研成果。

6. 文献综述

（1）文献综述的特征和意义

文献综述是一种重要的研究成果形式。文献综述是文献综合评述的简称，指在全面搜集有关文献资料的基础上，经过归纳整理、分析鉴别，对一定时期内某个学科或专题的研究成果和进展进行系统、全面的叙述和评论。综述分为综合性的综述和专题性的综述两种形式。综合性的综述是针对某个学科或专业的，而专题性的综述则是针对某个研究问题或研究方法、手段的。文献综述的特征是依据对过去和现在研究成果的深入分析，指出目前的水平、动态、应当解决的问题和未来的发展方向，提出自己的观点、意见和建议，并依据有关理论、研究条件和实际需要等，对各种研究成果进行评述，为当前的研究提供基础或条件。对于具体科研工作而言，一个成功的文献综述，能够以其严密的分析评价和有依据的趋势预测，为新课题的确立提供强有力的支持和论证。在某种意义上，它起着总结过去、指导提出新课题和推动理论与实践新发展的作用。文献综述具有内容浓缩化、集中化和系统化的特点，可以节省同行科技工作者阅读专业文献资料的时间和精力，帮助他们迅速地了解有关专题的历史、进展、存在的问题，做好科研定向工作。

（2）文献综述的形式与结构

文献综述的内容决定文献的形式和结构。由于课题、材料的占有和资料结构等方面的情况多种多样，很难完全统一或限定各类文献综述的形式和结构。但总体上，文献综述的形式和结构一般可粗略分为五个部分：绪言、历史发展、现状分析、趋向预测和建议、参考文献目录。

（3）文献综述的基本要求

文献综述的质量要求主要有六条：①搜集文献应当客观、全面；②材料与评论要协调、一致；③针对性强；④提纲挈领，突出重点；⑤适当使用统计图表；⑥不能混淆文献中的观点和作者个人的思想。

（4）文献综述的步骤与方式

一般情况下，文献综述由五个步骤组成。

第一步：确定综述的选题。

第二步：收集相关的文献资料。

第三步：整理文献。

第四步：撰写综述初稿。

第五步：修改综述初稿，并完成文献综述。

10.2.3 观察研究法

观察研究法是在自然状态条件下，研究者有目的、有计划地用自己的感官和辅助工具对研究对象进行系统观察以取得研究资料的方法。它主要有以下几方面的特征：一是按照预定的计划，有目的、有重点地加以选择，并要求进行详细记录和系统观察；二是研究对象始终处于自然状态中，不受人为的干扰，其活动是真实、自然的；三是研究者必须身临其境获取直接的资料。按观察的情境条件，观察可分为自然观察和实验观察。前者是无控制的日常教育教学观察，以观察外部行为表现为主。后者是严格控制下的严密的观察，以探讨事物内在的因果关系为主。观察研究法包括以下几个主要研究步骤。

（1）观察准备。先对观察对象作一般的了解，并根据研究的任务和对象的特点确定观察的目的、内容及重点，从而制订整个观察计划和方案。

（2）实施观察。观察要严格按计划进行，如计划不当也可做适当调整。要选择好时间、场合、位置和角度。要选用多种观察途径，如参观、听课、个别访谈等，并做好详细记录。

（3）整理材料。在理解的基础上对材料作出分类、汇总，删除错误的材料，补上遗漏的材料，特殊材料还要作特殊的处理。整理材料要尽可能用数据和典型事例。

10.2.4 调查研究法

1. 调查研究法概述

调查研究是在有关教育理论的指导下，通过观察、问卷、访谈以及测验等方法，搜集教育问题的资料，进而对教学的现状作出科学的分析和认识，并提出具体工作建议的一整套实践活动。区别于一般的社会调查，它是以当前教学问题为研究对象，是为了认识某种教育现象、过程或解决某个实际问题而进行的有目的、有计划地实地考察活动。它有一套研究的方法和工作程序，有一套搜集、处理资料的技术手段，并以调查报告（含现状分析、一般结论和实际建议）作为研究成果的表现形式。简而言之，教学调查法是为了深入了解教育的实际情况，弄清事实，借以发现问题，探索教育规律而采取的系统的步骤和方法。

（1）调查研究法的主要功能

① 帮助教育工作者和研究者发现和总结先进教育思想和先进经验，以更好地改进教学工作，提高教学质量。

② 明了教育现状，发现新的研究课题、先进的教育经验或教育上存在的问题，并提出解决问题的新见解、新理论，从而推进学科的发展。

③ 为科研人员提供第一手的材料和研究数据。

（2）调查研究法的一般步骤

调查研究法尽管包括问卷、访谈、测验等不同的具体方法，且程序上各有所侧重，但都要遵循以下几个步骤。

① 根据研究课题的性质、目的和任务，确定调查对象、调查地点，选择相应的调查类型和调查方式。

② 考虑问题：一是调查项目能否有效地反映所要研究的问题，项目的构成是否合理简便；二是对项目如何进行比较科学的分类，大项目如何分解成若干具体的小项目并形成较完善的、可操作的调查提纲；三是如何制定与分类标准相适应的评价标准，以便对获得的资料进行统计处理。

③ 制作调查表格，拟定调查问卷、访谈提纲，编制调查题目。

④ 实施调查，运用各种调查方式了解情况，占有材料。

⑤ 整理调查材料，分析调查结果，并得出调查结论。

⑥ 写出调查报告，对所研究的问题作出解释，提出意见和建议。

2. 调查报告的撰写

在细致、实事求是地反复深入调查之后，可着手准备写调查报告了。调查报告必须靠材料说话，没有足够的材料，就不能揭示事物的规律。对材料又必须予以"加工"，须经过反复的分析、综合、归纳和研究，找出规律性的东西。材料是为观点服务的，所以要想写好调查报告，不仅要占有素材，而且要保证它的观点是正确的。观点是材料的结晶，材料是观点的基础。

从结构上看，调查报告通常分成三部分，即前言、正文和结论。"前言"起着"提示"全文的作用，可以概括地介绍调查对象的基本情况，交代调查的时间、地点和经过，也可以说明调查目的，概括全文的主要内容。但均要注意开宗明义、言简意赅。正文部分是文章的主体。它包括调查所得的具体材料，以及对这些材料的分析和所得出的结论。篇幅长的，多用横式结构写法，即按事物的不同性质和特点并行列出几部分，为此可安排一些小标题，以求眉目清楚；篇幅短的，可用纵式结构写法，即按事物发生、发展的过程，写清来龙去脉。当然，如何安排结构，要视内容和作者的写作习惯而具体考虑，"写无定法"就是这个道理。"定体则无，大体则有"。结尾部分，是全文的结束语。这部分要求干净利落。有的调查报告将结论放在末尾，有的要在这部分附带说明一些存在的问题、建议和要求，有的则作出展望、指明方向；有的在正文已把话说完，干脆没有结尾。总之，并非千篇一律，强求划一。从语言上，调查报告主要采用叙述性、说明性和议论性语言。它既要求简洁明快，又要求准确生动。

10.2.5　实验研究法

教学实验是实验者依据一定的理论假说和实验设计，主动操作实验的自变量，对除自变量以外的影响因变量的各种无关变量予以自觉、明确和适度控制，观测其结果，并用教学方法进行分析，从而验证理论假说，揭示和认识教学客观规律的一种方法。教学实验研究法是在相关理论的指导下，主动操作实验变量，控制无关变量，以揭示教学规律的研究方法。

1. 实验研究法的意义

（1）理论价值

实验研究具有理论意向、条件控制和可重复验证的本质特征。在进行研究时，它比经验的、思辨的研究方法更有利于揭示教学的内在规律、扩展其研究成果。同时实验研究也提出相应的理论问题，从而促进教学理论的发展。

（2）实践价值

教学实验通常是在学校的教学过程中进行的。但它区别于一般的教学实践，是自觉地探索、变革和创造，主动地采取措施，依靠实验纯化、重组、强化、模拟的作用，探索教学规律的，所以能提高教学质量。同时，实践表明，通过组织实验，实施教学实验的学校、年级、教师的教学水平都有所提高。这是另一层实践意义。而且，实验研究一般能验证和完善理论假说，形成一定的理论认识，而这种理论认识反过来又能指导教育教学实践。这又是一层实践意义。

（3）方法论价值

从历史来看，自然科学正是运用了实验研究法，才使其脱离了哲学的桎梏；心理学正是运用了实验研究法，才走上了科学的轨道。当前，作为一种独具科学研究功能的重要研究方法，教育实验研究亟待进一步推广和广泛地实施，其方法论意义显得尤为突出与重要。另外，教学实验一般是基于一定的理论，在形成的理论假说的指导下进行的，所以"实验"一开始就离不开思辨。整个实验过程离不开思维与观察——严格控制条件下的观察，并通过观察积累丰富的材料和数据，为理论分析提供事实依据。同时，分析数据又要运用思维。因此，实验既吸收了理论研究的优点，又运用了实证研究的手段，融理论研究与实证研究于一炉，成为教育科学研究的灵魂。

2. 实验研究的一般程序

一般来讲，教学实验的全过程为准备——实施——总结。

（1）实验的准备阶段

教育实验成功与否，相当程度上取决于实验前的如下准备工作。

① 选定实验研究的课题，形成研究假说。在概述假设的陈述句中，要清楚地表明自变量和因变量的关系。一般来说，一个实验至少被一种理论指导，陈述两种变量间所期望的因果关系。

② 明确实验目的，确定指导实验的理论框架。这种指导性理论的用途有二：一是启发研究者依据实验目的确定实验研究的方向、范围；二是帮助研究者搜集、分析和解释数据资料，作出明确的具体规定。当然，为了使理论系统分析更切合客观实际，还需要作前期的调查研究，查阅有关文献资料以及课题组全体成员充分讨论。没有这一步骤，就不能从实验目的和研究假设过渡到具体的实验设计中去。

③ 确定实验的自变量，选择被试组，决定每组进行什么样的实验处理。

④ 选择适当的测量工具并决定采用什么样的统计方法，从而明确评价因变量的指标。

⑤ 选择实验设计类型。确定控制无关因素的措施，以最大限度地提高实验的内部效度和外部效度。

（2）实验的实施阶段

按照实验设计进行实验，采取一定的变革措施（实验处理），观测由此而产生的效应，并记录实验所获得的资料、数据等。

（3）实验结果的总结评价阶段

要对实验中取得的资料数据进行处理分析，确定误差的范围，从而对研究假设进行检验，最后得出科学结论。实验中的系统误差和偶然误差，是不可避免的。但分析实验结果时要辨析出实验应该消除的误差，以获得具有科学价值的成果。

10.2.6　个案研究法

个案研究法是选定一个典型的个人、一个突出的事件或一个有代表性的团体、机构作为研究对象，以其发展变化的过程为研究内容，从中揭示其发展变化的基本规律的研究方法。它包括追踪法、追因法、临床法、会诊法等。个案研究的研究对象具有单一性和具体性，通过对单一的个体的研究来揭示具有普遍意义的规律。

个案研究法包括以下几个主要的研究步骤。

1. 确定研究对象

研究者根据个案研究的目的和内容，确定在某一方面具有典型特征的人或事作为研究对象。

2. 收集研究资料

必须全面地收集有关的资料，包括个案本身的资料、学校有关的记录和家族及社会背景方面的资料。

3. 分析与指导

对收集到的原始材料进行科学的加工和处理。通过分析与综合，找出个案的本质特征，在此基础上提出恰当的教育措施和指导策略。

4. 撰写个案研究报告

通过对收集的个案资料进行精细的归纳整理，经过理论分析和逻辑推论，形成对解决该问题的观点，并根据分析会诊结果制订出指导方案；把初步的感性认识加以探索性的实践，并不断地总结经验，使感性认识上升为理性认识；然后，撰写个案研究的论文或报告。

10.2.7　行动研究法

行动研究法是一种由教育理论工作者和实践工作者结合起来，融教育研究与教育实践为一体，综合运用各种有效的手段，以解决学校中某一实际问题、取得成效为导向，以改进学校工作、提高教学质量、提高教师的教育理论水平和教育教学能力及综合素质、培养出研究型教师、促进教师专业发展为最终目标的现场研究方法。行动研究旨在提高实践者自我反思意识和调节行动的能力，是解决教育研究中理论与实际相脱离倾向的良好途径。

有人对行动研究作了精确的概括：问题即课题，工作即研究，教师即专家，效果即成果。它以实践经验为基础，主要依据观察和行动的记录，通过有计划的干预，改变所需要改变的行为。因此，它往往把教育实践的研究置于一个开放型系统中，研讨流程为：教学问题——教学设计——教学行动——教学反思——教学应用。基本步骤是在总目标的指引下，经历预诊，提出问题，广泛收集与讨论信息资料，拟定具体行动方案并付诸实施，用多种手段评价效果，及时总结分析，并根据总目标再经预诊，决定下一步的具体目标，经由一个个具体目标的解决所组成的循环，形成多重反馈体系。

行动研究法由德国心理学家勒温在群体动力学研究中首创。他将个人行为的"场理论"应用于群体行为的研究，提出了"群体动力学"的理论。在他看来，行动研究代表了实验与应用研究之间的关系。行动研究的目的，是为了弄清某种教育作用对实际的教育过程产生的效果，并对产生影响的各种因素进行评价，用以改进实践活动。这可以看出其着眼点在于改善实践活动。目前，教育心理学、组织管理等研究领域引入此法，用来探讨改进教育方法和改革评定方法。行动研究法与那种为控制研究方法、使研究对象不受研究者或实验事态影响的传统研究方法的区别，在于它是共同参与，即由研究者和行动过程的实践者结成一体，共同组成课题组，共同进行调查、分析，通过在实践活动的进程中发现问题、设计实验方案、实施实验方案、评价，或有新的发现、再计划、再实施、再评价或发现……的方式不断进行。

10.2.8　校本研究法

校本研究，又称校本研修，是指由学校根据本校及其教师的需要，以问题为中心、以学校为基地，充分利用校内外的各种资源，组织指导教师从事适合本校教育教学需要的、促进教师专业可持续发展的一种继续教育研修活动，是"以校为本"的教学研究。

校本研究的目标是促进教师学习和运用现代教育的新思想、新方法和新技术，解决现实教育教学的新问题，提高教学质量和学校办学水平，让教师从"教书匠"发展为"研究者"，促进教师专业素养的可持续发展，最终实现教师专业化的发展。实践证明，校本研究确实能快速地促进教师的专业成长。

校本研究的几个基本环节如下。

1. 确定研究主题

研究主题可以分为两类。第一类是比较综合的、出现得较多的研究主题，表现形式为以课堂教学为载体，集体备课、上课、听课、评课、再备课。它的价值取向是多元的，涉及教学理论、教学方法和手段，也涉及信息技术与课程整合等。第二类是在二期课改的背景下，以本校学生、教师的实际情况为基础确定的校本研究主题。它一般是从问题到主题，再到课题，建立起的紧密联系课堂教学的研究课题。这种研究课题比较明确、单一。

2. 确定研究目标

校本研究的目标可分为直接目标、近期目标、长远目标。

3. 确定研究人员及任务

校本研究应是一种开放的活动，它的资源和人员都应该是开放的，不应局限于一个学校。研究人员是多种多样的，可以是来自一线的实践者，也可以是专业研究人员组成的团队。在确定研究人员时，要充分开发和利用教师与教师的差别、专家与教师之间的差异资源。主持者或者设计者要对参与研究的人员进行分析，分析参与的教师到底关注什么、缺少什么。主持者还应对全过程的持续性、有效性负责。参与者也应该有任务，应该事先知道研究的主题，并明白要准备些什么，包括想提的问题、需要收集的资料。

4. 设计研究问题

校本研究有各种组织形式，讨论式是主要形式之一。在这种形式下，主持者的问题设计对研究的成败至关重要。设计的研究问题要在教师最近的专业发展区域内，而且有层次性和逻辑结构。

5. 确定研究形式

校本研究的形式应该是多种多样的，可以是听课、说课、评课、研讨、访谈、听讲座、看书学习等。

6. 调控研究过程

在研究活动中，有很多是预设的问题，但也常会生成新的问题。因此，主持者要有驾驭的能力。

7. 进行活动归纳

校本研究的支持者有必要对活动进行小结，当然也可以请专业人员小结。

8. 进行活动反思

参与研究的人员、主持人都应进行反思。主持者应该反思本次活动是否达成了预定的目标，是否解决了问题，对活动过程调控得如何，对生成的问题解决得是否妥当，整个活动中是否调动了教师的群体智慧。参与人员也需要反思，反思自己获得了什么，在以后的教育活动中怎么跟进。

10.2.9　质的研究法

质的研究是以研究者本人作为研究工具，在自然情境下采用多种收集方法对社会现象进行整体性探究，使用归纳法分析资料和形成理论，通过与研究对象互动对其行为和意义建构获得解释性理解的一种活动。质的研究旨在在理论上对有关理论建树作出贡献、在实践上对改善有关现状产生具体的作用。

研究是一种有计划的活动，需要事先进行设计。质的研究的设计主要包括：研究的现象与问题；研究的目的和意义；研究的背景知识；研究方法的选择和运用；研究的评估和检测手段。

质的研究包括如下几方面的内容。研究环境：在自然环境而非人工控制的实验环境中进行研究；研究者的角色：研究者本人是研究的工具，不使用量表或其他测量工具；收集资料的方法：多种方法，如开放型访谈、参与型和非参与型观察、实物分析等；结论和理论的形成方式：归纳法，在资料的基础上提升分析类别和理论假设；理解的视角：主体间性的角度，通过研究者与被研究者之间的互动，理解后者的行为及其意义解释；研究关系：研究者与被研究者之间是互动的关系，要考虑这种关系对研究的影响。

对方法的选择依赖于研究的问题，而不能为了方法而方法。因此，在对研究的方法进行选择时，我们应该有意识地寻找和研究问题与方法之间的匹配关系。研究方法可以在设计阶段加以选择，但在实际操作中应根据情况的变化而加以调整。从实际操作的层面看，研究方法主要由如下几个方面组成：进入现场的方式、收集资料的方法、整理和分析资料的方法、建构理论的方式、研究结果的成文方式等。

10.2.10　人种志研究法

1. 含义

人种志研究法（Ethnographic）是田野研究的一种方法，主要从人类学发展而来，指的是研究者与研究对象"交互作用"的实地调查研究，即研究者努力深入某个特殊群体的文化之中，"从内部"提供有关意义体系与行为习惯的报告。其研究目的是试图在研究现场发现有意义的东西。这种方法凸显了研究者不得不缩短的文化距离（如果他们欲使被研究的群落或群体容易让人理解的话）。人种志学者广泛搜集用来描绘一个社会群体之状貌的素材，"在一段相当长的时期里介入人们的日常生活，观察发生的事情，倾听人们所说的一切，询问各种问题"。这么做的时候，人种志特别诊视语言的共同性——以至于这种方法也同交谈分析连在一起。人种志一般与人类学或社会学的分支相连，特别典型的例子就是主张符号互动论的芝加哥学派。

2. 基本假设

因为学校生活、课堂生活是师生个体在环境相关的人、事、物不断交往中构成的意义世界，所以研究者必须了解他们的思想、情感及行为，才能解释现象的意义。只有在相同情境中生活的成员才能了解各种符号的意义并分享其价值观。教师的教、学生的学以及师生关系是解释课堂现象的重要资源，研究者可以依赖教师与学生陈述对情景的理解，运用自然的、生态的方式获得资料。

3. 研究步骤

从初始的观察，推出尝试性的结论，这些结论再启发进一步的观察，然后修正结论。这种研究是在研究情境中所获经验的指导下的探索过程。

人种志研究的基本特点是需要参与研究对象的日常生活，在自然情境下观察并收集数据，通过叙事的方式描述资料，从而得出研究结论。人种志研究在本质上具有综合性和整体性，同时又非常具体，且细节丰富。

人种志研究法的核心是参与观察，包括与研究对象长期共同居住、直接联系、反复观察、询问、闲聊等，在自然情境中收集资料。

收集资料的技术包括生活史、面谈、问卷、文献、录音、录像、事件分析等。

10.2.11 德尔菲专家法

1. 含义

德尔菲法是采用背对背的通信方式征询专家小组成员的预测意见，经过几轮征询，使专家小组的预测意见趋于集中，最后作出符合市场未来趋势的预测结论的方法。德尔菲法又名专家意见法，是依据系统的程序，采用匿名发表意见的方式（团队成员之间不得互相讨论，不发生横向联系，只能与调查人员发生关系），反复填写问卷，以集结问卷填写人的共识及搜集各方意见，可用来构造团队沟通流程，应对复杂任务或难题的管理技术。

德尔菲法是预测活动中的一项重要工具，在实际应用中通常可以划分三个类型：经典型德尔菲法、策略型德尔菲法和决策型德尔菲法。

2. 特征

（1）吸收专家参与预测，充分利用专家的经验和学识。

（2）采用匿名或背对背的方式，能使每一位专家独立自主地作出自己的判断。

（3）预测过程几轮反馈，使专家的意见逐渐趋同。

德尔菲法的这些特点使它成为一种最为有效的判断预测法。

3. 实施步骤

德尔菲法的具体实施步骤如下。

（1）组成专家小组。按照课题所需要的知识范围，确定专家。专家人数的多少，可根据预测课题的大小和涉及面的宽窄而定，一般不超过 20 人。

（2）向所有专家提出所要预测的问题及有关要求，并附上与这个问题有关的所有背景材料，同时请专家提出还需要什么材料。然后，由专家作书面答复。

（3）各个专家根据他们所收到的材料，提出自己的预测意见，并说明自己是怎样利用这些材料提出预测值的。

（4）将各位专家第一次判断的意见汇总，列成图表，进行对比，再分发给各位专家，让专家比较自己同他人的不同意见，修改自己的意见和判断。也可以把各位专家的意见加以整理，或请资历更深的其他专家加以评论，然后把这些意见分送给各位专家，以便他们参考后修改自己的意见。

（5）将所有专家的修改意见收集起来，汇总，再次分发给各位专家，以便作第二次修改。逐轮收集意见并为专家反馈信息是德尔菲法的主要环节。收集意见和信息反馈一般要经过三四轮。在向专家进行反馈的时候，只给出各种意见，但并不说明发表各种意见的专家的具体姓名。这一过程重复进行，直到每一个专家不再改变自己的意见为止。

（6）对专家的意见进行综合处理，得出预测结论。

10.3　教学研究课题的选择

教育研究也是一种科学研究。作为科学研究的一种形式，教育研究和其他科学研究一样，历经下列几个主要的步骤。

（1）在教育实践过程中发现问题，结合实际情况选择适当的课题；

（2）对选择的课题的可行性进行论证；

（3）进行科研方案的规划设计，并对科研结果作出预测；

（4）按照计划开展研究，对实施过程中的现象进行观察、收集、整理，并作出结论和讨论；

（5）根据实验过程写出论文。

从上述流程来看，发现问题或提出问题是教育科研的起点。只有明确的问题，才能产生探究的欲望，才能使教育研究按一定的方向开展。

10.3.1　课题选择的基本原则

课题选择是教学研究的第一步。选题是否恰当，关系到教学研究工作的成败和效果。要想正确而恰当地选题，首先要明确选题的原则。

1. 需要性原则

教学研究面向教育实际，是选题的首要原则。它包括两个方面：一是根据社会发展的需要，尤其是教育实践的需要选题；二是根据教育科学发展的需要选题。遵循教学规律，解决教学问题，提高教学质量，实现素质教育，是教育研究的目的。信息技术教学的研究课题，应当是信息技术教学领域中亟待解决的理论问题或实践问题。信息技术教学研究的选题，必须理论联系实际，具有理论意义或现实意义，实现课题的理论价值或社会价值。

2. 创新性原则

创新是教学研究的精髓。选题的创新性原则表现在：课题的新观点、新方法、新思路，或见解独到，或视角独特，或方法独创，或观点新颖；用老方法解决新问题，用新方法解决老问题，用新方法解决新问题。要使选题具有新颖性，平时就要常积累，勤思考。新观点、新见解不会招之即来，是长期思考的结果。为满足一时之需（如晋升、评职称等）而匆匆赶出的"急就文"，无孕育思考的过程，自然不免人云亦云，甚或老生常谈。因此，在确定课题之前不但要多看，更要多思，形成自己的观点、看法后再开始研究，做到"题无新意不出手"。

3. 科学性原则

科学性原则指选题要真实准确，符合教育学、心理学等的科学规律，要有理论依据和事实根据；调查、实验等的事实材料和数据统计要实事求是。需要注意的是，在进行写作时，在文章中充斥高深、生涩的名词或理论并非科学性的表现，它只能说明作者或对这些名词、理论理解不透，或故弄玄虚。另外，参考文献的注录要选取真正有用的。不管有用与否地将作者本人的文章大量罗列，只能令读者反感，或给人留下作者闭门造车且对他人的同类研究知之甚少的印象。

4. 导向性原则

教育研究的宗旨是为教育服务，所以应围绕当前教育的根本思想，即"从应试教育向素质教育转轨"进行研究与写作，以对教育及其改革有指导作用，至少有启迪作用。那些罗列大量教育学、心理学名词，从理论到理论的空谈泛论，虽洋洋万言，但往往令读者抓不住中心，没有参考价值。所以我们鼓励多搞调查实验，在实践工作中找出存在的问题，指导读者针对某一问题有的放矢地研究思考。

5. 可行性原则

可行性原则就是要根据研究者的主客观条件，充分考虑研究本身的可行性，自我量力地选择课题。研究者首先要对自己的兴趣专长、知识水平、研究能力有一个恰当的估计，同时还要考虑时间安排、资料来源、物质条件、研究经费等因素。课题的选择必须具备一定的主观条件和客观条件，适合自己的研究与写作特点，这样才有利于展开研究和写作，才会得心应手。遵循这一原则，保证可行性，在选题时，必须量力而为，因地制宜，扬长避短，切忌空泛不实、贪大求全。雄心满腹地企图一篇文章定天下，往往会力不从心。

除以上所提五条原则外，选题还应尽量选取自己感兴趣的，有把握的，材料准备充实、丰富的，以及可供进一步研究的等。

10.3.2 课题选择的主要方法

1. 逻辑法

逻辑法是利用一些现成的资料确定选题范围的方法。一般来说，每一种杂志在一定阶段内都有自己的选题计划，以及由此确定的课题与主攻方向，应充分利用这方面的介绍来选择题目。另外，一些书籍也有关于选题的推荐、介绍；而期刊，往往会在其每一年的最后一期刊登其在该年内所载文章的总目次，对总目次进行分析与比较，往往可以看出该杂志的研究倾向、热门课题，据此来确定选题更有针对性。

2. 灵感法

将自己平时在阅读材料、积累材料的过程中的偶有所思、偶有所感积累起来，作为题目诞生的摇篮，不失为一个好的选题方法，这就是灵感法。我们在阅读过程中常常会产生一些感想，例如，对某一文章的观点不同意，认为某个例题有道理，或者思考一下，同一题目我会如何做，可不可以变换一下思维方式……这些都是选题的源泉。但这些偶有所思的"灵感"往往稍纵即逝。为此建议读者准备一本"思想火花录"，随时将自己的"灵感"记录下来，这样就可"招之即来"了。

10.3.3 附：信息技术教学研究参考课题

（1）信息技术教学理论、学习理论和课程理论的研究；

（2）信息技术与教育改革关系的探索；

（3）信息时代教师角色转换与教师信息素养的培养；

（4）信息时代学生信息素养与创造性思维的培养；

（5）信息技术与学科课程整合的研究与实践；

（6）运用多媒体计算机重组中小学学科知识的研究；

（7）现代信息技术与多媒体教学技术的应用及推广的研究；

（8）现代教育技术与中小学新课程改革的教学理论、实验与实践的研究；

（9）学校使用计算机的教材、教法、效率、效果的研究；

（10）中小学信息技术课教学改革的研究与实践；

（11）信息技术环境下，教学过程中各要素的关系及相互影响的研究；

（12）信息技术环境下，新型教育教学模式、新型学习方式的研究；

（13）计算机辅助管理的理论、实践与发展策略研究；

（14）网络教学资源(包括网络课件、课程)的开发与应用研究；

（15）网络教学中的学习者交互模式和工作空间的研究与探索；

（16）远程教育的建设、规划、软件开发的研究；

（17）信息时代的远程教育和网络教学的理论与实践研究；

（18）教育科研网络的作用与效益研究；

（19）信息技术产业发展研究；

（20）国内外中小学信息技术教学比较研究；

（21）信息技术教学评价的研究；

（22）关于会考、信息技术竞赛的研究；

（23）关于开展信息技术第二课堂教学活动的探讨；

（24）迁移规律在中学计算机程序设计教学中的应用；

（25）西部地区农村中小学信息技术教育现状调查与研究；

（26）中小学信息技术课堂教学调控现状分析与对策研究；

（27）中小学生信息技术知识技能差异现状分析与研究；

（28）中小学生网络信息行为的调查研究；

（29）关于中小学生对多媒体课堂教学反应的调查；

（30）关于中小学生对网络课堂教学反应的调查。

10.4 教学研究报告或论文的撰写

教学研究报告是对教学研究工作的全面总结和概括，是将探求到的教学事件真相、性质、规律等正式地加以汇报。教学研究论文是对教学科研成果的重点描述，要经过对具体材料的归纳提炼，形成自己的观点，它只需对观点作充分的论证，不包括对研究过程的叙述。教学研究报告或论文都有固定的格式和写作要求。

10.4.1 研究报告或论文的基本结构

1. 题目

研究报告或论文的题目是点明题意的，要求具体、简洁、鲜明、确切而具有特点。题目不能太抽象、太笼统，使人看了不着边际，否则不便于别人编制索引。例如，"用发现法改进信息技术教学"就太笼统了，没有指明发现法是用在探索实验中，还是用在发散性思维训练方面，信息技术教学是指什么教材内容的教学。另外，题目的字数不能太多太长，在非长不可时，应用副标题的办法解决。

在研究时原本较大的题目，应分成若干个分题，每个分题单独写一篇文章。例如，研究学生计算机课程中的思维能力，可分别从思维的方法技巧、思维的过程和思维的品质等方面进行阐述。题目应有自己的特点，要十分醒目。例如，信息技术教学中有一篇文章"运用迁移规律搞好中小学计算机程序设计教学"，题目很有特点，是说计算机程序设计教学时如何运用迁移规律的。

2. 署名及工作单位

研究题目之下，是署名，包括单位和作者名字。署名是表示作者对文章负责，且可以方便读者在日后联系作者，共同探讨问题。撰写论文是严肃的事情，一般不用化名。

3. 前言

前言又称引言或导言（有的文章称为导论、绪论或绪言等），是文章最前面的一段话，具有提纲的作用。它应简明扼要地交代文章所述问题的来龙去脉，包括问题是如何提出来的，有什么理论或实践依据，问题的性质如何，研究的目的（包括思路）、范围、历史、意义、方法及本文的重要研究结果和结论等。

前言是为了给读者一点预备知识，激发他们阅读下去的兴趣，因此要开门见山，有吸引力。

若研究的问题在教育界是有争议的，则应把自己的观点摆出来，以引起读者的反响。在一篇五千字左右的论文里，前言一般只应占五六百字篇幅。

4. 过程和方法

无论是调查报告还是实验报告，都要把研究对象的数量、特征、条件、取样方式、观测指标、研究时间、条件控制等问题讲清楚。研究报告中涉及的一些专用名词的外延和内涵要规定清楚，操作定义及实验指导语也要反映到文章里。如果是作者创造的新方法，要尽量写清楚，写具体，让人模仿操作。若是别人已用过的方法，只要注明出处即可。

5. 研究结果

研究结果包括典型事例和数据素材两部分。数据应经过统计处理，不要罗列原始材料，处理过的数据用频数、均数（或百分率）、标准差、相关系数等表示出来，画成图形或统计表。统计表应简明扼要，可用可不用的数据应删去，统计编号后安插在文字叙述的附近。典型事例用于使读者更好地理解研究结果。如果材料是通过比较而获得结论的，那么比较应鲜明，防止出现没有比较的比较，流于形式。结果的分析要与上面的"材料和方法"对应，使方法和结果一致，增加说服力。

6. 讨论

分析研究结果之后，可讨论一些问题。一般先作研究方法的科学性探讨，再对研究结果与别人的同类研究结果是否一致进行讨论。讨论部分是使研究方法和结果上升到理论阶段的重要一环，可运用心理学和教育学的基本原理对研究作出鉴定，肯定其有效部分，也可对研究结果提出怀疑。讨论中，还可以对教学工作提出研究者的建设性意见，以供读者参考。

7. 结论（结束语、讨论）

结论部分是对研究工作的一个小结。结论可以交代所研究的问题、所获得的结论以及解决问题所达到的程度，还可以对今后的研究指出方向，提出新的课题。结论部分也可以合并在讨论部分里一起写。

8. 致谢

致谢（必要时）是发自内心地对教学研究和论文的完成起到指导和帮助作用的人和单位在论文的结尾以书面的形式予以感谢。致谢出现在论文的最后、附录的前面。

9．参考文献

参考文献介绍研究者在研究中阅读了哪些文章、哪些资料。这些资料也可以帮助别人扩展视野，为他们提供信息。罗列的文章是确有参考价值的，确实应用过的。一般写法是在正文引用处、用[]标注一个阿拉伯字码，然后在正文末尾"参考文献"处按序码逐条列出文献条目。条目的内容包括：作者姓名，书名（或篇名），出版单位，出版地点及日期（杂志写明年月及期刊目录）。一般格式为：

[序号] 作者.文章（书）名称.杂志（或出版社）(.出版地点：).发表时间和期号出版年月.

上述几个部分，有时可以适当合并。一般篇幅较短、题目较窄、方法较简单的研究报告，可以分成三部分——问题的提出、研究结果和分析、小结，不必面面俱到。

10．英文摘要

为了便于国际上的学术交流，重要的科技论文通常在参考文献之后附上英文摘要，其中包括题名、作者名以及关键词。英文摘要可由论文的中文摘要直接译成英文，也可以由作者直接用英文撰写，不受中文摘要的约束，会包括更多的信息。

附：论文模板
1. 题目
2. 署名及工作单位
3. 摘要
4. 关键词
5. 论文主体
　（1）前言
　（2）正文
　（3）结论
6. 致谢（必要时）
7. 参考文献
8. 英文摘要

10.4.2　撰写研究报告或论文的基本要求

研究报告或论文的写作还要注意以下几点要求。

1．突出主题论点，论证鲜明

围绕主题选择有代表性的典型材料和例证，根据逻辑思维加以合理安排，使主题论证得到鲜明突出的体现，让读者看到论文具有科学的依据。

2．内容层次分明，结构严谨

文章的结构，最重要的是内容要有层次，必须有条不紊。所谓层次就是材料的次序。写文章时要把所选材料分成若干部分，按照主题思想的发展需要，适当地作相应的安排，分出轻重缓急依次阐述，前后用词要连贯，体例要一致，充分而且明确地把主题表述出来。层次的安排，应是一个层次一个含义。但有时一个层次又分若干个"小层次"，或"小部分"。

3．叙述文字流畅，简明扼要

写文章要注意叙述文字简练流畅，语句简明扼要，深入浅出地表达意思和概念。文理要通顺确切，不要使用令人难以理解的词语和语句。

4. 使用语法规范，合乎逻辑

语言要精练准确，不能用方言写论文，更不能用自己乱造的词语。强调语言的准确性、科学性和条理性。概念要清晰，定义要确切，语言表达要符合语法规范，叙述要有逻辑性与科学性。

10.4.3　撰写研究报告或论文的常见问题

研究报告是反映研究者的立场观点、思想方法、理论素养、思维水平、对事实的概括和判断能力的文字材料，因而首先就要在这些方面下工夫。其次再着手解决写作方法的问题，掌握研究报告的谋篇布局、段落安排、遣词造句等方面的技巧。初写研究报告的人易犯下列几类错误。

第一类问题是把报告写成一般化的知识性介绍读物，有了一个题目，就从说文解字、基本概念说起，套话连篇，泛泛而谈；不讲如何开展研究、在研究中发现了什么问题、这些问题解决了没有、是如何解决的、研究结果在现阶段达到了什么程度、还有什么问题需要继续研究解决等问题，使人像在读一本常识读本。例如，有的研究报告要用到统计，于是将大量的统计基本知识写在里面。对于这些基本知识，作为讲义可以写，作为研究报告则不必写。

第二类问题是把报告写成一个材料仓库。在研究过程中，凡是找到的材料，包括别人对同类问题的文章资料，自己在研究中出现的各种事例、观点等一股脑儿地塞进研究报告，没有整理、没有分析、没有消化，甚至有些材料是相反的、对立的意见，也没有取舍或说明，下笔千言，离题万里，使人看了摸不着头脑，也看不下去。例如，有的研究报告，甚至连学生课本里的教学内容都写了进去，这大可不必。

第三类问题是简单化做法，只讲应当怎样，不讲为什么要这样；只讲"其然"，不讲其"所以然"；只讲判断，不交代论据和论证过程；道理很少，命令的口气太生。此类研究报告，更像是上级对下级的行政指令。因为不举"证据"，又不讲"理由"，思想性和说服力有限，这样的文章难成科学研究报告。

第四类问题是把研究报告完全写成一个工作汇报或工作总结，只叙述工作过程、经验、教训，只是一个观点加两个例子，或者只讲做了什么，而不讲做的结果及其价值，有的甚至把局部的经验说成普遍规律。

知识性读物、材料仓库、行政指令和工作汇报，都不是科学研究报告。科学论文或研究报告必须经过千锤百炼，反复酝酿，才有好的质量。

10.4.4　撰写研究报告或论文的注意事项

在撰写研究报告时，应注意下面几点。

（1）论文或报告的写作应是在研究结果出现之后着手写作的。但应及早做好准备工作，文章内容的设计要紧接在研究工作计划制订时开始，并随着研究进展的发展而修改写作提纲，这样可以少走弯路。

（2）论文写作时，切忌把可以简单阐明的东西，弄得复杂、神秘，使人觉得莫名其妙。即使是深奥的理论，也应深入浅出，尽量使读者容易理解，绝不能装腔作势。

（3）要求观点和材料相结合。一般理论文章不一定要有具体材料，但研究报告一定要有具体材料，要重事实，从事实中提炼观点，这样说服力才强。研究报告的材料，重点应放在研究方法和研究结果两个方面，报告的价值是以方法的科学性和结果的可靠性为条件的。而且它们之间的关系密切，只有科学的方法才能保证可靠的结果。

（4）分析讨论问题时要有辩证观点，不要把话讲得太绝对。例如，任何一种教学方法都不可能绝对好和绝对坏，任何一个好方法只能适合一定的场合。一个研究报告的发表并不是研究的终结，常常出现这样的情况：一项研究的结束，就是另一个研究项目的开始。

（5）先拟好提纲，然后进行写作。写的时候先要考虑文字内容，文字上的修饰是后一步的工作，还要先考虑逻辑上的程序和意义上的连贯。文章写好后，在进行文字修饰时，重点注意简洁、有趣、优美。

（6）科学研究中允许利用别人的成果，但要以科学的态度对待别人的成绩，实事求是地给予应有的评价，不因亲而崇之，也不因疏而贬之，更不能压低别人抬高自己，要注意科学道德。在引用别人的研究材料、摘引别人的词句时，一般应标明出处，在本页末加上"脚注"，引用的词名应保证无误。

（7）有些材料是不能放进正文的，但可作为附录放在文后，便于读者需要时查对参考。

（8）对参与研究或写作时曾付出过帮助的人要表示感谢，对合作者要列出其姓名。

附：教研论文

中小学生网络自发行为的心理分析及对策研究

前　言

当前，中小学信息技术课一般都在网络教室中进行。在网络环境下上课，普遍存在两个主要的问题，影响正常的教学秩序。一是课堂上自发地进行 QQ 聊天及进入各种聊天室中聊天，这类状况以女生居多。二是控制不住自己进入网络游戏，这类状况以男生居多。为方便叙述，我们暂将这两种情况统称为学生的网络自发行为。本文对学生的网络自发行为的现象和心理进行分析研究，并提出相应的对策。

一、课堂现象描述

现象一：学生进入电脑室后的第一个动作是打开 QQ，看看网友上线没有，如网友在线，即开始打招呼进行聊天。每个人一般都有 10 个以上的网友。

现象二：玩游戏者抓紧时间，进入相关网站，继续上次未完的游戏。上课了，很多人根本不听讲，看到老师走过来，就立即将窗口最小化或关闭。老师眼快不如他手快。

学生在网上极易找到林林总总的网络游戏目录，联想到 20 世纪 50 年代武打小说对中小学生的负面影响，深感到这些用现代高科技包装了的玩艺儿比具有相同内容的小人书对中小学生更具诱惑力。

二、学生心理分析

1. 学生上 QQ 的心理分析

目前，互联网上能进行网上聊天的聊天室还真不少，比较有名的是腾讯 QQ。腾讯 QQ 平时通常都有上百万人在线，学生可以按在线人员的资料寻找自己所感兴趣的网友进行交流，以此来满足人们在社会交往中一个很重要的需求——同类沟通需求。由于学生长期在学校中学习和生活，极少有机会与外界交往，他们很想找到能与自己沟通的志同道合的朋友，通过坦率的笔谈以缓解由于学习的重负和严格的校规造成的心理压力。另外，处于青春萌动期的青少年一般有求偶的潜意识，在这神秘的网络世界中，由于相互不见面而只靠文字言情，可以避免现实生活中因面谈遭到拒绝和奚落而造成的难堪，再加上 QQ 号是可以免费申请的，所以 QQ 很受青少年学生青睐。由于青少年具有对未知异性世界探索的心理，中学生一般在网上寻找的多是异性网友，年级越高，这种情况越多。现在上网聊 QQ 已成为青少年学生的时尚，由于他们平时上机机会不多，信息技术课的上机课自然成了其上网聊 QQ 的大好时机。

2. 学生进行网络游戏的心理分析

现在很多大型的网络游戏多根植于一些曲折离奇的故事情节，或取材于一些家喻户晓的历史故事、武打小说，以迎合人们争强好胜的心理。由于采用了多媒体技术而产生的互动功能，使网络游戏者进入故事的仿真环境，在虚拟的环境中对自己所扮角色进行自身价值的创造，努力攀升。游戏者在那里是行为的主体，可以随心所欲地发挥，创造的业绩完全取决于自己的指挥水平，所以网络游戏极能吸引青少年学生。在游戏的过程中，学生的心理知觉与认知形态会产生一些特殊的心理状态。当他取得进阶时会表现出一种比人优越的机能状态，从而产生一种心理上的满足和精神的亢奋，激励他向更高阶次努力。这种亢奋的精神使他不顾一切地（时间、精力、金钱、学校规章制度、教师和家长的规劝）继续下去，这种争取超越自我、创造个人更佳业绩的心理使他完全专注于非常窄化的注意焦点中，这种心理效应的正面影响是对于其智力开发着有不可低估的作用，负面影响则是容易使他患上网络成瘾症。

三、对 策 研 究

1. 首先要充分肯定上网聊 QQ 或进行网络游戏对学生心理素质形成的正面影响

不难看到，热衷于上网的学生，特别是上网聊 QQ 的学生，其键盘指法极为熟练，有的几乎到了运指如飞的地步，可以同时与几个网友聊天。中小学生大都使用汉语拼音汉字输入法，这部分学生的汉语拼音相当准确。这就为学生将来学习语文打下了坚实的基础。

另外，学生在进行网络游戏时的这种争取超越自我、创造个人更佳业绩的心理为青少年学生逐步养成努力拼搏、开拓创新的良好心理素质有着不可估量的潜在作用，其效果不是教师单纯的口头说教所能替代的。

还有一个不为人们所注意到的事实。现在中小学生上网玩的大型的网络游戏中都是大多数教师和家长不会玩的，那么是谁教他们的呢？一般是他们自己看书摸索或同学互相教会的。其实这就是当前新课程改革里所提倡的"研究性学习"的学习方式，而且还是一种更为难得的"自发性的研究性学习"的学习方式。新课改中指出："学习方式较之于学习方法是更为上位的东西，两者类似战略与战术的关系：学习方式相对稳定，学习方法相对灵活，学习方式不仅包括相对的学习方法及其关系，而且涉及学习习惯、学习意识、学习态度、学习品质等心理因素和心灵力量。所以，学习方式转变对促进学生发展更具有战略性的意义。"所以，我们应从战略的高度来认识这个问题。从学生的自发的网络行为中我们可具体地看到，学习不是一种异己的外在的控制力量，而是一种发自内在的精神解放运动。关键是我们如何认识，如何去引导。如果我们能有效地将学生这种发自内在的学习精神引导移植到课程的学习中去，那将是一件非常有意义的事情。

2. 让学生充分认识过度上网对健康心理的形成带来的负面影响

要让学生们认识到，网络成瘾症是一种过度使用互联网行为的心理疾病，得了这种心理疾病的人会时刻想着要上网。目前在上网人群中，发病率越来越高，年龄介于 15～45 岁。有关专家对网络成瘾病人的描述是：对网络操作出现时间失控，而且随着乐趣的增强，欲罢不能，难以自拔。这些人多沉溺于网上自由聊天或网上互动游戏，并由此忽视了现实生活的存在，或对现实生活不再满足。初时只是精神上的依赖，渴望上网。而后可发展成为躯体上的依赖，表现为情绪低落，头昏眼花，双手颤抖，疲乏无力，食欲不振等。让学生自查有没有这种心理疾病，如有，则耐心地加以说服，指导他进行纠偏。

3. 把益智游戏当做校外课程资源来组织力量研究开发

课程资源是新一轮国家基础教育改革所提出的一个重要概念。课程资源是指形成课程的要素来源及实施课程的必要而直接的条件。按照课程资源的空间分布，大致可以把课程资源分为校内课程资源和校外课程资源两种。校外课程资源主要包括校外图书馆、科技馆、博物馆、网络资源等。过去由于人们认识和观念的问题，课程资源的载体形式单一，课程资源的开发偏重于纸质印刷制品，而对于开发多样化的课程资源则重视不够，对于开发游戏型课程资源更是连想都不敢想。近年来，我们的软件，不说教学游戏，就连普通的游戏市场都被韩国、中国台湾、日本的软件占领了。因此，由教育行政部门组织力量开发能用于信息技术课教学的益智游戏时，这些游戏要符合青少年年龄特征、学生进行网络游戏的心理，具有他们所喜爱的互动性、对抗性、竞技性，使进入游戏的学生具备玩家角色，使他们在虚拟的环境中对所扮角色进行自身价值的创造、进行永不休止的攀升。

4. 在进行课堂教学设计时应采用任务驱动、合作学习等多种教学方式，尽量避免说教式的单一的教学模式。在网络环境下，从学习方式上可探索采用研究型学习模式、网络资源型学习模式、发现型学习模式、个别化学习模式、协作型学习模式、讨论式学习模式等，让学生在信息技术课的学习中感到常学常新，乐此不疲，充分地利用网上的资源。有经验的教师往往采用这样的方法，在一开始上课时就提出，在完成学习任务的前提下才可以访问教师指定的游戏网站。

5. 发动班级学生讨论制定一套网络课堂守则及奖惩条例，对有严重网络自发的学生进行批评教育，对于屡教不改者通过网络管理软件屏蔽其用机的网络通道。

结　束　语

信息技术课作为中小学一门开设不久的课程，从教学模式到教学方法，从教学手段到教学评价等，都需要进行深入的研究。信息技术课的教学目标是培养学生良好的信息素养，提高学生的信息能力。这就决定了信息技术课的教学，必须以学生为主，以实践为主，以技能为主，从而增加了信息技术课难以驾驭的因素。因此，如何组织教学和控制课堂，提高教学效果和教学质量，便是信息技术课教师亟待解决的重要课题。

参考文献

[1] 陈健兴.走向心理健康 —— 中小学心理健康教育研究[M] .南宁：广西教育出版社，2001.

[2] 潘启富.小论信息技术课的课堂控制[J] .北京：基础教育研究，2003：1-2.

10.5　信息技术教育需要深入研究的问题

从 2001 年至今，经过 10 多年的理论研究、整体推进和实践探索，我国中小学信息技术教育积累了丰富的经验，有了长足的进展，取得了较大的成果。但我国信息技术教育与发达国家相比，仍有一定的差距，不少课题值得我们思考和分析。以下几个方面是我国信息技术教育改革与发展中值得进一步关注和探讨的重要问题。

10.5.1 关于信息技术课程学科地位的探讨

纵观国外新一轮的课程改革，越来越多的国家已经把信息技术作为一门独立的学科，即使那些早先尝试不独立开设信息技术课程的国家，也逐步转向独立开设信息技术教育必修课程。其原因是它们通过实践发现，完全打破学科边界、跨越课程教授信息技术不符合学生的年龄、认知特点。这体现了各国对信息技术教育作为一门独立的课程在学科体系中的显性课程形态有共同的认识。

我国作为一个发展中国家，学生信息素养仍然处于较低层次，这必须通过信息技术教育来提升。从我国现阶段的发展状况来看，各地区经济发展极不平衡，信息基础建设水平、信息资源的开发与利用程度也存在巨大的差异。在东部沿海的一些经济发达地区，城市居民的收入水平大幅度提高，城市信息化建设较快，计算机在学校和家庭的普及率较高，这些城市和学校具有主动探索和实践信息技术教育的机会。而在我国的许多经济欠发达地区，信息化水平较低，家庭计算机拥有量较少。在这种情况下，要想培养现代社会劳动者所必须具备的基本素质——信息素养，最主要的途径就是开设信息技术课程，普及信息技术教育，从而提高公民的信息素养。如果不开设信息技术课程，将会有许多学生无法接触到信息技术，从而远离信息活动，造成信息素养缺陷，产生"数字鸿沟"，这不符合教育公平与构建和谐社会的要求。

信息技术教育的目标是培养学生的信息素养。要全面、整体提升信息素养，需要一个比较长的过程，没有一门独立的系统的信息技术课程是难以实现的。同时，信息技术的许多重要知识、内容都难以组织到其他学科体系中去，如信息与信息技术的基础知识和基本操作、计算机语言和程序设计（算法与数据结构），以及已经进入部分中小学信息技术课程的智能机器人的知识与操作等。

因此，国外的实践经验和我国信息技术教育的现实决定了信息技术作为一门独立学科并不会消失，其地位会越来越牢固，越来越强大，呈现出强劲的发展势头。

10.5.2 关于信息技术课程核心价值的探讨

信息技术课程的核心价值应是什么？这是值得探讨的问题。我们认为，信息技术课程的核心价值是培养学生的信息素养。信息素养是信息时代公民必备的素养。信息素养并不是固定不变的，也不是个体达到一定程度就不需要再度关注的。信息技术的变化是迅速的，信息素养总是不断变化的。目前，国内外所界定的信息素养是一种低层次的信息素养，它并不是信息素养的全部。真正有信息素养的人是指那些超越表层，并能应用创造性、革新的思维于问题中的人。正是具有这种信息素养的人，才有多种策略去处理信息技术问题，对迅速变化的信息技术工具快速地作出反应，并能满足作为信息技术社会自我增效的成员的需要。

根据《普通高中技术课程标准（实验）》，中小学信息技术课程的主要任务和课程目标是提升学生的信息素养。学生的信息素养表现在：对信息的获取、加工、管理、表达与交流的能力；对信息及信息活动的过程、方法、结果进行评价的能力；发表观点、交流思想、开展合作并解决学习和生活中实际问题的能力；遵守相关的伦理道德与法律法规，形成与信息社会相适应的价值观和责任感。利用信息技术获取与生活和生产有关的知识、兴趣和动作技能，改善生命质量；能够从信息技术变化的生涯发展角度来理解生涯；应用各种信息技术发展基本技能，能够意识到并能对工作场所的信息技术变化作出回应。具体可以归纳为知识与技能、过程与方法、情感态度与价值观三个方面共 11 条的内容。而《中小学信息技术课程指导纲要（试行）》中指出的中小学信息技术课程的主要任务是：培养学生对信息技术的兴趣和意识，让学生了解和掌握信息技术基本知识和技能，了解信息技术的发展及其应用对人类日常生活和科学技术的深刻影响。通过信息技术课程使学生具有获取信息、传输信息、处理信息和应用信息的能力，教育学生正确认识和理解与信息技术相关的文化、伦理和社会等问题，负责任地使用信息技术；培养学生良好的信息素养，把信息技术作为支持终身学习和合作学习的手段，为适应信息社会的学习、工作和生活打下必要的基础。

10.5.3　关于信息技术课程理论基础的探讨

信息技术是一门综合性的交叉型学科。从信息技术的发展历程来看，对其影响比较大的理论是学习理论、课程理论、教学理论、教育传播理论、系统科学理论、信息加工理论和多元智能理论等。这些理论为该学科自身理论的形成、实践的发展提供了重要的依据和指导。

影响较大的学习理论主要有行为主义学习理论 、认知主义学习理论、人本主义学习理论、客观主义学习理论、建构主义学习理论等。

上述几种学习理论，从不同的侧面揭示了学习活动中的某些特点和规律，强调学习者在学习过程中的自主意识和内在动能，为信息技术的设计和运用奠定了一定的理论基础。

行为主义学习观强调的是知识、技能的掌握靠外界的强化作用，而忽视人的内在因素；认知主义学习观强调的是智能的培养靠人的因素，而忽视外界条件；人本主义学习观主张以学生为中心，强调学习者的情感教学，关注学生个性与创造性的发展；客观主义学习观突出教师的中心地位，学生通过教师灌输传递而获得知识；建构主义学习观则认为，学习者只能根据自己的经验来解释信息、建构知识体系，而这种解释与建构是因人而异的，它特别关心学习环境的设计。

几种学习理论存在明显差异，各有优缺点，互为补充。对于学生的自主学习来说，建构主义学习观具有重要的指导作用，但并不意味着其他学习观已经过时。在学生学习的过程中，教师要以学生为本，起主导作用，对学生学习行为的指导和管理也是必不可少的，有时甚至需要"强化"，有的教学内容适合运用"传授"的方法，使学生掌握知识。因此，我们应该吸取各种学习理论观点的合理部分，全面了解它们的应用价值，根据不同的教学对象、教学内容和教学环境，加以合理的综合利用，来指导教育实践。

到底采用什么理论指导信息技术教学，需要具体问题具体分析。一般来说，有以下几点。

① 以学生为主体，充分发挥学生的积极性、主动性，使学生的个性与创造性得到全面发展。

② 以教师为主导，通过设计、示范、指导和评价，履行教师的教学职责。

③ 以任务为主线，开展自主学习、合作学习和探究学习，提高学生的思维能力和学习能力。

10.5.4　关于信息技术学科课程形态的探讨

信息技术课程与其他课程的关系问题，其实是信息技术教育的课程形态问题。信息技术教育课程形态有三种模式：一是独立模式，是指独立开设的信息技术课程，以信息技术为中心向其他学科和领域扩展；二是整合模式，是指在学科教学过程中把信息技术、信息资源和课程有机结合，建构有效的教学方式，促进教学的最优化；三是开放模式，是指将技术通俗化，通过提供社会生活中的任务实例，以及基本设备和必要的提示，由学生在任务的解决中达成课程目标的方式。信息技术学科的独立模式、整合模式以及开放模式是共生共荣、相互依赖、相互支持和相互补充的关系，是合理有效的模式。

教育部在 2000 年 10 月颁发的《关于在中小学普及信息技术教育的通知》中提出，努力推进信息技术与其他学科教学的整合，鼓励在其他学科的教学中广泛应用信息技术手段并把信息技术教育融合在其他学科的学习中。各地要积极创造条件，逐步实现多媒体教学进入每一间教室，积极探索信息技术教育与其他学科教学的整合，努力培养学生的创新精神和实践能力，促进中小学教学方式的根本性变革，全面提高中小学迎接 21 世纪挑战的能力。近年来，信息技术与课程整合已经成为信息时代提高教学效率的根本途径，是课程教学改革的需要，也是培养创新人才的有效方法。

因此，要在积极开展信息技术学科教育的同时，加大信息技术与其他学科深层次整合的力度，两者互相促进，共同发展。信息技术与课程整合需摆脱仅仅停留在辅助教学和认知工具的层面，向全面发展和纵深发展推进，形成有机的整合课程。这种整合课程可以是以信息技术课程或其他学科课程为主体的整合课程，也可以是信息技术与其他课程整合形成的超学科的整合课程。

10.5.5 关于信息技术课程教学模式的探讨

教学模式是指在某种情境中展开教学活动的结构形式，是由许多具体的教学方法和教学手段组成的一个动态系统。面对一个越来越丰富多彩的世界，随着近几年信息技术教育的快速发展，多样化的格局成为中小学信息技术课程的一大特色。比如，在教学模式方面，从原来统一的、单一的教学模式，逐步走向现代的、多元的教学模式。从大的方面，教学模式有自主性教学模式、合作性教学模式和探究性教学模式等。关于具体的教学模式，我们提出了十种：以课堂讲授为主的模式、边讲边练式教学模式、任务驱动式教学模式、基于问题的教学模式、自主式学习模式、研究性学习教学模式、协作式教学模式、学科整合式教学模式、WebQuest 教学模式、游戏教学模式等。钟志贤博士则归纳为：基于资源的主题教学模式；基于项目的教学模式；基于问题的教学模式；WebQuest 教学模式；基于网络协作学习的教学模式；基于案例学习的教学模式；情境化教学模式；基于概念地图的教学模式；基于电子学档的教学模式；基于多元智能的个性化教学模式等。对于课程的组织形式，则由原来的零起点、一视同仁、统一教学向后来的差异性、因材施教、分层教学发展。教学模式的丰富、完善和多样化，提高了学生学习信息技术的积极性和兴趣，提高了学习的有效性和效果，促进了中小学信息技术教育的持续发展。

10.5.6 关于信息技术课程教材建设的探讨

近年来随着我国中小学信息技术教育的快速发展，各地设计开发了数量可观、品种繁多的相关教材。从 1984 年以来，国家有关机构和各地区组织相关的专家和信息技术教师开发出版了200 多种不同版本的中小学信息技术教材。如由祝智庭主编、广西教育出版社出版的九年义务教育课本《信息技术》，由顾建军主编、广西科学技术出版社出版的九年义务教育课本《信息技术》，由陶振宗主编、人民教育出版社出版的九年义务教育三年制、四年制初中教科书（实验本）《信息技术》等。通过国家的审定的高中《信息技术》教材有广西科学技术出版社、教育科学出版社、上海科技教育出版社、浙江教育科学出版社、中国地图出版社和广东教育出版社出版的六种。我们通过对多种中小学《信息技术》教材的深入研读、探究分析，概括出中小学信息技术教材建设的指导思想、主要特点和存在问题，提出了教材建设的发展趋势：教学设计，由模块化向主题式发展；教材改革，由零起点向差异化转变；内容安排，由知识型向思维型贯穿；教学目标，由一二维向三维度要求；课程评价，由单一性向综合性考量；教材开发，由教科书向立体化建设。我们希望能为中小学信息技术教材的编写、出版提供参考。

10.5.7　关于信息技术课程教学评价的探讨

教学评价是信息技术教学中重要而困难的问题。对信息技术教学评价的研究近年来受到越来越广泛的重视。在评价方法上，出现了两种比较片面或极端的做法：一种是采用传统的纸笔测验加上机考核的方法，只考查学生的知识和技术掌握的情况，这种评价方法不够全面；另一种则因为信息技术不是主科，很多教师对学生的评价非常不重视，基本上采用随意的、简单的单一鼓励的方式。《基础教育课程改革纲要（试行）》明确指出"改变课程评价过分强调甄别与选拔的功能，发挥评价促进学生发展、教师提高和改进教学实践的功能"。作为新课程之一的信息技术的教学评价就是要促进教师的教和学生的学，培养学生良好的信息素养，促进学生全面发展。第一种做法显然没有摆脱传统教学评价只注重学习结果，不注重过程的误区，其考核内容不能反映学生能力的发展。而第二种做法则走向了另一个极端。我国《普通高中信息技术课程标准（实验）》评价建议中指出，信息技术课程中的评价要"强调评价对教学的激励、诊断和促进作用，弱化评价的选拔与甄别功能"。但是"弱化评价的选拔与甄别功能"并不等于不要评价，不等于评价的简单化、随意化和单一化，不等于放弃评价对学生学习和教师教学的激励作用、诊断作用、促进作用和导向作用。因此，在现代教育理念指导下的信息技术课程的评价不是更容易，而是要求更高、更全面。

对于如何合理、有效地进行评价，美国心理学家布卢姆根据教学评价在教学工作中的作用，把教学评价分为诊断性评价、形成性评价和总结性评价三种类型，教学评价的关键是如何将这三种评价有机结合起来构建一个合理的评价框架。Moreland（莫兰）、Jones（琼斯）和 Chambers（钱伯斯）通过大量的理论和实践研究后也证明了这一命题，并提出了建构参照性（Construct-Referenced）评价的方法。所谓建构参照性评价，就是技术教师能以简洁的技术术语清晰明白地说出预期的学生学习结果，并需要对概念、过程、社会、技术等变量进行全盘综合分析和离散归因考虑，形成过程性和总结性有机结合的评价框架。Moreland、Jones 和 Chambers 还据此开发了一个支持教师评价学生学习的支架，或许对我国当前信息技术学科教学评价具有重要的借鉴意义。

现在采用综合的评价方法，比较全面合理有效。比如，评价主体的多元化，有自我评价、同伴评价、教师评价等；评价过程的全程化，有前测、中测和后测等；评价内容的多样化，考核理论知识、操作技能、信息素养，有笔试考核、作品提交和档案查阅等；评价作用的全面化，有诊断性评价、形成性评价和总结性评价三种类型。合理、有效地进行信息技术教学评价，对提高我国当前信息技术教学质量、促进信息技术教育发展具有重要的意义。

信息技术课程教学评价的问题，仍然是学界关注的重要课题和亟待解决的问题。

10.5.8　关于信息技术与课程整合的探讨

教育部在《基础教育课程改革纲要（试行）》中提出："大力推进信息技术在教学过程中的普

遍应用，促进信息技术与学科课程的整合，逐步实现教学内容的呈现方式、学生的学习方式、教师的教学方式和师生互动方式的变革，充分发挥信息技术的优势，为学生的学习和发展提供丰富多彩的教育环境和有力的学习工具。"在《关于在中小学普及信息技术教育的通知》中强调："努力推进信息技术与其他学科教学的整合，鼓励在其他学科的教学中广泛应用信息技术手段并把信息技术教育融合到其他学科的学习中。各地要积极创造条件，逐步实现多媒体教学进入每一间教室，积极探索信息技术教育与其他学科教学的整合，努力培养学生的创新精神和实践能力，促进中小学教学方式的根本性变革，全面提高中小学迎接 21 世纪挑战的能力。"随着教育改革的深化，特别是新课程改革的实施，使信息技术与课程整合成为当前教学改革的重要议题，它是一个包括观念、理论、技术和教育实践的综合目标和系统工程。

信息技术与课程整合是我国面向 21 世纪基础教育课程改革的新视点，是中小学教育信息化综合应用的重要内容，是目前教育界研究的热点课题，是国内外许多中小学一线教师广泛应用的一种教学实践模式。由于信息技术与课程整合还是一个较新的概念和领域，因此在理论研究和实践探索过程中，仍有诸多问题，比如，对信息技术与课程整合的目的与意义、内涵与实质、途径与方法，以及存在的问题和注意事项等，还没有搞清楚、弄明白和掌握好。

10.5.9　关于信息技术教师专业发展的探讨

进行职业规划，生涯设计，开展信息技术教育的研究，完善信息技术教育理论，促进信息技术教育和自身专业发展，是每个信息技术教育工作者的历史使命和崇高职责。无论是国内还是国外的教育界和学术界，学科教师专业化尤其是信息技术教师专业化研究都是一个较新的课题。教师专业发展是目前教育界研究和讨论的热点、重点问题，是保证和拓展教师群体生存与发展的大事，是关系学生成长与发展的大事，是关系国家、民族生存与发展的大事。教师的专业发展不仅是提高学校教育质量的基本保证，更是丰富学校教育内涵的动力之源。目前，广大信息技术教师已从关注自己的职业生涯开始转向关注自己的专业发展。

教师的专业发展是大势所趋，势在必行。各级教育部门、学校和教师，都应十分重视，为教师专业发展，创造有利条件。只有这样，才能提高整个教师队伍的素质，提高教育教学的水平，从而提高人类自身素质，促进经济发展，推动社会进步。广大中小学信息技术教师要完善教育观念，更新教学模式，深化教育改革，提高教育质量，全面推进素质教育，促进专业发展，在新课程改革中，坚守职业理想，秉承崇高使命，为中国的教育改革与发展作出应有的贡献。

一生只做一件事，咬定青山不放松。不管经历什么风风雨雨、坎坎坷坷，无论遭遇任何艰险打击、困难挫折，只要我们坚定方向，明确目标，把工作当信仰，鞠躬尽瘁，全力以赴，坚持到底，永不言弃，就一定能够实现人生理想，最终取得成功。

关于信息技术教师的专业发展，需要探讨以下问题：教师专业发展的概念，教师的教育理念、专业知识、专业技能、专业能力、专业智慧、影响因素等，我国信息技术教师的生存现状和发展前景，信息技术教师专业发展的途径，信息技术教师专业发展的策略等。

思考与练习

1. 教学研究要注意哪些基本原则？

2. 教学研究有哪些常用方法？

3. 如何选择教学研究课题？

4. 撰写研究报告或论文应注意哪些事项？

5. 如何进一步深入开展信息技术教育研究，推动信息技术教育持续健康发展？

6. 如何制订职业生涯规划，明确目标，促进自身专业发展？

信息技术教学计划（初一至初三年级）

一、教学指导思想

　　培养学生对信息技术的兴趣和意识，让学生了解和掌握信息技术基本知识和技能，了解信息技术的发展及其应用对人类日常生活和科学技术的深刻影响。通过信息技术课程使学生具有获取信息、传输信息、处理信息和应用信息的能力，教育学生正确认识和理解与信息技术相关的文化、伦理和社会等问题，负责任地使用信息技术；培养学生良好的信息素养，把信息技术作为支持终身学习和合作学习的手段，为适应信息社会的学习、工作和生活打下必要的基础。以培养学生的信息处理能力为主线，注重培养学生分析问题和解决问题的能力，提高学生的实际操作技能。学生通过对本套教材的学习，能增强现代信息意识，了解信息社会的特征，掌握收集、传输、处理、应用信息的方法。

二、各年级教学要求和教学具体措施

初中第一册
第一单元　信息技术基础知识

第一章　走进信息时代

一、教学要求
1. 了解信息技术在日常生活中的应用。
2. 了解信息技术的发展趋势。
3. 明确学习信息技术的目的。

二、教学内容及课时安排

教学内容	教学要求			课时安排
	认知	操作	情感	（上课 30%，上机 70%）
身边的信息技术	知道	上网搜索信息		
畅想信息时代	知道	上网搜索信息	感兴趣	2
信息时代的呼唤	知道	上网搜索信息		

三、重点与难点

以身边的生活实例讲述信息技术的应用，重点讲述信息技术中计算机的应用。主要培养学生素养和信息意识。

第二章 信息技术基础

一、教学要求

1. 了解计算机的基础知识。

2. 了解计算机软件基础知识。

3. 初步了解信息高速公路。

二、教学内容及课时安排

教学内容	教学要求			课时安排（上课 30%，上机 70%）
	认知	操作	情感	
计算机的主要特点	知道	使用课件	愿意接受	
微型计算机的组成	知道	使用课件	感兴趣	
操作系统	知道	使用课件	愿意接受	
文字处理软件	知道	使用课件	愿意接受	2
数据处理软件	知道	使用课件	愿意接受	
多媒体软件	知道	使用课件	愿意接受	
信息技术高速公路	知道	使用课件	感兴趣	

三、重点与难点

重点：微型计算机的结构特点。

难点：计算机软件分类描述。

第三章 Windows 应用基础

一、教学要求

1. 学习 Windows 中开关机的方法。

2. 学习基本的 Windows 操作。

3. 学习 Windows 中应用程序的开启和关闭。

4. 学习 Windows 中资源的管理。

二、教学内容及课时安排

教学内容	教学要求			课时安排（上课 30%，上机 70%）
	认知	操作	情感	
开机与关机	知道	比较熟悉		
学会使用鼠标	知道	比较熟悉		1
认识"我的电脑"	知道			
窗口操作	知道	比较熟悉		1
打开和关闭应用程序	知道	比较熟悉		1
磁盘、文件和文件夹	知道	比较熟悉		2
实物观察	知道			1
任务设计	知道			1

三、重点与难点

本章内容作为信息技术的基础，在教学过程中重点提示学生在 Windows 中要对标准界面有认识，如窗口结构、系统对话框、应用程序启动方式等。

四、实物观察

这一章的硬件部分可以在机房中结合具体的机器形象来上，有条件的可以拆卸一台计算机，让学生看看里面到底有些什么，然后请学生自己写出实验报告。软件部分由学生自己对日常生活中见到的软件进行整理、归纳，自行分类，然后进行讨论，弄清什么是系统软件，什么是应用软件。

五、本章任务设计

1. 将一张软盘格式化后，建立一棵目录树，这棵目录树中含有多层文件夹。然后在某一个文件夹中建立一个名为 XXXX.WRI 的"写字板"文档，其中包含一段用汉字书写的文字。

2. 为购买一台家用电脑设计、配置应安装的系统软件和应用软件。

第二单元　用计算机制作板报

一、教学要求

1. 掌握启动和关闭文字处理器（Word 2003）。

2. 掌握文字输入、编辑和保存文档。

3. 掌握文字格式和段落格式的设置。

4. 掌握标题的添加和使用"艺术工具栏"对艺术字的编辑。

5. 掌握文档中插入图片和图文混排，学会使用"图片工具栏"的裁剪功能。

6. 掌握设置文本框、理解文本框链接及图形效果，知道图文框的格式。

7. 掌握板报的板块合成。

8. 掌握"查找与替换"功能、学会"各级并列项编排"和掌握"分栏"的使用。

9. 掌握表格创建和对表格中各个单元格的操作，掌握使用"表格和边框工具栏"对表格的编辑。

10. 了解页面、页眉、页码设置和了解打印预览。

二、教学内容及课时安排

教学内容			教学要求			课时安排
			认知	操作	情感	（上课 30%，上机 70%）
第一章	第一节	创建文档	掌握	比较熟悉	愿意接受	1
	第二节	编辑文本	掌握	比较熟悉	愿意接受	1
	第三节	文字编排	掌握	比较熟悉	愿意接受	1
	第四节	艺术标题	掌握	比较熟悉	愿意接受	1
第二章	第一节	图文混排	掌握	比较熟悉	愿意接受	1
	第二节	层叠组合	掌握	比较熟悉	愿意接受	1
	第三节	板块组合	掌握	比较熟悉	愿意接受	1
第三章	第一节	查找、分栏、编号	理解	学会	感兴趣	1
	第二节	表格创建制作	掌握	比较熟悉	愿意接受	1
	第三节	调整表格格式	掌握	比较熟悉	愿意接受	1
	第四节	页眉、页脚、页码	理解	比较熟悉	愿意接受	1
	第五节	文档打印预览	理解	比较熟悉	愿意接受	1
板报综合练习			掌握	比较熟悉	愿意接受	3

三、重点与难点

第二单元	重点和难点	
	重点	难点
第一章　文字处理	掌握文字处理器（Word 2003）的启动和关闭、文字的输入	文档的保存
第二章　图片处理	图形的插入、图文混排、"图片工具栏"的裁剪功能	掌握"设置图片格式"的功能
第三章　深入编辑学习	"查找与替换"、"各级并列项编排"功能及"分栏"的使用	

初中第二册
第一单元　多媒体信息处理

一、教学要求

1. 了解多媒体的概念和多媒体的关键特性。
2. 了解信息技术的发展趋势。
3. 明确学习信息技术的目的。

二、教学内容及课时安排

教学内容		教学要求			课时安排（上课 30%，上机 70%）
		认知	操作	情感	
第一章 了解多媒体	1. 多媒体的概念	理解	学会	感兴趣	2
	2. 多媒体的关键特性				
	3. 常见的媒体种类、格式和作用				
	4. 多媒体技术在信息技术社会的应用				
第二章 文字古诗	1. 键盘输入文字的方法	理解	掌握	感兴趣	3
	2. 设置段落格式				
	3. 设置文字格式				
	4. 设置古诗背景				
第三章 配乐古诗	1. 联接输入设备	理解	学会	感兴趣	5
	2. 录入声音	理解	学会	愿意接受	
	3. 播放 CD	理解	掌握	感兴趣	
	4. 录制乐曲	理解	学会	感兴趣	
	5. 配音和配乐合成	理解	掌握	感兴趣	
	6. 后期效果处理	知道	学会	感兴趣	
	7. 完成配乐古诗	理解	掌握	感兴趣	

续表

教学内容		教学要求			课时安排 （上课 30%，上机 70%）
		认知	操作	情感	
第四章 图片古诗	1. 调整图片大小	理解	掌握	感兴趣	3
	2. 图片处理				
	3. 在图片中添加文字				
第五章 影片古诗	1. 播放各种媒体	理解	学会	感兴趣	3
	2. 媒体播放机的设置				
	3. 剪辑影片				
	4. 文字和影片的合成				

三、重点与难点

第二单元	重点和难点	
	重点	难点
第一章 了解多媒体	多媒体的概念	多媒体的存放格式
第二章 文字古诗	古诗的内容、文件的排版	古诗的内容的保存、古诗背景的设置
第三章 配乐古诗	声音的录入、录制 CD 上的乐曲、声音与古诗的结合	声音的调整、声音效果的处理
第四章 图片古诗	调整图片大小和图片处理、文字与图片的融合	图片处理、正确理解图片中文字的特性
第五章 影片古诗	播放各种媒体的方法、文字和影片的合成	剪辑影片

第二单元　多媒体演讲稿的制作

一、教学要求

1. 演示利用 PowerPoint、Flash 等多媒体制作工具制作的一些作品，使学生体会到利用多媒体技术的优点，从而激发学生的学习兴趣。使学生知道一般应用软件在 Windows 平台上的启动和退出。使学生学会播放多媒体演讲稿。

2. 使学生能制作一个简单的演讲稿，包括幻灯片的添加等。使学生掌握文字编辑、艺术字的使用。使学生学会幻灯片的编辑。使学生能根据任务需要选择幻灯片的浏览方式。

3. 使学生学会在演讲稿中插入图片。使学生了解声音和影片的插入。

4. 使学生学会给幻灯片添加背景。使学生学会组合对象。

5. 使学生学会对文字和图片设置动画效果。使学生了解幻灯片的放映方式。使学生学会超级链接。

二、教学内容及课时安排

教学内容		教学要求			课时安排（上课30%，上机70%）
		认知	操作	情感	
第一章 了解多媒体演讲稿		知道	比较熟悉	愿意接受	1
第二章 制作简单的演讲稿	第一节 创建一个演讲稿	知道	比较熟悉	感兴趣	1
	第二节 修饰文字	知道	比较熟悉	愿意接受	1
	第三节 编排演讲稿	知道	比较熟悉	愿意接受	1
	第四节 插入艺术字	知道	比较熟悉	感兴趣	1
第三章 深入编辑学习	第一节 插入图片	知道	学会	感兴趣	1
	第二节 插入声音和影片		学会	愿意接受	1
第四章 美化多媒体演讲稿	第一节 编辑对象		比较熟悉	感兴趣	1
	第二节 添加背景	知道	比较熟悉	愿意接受	1
第五章 控制多媒体演讲稿的播放	第一节 设置动画效果	知道	比较熟悉	感兴趣	1
	第二节 设置放映方式	掌握	比较熟悉	愿意接受	1
	第三节 超级链接	掌握	比较熟悉	愿意接受	1
综合练习		掌握	比较熟悉	愿意接受	3

三、重点与难点

第二单元	重点和难点	
	重点	难点
第一章 了解多媒体演讲稿	启动 PowerPoint 演讲稿的打开、退出，常用工具栏的使用	用 Flash 工具制作的多媒体演讲稿的播放
第二章 制作简单的演讲稿	新建一个演讲稿并保存，艺术字的插入	文本框等各类框的增加、删除，艺术字工具栏的使用
第三章 深入编辑学习	各类图片的插入	图片工具栏的使用
第四章 美化多媒体演讲稿	给幻灯片添加背景	背景与演讲内容的配合
第五章 控制多媒体演讲稿的播放	控制演讲稿的播放	恰当使用动画

初中第三册

第一单元 丰富多彩的网络世界

一、教学要求

1. 了解网络构成的基本要素与特征。了解网络的拓扑结构、常见传输介质集。了解网络模式的分类与网络协议。

2. 了解网页、网站、环球网的概念，并正确理解三者之间的关系。了解 URL 定义和链接点的功能，掌握浏览器的界面操作。掌握网页登录的两种操作技术。能使用浏览器工具以及学会多媒体窗口浏览技能。能利用网页浏览快捷登录网页。将自己感兴趣的文字与图片用分类的方式分别存放。能较为熟悉地掌握网页预订操作。了解浏览器的工作模式。能自己设置浏览器的起始网页。能根据个人的爱好和习惯较为熟悉地调整浏览器和设定参数。通过个性化的实验，增强学生对现代信息技术的认同感与应用的自发自觉性。

3. 能在 Web 页登录自己的邮箱并能书写电子邮件。能熟练地接收、发送及转发电子邮件。对电子邮件的地址有一个较为清晰的了解。掌握电子邮件的附件插入技能及发送。能熟练地打开邮件中的附件并保存。对电子邮件的动作方式有一定的了解。

二、教学内容及课时安排

教学内容		教学要求			课时安排
		认知	操作	情感	（上课30%，上机70%）
第一章 认识计算机网络	1. 计算机网络定义及其本质特征	了解		感兴趣	1
	2. 网络基本类型				
	3. 传输介质分类				
	4. 网络拓扑结构				
	5. 网络模式、协议				
第二章 网海冲浪	1. 网页、网站、环球网的基本构成	了解		愿意接受	2
	2. IE 启动与界面	掌握	比较熟悉	感兴趣	
	3. 网页登录	掌握	比较熟悉		
	4. URL 定义	了解			
	5. 链接与链接点	理解	比较熟悉		
	6. 浏览器工具的使用	知道	初步学会	愿意接受	2
	7. 多窗口浏览	理解	学会	感兴趣	
	8. 建立浏览快捷键	知道	初步学会	愿意接受	
	9. 保存文档与图片	掌握	比较熟悉	感兴趣	
	10. 脱机阅读	知道	学会	愿意接受	2
	11. 网页预订	理解			
	12. 浏览器工作模式	知道			
	13. 设置起始页	理解			
	14. 浏览参数的设置	知道			
第三章 网上搜索	1. 搜索网站特点	知道		感兴趣	3
	2. 搜索方式	知道	学会	愿意接受	
	3. 搜索控制符的运用	理解	比较熟悉		
	4. 搜索策略的运用	知道		感兴趣	
	5. Web 网站下载	理解	学会		
	6. FTP 网站下载	理解			
	7. 下载软件管理	知道			

教学内容		教学要求			课时安排 (上课30%，上机70%)
		认知	操作	情感	
第四章 网上通信	1. 在 Web 页上电子邮箱的界面	掌握	掌握	感兴趣	1
	2. E-mail 地址				
	3. 接收与阅读				
	4. 回复与转发				
	5. 附件的插入	掌握	熟练	感兴趣	3
	6. 附件的打开与保存	掌握	熟练	感兴趣	
	7. E-mail 的管理	知道	学会	愿意接受	
	8. E-mail 的运作方式	理解		愿意接受	
	9. 表情符号和缩略	知道	初步学会	愿意接受	
	10. 邮件文件夹的使用和管理	了解	初步学会	愿意接受	

三、重点与难点

第一单元	重点和难点	
	重点	难点
第一章 认识计算机网络	网络构成的基本要素与网络协议	网络拓扑结构
第二章 网海冲浪	网页登录、网页链接，浏览器工具的使用以及文档图片的保存，网页预订与内容更新操作	URL 定义，浏览快捷键的建立，浏览器工作模式
第三章 网上搜索	搜索方式，从网站上下载自己感兴趣的软件，电子邮件的书写与发送，附件的手稿与保存，邮件的编写、收发、转发操作	搜索策略运用，搜索自己感兴趣的软件，电子邮件地址的唯一性。邮件文件夹的复杂应用

四、任务设计

1. 利用任何一个中文搜索网站，找到"中国中小学教育教学网"网站地址，将该网站的主页连同有关图形一起下载到 My Document 文件夹中，然后将主页文件和该网站主页中的标题图形"K12 中国中小学教育教学网"分别作为电子邮件的附件发送给教师。

2. 自己确定一个学科的某一主题，在 Internet 上尽量寻找有关该主题的信息，进行取舍和整理，形成自己有关该主题的一篇论文，在网上与其他同学交流（可以用任何一种形式，如 E-mail、BBS 等），最后，将修改完成的文章用 E-mail 发送给有关学科的教师。

第二单元　拥有自己的网上家园

一、教学要求

1. 使学生了解 HTML 与主页之间的关系。理解使用 FrontPage 编写主页的实质是生成 HTML代码。能够熟练地将网站保存到指定位置，并重新打开。学会主页的另存和多文件同时编辑的方法。

2. 学会对主页段落、文字等的基本修饰方法。学会在主页中插入图片，进行改变图片的大小和边框等修饰，同时注意恰当地使用文件路径。了解在主页中使用图片的一些原则，在使用有版权的图片时注意对学生进行一些版权方面的教育，增强知识产权的意识。使部分学生能够使用"照片编辑器"等软件工具对图片进行简单的处理。根据主页的需要选择适当的修饰方法对其进行修饰，体现自己的审美观。

3. 理解水平线的作用，能够适当地加以运用。能够在主页中体现自己的版权。理解像素和分辨率等概念，在主页制作中加以运用。通过添加"滚动字幕"、"图片背景"加入"背景音乐"等，学会主页的一些美化方法。掌握特殊符号的加入方法，会使用一些特殊的文字效果，如上标、下标等。在编写主页的过程中，使学生树立良好的主页审美观，比如字体的运用、颜色的搭配、图文混排的处理等。

4. 通过一些实例理解标签和超级链接的概念，会设计一些链接效果。在主页文字或图片中熟练地使用链接，能够正确书写文件路径。了解路径的表示方法，会选择使用绝对路径或相对路径，以良好的主页移植性为原则。学会清除不再需要的标签和链接。

5. 学会在主页中使用列表和标题样式来改善主页。能够在主页加入简单的表格和改变主页的布局等。通过设定表格的属性得到一些不同的效果。综合运用所学内容，能够使用 FrontPage 制作简单的个人主页，通过主页制作展示每个人的个性及发展能力。

二、教学内容及课时安排

教学内容		教学要求			课时安排（上课 30%，上机 70%）
		认知	操作	情感	
第一章 建造自己的网上之家	1. 主页和 HTML 简介	知道		愿意接受	3
	2. 主页制作的方法	理解		愿意接受	
	3. 启动、关闭 FrontPage，建立新站点	理解	熟练	感兴趣	
	4. FrontPage 2003 的视图	掌握	学会	感兴趣	
	5. 建立网站结构、网页文字编辑及保存	掌握	熟练	感兴趣	
第二章 装扮我的网上之家	1. 网站的主题	掌握	熟练	感兴趣	2
	2. 网站的共享边框	理解	学会	愿意接受	
	3. 在主页中插入图片或剪贴画	理解	学会	感兴趣	
	4. 网页中的图文混排	理解	熟练	感兴趣	
	5. 网站内容的"定位"	理解	学会	感兴趣	
	6. 改变图片的大小	理解	熟练	感兴趣	1
	7. 图片式网页标题	理解	学会	感兴趣	
	8. 图片的保存位置	了解	初步学会	感兴趣	
	9. 保存文档与图片	掌握	比较熟练	愿意接受	
第三章 创造更舒适的环境	1. 插入滚动字幕	理解	熟练	感兴趣	3
	2. 插入水平线	理解	熟练	感兴趣	
	3. 在网页中加入日期和时间	理解	学会	感兴趣	

教学内容		教学要求			课时安排 （上课 30%，上机 70%）
		认知	操作	情感	
第三章 创造更舒适的环境	4. 使用特殊字符	理解	学会	愿意接受	3
	5. 用图片作背景	掌握	熟练	感兴趣	
	6. 背景音乐	理解	学会	感兴趣	
第四章 走出家门去逛逛	1. 不同主页文件的链接	理解	熟练	感兴趣	3
	2. 建立锚点	理解	熟练	感兴趣	
	3. 页内链接	理解	熟练	感兴趣	
	4. 清除链接	知道	学会	感兴趣	
	5. E-mail 链接	理解	学会	感兴趣	
	6. 链接到文件	知道	学会	愿意接受	
第五章 看看能加点什么	1. 表格的建立	理解	熟练	感兴趣	3
	2. 表格的基本属性	理解	学会	感兴趣	
	3. 列表	理解	比较熟练	愿意接受	
	4. 项目符号	理解	熟练	愿意接受	
	5. 调整表格宽度和列宽	理解	熟练	感兴趣	
	6. 改变表格背景	理解	熟练	感兴趣	
	7. 利用表格改变主页布局	了解	学会	感兴趣	

三、重点与难点

第二单元	重点和难点	
	重点	难点
第一章　建造自己的网上之家	HTML 与主页的关系，网站的打开和关闭，设置主页的背景	HTML 与主页的关系，标识的概念，用 FrontPage 打开和关闭网站
第二章　装扮我的网上之家	设置网站主题，设置图片的属性，图文混排的运用，新建一个演讲稿并保存，艺术字的插入	图文混排，图片的保存位置，共享边框
第三章　创造更舒适的环境	插入水平线，用图片作背景	在网页中加入日期和时间
第四章　走出家门去逛逛	链接的使用，在图片上进行链接	页内链接的使用
第五章　看看能加点什么	表格的使用及链接，设置表格的属性	复杂表格的实现，利用表格改变主页布局

四、任务设计

1. 向大家介绍你自己。

2. 向大家介绍你的班级（学校或家庭）。

3. 如果你是一个奥运会申办人员，做一组网页为你所在的城市进行申请。

4. 选择一门你所喜欢的学科，向同学们说明你喜欢的理由。

初中第四册
第一单元　用计算机处理数据

一、教学要求

1. 了解 Excel 2003 软件的基本知识。
2. 掌握工作表的创建，包括数据的输入、编辑、修饰。
3. 掌握数据的排序、筛选等简单的数据处理方法。
4. 掌握简单数据图表的创建方法。

二、教学内容及课时安排

教学内容		教学要求			课时安排（上课 30%，上机 70%）
		认知	操作	情感	
第一章 将班级数据输入计算机	1. 启动、关闭数据处理软件	知道	掌握		5
	2. 认识 Excel 环境（包括窗口、工作簿的组成）	知道			
	3. 数据、文字、成批数据的输入	理解	掌握		
	4. 数据的复制与移动		掌握		
	5. 工作表的编辑、Excel 文件的保存与打开		熟练		
第二章 对班级数据进行处理	1. 输入函数、输入公式		比较熟练		3
	2. 复制函数或公式		掌握		
	3. 数据排序		比较熟练		
	4. 数据筛选	理解	掌握		
第三章 将班级情况表打印出来	1. 用工具栏格式化		熟练		3
	2. 用对话框完成工作表的格式化	理解	熟练		
	3. 建立数据统计图表和编辑图表	理解	比较熟练	感兴趣	
	4. 页面设置、打印预览、打印工作表		学会		

三、重点与难点

重点：Excel 中公式及函数的使用，公式的复制。

难点：用复制柄的方法复制公式。

四、任务设计

协助班主任对全班的期中考试成绩进行统计。

（1）根据实际需要，设计一张调查表。

（2）将调查数据输入电子表格。

（3）对表中数据根据实际需要进行处理。

（4）将数据表格美化后输出。

（5）将根据数据表做成的统计表格和图表输出。

第二单元 动画制作

一、教学要求

1. 能够熟练地进入 Flash 动画制作系统。熟练掌握 Flash 文件的读入和播放。通过对 Flash 动画文件的读入和播放操作，激发学生对计算机动画的兴趣，从而为学好本课程打下基础。

2. 通过制作"林博士的报告"动画片，对 Flash 动画的制作和 Flash 动画的结构有一个感性认识。能够用 Flash 系统提供的文字工具，制作以文字为动画元素的动画片段。基本掌握 Flash 系统的菜单操作，能够将存放在磁盘上的图片文件插入动画之中。

3. 通过"小鸟的 SOS"动画的制作，知道 Flash 绘图工具的使用方法。了解 Flash 动画制作的另一种方法，即将一组图形文件读入，然后通过对它们的修改，从而形成一部动画片。

4. 通过"树叶也受不了了"动画片的制作，使学生对 Flash 的路径动画、变形动画的制作有所了解。知道传统动画的制作方法。能够使用 Flash 的传统动画制作方法（逐帧制作）制作动画。能够制作 Flash 的路径（动作变化）动画。能够制作 Flash 的变形（图形变化）动画。

5. 通过"环保知识竞赛题"的制作，了解 Flash 交互动画的特点与作用，并能制作简单的具有交互功能的动画。了解 Flash 动态按钮的作用。能够制作简单的动态按钮。掌握为 Flash 动画片配音的操作。知道使用 Flash 系统对声音效果的设定方法。

二、教学内容及课时安排

教学内容		教学要求			课时安排 （上课 30%，上机 70%）
		认知	操作	情感	
第一章 Flash 动画文件的操作	1. 启动 Flash 的方法		比较熟悉	愿意接受	1
	2. 读入并播放 Flash 动画文件		比较熟悉	感兴趣	
	3. Flash 系统下常用文件的类型与特点	知道		愿意接受	
	4. Flash 动画文件的简单修改		比较熟悉	感兴趣	
	5. 动画文件转换为影片文件、可执行文件和网页格式文件的方法		比较熟悉	感兴趣	
	6. 影片文件、可执行文件和网页格式文件的演示		比较熟悉	比较熟悉	
第二章 Flash 动画文件的结构与制作	1. Flash 动画片的基本方法		比较熟悉	愿意接受	2
	2. "林博士的报告"动画片头的制作		比较熟悉	感兴趣	
	3. "林博士的报告"动画片场景 2 的制作		比较熟悉	愿意接受	
	4. Flash 动画片的基本结构	知道		愿意接受	
	5. 场景的作用与操作	知道	比较熟悉	感兴趣	
	6. 图层的作用与操作	知道	比较熟悉	愿意接受	
	7. 帧的作用与操作	知道	比较熟悉	愿意接受	
	8. 动画元素	知道		愿意接受	

续表

教学内容		教学要求			课时安排（上课30%，上机70%）
		认知	操作	情感	
第三章 使用Flash的绘图工具和角色	1. 制作"小鸟的SOS"动画片		比较熟悉	愿意接受	9
	2. Flash绘图工具的作用以及使用		比较熟悉	愿意接受	
	3. 角色在动画中的作用		学会	感兴趣	
	4. 系统角色库和当前角色库		学会	愿意接受	
	5. Flash系统的三种类型角色的特点及作用	知道	学会	愿意接受	
	6. 使用系统角色库中的角色		学会	愿意接受	
	7. 制作角色以及对角色的编辑操作		学会	愿意接受	
第四章 制作Flash动画的几种方法	1. "树叶也受不了了"动画片的制作		比较熟悉	愿意接受	9
	2. 传统动画制作方法	知道		愿意接受	
	3. 使用"灯箱控制面板"逐帧制作动画		学会	愿意接受	
	4. 路径动画及其制作	知道	学会	愿意接受	
	5. 变形动画及其制作	掌握	学会	愿意接受	
第五章 Flash的交互式动画功能	1. "环保知识竞赛题"的制作		学会	愿意接受	3
	2. Flash动态按钮及其作用	知道		愿意接受	
	3. Flash动态按钮的制作		学会	愿意接受	
	4. 为动画配音		学会	愿意接受	
	5. 声音效果的编辑		学会	愿意接受	

三、重点与难点

第二单元	重点和难点	
	重点	难点
第一章 Flash动画文件的操作	学会进入Flash动画制作系统的方法。能够正确地将Flash动画文件读入并进行播放。掌握由动画文件转换成其他类型文件的操作。了解并掌握影片文件、可执行文件和网页格式文件的特点及运行方法	
第二章 Flash动画文件的结构与制作	了解使用Flash系统制作动画片的基本方法。学会如何在动画片中使用现有的图片文件,使用系统提供的文字工具制作简单的文字动画以及对场景、图层和帧的简单操作。知道Flash动画的结构及其各个部分的作用,合理地确定动画片的场景、图层和帧的数量。理解图层位置次序在动画片中的作用。能够正确认识和使用两种不同类型的帧。能够较熟练地进行场景、图层和帧的增加、改名、删除和选择等操作	学生由于初次制作自己的动画作品,可能会产生一种畏惧情绪,因而使每一个学生都能完成他们的第一件动画作品,就显得非常必要。另外,在制作过程中出现的新知识比较多的媒体,可能会造成一些混乱。如何确定动画的场景和图层数量,区分两种不类型的帧以及对帧的常用操作

第二单元	重点和难点	
	重点	难点
第三章 使用 Flash 的绘图工具和角色	使用 Flash 系统提供的绘图工具修改已有的图形。掌握箭头工具、铅笔工具、油漆桶工具和橡皮擦工具的作用和使用。Flash 三种类型角色的特点与作用，如何在动画中使用系统角色库中的角色以及制作自己的角色	制作飞翔的翅膀。大多数媒体工具都有一项或多项附加功能选项，全部掌握有一定难度，所以可以有选择地掌握一些经常被使用的工具的作用、使用方法和它们的附加功能选项。能够正确使用三种不同类型的角色以及角色的制作
第四章 制作 Flash 动画的几种方法	完整地制作出"树叶也受不了了"动画。掌握 Flash 的三种动画制作方法	在本节动画制作中，需要绘制一些角色和背景图，这对学生来说，可能有一定的困难。另外，在动画制作过程中，使用了 Flash 的两种特技动画制作方法——变形动画和路径动画，也可能会引起学生一定的混乱。就逐帧动画的制作而言，绘制图形是一个难点
第五章 Flash 的交互式动画功能	具有交互功能动画的制作。Flash 动态按钮的制作。给动画配音	帧及按钮动作的设定。在动态按钮制作过程中，向上、经过、向下的执行帧作用的区分与理解，正确合理地制作它们的内容。声音效果的编辑

教案（教学设计）5例

教案一 《图画的移动、复制与大小变化》教学设计

一、教学内容

图画的移动、复制与大小变化

二、教学目标

1. 知识与技能目标：画图的基本操作方法的掌握。

2. 过程与方法目标：培养学生学习的方法和技巧。

3. 情感态度与价值观目标：通过比赛，培养学生的合作精神及激发学生的学习兴趣，从而达到学会学习、学会做事、学会合作、学会发展的目的。

三、教学要求

使用画图工具熟练掌握复制和粘贴方法的具体运用。

四、教学重点与难点

重点：复制、粘贴方法的掌握。

难点：找出复制和粘贴的其他方法。

五、教学准备、教学环境

教学准备：准备挂气球用的小房子图画和比赛用的棋谱图画、有关资料。

教学环境：多媒体教室一间；使用设备：多媒体电脑、投影、远志多媒体教学网系统。

六、教学设计理念

在学习任务的驱动下，学生发现、探究、实践、总结任务。

七、教学过程

教师导入：（5分钟）

同学们，新年将到，你们将怎么样来迎接这个新年呢？

有些同学想，可以挂气球来增加喜庆的气氛。下面请大家打开画图，让我们在画图的世界里实现我们这一愿望吧！

（一）挂气球

教师示图：同学们，这是一排小房间，气球只有一个。请你们开动脑筋想想看：用什么方法

能又快又准地往每间小房间挂上气球呢？注意：气球的大小一样。而且不能把房间给挡住了。

教师提问：同学们，把气球挂到每个小房间里，你们还有什么问题吗？

学生找出问题：气球太大，手工画不可能实现，需要用复制、粘贴的方法。

教师：对，这就是我们这节课要学习的内容。

教师板书：图画的移动、复制与大小变化。

教师：下面请同学们打开课本第 23 页，从里边找出我们需要解决问题的方法。

学生自学、操作、练习、发现阶段（10 分钟）

学生展示方法（3 分钟）：

方法一：使用菜单功能：选取——复制——粘贴；

方法二：使用鼠标右键：选取——复制——粘贴；

方法三：使用快捷键：按 Ctrl 键不放，使用移动工具。

教师总结：（2 分钟）我们发现了三种复制、粘贴的方法。那么哪种方法最简便呢？

下面我们进行一场五子棋的比赛，从中找出答案。

（二）学生进行五子棋比赛

教师宣布比赛有关规则：（5 分钟）

1. 两个同学为一组，共有一台计算机，一张棋谱。

2. 比赛时，有两种不同颜色的棋子，每个同学各执一棋，把外边的棋子复制到棋谱里去，复制过程中要注意透明工具的使用。

3. 比赛方法与五子棋下法一致，这里不再多说。

4. 在规定的时间内比赛先赢的同学先举手，然后由教师发红花，谁的小红花最多，谁就是优胜者。

5. 下完棋后不要保存，否则棋谱无法使用。

学生下棋（10 分钟）

学生总结：（3 分钟）使用 Ctrl+移动工具最快捷。

教师总结：（2 分钟）同学们，我们通过五子棋的比赛，了解和掌握了图形的大小变化、移动和复制、粘贴的几种方法。我们发现了在实际操作的过程中，书本上介绍的方法只是其中的一种，我们只有通过不断的实践，才能找到更多的解决问题的方法和捷径。

教案二 《第 10 课 制作小板报》教学设计

一、教学内容
综合运用 Word 文档制作小板报

二、教学目标

1. 知识与技能目标：学会正确、灵活地使用 Word 以及插入艺术字、图片的方法。

2. 过程与方法目标：能较好地应用 Word 文档对文字进行各种处理的方法。

3. 情感态度与价值观目标：培养学生自主参与，积极思考，大胆实践，勇于创新的意识；在图文并茂的环境下，陶冶学生的情操。

三、教学重点与难点

重点：让学生正确使用 Word 插入艺术字、图片。

难点：灵活使用 Word 以及插入艺术字、图片进行图文混排。

四、教学准备

在每台计算机桌面上放几个 Word 文档（内容不限）及在 D 盘下存放相关图片。

五、教学时间

1 课时。

六、教学过程

（一）引入：设置情境，激发兴趣

放映制作完成的小报。

师：现在，请同学们欣赏一些同学的作品。在看的时候，想一想，是不是很漂亮？为什么？（教师边播放事先打开的文档，边播放音乐）

师：这些板报漂亮吗？为什么？

师：你想不想也拥有这样的板报呢？其实，制作这样的小板报并不难，很多做小板报的知识我们前面已经学会，只要把这些知识综合起来运用，就能做出漂亮的小板报了。下面我们就从简单的开始，学习制作小板报。

（板书课题：第 10 课　制作小板报）

师：请同学们注意看自己的屏幕（教师广播做好的课文上的小板报），这是课本第 28 页右图的小板报。

（二）设计方案

1. 介绍板报的内容

师：请同学们看看，这个板报整个版面有哪些内容？（文字、图片）

2. 介绍方法

师：要制作这个板报，我们要运用学过的哪些知识？（插入剪贴画、导入图片等）

3. 师生共同探讨操作的步骤

师：要制作这个板报，我们要用到学过的插入剪贴画、导入图片等知识。那么，请同学们思考一个问题：我们要完成这个板报，要做哪几步？请同学们带着这个问题看课本第 28、29 页。

提问：我们要做哪件事？

（板书：1. 输入文字　2. 设置文字　3. 插入图片　4. 调整图片和文字）

师：我们在调整文字和图片的时候，要注意图片和文字间的关系，注意搭配。

（三）自主探究，相互交流

师：我们就来试一试吧。下面为节省时间，我们不用重新输入文字。大家看桌面，这里有 3 个 Word 文档，你可以任选一个文档，可选与课文内容不同的，相关图片也放在这里。（教师演示打开文档的方法）

师：下面请大家参考第 28、29 页的操作步骤，大胆操作，大胆搭配，使板报图文并茂。

1. 学生自主学习，设计板报

2. 学生相互交流，共同提高

师：同桌及相邻的几个同学可以交流、讨论制作方法。

3. 通过观看同学作品，比较交流（教师广播）

教师广播学生已做好的作品，让学生交流。

师：这几位同学做得很快，大家看看他们做的好在哪里，不足在哪里？

4. 自主探索，合作提高

师：下面，请同学们继续修改你的板报。用同样的内容你还可以设计出其他更漂亮的板报吗？

（四）小结（总结）

在这节课里，大家学会了制作小板报。制作时要注意文字与图片的搭配。我想，未来的报刊设计者就出现在你们当中。

教案三 《活灵活现》教学设计的说明

一、教材分析

学生是在学习了 Word 模块之后，再来学习制作多媒体演示文稿 PowerPoint 这一内容的。这两个模块是微软的同一个系列软件。许多知识和操作是相同或类似的，如文字的修饰、图片与艺术字的插入和调整等。而有的却是 PowerPoint 所特有的，如文字、图片的动画设置，幻灯片切换效果，超链接及应用设计模板等。

本课是学生制作了自己的初步作品之后，进一步对作品进行修饰，在修饰作品的过程中，学会文字、图片的动画设置。

二、学生分析

教学对象是初一下学期的学生，虽然他们对电脑都有浓厚的兴趣，但对电脑的熟悉程度有较大的差异。本人曾在五个班中作过问卷调查，学生对 PowerPoint 的学习态度大体上可分成三类：10%认为掌握得较为熟练；18%认为不难，可以自学；72%希望有教师具体指导。从前一段教学实践来看，的确有少数同学能较熟练地制作作品，但技术的运用与作品内容有不合拍的情况。同时，绝大多数学生在前一段时间的自学和教师的指导下，已经对这个软件的特点比较熟悉，PowerPoint 的学习已进入"快车道"。

三、PowerPoint 的整体教学设计

多媒体演示文稿 PowerPoint 是非常用的软件。本课的教学内容在《教师参考用书》中要求学生能"比较熟练地操作"并且"感兴趣"。为了达到这一要求，本人将这一模块的教学分为如下三部分。

1. 基础部分：教学内容包括文字的修饰、图片与艺术字的插入和调整等，这些内容一般与已学过的 Word 的知识和操作类似；教学方式为分层学习，学生可选择自学或在教师的指导下学习。

2. 提高部分：教学内容包括文字、图片的动画设置，幻灯片切换效果，超链接及应用设计模板等，这些内容是 PowerPoint 中所特有的。在这一阶段的学习中，学生可在教师指定的范围内选择主题，从网上收集资料制作作品。学习方式为任务驱动，在教师的指导下自主学习。

3. 实践部分：学生可在"主题晚会"、"学科知识"、"社会调查"三个活动中自由发挥，自定主题，运用所学的信息技术技能在各个方面的活动中加以运用。学习方式为任务驱动，自主学习。

四、本课的教学设计

本课学习的电脑技术并不复杂，操作也简单，对绝大多数学生来说容易掌握。因此，本课采用精讲多练和探索学习的教学方法，让学生有较多的时间练习，在练习中自己发现和掌握深层次的动画技术。本课重点在于熟练掌握动画设定的操作，难点在于动画技术在作品中的适当运用。

引入过程中，通过两个演示文稿（一个有动画，另一个没有）的对比、分析，使学生知道，动画和声音在作品中的作用，使学生产生学习的兴趣，明确本课学习的意义。

为了达到熟练掌握的教学目的，本人将新课的内容学习分成基础学习和探索学习两部分。以实例讲

解的方式使学生基本学会设定动画的基本方法，给学生留较多的时间在自己的作品上练习。基本动画技术在作品中运用时碰到了问题，则由学生自主探索学习，解决问题，从而掌握更为复杂的动画技术。

本课的难点在于动画技术在作品中的适当运用。初一学生大多由个人喜好来选择动画和声音。在教学中，教师演示两个不同的作品，引导学生自己感悟、领会。

教案三　《活灵活现》教学设计

——控制多媒体演讲稿的播放

一、教学目标

1. 知识与技能目标

（1）让学生学会设置幻灯片中的文字、图片的动画；

（2）学会调整文字、图片出现的次序；

（3）初步学会在作品中合理运用各种动画和声音。

2. 过程与方法目标

提高学生自主学习、探索学习的能力。

3. 情感态度与价值观目标

（1）培养学生相互学习、相互帮助的习惯和团结合作的精神；

（2）培养学生尊重版权的意识。

二、教学重点与难点

重点在于动画效果的设置，难点在于动画效果在作品中的合理运用。

三、教学准备

多媒体教学网、多媒体演示文稿作品。

四、教学时间

1课时。

五、教学过程

教学过程	教师活动	学生活动
一、复习 1. 评价鼓励同学们的学习成果 2. 讨论比较，使学生明确本课的学习目的，激发学习动力和兴趣	上节课，同学们制作了自己所选主题的多媒体演示文稿，在这个过程中学会了从互联网上获取文字和图片信息，并组织起来。哪位同学演示一下自己的成果	观看演示 一个同学演示
	同学们都制作得不错，大家都可以以专家的身份，做主题演讲了。说到演讲，我想到几天前高一年级同学关于数学研究性学习成果的演讲。大多数同学都使用了 PowerPoint 这个软件来辅助演讲。请看其中两个 （演示两个多媒体演讲稿）	观看演示
	大家对内容可能不是很懂，如果两个作品一起放映，哪个更能吸引你的注意	学生回答
	由于有了文字和图片以及配上适当的声音效果，作品变得活灵活现了。 所以我们这节课的主题是"活灵活现"，大家一起来学习设置文字和图片的动画	

续表

教学过程	教师活动	学生活动
二、新课 明确今天的学习 内容 讲解操作要领 展示作品，发现 问题 解决问题 根据主题作品选 用动画效果 小结提高	（一）设定动画方法并不难，点击"幻灯片放映"菜单，点击"自定义动画"，出现的窗口叫"自定义动画"对话框…… 显示教学目的和任务一 教学目的：学会设定文字和图片动画 教学任务：为自己的作品添加动画效果 现在同学们给自己的幻灯片设置动画，有什么问题可以互相交流。 教师巡视，个别辅导 （二）同学们的操作很熟练，动画技术掌握得不错。但同学们有没有想过运用时有什么要注意的地方呢？我收集了几个例子，同学们看一看有什么不妥的地方 演示一：（文字太多） 同学们的感觉可以用一个字来表达 演示二：（标题最后出现） 请问：同学们，这个动画设置有什么不妥 演示教学目的和任务二 教学目的：找出设定动画出现的次序的方法 教学任务：审视作品，为作品动画设定适当的次序 （三）深层次的学习 你运用的动画有没有不适当的地方 另外，若要设置动画出现的次序，在哪里设置 请同学们相互审视和修改 （四）提问小结一 1. 设定动画效果操作步骤 2. 怎样设定动画的顺序 （五）欣赏作品 1. 展示一学生的作品，请学生体会 2. 老师分析作品的素材的选取 （六）小结二 1. 动画的效果应服务于主题 2. 动画的出现顺序应仔细考虑 3. 互相交流	边看屏幕，边听老师讲解 学生操作 边看屏幕，边听老师讲解 学生操作 学生展示自己的作品 学生回答 边看屏幕，边听老师讲解 学生活动
三、总结	今天同学们给作品加上了动画效果，可谓锦上添花，作品变得活灵活现 提问：有同学问到，怎样才能使放映过程中音乐不中断？你还学到了哪些动画效果？下节课我们继续学习	学生回顾本堂课所学知识，有时间再完成作业

教案四　《建造自己的网上之家》教学设计之一

——使用 FrontPage 进行网页制作的教学实践活动

一、教学内容

建造自己的网上之家

二、教学环境

局域网、Windows 操作系统、Office 2003、"远志"教学平台。

三、教材及教学对象分析

1. 教材分析：Office 组件是美国 Microsoft 公司推出的优秀的办公系统软件。因其简单易学，深受学生喜爱。初一学生已经学习和使用了其中的 Word 软件和 IE 浏览器。在这个基础上，学生已经具备自主学习的能力；结合 IE 浏览器综合运用，学生可以创作出初级的网页电子作品。

2. 课型：学生利用计算机网络资源自主学习。教师构建一个虚拟的网页制作的学习网站，提供"学习目标"、"学习任务"、"自主学习"、"学生园地"和"本周学习内容"等多个栏目，以解决学生在学习中遇到的困难和增加对学生学习网页制作有价值的内容。

3. 教学对象分析：利用计算机网络资源进行自主学习的教学模式是一个全新的课题。教师和学生都有一个适应的过程。老师由《序言》栏目对学生给出主题，学生根据主题选取内容、素材，使用 FrontPage 软件和媒体来表现主题有一定的困难。

4. 教学侧重点放在以下几个方面：

（1）教会学生使用 IE 浏览器来浏览网站，进行自主学习；

（2）教会学生使用 FrontPage 软件、媒体、计算机技术来表现主题；

（3）教会学生通过制作网页作品掌握 FrontPage 的一些基本元素和操作技巧。

四、教学目标

1. 学会使用 IE 浏览器来浏览网站，并在该网站下进行自主学习；

2. 学会使用 FrontPage 新建、保存、打开和浏览网页；

3. 学会设置各种字体；

4. 学会在网页中使用背景色和背景图像。

五、教学难点

1. 如何把网页文件保存在指定的文件夹下；

2. 如何把网页文件换一个文件名来保存。

六、教学准备

一个制作好的教学网站。

七、教学过程

1. 创设情境，引出主题、任务（投影演示）

（1）以这样的场景引入：地球的转动（配上声音），体现地球是一个美丽的球体，是我们赖以生存的家园。接着转向地球遭受到严重破坏的视频动画。

（2）引出主题、任务：同学们，地球遭受如此严重的破坏，环保对我们每一个人都是义不容辞的责任。今天，就以 "给我们纯净天空"为主题，用网页的形式来表达你的观点、发表你的见解，通过网页作品展示我们的风采！

2. 了解学生对 Internet 网的认识，引入网页制作的学习软件

（1）用提问方式了解学生对 Internet 网的认识：谈到网页，我想先了解一下，上过 Internet 网的同学请举一下手。上过 Internet 网的同学，你一定看过那些非常精美的网页。我想它们也许会让你流连忘返。同学们，想没想过制作一个属于自己的网页呢？不要以为网页都是编程高手做的。用专门的软件，花上一些时间，你也能制作出自己的网页。

（2）引入网页制作的学习软件（发送屏幕）：现在用来制作网页的工具软件有很多，这里

我给大家介绍微软公司的 FrontPage。我们先一起来看看它（教师启动 FrontPage）。这就是 FrontPage，它和我们在上学期学习的 Word 有些类似，比如"文件"、"编辑"和"格式"菜单的使用等。

3. 介绍课型（发送屏幕）

今天我们的上课模式与以往的略有区别。老师构建了一个虚拟的网页制作的学习网站。这个网站提供了"学习目标"、"学习任务"、"自主学习"、"学生园地"、"本周学习内容"等多个栏目，我们主要通过自主学习来掌握制作网页的知识。在这一节课里，我们重点借助"本周学习内容"这个栏目来学习。

4. 布置本课学习任务（发送屏幕）

（教师打开"本周学习内容"栏目）俗话说"万事开头难"，遇到一个新的东西，总有一种无所适从、无所下手的感觉。初次使用 FrontPage，能用它来做什么？怎样做？恐怕是初学者第一个想知道的问题。今天，我们就从创建一个最简单的网页开始，着重介绍一些基本元素的使用方法和操作技巧。

5. 教师引导学生阅读"本周学习内容"栏目，进行自主学习

（教师参阅教材）

6. 教学实践活动

（1）学生实践活动

① 学生浏览教师准备的虚拟网站，阅读"本周学习内容"及有关栏目。

② 学生构思，创造网页作品。

（2）教师实践活动

① 教师监控学生的屏幕或巡视，了解学生学习的进度，并给予提醒。

② 遥控指导或直接辅导，解决学生的问题和提供技术指导。

7. 师生共同点评（发送屏幕）

（1）随机选取一个作品，让学生点评网页外观，教师点评重点与难点部分（结合思考题，由文件名是否保存进行点评）。

保存文件说明：网页内容虽然简单，但它的确是一个完整的网页。目前它只保存在随机存储器里，一旦关机，随机存储器里的信息全部丢失，那么你的工作将前功尽弃。因此，你必须把它保存在磁盘里，也就是保存在外存储器里。

观察网页编辑区左上方显示：网页文件名是什么？这是系统自动命名。用新名字正式存盘，按下列步骤进行：

① 单击"文件"菜单中的"保存文件"，因为是新文档，第一次保存，所以屏幕上会出现"另存为"的对话框，在对话框中输入保存该文档的全路径，也就是要输入该文档保存的盘符、文件夹和文件名；

② 把文档保存在你所建的文件夹下，这是你的最佳选择，文件名为"2"。

观察"文件类型"，为"Web 页"；提示学生思考，并提问：怎么才能知道你的文件保存成功？观察网页编辑区左上方显示的名字已经发生了变化。

保存一个文档时，在"另存为"的对话框中，要注意哪三个要素？（保存在哪个盘符、文件夹、文件名）

那么第二次保存还会出现"另存为"的对话框吗？为什么？（第二次保存将沿用原来的文件名保存，所以不出现"另存为"的对话框。）如果将已保存的文档再换一个位置或换一个名字

来保存，应该怎样操作？（选中"文件"菜单中的"另存为"项，重新确定盘符、文件夹、文件名即可。）

打开文件和保存文件是一个互为逆向的操作。

（2）进入样张示范，教师点评。

文字属性设置：加入文字后，设置这些文字的属性，使它们看起来更漂亮；有效地组织这些文字，使网页变得整洁有序。

背景：使用背景颜色或背景图片衬托网页，一幅好的背景画面可以使网页增色不少。

（3）进入网站中的"酷站欣赏"栏目，请学生欣赏。

图像、动画不仅可以用来表达网页的内容，而且是网页中很好的装饰品。超链接是网页中最活泼、最有吸引力的一种元素。水平线用于分隔网页中的不同内容。使用这些元素，会使你的网页更加生动、更加丰富多采、更能突出主题。

教案五　《建造自己的网上之家》教学设计之二

一、教学内容

广西科学技术出版社出版的全日制普通高级中学信息技术课本《信息技术》高中第三册第一单元第一章《建造自己的网上之家》。

二、教学目标

1. 知识与技能目标

（1）让学生构思网站的结构，设计好主页的布局。

（2）让学生知道如何启动和关闭 FrontPage 程序。

（3）让学生学会建立自己的站点，并初步设计好主页的主题、栏目标题和背景。

（4）让学生正确保存好自己的站点。

2. 过程与方法目标

（1）获取信息的能力

通过老师准备好的有关学习资源，结合课本和网上查寻，让学生学会自己去获取需要的信息进行学习，培养其获取信息的能力。

（2）处理信息的能力

学生将所获取的相关信息经过进一步的筛选和分析处理后，运用到自己的个人主页中，从而培养了学生加工处理信息的能力。

3. 情感态度与价值观目标

让学生能够从这节课的活动中体会到：

（1）在制作网页之前，先要进行必要的设计。磨刀不误砍柴工。从而得到启迪：做事情有计划、有步骤是个好习惯，它有助于成功。

（2）计算机技术发展变化很快，学会自主、探究学习要比单纯学会计算机的某些操作或软件要重要得多。

（3）Internet 是一个巨大的信息资源库，面对海量的信息，知道要看些什么，不能看什么。

（4）利用多媒体网络教室，通过教学情境的设计，为学生创造一个轻松的自主学习的环境。在教学过程中通过引导学生相互讨论、相互帮助、相互竞争、自主学习等方式来增强师生之间的交流，使学生合作学习、团结友爱。

4. 学科整合目标

在制作网页时，主题是随学生个人的兴趣而自行设定的，因此学生们的涉及面会十分广泛，能充分体现出个性化，让学生的创造性得到了发展。同时，教师要求学生在主页开设的栏目中必须有一个小栏目——我的学习，通过这个栏目使学生顺其自然地与其他学科进行整合。

三、教学重点

A 层目标：

（1）设计和填写网页脚本。

（2）启动 FrontPage 程序，并了解它的窗口的组成。

B 层目标：

（1）建立自己的个人站点。

（2）主页添加主题、栏目标题和背景。

四、教学难点

A 层目标：填写网页脚本。

B 层目标：建立站点。

五、教学环境

计算机多媒体网络电子教室

六、教材分析

FrontPage 和 PowerPoint、Word、Excel 等应用软件一样，都是 Microsoft 公司推出的 Office 系列产品之一，因此它沿袭着 Office 的风格。FrontPage 是用来建立 Web 页的工具，是比较流行的所见即所得型的应用软件，对初学者来说比较简单，容易上手。本章内容是要让学生开始着手建立主页，给学生提供一个自由发挥的空间，是学生感兴趣的内容，易于突出个性和创新意识。

七、教学对象分析

高二的学生已具备一定的网络基础和程序应用能力，他们好奇，有个性，富有挑战精神。自由选材制作个人主页是学生很感兴趣的事情。学生之间互相展示作品又使他们受到激励鼓舞，从而会以满腔热情投入学习活动中。

八、教学构思

通过多媒体网络教学，以建构主义为理论指导，构建新型的课堂教学模式——以学生发展为中心，任务驱动的自主学习和协作学习的模式。教师由"主讲"的角色转变为"组织"学习的角色。

九、教学过程

1. 广播学生作品，引发学生兴趣，提出问题（教师操作：3 分钟）

以这样的场景引入：同学们都是多才多艺的。学校为了展示大家多彩的生活，要开展各类社团活动，如体育、音乐、绘画、文学、摄影、广播、表演、电脑等各个方面，欢迎同学们踊跃报名参加。其中参加电脑社的报名要求是要交一份代表自己电脑水平的电子作品——个人网站。接着将一些准备好的学生制作的个人网站播放给全班同学观看，引起学生兴趣。接着给出提示：这是一些个人的网站，网站中记载了作者收集的有关内容。首先我们看到的是首页，首页中有一些栏目，通过这些栏目，利用链接我们可以走到下一层，再下一层……

然后提出问题。

（1）网页中主要有什么元素？

（2）网页和网站有什么不同？

（3）什么样的网站会受欢迎？

2. 指导学生打开教师的网站浏览"学习导读"栏目，去寻找问题的答案（学生实践：3分钟）（培养学生自主学习，获取信息的能力）

3. 启发学生，引出网站的制作思路（1分钟）

通过观看别人的网页以及刚才的学习，如果让我们来做一个网站，同学们知道了要从主页开始制作。而主页应包含重点内容的提示以及指向二级页面的链接。

4. 介绍制作工具，创设情境，布置任务（5分钟）

制作网页的工具软件有不少。今天我向同学们介绍的是Office家族中的一员：FrontPage。它的窗口沿袭着Office的风格，能够简单、准确地创建网站和网页，是所见即所得的代表软件之一，很容易上手。

教师示范内容：

（1）教学生打开FrontPage的方法，建立一个站点。

（指出路径的注意事项）

引导：开始做第一张主页，要放什么内容呢？怎么摆放呢？

因此在制作之前我们要先做一些准备工作：先写脚本，就像拍电影前先有剧本一样，接下来根据需要收集资料（文字、图片等），然后把收集到的资料分门别类整理好。

（2）教学生同时打开两个窗口，切换学习设计脚本和网页的制作。接着向学生布置学习任务。

A层：能够按要求完成学习任务篇中的任务一

B层：能够按要求完成学习任务篇中的任务一和任务二

5. 教学实践活动

（1）学生实践活动

① 学生浏览网站，阅读FrontPage的"学习任务"。

② 设计并填写网页脚本。

在这里指导学生将教师机上的"脚本设计模板"文件夹拷进自己的本地硬盘中（如D盘），然后学生开始填写。

脚本设计模板

仔细地构思你的网站，将你的设计记录在下表中，好的计划是成功的一半，这点很重要。指导语：每一张网页的设计应包含两个方面，一个是文本内容，另一个是艺术内容。通过文本内容，让访问者清楚明白你的网页中要说明的东西。如果访问者看了半天，也不知所云，那么你的设计是失败的。为了避免这种尴尬的局面，首先你就要对自己的站点的功能及主题进行一个较为全面、详细的设计。有了目的和目标，你就可以开始收集资料，那么所有的一切就会有条不紊地进行下去。而艺术内容是十分广泛的，主要包括静态图画、动态图像、音乐等。虽然它们不一定要在网页上出现，但若没有它们，该网页一定枯燥乏味、缺乏生机、毫无魅力可言。但是图片太多太大并不意味着该网页就好，因为网速的限制在很大程度上影响了我们的热情。所以，一个训练有素的好的网站设计员，要能够充分协调这两方面的关系。

页面序号	首页 index.htm	页面内容 简要说明	
屏幕显示内容： 这里要将网页的主题和主要栏目的名称写下来，并初步设计好版式			
		我的学习	
		……	
效果说明： 这里要将上面设计的内容用何种显示效果作进一步说明			

填写好后请注意存盘。

③ 启动 FrontPage，了解它的窗口组成。

④ 建造个人站点——只有一个网页的站点。

⑤ 构思，分工或合作收集相关素材，制作主页。

（2）教师实践活动

① 监控学生的屏幕，了解学生学习的进度，并给予提醒。

② 遥控指导或直接辅导，解决学生的问题和提供技术指导。

③ 提供修改意见。

④ 统计学生学习的情况。

6. 展示成果

（1）统计完成各个目标层次的学生人数。

（2）A 层选一个学生的脚本设计转发。

（3）B 层选一个学生主页转发欣赏。

7. 扩展延伸

（1）除了用 FrontPage 可以实现制作网页外，同学们想想或上网去找找有没有其他制作网页的工具。

（2）你知道什么是 HTML 吗？上网查查有关它的基本知识吧！

8. 结束语

同学们，在制作网页之前，先要进行必要的设计。磨刀不误砍柴工。设计时要注意结构清楚，层次简单，美观大方。老师今天并没有一步步教你们学习电脑的操作，而是让你们通过活动自主学习，因为我想计算机的技术变更很快，学会自主、探究学习比单纯学会计算机的某些操作或软件要重要得多。网站是丰富多彩的，制作一个网站需要花费几个月或更长的时间，而维护就更不用说了。今天我们的学习只是刚开始，以后我们还要进一步地学习。让我们每个同学都努力把 FrontPage 学好，将自己的网站尽可能做得完美一些，展示出我们的电脑才华，实现我们美好的梦想。

十、教学过程流程图

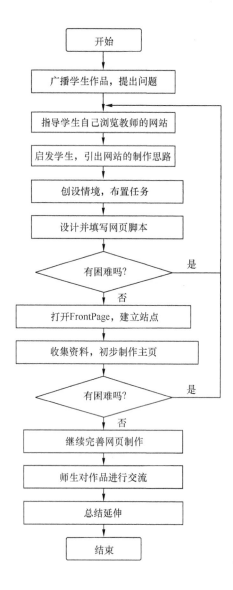

附录 C
说课稿 3 例

说课稿一　《初识"画图"窗口》说课稿

一、说教材

《初识"画图"窗口》是小学信息技术教材四年级（下册）的内容。它是教材关于画图知识的初步认识，贯穿于以后整个的画图知识教学，是学生能够顺利、快捷操作使用画图的基础。本课主要介绍了启动、退出"画图"程序的方法，要求了解"画图"窗口的组成及初步认识绘图工具箱。通过欣赏高年级学生的优秀作品，使学生明白用计算机画图，既不用纸和笔，也不用任何颜料。从而激发学生利用计算机画图的兴趣，调动学生的积极性。在设计这一课时，除了对课本知识进行教学外，还要培养学生正确的审美情趣，开阔学生的眼界，激发学生敢于动手操作、自我创新的能力，进而提高学生的信息素养。

从内容上讲，本课的知识点不难，因此在课堂上只需要坚持精讲多练的原则。

二、教学目标

1. 知识与技能目标：实施"讲练法"模式，使学生认识、理解、掌握画图软件的作用。

2. 过程与方法目标：培养学生的动手和创新能力。

3. 情感态度与价值观目标：让学生自我展示、自我激励，在不断尝试中激发求知欲，在不断摸索中陶冶情操。

三、教学重点与难点

重点：熟练掌握启动和退出"画图"窗口的操作方法及窗口特有的组成。

难点：认识工具箱中各类工具的用法。

四、教法阐述

本课采用的主要教学方法有"任务驱动法"、"创设情境法"等。

结合学生已经受过的美术教育和信息技术教育，创设一个电子画展，利用创设情境教学法创设情境；设置一个个任务，让学生在学习的过程中，自己动手；有机结合画图的各种工具，以任务驱动的方式，教学内容合理流动，水到渠成。教学中，启发、诱导贯穿始终，充分调动学生学习的积极性，注意调节课堂教学气氛，使学生变被动为主动，愉快学习，使课堂能在生动、有趣、高效的环境中进行。

五、学法指导

为培养学生良好的学习习惯，配合上述教法，引导学生采用找一找、想一想、说一说、画一画、练一练的学习方法，以练为主，通过自身的实践——动脑动手来学习新知。

六、教学过程

根据本课的教学内容以及信息技术课程的学科特点，结合四年级学生的实际认知水平和生活情感，设计教学流程如下。

（一）创设情境，激情导入

首先展示一个美丽的电子画展情境，展示的是一些色彩较为简易的作品。让学生根据自己的感受发表评价，认识到电子画展中的作品是多么丰富多彩。这时教师抓住时机提出任务：喜欢这些漂亮的图画吗？打开课本，你会知道从哪里可以打开画图程序。利用这种方法引导学生自读教材。

此环节的目的是创设美好的学习情境，调动学生的积极性，同时提出明确的任务，利用学生对美好事物的向往，激发学生的学习兴趣，使学生在情景中主动、积极地接受任务，并带着问题去学。

（二）任务驱动，自学讨论

在创设了情境、明确了学习任务后，让学生带着问题，一步步地在实践中摸索，来获取新知。在此我主要设计了三种学习方法：（1）自读教材；（2）同学间互相讨论；（3）教师巡回指导。

这一环节充分体现了学生的自主性，让学生在不断的尝试中得到新知，让学生把教材、同学、老师都作为学习的帮助者，让学生明白获得知识的途径是多种多样的。

（三）实践操作，体验成功

学生在掌握了新的技能之后，就有一种跃跃欲试的欲望。这时教师应把握时机，让学生利用所学展开想象，创作一幅自己的作品。学生练习时教师巡回指导，及时掌握学生的学习情况。

（四）归纳总结

下课前五分钟，总结这节课所学的内容，可以用"这一节课，我学会了……"这样的形式让学生总结。

七、设计理念

在设计这节课的时候，我注重体现以下几点。

1. 学科整合的问题

本课整合了美术、信息技术两大学科，在一定程度上强调了教师的讲授作用与引导、启发作用。

2. 改变学生的学习方式

学生变被动学习为主动愉快的学习，并且利用多种学习方式，获取信息，掌握操作。

3. 情景与任务驱动的融合

在每一个任务抛出的时候，都创设了适当的情景，以此让学生不知不觉地在情景中积极主动地接受任务。

（出自：范文先生网，链接地址：http://www.fwsir.com/jiaoan/HTML/jiaoan_20120605085355_191991.html）

说课稿二　《认识画笔》说课稿

尊敬的各位评委：

你们好！我叫宁振琴。今天我说课的内容是广西科学技术出版社出版的信息技术七年级下册主题三图像任务一的《认识画笔》。根据我写的教案，下面我将从教材、教法、学法、教学过程以及设计理念等几个方面加以说明。

一、说教材

1. 教材的地位和作用

本节课是 Photoshop 的开篇之作，主要介绍了 Photoshop 的界面和部分工具的简单操作，为学生以后更好地学习 Photoshop 打好基础。内容的实用性有利于培养学生的感知能力和动手能力。本节课知识设置合理，内容丰富，具有很强的实用性和可操作性，在整个信息技术教学中有重要的地位和作用。

2. 教学目标

教学目标按三维目标设置为：

（1）知识与技能目标：了解 Photoshop 的组成界面和画笔工具的使用及利用画笔工具制作一幅秋景图。

（2）过程与方法目标：通过作品点评，能够对自己和他人的活动过程和结果进行评价，并从他人的作品中吸取经验教训，取长补短，改进自己的作品。

（3）情感态度与价值观目标：通过本节课的学习，激发对 Photoshop 的学习兴趣，培养主动学习和动手实践的热情，提高审美能力，发展信息能力。

3. 教学重点与难点

从本节的教学内容以及学生的认知能力来看，教学重点、难点如下。

（1）重点：熟悉画笔工具的使用。

（2）难点：认识画笔工具的属性设置。

4. 教学用具

多媒体教室和课件。

二、说教法

1. 演示讲解法

通过作示范性操作，同时以精练的讲解，帮助学生快速理解和掌握操作步骤，使得教学更加有效，课堂信息容量更大。

2. 任务驱动法

在教学的各个阶段注意设计不同层次和难度的"任务"，环环相扣，层层递进，循序渐进，逐步深化。教师适当启发，正确引导学生，让学生运用旧知识去解决新问题，让学生在掌握知识与技能的同时，增加成就感，培养学生的学习兴趣，使学生掌握科学的学习方法，提高自主学习能力，培养学生利用信息技术进行学习的能力、探索创新的精神以及团结合作的意识。

三、说学法

根据七年级学生的年龄特点和心理特征，得知他们的求知欲强，思维活跃，视野开阔，富有个性，但对知识的认知能力还存在一定的差异。因此，在学习过程中，主要用到的学习方法是自主探究和协作学习，目的是让他们在不断探索中学会学习的方法。

四、说教学过程

根据本课的教学内容以及信息技术学科的特点，结合学生的认知水平，设计教学流程如下。

1. 创设情境，导入新课

让大家观看一组有趣的图片（利用课件展示 Photoshop 处理过的几张图片）。同学们观看后，要说出它们的特点。带领学生分析图片的生成，提问可以用什么软件处理图片。除了学生说的一些软件，引出要学习的软件 Photoshop，激发学生的学习兴趣和积极性。

2. 简介 Photoshop

Photoshop 是图像设计与处理的软件，操作方便，在广告设计、包装设计的领域广泛应用。利用 Photoshop，不但可以绘制图像，还可以对图像进行编辑、调色等，让图像呈现特殊的效果。

3. 突破重点，自主创新

根据本节的重点、难点，对此节知识采取的方法是演示讲解，教师示范讲授画笔工具的使用及属性的设置，示范利用画笔工具制作一幅秋景图的过程。

4. 交流欣赏，自评互评

为了检测每个学生的学习情况，发现教学中的问题，让学生对自己小组的或者其他小组的作品进行欣赏评价，并指出优缺点，加以改正。把发言权交给学生，通过学生的评议，提高他们的欣赏水平、评价能力，加深他们对知识的记忆、理解。最后教师作相应的点评，对做得好的学生加以表扬，使学生有自信心和成就感。

5. 归纳总结，拓展延伸

师生共同回顾本节内容，通过总结，使学生的知识系统化，完成教学。鼓励学生尝试下载各种笔刷来丰富画笔的图案，创作自己的图画，从而使画笔所提供的图案更多地符合自己的意愿，让软件更好地服务于自己。

五、说设计理念

本节内容的设计主要是"以学生参与制作为主，教师指导为辅"，培养学生的团结协作和创新精神。

以上是我本次的说课内容，如有不足之处，望各位评委提出宝贵意见。谢谢！

（本说课稿由宁振琴提供）

说课稿三　　《图文混排》说课稿

尊敬的各位评委：

你们好！

今天我说课的题目是高中信息技术课程的《图文混排》。在进行教学设计时，遵循教学规律、渗透课改精神、实现有效教学、突出学科特色，并结合我们学校所倡导的"三步一环"教学模式进行研究。下面我将从教材分析、教法分析、学法分析、教学过程、演示设计五个方面对本课进行说明。

一、教材分析

1. 本课的地位和作用

《图文混排》是高中必修教材《基础》第四章第 2 节的内容。通过前面的学习，学生对 Word 文字处理已有了基本的认识。但在文档的实用性和艺术性方面还有欠缺，还需要想办法增加文档版面的美感。而图文混排更好地体现了版面设计功能，是 Word 软件排版各种功能的综合运用，有较高的实用价值。学完本节内容后，学生将能够制作出一份图文并茂的电子作品。

2. 教学目标

根据教材内容及其特点，考虑到高一学生的实际情况，确定了本课的三维目标，如下。

（1）知识与技能方面：了解图片的插入方法和属性设置。

（2）过程与方法方面：能够熟练运用图片设计版面，表达主题；并对图文混排的作品及其制作过程进行评价。

（3）情感态度与价值观方面：通过图文混排作品的制作，感受 Word 软件的强大功能，激发学习信息技术的兴趣，形成主动学习和积极使用信息技术的态度。

3. 教学重点和难点

根据教学目标，我认为图形对象的插入与设置是关键，所以将它设为本节课的重点。基于课前与学生进行的交流和对他们的观察，我把图文混排在版面设计中的灵活运用确定为本节课的难点。

二、教法分析

教法上主要采用讲解演示法、任务驱动法、合作学习法。重点部分利用演示示范，组织讨论，结合学科所具有的操作性特点，精心选择任务，运用任务驱动教学法。在教学的各个阶段注意设计不同层次和难度的"任务"，环环相扣，层层递进，循序渐进，逐步深化。教师适当启发，正确引导学生，让学生运用旧知识去解决新问题，让学生在掌握知识与技能的同时，增加成就感，培养学生的学习兴趣，使学生掌握科学的学习方法，提高自主学习能力，培养学生利用信息技术进行学习的能力、探索创新的精神以及团结合作的意识。

"任务驱动"是一种建立在建构主义教学理论基础上的教学模式，是建构主义理论在教育教学中的具体应用。它将以往以传授知识为主的传统教学理念，转变为以解决问题、表达情感、完成任务为主的多维、立体、互动式的教学理念。

"学会共同生活"是教育四大支柱的基础，是学生能否获得长足发展的关键。合作式学习（亦称协作式学习）是一种通过小组或团队组织学生进行学习，使所有学生的学习效果最优化的教学方式。合作式学习是目前西方学校使用较为广泛的教学模式之一，也是当前我国基础教育课程改革所提倡的一种教学方法。

三、学法分析

学法上主要运用自主探究学习模式。建构主义理论强调学生的自我学习，新课程提倡培养学生的实践能力，而信息技术学科的特点则为学生提供了很好的条件。本课中学生将亲历制作过程，在自主探究的基础上，结合组间合作互助，开展协作学习，学有余力的学生帮助困难的学生以达到共同提高的目的。

自主探究学习模式，就是在课堂教学中能够积极地调动起学生主观能动性的充分发挥的一种教学模式。它激发学生自主学习的兴趣和意识，促使每个学生都能够积极地探索、思考，让每个学生都能够通过合作或竞争的方式了解学习的真谛和掌握正确的学习方法。它是在教师的适当指引下，给学生铺设的一种集教学任务和教学策略于一体的可控制性的创造性教学模式。

四、教学过程

为实现教学目标、突出重点、解决难点，我设计的教学过程有如下几个环节。

（一）创设情景，导入新课（大约 5 分钟）

结合学校板报评比活动，请学生对黑板报进行讨论。再展示一篇文本文档和一组相关图片。文字能够描述事物，图片能形象地反映事物。如果能将图片与文字有机结合，并对某些文字或图片进行特定设置，将使文章内容更加生动形象。从而引出课题——图文混排。此时学生对刚刚讨论的话题很感兴趣，我再展示去年全国电脑制作活动中的部分学生的获奖作品，激励他们亲自尝试如何用 Word 来制作美观实用的电子作品，使学生积极主动地接受任务。进而顺利地切入本课的第二个环节，即本课的重点部分。

（二）操作示范，讲授新知（大约 10 分钟）

对于图片的插入，我先利用多媒体广播系统演示具体操作步骤，并有意识地介绍几种可能出现的操作错误，然后启发学生打开并使用图片工具栏，突破本节课的重点——图形环绕方式的设置。

（三）任务驱动，自主探究，合作学习（大约 15 分钟）

给学生提供课前准备的素材，明确本次任务主题是"弘扬民族文化"小报设计，让学生根据任务要求，通过组内合作探究、相互协助的方式来学习图文混排的各种设置。并让完成较好的同学讲解演示，以加深学生的印象，以此突破本节课难点。教师充当引领者和协作者的角色。

（四）评价反馈，体验成功（大约 5 分钟）

让学生对作品进行组内互评并填写学生评价表。通过作品的交流评价，既发挥了学生的长处，又激发了学生的兴趣，提高了学生的审美能力，体现了学习过程的创造性。我从学生的作品中挑选几幅不同层次的作品进行展示，肯定学生的创作成果，提出希望，让学生获得成功的喜悦和创作的快乐。

（五）总结提高，拓展创新（大约 3 分钟）

先让学生总结对本节课学习的感受和收获，完成学案，再帮助学生梳理知识，归纳总结，并对学案中的知识拓展环节给予必要的提示。我们的课堂要适应不同层次的学生的需求，让他们在学会课堂知识后，能力得到充分的张扬与发挥，有自主创新的时间和空间，发挥自己的特长，创作"自己的经典之作"。

（六）布置作业，巩固提高（大约 2 分钟）

布置一个实践任务，要求学生课后搜集素材，让学生运用所学知识完成任务，设计版面，制作关于春节知识的小报，巩固所学知识，同时获得成功的喜悦。

五、演示设计

借用 PPT 课件对本课内容进行演示，强化图文混排的重点步骤和注意事项，通过文字图表的布局给学生以知识和美感。

我的说课完毕。课中若有不足之处，请各位评委、老师批评指正。谢谢大家！

附：图文混排操作步骤：

1. 执行"插入"→"图片"→"来自文件"命令

2. 右击图片→"设置图片格式"

关键点：

1. 图片处理　　｛图像控制
　　　　　　　　改变图片的大小
　　　　　　　　改变图片的位置

2. 图文混排的方式　｛环绕方式
　　　　　　　　　　图层

附录 D
报刊目录

1. 《中国电脑教育报》，CCID（中国电子信息产业发展研究院）主办，邮发代号：1-170，地址：北京市海淀区紫竹院路 66 号赛迪大厦 16 层，邮编：100044，网站：http://www.cce.com.cn/，赛迪网联系邮箱：webmaster@staff.ccidnet.com，电话：010-88559669。

2. 《电脑报》，西南大学主办，邮发代号：77-19，地址：重庆市渝中区双钢路 3 号科协大厦，邮编：400013，网站：http://www.icpcw.com/，报纸客服电话：4006677866，报纸客服邮箱：pcw-advice@vip.sina.com。

3. 《中小学生电脑报》，中国教育学会中小学信息技术教育专业委员会推荐读物，全国青少年信息学奥赛承办单位，全国中小学电脑制作活动合作媒体，有教研版（邮发代号：35-163）、中学版（邮发代号：35-94）、小学版（邮发代号：35-101）。

4. 《中国电化教育》杂志，邮发代号：2-107，杂志主管单位：中华人民共和国教育部，杂志主办单位：中央电化教育馆，稿件查询电话：010-66490925，广告招商电话：010-66490923，发行联系电话：010-66490922/24，网站：http://www.webcet.cn/Index.asp，杂志投稿邮箱：cetzazhishe@188.com，传真：010-66419047，地址：北京复兴门内大街 160 号 013 邮箱，邮编：100031。

5. 《电化教育研究》杂志，西北师范大学主办，邮发代号：54-82，地址：甘肃省兰州市安宁东路 967 号（西北师范大学内）《电化教育研究》杂志社，邮编：730070，电话：0931-7971823，网站：http://aver.nwnu.edu.cn/，E-mail:aver@nwnu.edu.cn。

6. 《开放教育研究》杂志，上海远程教育集团、上海开放大学主办，邮发代号：4-578，地址：上海市大连路 1541 号 1301 室，邮编：200086，电话：（8621）25653938，网站：http://openedu.shtvu.edu.cn/frontsite/index.asp，E-mail:kfyj@shtvu.edu.cn。

7. 《中小学信息技术教育》杂志，北京教育音像报刊总社主办，邮发代号：2-103，地址：北京市西城区白广路 18 号，邮编：100053，电话：010-83555319，网站：http://www.itedu.org.cn/，E-mail：itedu_bj@163.com。

8. 《中小学电教》杂志，主管单位：吉林省教育厅，主办单位：吉林省电化教育馆，邮发代号：12-185，地址：吉林省长春市湖园路 1 号，邮编：130022，投稿邮箱：sufalw@126.com，投稿电话：0533-2266450，2266451，官方网站：http://www.sufalw.com。

9. 《中国信息技术教育》杂志，主管单位：中华人民共和国教育部，主办单位：中央电化教育馆等，邮发代号：82-676。

10. 《教育信息技术》杂志，广东省教育厅主管、广东省电化教育馆主办、教育信息技术杂志社编辑出版，向国内外公开发行的教育期刊。该刊中国标准刊号：ISSN 1671-3176，CN 44-1529/G4；国内邮发代号：46-255；国外邮发代号：M1659。杂志社地址：广东省广州市海珠区江南大道中路 233 号，邮政编码：510245，联系电话：(020)84409806，传真：(020)84414645，E-mail：gddjzz@21cn.com/gddjzz@163.com。

11. 《中国远程教育》杂志，中华人民共和国教育部主管，中央广播电视大学主办，邮发代号：2-353，网站：http://www1.openedu.com.cn/ycjy/indexzonghe.php，地址：北京市海淀区西四环中路45 号，邮编：100039，电话：(010)68182514、(010)68216665-3148，传真：(010)68182520。

12. 《远程教育杂志》杂志，浙江广播电视大学主办，邮发代号：32-126，地址：浙江省杭州市教工路 42 号，邮编：310012，电话：0571-88065047，网站：http://beta.zjtvu.edu.cn/bmwy/ycjyzz/hengx/zzjshao.asp，E-mail：zz@zjtvu.edu.cn。

13. 《教育技术资讯》杂志，吉林省新闻出版局主管，吉林科学技术出版社主办，邮发代号：12-388，地址：北京市亚运村邮局 212 信箱《教育技术资讯》编辑部，邮编：100101，电话：010-84803860、010-84803868，投稿邮箱：ccedu@ccedu.com.cn，网址：http://www.ccedu.com.cn。

14. 《中国教育信息化》杂志，中华人民共和国教育部教育管理信息中心主管，《中国教育信息化》杂志社主办，邮发代号：82-761，高教编辑部联系电话：086-10-66096696，基教编辑部联系电话，086-10-66096960，投稿电子邮箱：mis@moe.edu.cn，网站：http://www.e-chinaedu.cn/。

15. 《外语电化教学》杂志，主管单位：中华人民共和国教育部，主办单位：上海外国语大学，电话：021-65311900-2527，传真：021-65427900，国外邮发代号：BM4383，国内邮发代号：4-378，电子邮件：wydhjx204@163.com。

16. 《教育技术研究》杂志，是中国人民解放军军内第一份教育技术期刊，内容以教育技术的最新发展和理论研究、信息技术的教育应用和教学设计理论、军队教育技术理论研究等为主，发表了一批高质量文章，引起了国内教育技术界关注。

17. 《现代教育技术》杂志，中华人民共和国教育部主管，清华大学主办，邮发代号：2-736，国外邮发代号：M1689，地址：北京市海淀区清华大学电教中心现代教育技术研究所，邮编：100084，邮箱：xdjyjs@mail.tsinghua.edu.cn，电话：010-62782405，网站：http://166.111.118.9/xdjyjs/ Article_Class.asp？ClassID=2。

18. 《现代远距离教育》杂志，黑龙江广播电视大学主办，邮发代号：14-96，投稿邮箱：xsqkzx@163.com。

附录 E
网址目录

1. http://www.moe.edu.cn/中华人民共和国教育部网站

中华人民共和国教育部网站包括教育新闻、教育法规、教育政策、重要文献、教育部机构和职能等栏目，以及各教育工程、教育基金会等主页。

2. http://www.net.edu.cn/中国教育和科研网

中国教育和科研网是全国性的教育科研基础设施网，包括教育站点、文教动态、基础教育、科技信息、资源共享、地区网络、重要链接等内容。

3. http://www.pep.com.cn/人教网

人教网由人民教育出版社制作，包括教育动态（含教育新闻数据库）、教育统计数据、教育法规、学科教育、各类教育（如环境教育、师范教育、职业技术教育、学前教育）等。另有课程研究专栏。

4. http://www.k12.com.cn/中国中小学教育教学网

中国中小学教育教学网为面向基础教育的综合专业教育网和大型商业性教育网站。主要用户是中小学生、学校教师和学生家长以及关注教育的各界人士。目前已经开设了学生频道、教师频道、家长频道、教育产品和虚拟社区五个板块。教师频道中又有学科教学（语文、数学、外语、化学、物理、自然、历史、地理、音乐、美术、电教与计算机），包括中小学课程与教学、基础教育宏观决策与管理、中小学教育教学研究与实验、外国及港澳台教育库等几个资料库及资料检索系统。资料库收集了历年来在各种教育报刊上发表的文章资料等。

5. http://www.chinaedu.edu.cn/中国教育信息网

中国教育信息网主管单位：中华人民共和国教育部，主办单位：中华人民共和国教育部教育管理信息中心，承办单位：湖北省教育信息化发展中心。邮编，100816，电话：027-87362766、87361766、87122592（传真），邮箱：fuwu@e21.edu.cn。包括国家教育政策、热点新闻、专家观点以及相关专题资料（如教育会议、教育信息化）等内容，并提供政策导航、教育机构查询、法律法规文献查询等服务。

6. http://www.eol.cn/中国教育在线

中国教育在线提供高考、中考、成考和自考等信息。

7. http://www.eol.cn/jiao_yu/lv_shi_zi_ge/中国教育热线

中国教育热线包括教育新闻、原创校园、考试中心、中国 MBA、在线学习、民办学校等内容。

8. http://www.nrcce.com/ 中国中小学信息技术教育网

中国中小学信息技术教育网由全国中小学计算机教育研究中心制作，包括教育新闻发布、优秀课件资源、信息技术教育、课程整合、实验区动态、教育产品软件、教育资料库等内容。

9. http://www.cbe21.com/中国基础教育网

中国基础教育网由教育部基础教育课程教材发展中心与北京师范大学共同主办，包括学前教育、民族教育、素质教育、民办教育、艺术教育、思想品德教育、课程改革、政策法规等内容。学科涉及语文、数学、英语、地理、物理、历史、化学、生物、政治、体育、艺术、信息等。

10. http://www.teacher.com.cn/全国中小学教师继续教育网

全国中小学教师继续教育网设有四个栏目。新闻中心栏有新闻、教育政策与法规、国外教育等内容。学科中心栏有教改园地、素质教学、测试评价、教案精选、经验交流等内容。研究中心栏有专题研究、研究课题、名家专栏、教育杂志（最新目录）等内容。服务中心有软件推荐、新书推荐、网络资源、招聘信息等内容。

11. http://www.teacher.edu.cn/中国园丁网

中国园丁网由教育部师范司、基础教育司等主管。包括教师专栏、论文大观、试题集锦、教育期刊（现有《物理辅导》、《教师博览》、《班主任》、《中国考试》、《试题研究》、《涉世之初》、《知识文库》、《中小学校长》、《当代中学生》、《教育科学研究》、《基础教育改革动态》、《中学生读写》、《国家高级教育行政学院学报》等杂志和一部分论文）、中学空间、多媒体课堂（化学、数学、物理、生物、语文、诗词、益智游戏等）、高考中心、电脑学苑、联合国儿童基金会远程师资培训项目、校长培训等栏目。

12. http://dlib.cnki.net/中国知网

中国知网包括中国期刊全文数据库、中国期刊摘要数据库、中国期刊博览数据库、中国重要报纸专题全文数据库等。

13. http://www.zlzx.org/中国人民大学书报资料中心

中国人民大学书报资料中心目前只有一部分内容公开。

14. http://www.chinesejy.com/中国教育资源网

中国教育资源网提供各种论文课件资源。

15. http://www.edudown.net/中小学教育资源站

中小学教育资源站包括教育论文、教学设计、试题、课件、教学参考、英语学习、信息技术课件制作学习、学生作文、信息技术和高考中考等栏目。

16. http://www.cn910.net/中华教育资源网

中华教育资源网的栏目有同步课堂、资源中心、教师之家等。

17. http://www.newtr.com.cn/中小学新课程标准教学资源网

该网站目前开通了语文、数学、外语、物理、化学、生物、政治、地理、历史、体育、音乐等频道，收录了最前沿的课改信息资讯及资源。

18. http://www.being.org.cn/惟存教育网

该网站由中学教师自发组成的上海惟存教育实验室主办。目的在于探索现代教育技术和教育教学相结合的道路。设有专题探索、另类视野、网站资源、行为培育、个案剖析、学科专栏、教学素材、培训素材等栏目。

19. http://www.teacher.com.cn/全国中小学教师继续教育网

全国中小学教师继续教育网，简称"继教网"，是经教育部师范教育司批准，由东北师范大学联合全国十八个省级师范院校、省级教育学院共同创办的面向全国中小学教师、校长开展继续教育的大型专业网站，是全国教师教育网络联盟进行非学历培训的门户网站。

20. http://www.cnkjz.com/中国课件站

中国课件站提供初高中语文、数学、英语、化学、物理、生物、历史、政治和地理等科目的课件。

21．http://www.51itedu.com/信息技术教学研究网

中国信息技术教学研究网，是全国普通高中信息技术新课程教材（浙教版）的服务网站，隶属于浙江教育出版社。信息技术教学研究网，除了提供全国普通高中信息技术新课程教材（浙教版）的《信息技术基础》必修模块和《多媒体技术应用》《算法与程序设计》《网络技术应用》《数据管理技术》《人工智能初步》五个选修模块的教学教研资料外，还提供各种类型的学生作品、教学用的常用软件、会考高考的资料，以及教材教辅资料的订购信息。

22．http://www.ictedu.cn/信息技术课程网

信息技术课程网由南京师范大学信息化教育研究所主办。设有新闻资讯、教学研究、教案汇总、教学资源等栏目。

23．http://case.ictedu.cn/信息技术课程案例大赛网

该网站由中国教育技术协会信息技术教育专业委员会主办，南京师范大学教育技术学系承办。介绍全国信息技术课程案例大赛资讯，提供优质教案、讲课视频下载或在线观看。

24．http://www.xkb1.com/bbs/forumdisplay.php?fid=21 中小学信息技术资源区

它是新课标网（http://www.xkb1.com/）的子论坛，可以下载各地区信息技术课程会考、高考、总结性考试等试题和教学案例。

25．http://www.ala.org/aasl/ip_nine.html/美国图书馆协会网站

在该网站内可以找到由美国图书馆协会和美国教育传播与技术协会共同制定的美国学生所需要掌握的信息素养标准。

26．http://www.aect.org/newsite/美国教育传播与技术协会网站

该网站设有活动、出版物介绍、ECT 基金会、论坛等栏目。

27．http://www.naace.co.uk/英国国家计算机教育建议者协会网站

该网站为读者提供丰富的信息技术教学实践信息、教学活动和教学资源。

28．http://acitt.digitalbrain.com/acitt/index.htm/英国国家信息技术教师协作者协会网站

在该网站，读者分享信息技术教学资源、教学活动、成功案例，可以进入信息技术课程论坛并参与讨论。

29．http://www2.edc.org/ewit/信息技术教师专题网站

该网站内信息技术教学资源丰富，包括信息技术课程标准、信息技术、资源和在线课程等。

主要参考文献

［1］李建国，张小真. 计算机辅助教学[M]. 重庆：重庆大学出版社，1993.

［2］王吉庆. 计算机教育应用[M]. 北京：高等教育出版社，1992.

［3］陈　琦，刘儒德. 信息技术教育应用[M]. 北京：人民邮电出版社，1997.

［4］陈　琦. 中学计算机教育文选[M]. 北京：光明日报出版社，1987.

［5］薛维明，王振灿，金健舟. 中学计算机教学法[M]. 北京：清华大学出版社，1999.

［6］吴文虎. 中学信息技术教学研究[M]. 保定：河北大学出版社，2000.

［7］张晓如，张再跃等. 中学计算机教育学[M]. 合肥：中国科学技术大学出版社，2001.

［8］周学文，王世伦等. 计算机基础教学法[M]. 成都：电子科技大学出版社，2000.

［9］韩志坚，封昌权，徐建祥. 现代教育技术教程[M]. 北京：人民邮电出版社，2000.

［10］李红波. 现代教育技术[M]. 桂林：广西师范大学出版社，2002.

［11］马希荣. 中小学教师信息技术教程[M]. 北京：电子工业出版社，2002.

［12］王吉庆. 信息素养论[M]. 上海：上海教育出版社，2001.

［13］乌美娜. 中小学课程网络资源索引——信息技术分册[M]. 北京：清华大学出版社，2002.

［14］南国农主编. 信息化教育概论[M]. 北京：高等教育出版社，2004.

［15］教育部基础教育司，教育部师范教育司. 技术课程标准研修（信息技术）[M]. 北京：高等教育出版社，2004.

［16］董玉琦等. 信息技术课程与教学研究[M]. 北京：人民教育出版社，2005.

［17］李艺. 信息技术课程与教学[M]. 北京：高等教育出版社，2005.

［18］祝智庭，顾小清，闫寒冰. 现代教育技术——走进信息化教育[M]. 北京：高等教育出版社，2005.

［19］黄荣怀，沙景荣，彭绍东. 教育技术学导论[M]. 北京：高等教育出版社，2006.

［20］祝智庭. 教育技术培训教程（教学人员版·初级）[M]. 北京：北京师范大学出版社，2006.

［21］钟和军. 信息技术教师专业发展现状分析[J]. 江西师范大学学报（哲学社会科学版），2006（6）.

［22］祝智庭. 新编信息技术教学论[M]. 上海：华东师范大学出版社，2008.

［23］董玉琦. 信息技术课程与教学[M]. 北京：电子工业出版社，2009.

［24］叶惠文. 现代教育技术教程——教学信息化[M]. 北京：中国铁道出版社，2008.

［25］余胜泉，吴娟. 信息技术与课程整合[M]. 武汉：湖北科学技术出版社，2007.

［26］何克抗. 信息技术与课程深层次整合的理论与方法[J]. 电化教育研究，2005（1）.

［27］何克抗. 从 Blending Learning 看教育技术理论的新发展[J]. 国家教育行政学院学报，2005（9）.

［28］钟大鹏，蒋红星. 现代教育技术实用教程[M]. 北京：中国铁道出版社，2010.

［29］廖青，周敦. 论信息技术课堂中的"有效教学"[J]. 中国信息技术教育，2008（10）.

［30］知行网. 信息技术与有效学习[EB/OL]. http://www.zhixing123.cn/shijian/11827.html.